DICTIONNAIRE
DE RIMES,
PAR P. RICHELET.

OÙ SE TROUVENT

I. Les mots & le genre des mots.
II. Un Traité complet de la Versification, & les regles des différens Ouvrages en vers.

NOUVELLE EDITION,

Revûe, corrigée, augmentée & mise dans un nouvel ordre par M. l'Abbé BERTHELIN, *Chanoine de Doué & Avocat au Parlement.*

A PARIS,
Chez CHARLES-NICOLAS POIRION, rue saint Jacques, vis-à-vis la rue des Noyers, à l'Empereur.

M. DCC. LI.

Avec Approbation & Privilége du Roi.

AVERTISSEMENT.

LEs Exemplaires de la derniére Edition de ce Dictionnaire commençant à manquer, les Libraires aſſociés ne ſe contenterent pas de ſonger à le réimprimer; ils voulurent auſſi qu'il fût & plus ample & plus correct. J'ai tâché de ſeconder leurs vûes en m'appliquant à l'augmenter, & à lui donner la perfection que doit avoir un Ouvrage pluſieurs fois réimprimé. J'y ai donc fait toutes les Additions néceſſaires, & y ai renfermé avec préciſion & en abbrégé ce qui eſt contenu dans les Dictionnaires les plus étendus. Il a fallu que le Volume contînt un plus grand nombre de feuilles, & que le format fût plus grand; cependant il eſt encore portatif. Mais je ne me ſuis pas borné à groſſir le volume, je me ſuis principalement appliqué à rendre ce Dictionnaire utile à tous égards; juſqu'à préſent les ſeules rimes avoient été rangées par ordre alphabétique, & l'on n'avoit point encore pris la peine de placer dans le même ordre tous les mots qui ſe rencontrent ſous chaque rime. Ce n'eſt pas que l'on n'ait compris l'avantage qui devoit réſulter de ce travail, mais l'exécution en a paru ſi pénible & ſi longue, que l'on n'a pas eu le courage de l'entreprendre. Cependant lorſque ſous une ſeule rime, il y avoit ſix, huit, ou quelquefois dix colonnes de mots mis ſans aucun ordre, comment pouvoit-on trouver celui ſur lequel on avoit quelque doute, soit au sujet de la signification, soit pour en sçavoir le genre, soit pour s'assûrer de l'usage? J'ai remédié à cet inconvénient par un double ordre alphabétique.

Si j'avois regardé ce travail comme suffisant, j'aurois seulement acquis la réputation d'avoir beaucoup de patience. Afin donc qu'on remarquât dans l'Ouvrage une extrême exactitude, j'ai examiné toutes les expressions latines qui répondent aux mots françois. Il n'y avoit ni justesse, ni choix. La plûpart des mots latins étoient ou forgés, ou du plus bas siécle; j'ai tâché de n'en mettre que de bons. Enfin, j'ai purgé ce Dictionnaire d'un très-grand nombre d'erreurs qui déplaisoient aux Lecteurs éclairés.

On a substitué un Traité de la Versification Françoise & des différens Ouvrages en vers, à l'Abbrégé trop succint de Richelet, dont on a néanmoins conservé quelque chose.

Quant à l'impression & à la beauté du caractère & du papier, on avouera sans doute qu'il n'a jamais paru une si parfaite édition de ce Dictionnaire.

On doit d'abord chercher les mots dans ce Livre par la derniére ou par les deux derniéres syllabes: c'est pourquoi je les ai tous rangé alphabétiquement, (ceux qui finissent par une rime masculine, selon la derniére syllabe; & les autres, selon les deux derniéres,) par exemple, *Amour*, qui est une rime masculine, se trouvera à *our* lettre *O*; & *Fable*, qui est une rime féminine, se trouvera à *able* lettre *A*, & ainsi des autres.

De plus dans chaque page j'ai fait mettre des réglets, où j'ai marqué le genre des noms : l'*m* veut dire un *masculin*, l'*f* un *féminin* ; *adv.* un *adverbe*, l'*v* un *verbe* ; *a* signifie un *adjectif* commun, dont la terminaison est la même au masculin & au féminin, & *adj.* un *adjectif* terminé d'une autre sorte à son masculin qu'à son féminin. Je ne parle point des autres abbréviations, étant facile à tout le monde de les suppléer.

Ce qu'il y a encore à dire touchant l'ordre que j'ai tenu, est que je ne me suis pas contenté de ne mettre que les infinitifs des verbes, j'ai marqué leurs personnes & leurs autres temps aux endroits où ils riment avec les noms ; à la fin des noms en *ice* & *isse*, comme *Sulpice*, *Suisse*, j'ai mis *choisisse*, *craignisse*, *épice*, *glisse*, *punisse*, &c.

Les mots qui se prononcent de même, quoiqu'ils s'écrivent diversement, se trouvent d'ordinaire au même lieu pour la commodité du rimeur : on rencontre *cer* avec *sser* ; *avancer* & *fiancer*, avec *hausser* & *pousser*.

On a mis une étoile au devant des termes bas & surannés ; mais on a rejetté ceux qui le sont trop, & dont on ne se sert presque plus dans notre Langue.

Les noms propres des Fables & des Hommes renommés ne sont pas non plus oubliés.

AVIS

A ceux qui voudront se servir de ce Dictionnaire pour apprendre le Latin, & aux Etrangers qui, sçachant le Latin, voudront s'en aider pour apprendre le François.

TOUS les Sçavans dans les deux Langues Latine & Françoise sçavent assez que notre Langue, de même que l'Italienne & l'Espagnole, sont des dialectes de la Langue Latine, qu'elles reconnoissent pour leur mere & matrice dont elles sont formées. Mais il y a peut-être plusieurs Sçavans qui n'ont pas fait en détail toutes les réflexions nécessaires pour bien connoître les maniéres différentes dont les Anciens se sont servis pour tirer ces dialectes ou Langues dérivées du Latin, ce qui est pourtant un point très-important pour bien comprendre ces Langues, & un moyen sûr, court & facile aux François, aux Espagnols & aux Italiens pour bien entendre leurs Langues à fond, sçavoir l'origine de leurs mots, la force de leur signification, & apprendre même la plûpart des mots latins par l'aide de leur langue vulgaire.

Plusieurs sçavans Philologues en ont parlé en général sans descendre dans le détail, & entre autres Robert Etienne dans sa Grammaire Françoise, & Alstedius dans son Encyclopédie, l. 5. c. 12. peut-être se sont-ils abstenus de ce détail à cause de la difficulté & de la longueur du travail que demande une induction exacte d'un très-grand nombre de mots dispersés par l'ordre alphabétique dans les Dictionnaires ordinaires qu'il eût fallu déranger, pour les joindre par l'endroit par lequel ils se ressemblent, c'est-à-dire par la derniére syllabe, désinance, rime, fin ou son de chaque mot.

M. Richelet dans l'édition précédente de ce Dictionnaire avoit déja avancé la plus grande partie de ce travail, ayant rangé les mots François par l'ordre de leur désinance ou rime; il est vrai qu'il ne leur avoit marqué que les caractères qu'ils tiennent dans l'ordre de la Grammaire, qui sont d'être des substantifs, des adjectifs, des verbes, des prépositions, des adverbes, &c. sans leur donner d'autres qualités générales pour mieux spécifier par les raisons de leur convenance dans leurs désinances, les causes de leur Analogie, Harmonie, & la force de leur signification & expression.

On a donc fait ici ce que M. Richelet n'avoit pas fait, c'est-à-dire que l'on a augmenté ce Dictionnaire d'un très-grand nombre de mots, des arts & des sciences : On a joint à chaque mot ses synonymes, tous les sens différens qu'il peut avoir, & toutes les diverses significations qu'on peut lui donner; & ce qu'il y a de plus particulier, c'est que l'on a mis à la tête de chaque désinance ou rime les caractères qui lui sont propres par rapport aux idées générales & particulières qu'elles représentent, étant certain que la forme de la terminaison des mots désigne presque toujours celle de leur signification, ce que l'on peut voir dans ce Livre par un très-grand nombre d'exemples.

A l'égard des Verbes, on n'a pas jugé à propos de répéter au présent, participe, &c. de chacun d'eux les différentes significations qu'ils ont, cela auroit grossi le volume inutilement, on s'est contenté de les mettre une seule fois à l'infinitif de ces mêmes mots où on les pourra voir, & les en tirer au besoin par proportion & par convenance.

Il est certain que les mots sont les expressions de nos pensées : nos pensées ou nos idées sont les représentations des choses. Les choses qui sont les objets de nos pensées ou de nos idées, ont entre-elles de la convenance & de la différence, d'où il s'ensuit que nos idées & nos paroles qui en sont les images en ont aussi entre elles. La connoissance de ces convenances, & de ces différences des choses, des idées & des mots, & le moyen le plus sûr, le plus court & le plus raisonnable pour apprendre les Langues. Car s'il est vrai qu'elles aient été formées avec raiſon, & faites avec liaiſon, on peut donc raiſonner en les apprenant, & les apprendre en les comparant : c'eſt ce que l'on a obſervé dans tout ce Livre.

Tout le monde convient que ceux qui ont formé & perfectionné les langues de chaque nation, ont été les gens les plus judicieux, les plus polis & les plus éclairés entre ceux qui ont formé & gouverné les Etats, & que c'eſt à leur jugement qu'on a toûjours déféré pour fixer les maniéres juſtes & raiſonnables de parler, & c'eſt cette vérité qui ſert de fondement pour montrer qu'il y a de l'ordre & de la raiſon dans toutes les Langues. L'Ecriture ſainte nous apprend que nous devons écouter avec reſpect & en ſilence les paroles des Anciens, car elles ne ſont pas proférées ſans raiſon. *Audi tacens verba ſeniorum, ſine cauſa enim non proferuntur.* En effet il y a beaucoup de raiſon, de convenance & de rapport dans les différens caractères des mots & dans les modifications des ſimples & des compoſés, des primitifs & des dérivés, & enfin dans tous les dialectes différéns qu'on a tiré d'une même mere Langue. Il y a de l'ordre & de la convenance dans toutes leurs parties, les mots qui ſignifient les mêmes ou ſemblables idées ont de la reſſemblance, comme on le peut voir dans ce Livre par les titres différens qu'on a mis à la tête des déſinances différentes des mots.

Nos idées étant différentes, ſuivant les objets différens qu'elles repréſentent, il a été néceſſaire de differencier les ſons qui les expriment dans toutes les Langues. On concevra ceci aiſément, ſi on y fait un peu d'attention. Les choſes qui ſont les objets de nos idées, ont leur eſſence ou ſubſtance différente. Pour les exprimer, il a fallu former les noms *ſubſtantifs.* Ces ſubſtances ont leurs propriétés différentes, on a formé des ſons propres pour les ſignifier. Nos idées ou penſées nous repréſentent ſouvent les objets revêtus de certaines qualités, propriétés ou modifications, d'où l'on a fait des mots *adjectifs* pour exprimer les ſubſtances quand elles ſont conſidérées comme revêtues de ces qualités & propriétés. Chaque objet a ſon exiſtence, ſon action, ou paſſion, c'eſt-à-dire que chaque choſe eſt ou le principe ou le terme d'une action : il a donc fallu faire des *verbes* qu'on a appellé *actifs*, pour exprimer la perſonne, le nombre, le temps & la maniére de l'action, & des *verbes* qu'on a appellé *paſſifs*, pour marquer le nombre, le temps & la maniére dont une choſe eſt le terme ou l'objet de l'action. Nous avons des idées des différentes maniéres dont les choſes exiſtent, agiſſent ou pâtiſſent, c'eſt-à-dire, reçoivent les actions comme en étant les termes; les mots qui expriment ces idées ſont appellés *adverbes* de temps, de lieu, de qualité, de maniére, de propriété, d'abondance, &c. Il y a dans nos idées des modifications qui augmentent, diminuent ou changent les idées ſimples que nous avons des choſes; pour les exprimer, on a inventé les *prépoſitions*. Enfin nos idées ont de la liaiſon les unes aux autres, ou de la diviſion & diſtinction; & pour les exprimer, on a inventé dans toutes les Langues des *conjonctions* copulatives, disjonctives, illatives, cauſales, &c. On pourra quelque jour pouſſer cette explication plus loin, & lui donner tout ſon jour. Il eſt temps maintenant de faire voir comment les mots qui ſont dérivés d'une mere Langue en ſont tirés, en nous arrêtant ſur les maniéres différentes dont les mots François ſont tirés du Latin : ce qu'on pourra appliquer à toutes les autres Langues par proportion.

Les mots François ſont preſque tous tirés du Latin en cinq maniéres. Ce qu'on peut auſſi dire des mots Italiens & Eſpagnols à proportion. 1. La premiére ſe fait en changeant une lettre en une autre. Exemple :

a maſ.	*Papa*,	*Poëta*,	*Propheta*,	*Hypocrita.*
en *e.*	Pape,	Poëte,	Prophéte,	Hypocrite.
a fém.	*Roſa*,	*Terra*,	*Aſia*,	*Philoſophia.*
en *e.*	Roſe,	Terre,	Aſie,	Philoſophie.
a neut.	*Dogma*,	*Thema*,	*Syſtema.*	
en *e.*	Dogme,	Thême,	Syſtême.	
o changé en *e.*	*Imago*,	*Carthago*,	*Multitudo.*	
	Image,	Carthage,	Multitude.	

s chan- *prudens*, *conſtans*, *diligens*, *frons*, *pons*.
gée en *t*. prudent, conſtant, diligent, front, pont.

On trouvera grand nombre de ces exemples ſous les rimes de chacun de ces mots.

Ou en changeant une ſyllabe en une autre.

or changé *honor*, *doctor*, *actor*, *lector*.
en *eur*. honneur, docteur, acteur, lecteur.

tas chan- *Trinitas*, *pietas*, *humilitas*, *voluptas*.
gé en *té*. Trinité, piété, humilité, volupté.

2. La ſeconde maniére ſe fait en ajoûtant quelque lettre au commencement d'un mot, & changeant la derniére lettre ou ſyllabe, comme :

ſchola, *ſpiritus*, *ſtatus*, *ſtudium*.
école, eſprit, eſtat, eſtude.

Ou en ajoûtant quelque lettre ou ſyllabe à la fin du mot, comme :

Cicero, *Pollio*, *actio*, *paſſio*.
Cicéron, Pollion, action, paſſion.

3. La troiſiéme maniére ſe fait en retranchant quelques lettres ou ſyllabes, particuliérement aux mots terminés en *is*, *e*, *us* & *um*, qui deviennent tous François en retranchant ces derniéres ſyllabes.

Advocatus,	*Senatus*,	*Magiſtratus*,	*ingratus*.
Avocat,	Sénat,	Magiſtrat,	ingrat.
fortis,	*generalis*,	*divinus*,	*vinum*.
fort,	général,	divin,	vin.
teſtamentum,	*firmamentum*,	*monumentum*,	*inſtrumentum*.
teſtament,	firmament,	monument,	inſtrument.

4. La quatriéme maniére ſe fait en tranſportant une lettre devant une autre.

miniſter, *ſylveſter*, *noſter*.
miniſtre, ſylveſtre, nôtre.

5. La cinquiéme maniére ſe fait en interpoſant, quand dans un mot latin où il y a à la fin un *a* devant *m* ou *n*, on a interpoſé un *i*.

panis, *manus*, *germanus*.
pain, main, germain.

Outre ces cinq maniéres générales dont les Anciens se sont servis pour former & diversifier notre Langue, en la tirant du Latin, ils ont encore fait d'autres changemens, par exemple, dans la prononciation ils ont changé *ca* en *cha*.

caritas, *carbo*, *capo*, *arca*, *canis*.
charité, charbon, chapon, arche, chien.

Ils ont fait d'autres plus grands changemens dans certains mots, comme dans les participes passifs en *atus*, *a*, *um*; ils ont retranché la derniére syllabe, & changé l'*a* qui la précéde en *é*.

natus, *baptizatus*, *confirmatus*.
né, baptizé, confirmé.

Mais de toutes ces différentes maniéres que l'on vient de rapporter, il est constant qu'il n'y en a point qui fournisse plus de mots que la premiére, puisqu'elle peut seule fournir à ceux qui y feront un peu d'attention, plus de six mille mots dans chacune des quatre Langues, que l'on peut apprendre tout d'un coup avec tant de netteté & de fermeté de mémoire, qu'on ne les pourra pas oublier quand on le voudroit, & quand même on seroit long-temps sans y penser & sans en parler. Le grand nombre d'exemples que ce Dictionnaire fournira tout de suite, formera le jugement & fixera l'imagination & la mémoire pour les comprendre & les retenir. Ce que l'on avance ici se trouvera vrai à proportion dans les autres régles ou maniéres, non pas quant au nombre des mots, mais quant à la certitude & facilité de les retenir.

Au reste, on suppose que ceux qui voudront se servir de ce Dictionnaire avec utilité pour apprendre le Latin, doivent sçavoir les élémens de cette Langue & la Syntaxe: ces connoissances étant même indispensablement nécessaires, pour bien entendre la signification d'un grand nombre de mots françois dont nous n'avons mis l'explication qu'en latin.

On a jugé à propos de mettre ici une Table des mots analogiques dans les deux Langues, les mots François étant tirés du Latin mot à mot, ou par étymologie, ou par imitation. On y a mis les terminaisons des mots substantifs & adjectifs, des adverbes, des participes & des verbes suivant les quatre conjugaisons Françoises. On a marqué la page du livre où les mots de chaque terminaison se trouvent, & la terminaison Latine qui répond à la Françoise. A l'égard des qualités ou caractères de ces terminaisons, on les trouvera à la tête de chaque rime.

TABLE

DES TERMINAISONS FRANÇOISES, des noms, des adverbes, des participes & des verbes François, suivant l'ordre de ce Dictionnaire, avec les terminaisons Latines qui y répondent.

Able, *abilis, e.*
Age, *ætas.*
Aim, ain,
Ein, } *anus, a, um.*
Aine, éne,
Aire, *aris, e, arius, a, um.*
Al, ale, *alis, e.*
An, en, *anus, a, um.*
Ance, ence, *-tia.*
Anſe, enſe, *-tia.*
Ant, ent, *ans, ens.*
Ante, ente, *ans, ens.*
As, *as, us.*
At, ate, *atus, a, um.*
Au, *us, um.*
El, elle, *alis, ale.*
Ere, *aris, e. arius, a, um.*
Ece, eſſe, *trix, tus, tas, tia.*
Et, ait, *etus, a, um.*
Ait, ette, *utus, ettus.*
Eur, euſe, *or, ix.*
Eus, euſe, *eſus, a, um.*
Ible, *ibilis, e.*
Ice, iſſe, *ix, itium, cium.*
Ide, *idus, a, um.*
Ien, monoſyl. *anus.*
Ier, *arius, a, um.*
Iére, *arius, a, um.*
Ieux, yeux, ieuſſe, *oſus, a, um.*

If, ive, *ivus, um.*
In, *inus, a, um.*
Ine, *inus, a, um.*
Ion, diſſyl. *io.*
Ique, *icus, a, um.*
Is, *is.*
Iſe, *iſus, ia, um.*
Iſme, *iſmus.*
Iſte, *iſta.*
Lé, lée, *latus, a, um.*
Lon.
Mant & ment, ſubſt. *io, us, um.*
Mant & ment, adv. *è, ò, ter.*
Oir.
Oire, *orius, a, um.*
Ois, oix.
Ole, bref.
Ond, *ondus, a, um.*
Onde, *ondus, a, um.*
Ope, *ius, a, um.*
Rie, *ria.*
Té, *tas.*
Ude, *udo.*
Ule, bref, *ulus, a, um.*
Ure, *ura.*
Us, *us, ius.*
Son, zon, *tio, ſio.*

Participes masculins & féminins, & en Laiin masculins, féminins & neutres.

Bé, bée, *atus.*
Dé, dée, *atus.*
Gé, *getus, a, um.*
Gué, *gatus, a, um.*
Ié, iée,
Lé, lée,
Mé, mée,
Né, née,
Oué, ouée,
Pé, pée,
Qué, quée,
Ré, rée,
Cé, cée,
ssé, ssée,
Té, tée,
Ti, tie,
Us.

-a, um. -tus, a, um.

VERBES.

I. Conjugaison en er.

Ber, *bere.*
Cer, ser, *cere, sare.*
Cher, *ere, are.*
Der, *dere.*
Fer, pher, *are, ere.*
Ger, *gare.*
ïer, *are, care.*
Ler, *lare.*
Mer, *mare, mere.*
Per, *pare.*
Quer, *care.*
Rer, *rare.*
Ter, *tare.*
Ver, *vare.*
Uer, *uere.*
Xer, *are, ere.*
Zer, *are, ere.*

II. Conjugaison en ir.

Ir, *ire, ere.*

III. Conjugaison en oir.

Voir, *videre.*
Pouvoir, *posse.*

IV. Conjugaison en re.

Aire, *ere.*
Eindre & indre, *gere.*
Erdre, *dere.*
Ire, *ere.*
Oindre, *gere.*
Ondre, *dere.*

Les autres terminaisons se trouveront dans l'ordre du Dictionnaire.

Pour les adjectifs terminés au masculin en *er* & en *us*, le Lecteur prudent y suppléera de lui-même, les termes féminins & neutres qui ont leur désinance en *a*, *um.* comme *pulcher*, masculin. *pulchra*, féminin. & *pulchrum*, pour le neutre. *Sanctus*, masculin. *sancta*, féminin. & *sanctum*, pour le neutre; & ainsi des autres, soit positifs, soit comparatifs ou superlatifs.

HISTOIRE DE LA RIME.

LEs Gaulois (*a*) ont fait de la Poësie, & probablement elle étoit rimée. Plusieurs croient même que Bardus, l'un de leurs Rois, a trouvé la rime. Je n'ose dire cela, mais apparemment leurs vers rimoient. La rime a toûjours été très-agréable aux oreilles des peuples, dont les vers n'ont pas été composés de mesures d'un certain nombre de syllabes longues & bréves. Les vers des Gaulois n'en avoient vraisemblablement point. Les Romains, de qui ils les eussent pû apprendre, ne s'établirent dans les Gaules qu'environ soixante ans avant Jesus-Christ, & l'on n'y parla Latin que long-temps depuis. Il y eut alors d'excellens esprits Gaulois, qui se divertirent à faire des vers Latins; mais cela n'empêcha point le cours de la rime. Comme parmi le peuple la Langue Gauloise subsistoit, & qu'elle dura jusques vers l'an 400. de N. S. il est probable que l'on continua tout ce temps-là d'y rimer. Ce fut ensuite la même chose. Les Gots (*b*) qui ont toûjours été de grands rimeurs, se répandirent dans les Gaules. Ils y corrompirent le Latin : ils y firent force vers rimés, & obligerent insensiblement les Gaulois de rimer à l'envi, & avec une ardeur toute nouvelle. La rime dès-lors fut plus en usage, & elle s'introduisit dans les Hymnes de l'Église. Après, sitôt que les Francs, qui étoient des peuples d'Allemagne, se furent entiérement emparés des Gaules, ils leur donnerent le nom de France : ils mêlerent plusieurs mots Francs au langage Gaulois, & la rime s'y continua, parce que les Francs rimoient eux-mêmes. On fit au sixiéme siécle en faveur de l'un de nos Rois (*c*) quelques vers, qui se chan-

(*a*) Jean le Maire de Belges, Illustrations des Gaules. Nostradamus, Histoire de Provence. 1. p.

(*b*) Fauchet, de la Langue & Poësie Françoise, *l.* 1. *c.* 7.

(*c*) *De qua victoria carmen publicum juxta rusticitatem per omnium volitabat ora, & feminæ canendo & plaudendo choros componebant*, Duchesne, Hist. de France, tome 1.

toient & se dansoient par-tout, & qui apparemment étoient rimés. Il est très-croyable qu'on rima aussi en langue vulgaire sous les autres Rois, & principalement sous Charlemagne, qui aimoit les vers avec passion. Le Langage qui avoit cours étoit mêlé de Gaulois, de Franc & de Latin corrompu. Ce langage fut nommé Langage Roman, & l'on y composa de la Poësie jusques vers l'an 1050. La Langue venant alors à se défaire peu à peu de son air barbare, le Siécle eut des Poëtes qu'on appella *Chanteres & Trouveres*, & qui par la gentillesse de leurs rimes, porterent les Espagnols & les Italiens à les imiter. Le langage & la Poësie environ cent ans après se polirent encore. Les Poëtes dans l'arrangement des rimes ne gardoient aucune régle certaine. Comme c'étoit la coutume de mettre les vers en chant, on en faisoit le plus qu'on pouvoit sur les mêmes rimes, dans la pensée qu'ils seroient plus agréables à chanter, comme on le peut voir par ceux-ci de Jean le Nivelois, dans son Roman sur la mort d'Alexandre.

Seigneur, or faites pes un petit vous taisiez,
Sorez bons vers nouviaux, car li autres sont viez,
Bien faits & bien rimez, bien dits & bien dictiez.
Jean le Nivelois fut moult bien afectiez,
A son Hostel se sied, si fut joyaux, & liez
Un Chantere li dit d'Alexandre à ses piez.

Sous Louis IX. la versification fut plus exacte; & quelquefois on mêla réguliérement les rimes masculines avec les féminines. Un couplet de chanson tiré du Recueil de Thibaud, Comte de Champagne, le fera voir.

Mout me sçut bien éprendre & alumer,
En biau parler & acointement rire.
Nul ne l'oiroit si doucement parler
Qu'il ne cuidast de s'amour être Sire.
Par Dieu, amour, si vous ose bien dire:
On vous doit bien servir & honorer;
Mais on si peut bien d'un prou trop fier.

En ce Siécle on n'étoit point régulier dans les ouvrages

ges de rimes ſuivies, & l'on n'a, ce ſemble, commencé qu'au regne de Charles VII. à mettre deux maſculins après deux féminins. Octavien de Saint Gelais, qui traduiſit en vers, par l'ordre de ce Prince, les Epîtres d'Ovide, s'eſt attaché avec ſoin à cette régularité. Exemple.

Puiſque tu es de retour pareſſeux,
O Uliſſes du cœur très-angoiſſeux,
Pénélope cette Epître t'envoie,
Afin que toſt tu te mettes en voie.
Ne m'écris rien, mais penſes de venir,
Seule à toi ſuis, aie en ſouvenir.
Troye giſt bas & remiſe en foibleſſe
Tant haïe des pucelles de Gréce,
Pas ne valoit, ni Priam ſon grand Roi
Que tant de gens y tinſent leur aroi.

Fort peu de rimeurs en uſerent de la ſorte ſous les trois Rois qui ſuccéderent à Charles VII. Mais du temps de François I. Octavien eut plus d'imitateurs. Sagon, & quelques Poëtes au Livre qui porte pour titre *le Coup d'Eſſai*, imprimé en 1539. firent exactement ſuivre deux rimes maſculines après deux féminines; & la piéce qu'on y trouve intitulée *le Rabais du caquet de Marot*, eſt dans ces régles. Toutefois la pratique sûre & réguliére des rimes ſuivies & des rimes mêlées n'a commencé de ſe bien obſerver que pendant le regne de Charles IX. par Ronſard & d'autres excellens eſprits, & nous n'avons ajoûté à leur maniére de rimer & d'arranger les rimes qu'un peu d'exactitude & de juſteſſe.

PREFACE

Du Traité de la Verſification Françoiſe.

UN célébre Ecrïvain (*) ne veut pas qu'on montre la route de la Poëſie à beaucoup de perſonnes; *parce*, dit-il, *qu'il eſt bien plus important qu'il n'y ait point de méchans Poëtes, qu'il n'eſt néceſſaire qu'il y ait des Poëtes.* Il défend ſur-tout d'enſeigner aux enfans cet Art, qui demande toute la force de leur eſprit.

Il ſeroit peut-être à ſouhaiter, en effet, que ceux

Qui prennent pour génie un amour de rimer,

ignoraſſent les régles de la Poëſie Françoiſe.

Cet Auteur convient cependant des avantages qu'un honnête homme peut retirer de la connoiſſance de la Verſification, qui eſt bien différente de la Poëſie. Je vais plus loin, & j'oſe avancer qu'on ne peut mériter le titre d'homme de lettres, ſi l'on n'eſt inſtruit au moins de l'Art de faire des vers dans ſa propre Langue. Car, pour ne point parler des Poëtes, dont il eſt impoſſible de ſentir toutes les beautés, & toute l'énergie, ſi l'on ignore la ſtructure des Vers qu'ils emploient; qui doute que cette connoiſſance ne ſoit très-utile pour lire les Auteurs mêmes qui ont écrit en Proſe? Il eſt d'autant plus honteux à un François d'ignorer les régles de la Verſification Françoiſe, que cette ſcience, s'il eſt permis de lui donner un nom auſſi honorable, n'exige qu'un médiocre travail.

(*) M. Fleuri, *Traité des Etudes.*

On pourroit s'étonner que dans la plûpart des Colléges on prive les enfans d'une connoissance qui leur coûteroit si peu. Mais il faut faire attention que les Colléges ne sont destinés qu'à leur ouvrir la porte des Langues Sçavantes & des études plus sérieuses. Quelque espace de temps que l'on emploie à courir cette carriére, la plûpart s'y présentent avec si peu de talens, ou si peu d'inclination, que loin de s'y distinguer, à peine croiroit-on qu'ils ont commencé à la parcourir, quand leur course est achevée. D'ailleurs, la Versification Françoise est si séduisante, que peu d'Ecoliers se borneroient à y donner le temps nécessaire. Heureux, s'ils n'en faisoient pas un abus plus fatal, en consacrant un Art, innocent de lui-même, à la Satire, peut-être même à la calomnie.

C'est donc après être sorti du Collége, qu'il est à propos de s'appliquer à la Versification; non pas pour faire des vers, mais pour en sçavoir juger, & même pour les éviter dans la Prose. S'il est honteux de faire de méchans vers, il ne l'est peut-être pas moins de n'en sçavoir pas faire. On a si fort multiplié les secours qui conduisent à cette connoissance, qu'on est sans excuse quand on ne l'a pas acquise. On espère que ce petit Traité ne laissera rien à désirer sur ce sujet.

TRAITÉ
DE LA VERSIFICATION FRANÇOISE.

LA Verſification Françoiſe eſt l'art de bien faire des Vers François. Cet art conſiſte en deux choſes; dans la ſtructure des Vers, & dans la Rime. Il y a de deux ſortes de vers; les vers Maſculins, & les vers Féminins (*). On appelle vers Féminins, ceux dont la derniére voyelle du dernier mot eſt un *e* muet, ou obſcur; c'eſt-à-dire, qui ne ſe prononce preſque point, comme dans Muſ*e*, Per*e*, *&c.* au lieu qu'on le prononce dans le mot de *bonté*. Cette régle eſt univerſelle, ſoit qu'il y ait une *s* après l'*e*, comme dans Peres, Muſes, ſoit qu'il y ait *nt*, comme dans le pluriel des verbes: *différent*, par exemple. Le dernier *e* de ce verbe ne ſe prononce preſque pas, au lieu qu'il ſe prononce dans l'adjectif & dans le ſubſtantif *différent*.

On excepte de cette régle les imparfaits de la troiſiéme perſonne du pluriel, qui, finiſſant un Vers, le rendent Maſculin, comme aim*oient*, char*moient*, aime*roient*, charme*roient*, où la derniére ſyllabe eſt véritablement un *e* muet. La cauſe de cette exception eſt que cet *e* ne ſe prononce pas plus que s'il ne s'y trouvoit pas; & on ne l'a conſervé dans l'orthographe, que parce qu'autrefois l'on prononçoit, & l'on écrivoit, j'ai*moye*, je char*moye*, & au pluriel, ils aim*oyent*, ils char*moyent*. Ce qui faiſoit alors un vers féminin, quand ces mots, & autres ſemblables, finiſſoient le vers. Mais l'uſage ayant voulu enſuite changer l'*y*, & l'*e*, en *i*, & en *s*; ces imparfaits, lorſqu'ils ſe trouvent à la fin du vers, l'ont rendu maſculin, malgré l'*e*, parcequ'il ne ſe prononce pas, comme je l'ai dit.

Exemples des Vers Féminins.

Un Poëte à la Cour fut jadis à la mode;
Mais des Foux aujourd'hui c'eſt le plus incommode.
Et dans l'amas confus des chicanes énormes,
Ce qui fut blanc au fond, rendu noir par les formes.
Des Voleurs, qui chez eux pleins d'eſpérance entrérent,
De cette triſte vie enfin les délivrérent. DESPREAUX.

(*) Tabourot, dans ſes *Bigarures*, en admet de quatre ſortes; ſçavoir, à *Rimes Viriles*, *Maſculines*, *Féminines*, *&* *Pucelles*. Il appelle *Rime Virile*, celle dont la derniére ſyllabe, ne finiſſant pas par un *e* muet, a un ſon plein & entier, comme *Thébain*, *dédain*, *amour*, *rétour*: *Maſculine*, celle qui n'a pas un ſon ſi plein, comme ci*té*, bon*té*: Féminine, toute ſyllabe qui peut être élidée, comme la derniére dans Ange, vûe, joie, *&c.* Enfin, il appelle *Pucelle*, toute Rime, dont la derniére ſyllabe, étant un *e* muet, ne peut être élidée, comme femmes, pri*ent*, trouv*ent*, voi*ent*, *&c.* Je ne connois que le ſeul Tabourot, qui admette cette diſtinction chimérique. Ce que l'on dit ici de la Rime, revient à peu près au même.

Les vers Féminins ont toûjours une syllabe de plus que les Masculins, à cause de l'*e* muet de la fin, qui ne se prononce pas dans les premiers.

Les vers Masculins sont ceux qui finissent de quelque autre maniére que ce soit.

Exemples des Vers Masculins.

Sous quel Astre, bon Dieu! faut-il que je sois né,
Pour être de Fâcheux toûjours assassiné.

MOLIERE.

C'est envain qu'au Parnasse un téméraire Auteur
Pense de l'Art des Vers atteindre la hauteur.
Que Rohault vainement séche pour concevoir
Comment tout étant plein, tout a pû se mouvoir.

DESPREAUX.

DES DIVERSES SORTES DE VERS.

Il n'entre que cinq sortes de Vers dans la Poësie ordinaire; sçavoir de douze syllabes, qu'on nomme Alexandrins, Héroïques, ou Grands Vers; de dix syllabes, qu'on appelloit autrefois Vers communs; de huit, de sept & de six syllabes. Ce qui doit s'entendre des vers masculins; car les féminins ont toûjours une syllabe davantage.

Les vers de douze & de dix syllabes doivent avoir une césure; les trois autres sortes de vers n'en ont point.

DE LA CÉSURE.

La Césure est un repos qui coupe le vers en deux parties; de sorte qu'on puisse s'arrêter naturellement après la premiére. Chacune de ces parties s'appelle hémistiche; c'est-à-dire demi vers. Dans les vers de douze syllabes ce repos se fait après les six premiéres. Exemple :

Que toûjours dans vos vers,—le sens coupant les mots,
Suspende l'hémistiche,—en marque le repos.

DESPREAUX.

Dans les vers de dix syllabes ce repos se fait après les six premiéres. Exemple :

Un Bucheron—perdit son gagne-pain :
C'est sa cognée,—& la cherchant en vain,
Ce fut pitié—là-dessus de l'entendre.
Il n'avoit pas—des outils à revendre.

LA FONTAINE.

Cette césure est appellée repos, parce qu'il suffit qu'on puisse se reposer dans cet endroit, sans qu'il soit nécessaire qu'il y ait un sens fini. En effet, le sens ne finit pas après la césure des vers suivans, quoiqu'ils soient fort bons :

Mais je ne puis souffrir—un esprit de travers,
Qui, pour rimer des mots,—pense faire des vers.

DESPREAUX.

Il suffit donc qu'on puisse s'y reposer : ce qu'on ne pourroit pas faire, si la césure finissoit par des mots semblables à ceux-ci : que, pour, mais, si, *&c.* comme dans ces vers :

Amour, c'est comme si,—pour n'être pas connu.

Ballet des Amours déguisés.

Tu m'es bien cher; mais si—tu combats ma tendresse.

Mahomet II. par M. de la Noue.

L'*e* muet ou féminin ne faisant qu'un son imparfait, ne peut être la syllabe du repos, soit que cet *e* soit seul, comme dans muse, ou avec une *s*, comme dans Princes; ou enfin avec *nt*. comme dans ai*ment*, hono*rent*. J'excepte les imparfaits de la troisiéme personne du pluriel, ai*moient*, hono*roient*, &c. par la raison ci-dessus. Quand l'*e* muet est seul & non autrement, il peut être la syllabe du repos, pourvû que l'hémistiche suivant commence par une voyelle, parce qu'alors cet *e* féminin se perd; c'est-à-dire, ne se prononce pas. Exemple :

Nous devons l'Apologue—à l'ancienne Gréce.
Ces deux rivaux d'Horace,—héritiers de sa lyre.
O ma cognée,—ô ma chere cognée !

LA FONTAINE.

Les vers suivans péchent contre cette régle, ou plûtôt ce ne sont pas des vers :

Dans l'eau d'Hippocréne—je n'ai jamais puisé.
C'est la gloire,—qui conduit Alexandre.

Si les mots *le*, *les* peuvent être la syllabe de la césure ?

Le est un *e* muet, par conséquent il ne peut partager le vers. C'est par cette raison qu'on ne sçauroit justifier cet hémistiche de Rotrou :

Allez, assûrez-le —*que sur ce peu d'appas.*

ni celui-ci de Scudery :

Privez-le, privez-le—*de cette grace insigne.*

Le est sujet à l'Elision.

Un valet manque-t-il à rendre un verre net?
Condamnez-le *à l'amende, ou s'il le casse, au fouet.*

RACINE.

Le ne se doit pas mettre à la fin du vers, & l'on ne sçauroit dire avec Marot :

Et vous Censeurs, pleins d'envie immortelle.
O Roi François, tant qu'il te plaira, perds-le;
Mais si le perds, tu perdras une perle.

L'élision de *le* n'est permise qu'autant qu'elle ne blesse pas l'oreille. Qui pourroit, par exemple, la blâmer dans ce vers de M. de Crébillon, l'un des plus doux & des plus coulans qu'il ait fait :

Forcez-le *à vous défendre, ou fuyez avec lui.*

Quoique *le* ne puisse être la syllabe du repos, *les* peut l'être; parceque l'*e* devient ouvert. De sorte que selon ces derniers, il doit se prononcer comme dans *procès*, *succès*, &c.

Frappe, & redresse-les *au juste & droit niveau*,

dit Corneille dans sa Traduction de l'Imitation.

Les mots *ce* & *je* peuvent être élidés, & par conséquent partager le vers, pourvû que l'hémistiche suivant commence par une voyelle. De-là vient qu'ils peuvent être mis à la fin du vers & faire la rime. Exemple :

A quoi me résoudrai-je ?—*il est temps que j'y pense.*

LA FONTAINE.

Doux Sauveur de mon ame, hélas! quand te verrai-je ?
Quand m'accorderas-tu ce charmant privilége ? CORNEILLE.
Quelle fausse pudeur à feindre vous oblige ?
Qu'avez-vous ? Je n'ai rien. Mais... je n'ai rien, vous dis-je.

DESPREAUX.

Il faut se garder seulement de faire rimer *je* avec lui-même, comme a fait M. Rousseau dans les vers suivans :

Hom, disoit l'un, jamais n'entonnerai-je
Un Requiem sur cet Opérateur ?
Dieu paternel, dit l'autre, quand pourrai-je
A mon plaisir disséquer ce Pasteur ?

Par cette raison il ne peut faire une rime après les mots terminés en *ois*, parce qu'il n'y a pas d'autres rimes pour cette terminaison.

J'ai dit que *ce* pouvoit s'élider, partager le vers & être mis à la fin Exemple :

Qu'est-ce *enfin que César, s'il s'érige en tyran ?*
Spinola, dis-tu ? Qu'est-ce—*au prix du grand Condé ?*
De quoi vous sert votre sagesse ?
Moi l'emporter, & que serait-ce ?

Mais il ne faut pas finir le vers par le mot *ce*, dans par*ce* que, ni dire avec Sarasin :

Qu'Archibouffon pourtant je ne dis, parce
Qu'Archibouffon est briguette à la farce.

Marot a fait rimer *pour ce* [démembré de *pour ce que*, qui se disoit autrefois au lieu de *parceque*] avec *rebourse*. Mais notre Langue ne souffre pas ce partage de mots.

La césure ne doit pas tomber entre la préposition & le nom qui s'y rapporte, comme dans ce vers :

Oui je l'aimois avec—autant de volupté.
Pourquoi courir après une gloire étrangère ?

Elle ne doit pas non plus tomber entre ces mots, *avant que*, *après que*, *sitôt que*, *aussitôt que*, *tandis que*, *pendant que*. Ainsi elle est vicieuse dans les vers suivans :

Embrase tout sitôt—qu'elle commence à luire.

RACINE.

Mais je finis avant qu'un Critique malin.
Il vit longtemps après—que l'autre a disparu.

Toutefois quand le *que* qui commence le second hémistiche est élidé, la césure est moins mauvaise, comme on le voit dans les vers précédens, dont le dernier est le moins supportable.

Lorsque ces mots sont adverbes, ils peuvent partager le vers. Exemple :

Il me proméne après—*de terrasse en terrasse.*
Le secret est d'abord—*de plaire & de toucher.*
Marot bientôt après—*fit fleurir les Ballades.*

DESPREAUX.

La césure ne tombe pas avec grace entre les verbes auxiliaires & les participes qui y sont attachés. Exemple :

Dans la rue en avoient—rendu graces à Dieu.
Et tel mot, pour avoir—réjoui le Lecteur,
A coûté bien souvent des larmes à l'Auteur.

DESPREAUX.

Quoi! Seigneur, se peut-il que d'un cours si rapide
La victoire vous ait—ramené dans l'Aulide?

RACINE.

Ce que je viens de dire du verbe auxiliaire & de son participe, n'a lieu que quand ils se suivent immédiatement. Cette exception paroît bisarre au P. Mourgues. Mais il n'a pas fait attention que ce n'est plus le même cas, & que quand la césure ne tombe pas sur le verbe auxiliaire, le repos est bien plus naturel, comme on le voit par ces vers qu'il rapporte :

Enfin la guerre avoit—triomphé de son cœur.
Alors le crime étoit—accompagné de honte.

Qui ne sent pas qu'on s'arrête bien plus naturellement à l'hémistiche, quand on change ainsi ces vers :

La guerre avoit enfin—triomphé de son cœur.
Le crime étoit alors—accompagné de honte.

On ne doit pas placer dans deux hémistiches l'adjectif & le substantif, comme dans ces vers :

Ma foi, j'étois un franc—portier de Comédie.

RACINE.

Je chante les exploits—fameux du grand Pompée.

Cependant si l'adjectif ou le substantif, qu'on a réservé pour le second hémistiche, le remplit tout entier, la césure est bonne. Exemple :

Je chante cette guerre,—en cruautés féconde.

BREBEUF.

Horace, dans le cœur puisant—tout ce qu'il pense,
Par une gracieuse—& douce négligence.

M. l'Abbé du Resnel, Trad. de l'Essai sur la Critique.

A l'abri d'une longue—& sûre indifférence.

Mᵉ DES HOULIERES.

Ses Chanoines vermeils, & brillans de santé,
S'engraissoient d'une sainte—& molle oisiveté. DESPREAUX.

Je ne sçai pourquoi le P. Mourgues prétend que la césure de ce dernier vers peut être contestée.

Quand deux verbes, ou un verbe avec un nom, font un sens indivisible, la césure ne doit pas les séparer, comme dans le second de ces vers :

Et qui sur cette juppe à maint rieur encor
Derriére elle faisoit dire, argumentabor.

Vers que Racine avoit fait supprimer à Despreaux, avec plusieurs autres qui ne valent pas mieux ; mais que ce dernier fit paroître après la mort de son Ami.

J'ai observé qu'un *que* ne commence pas heureusement le second hémistiche, à moins qu'il ne commence le sens, ou qu'il ne soit séparé de son verbe. Exemple :

Pour prendre Dôle, il faut—que Lille soit rendue.
Ne trouve en Chapelain, quoi qu'ait dit la satire,
Autre défaut, sinon—qu'on ne le sçauroit lire. DESPREAUX.

Quand ce *que* est élidé, la césure est moins vicieuse, comme je l'ai observé plus haut.

Lorsque le sens continue après la césure, il faut qu'il aille du moins jusqu'à la fin du vers. Il ne doit pas être rompu, comme dans ces vers faits exprès :

Despreaux me paroît un Poëte, qui sage
Préféroit au brillant le bon sens d'un ouvrage.

Au lieu que si l'on disoit :

Despreaux me paroît un Poëte trop sage,
Pour vouloir sans raison briller dans un ouvrage :

il n'y auroit point de fauté à la césure.

J'ai dit plus haut qu'il n'y a point de césure à observer dans les vers qui ont moins de dix syllabes.

Exemple des Vers de huit syllabes.

On exposoit une peinture,
Où l'Artisan avoit tracé
Un lion d'immense stature
Par un seul homme terrassé. LA FONTAINE.

Exemple de Vers de sept syllabes.

Autrefois le rat de ville
Invita le rat des champs
D'une façon fort civile
A des reliefs d'ortolans.

LA FONTAINE.

Exemple des Vers de six syllabes.

Félicité passée,
Qui ne peux revenir,
Tourment de ma pensée,
Douloureux souvenir.

On pourroit encore en faire de plus courts. Mais ces sortes de vers sont rarement en usage. Scarron a adressé à Sarasin une fort jolie épître en vers de trois & de quatre syllabes.

DU CONCOURS DES VOYELLES APPELLÉ HIATUS.

On doit éviter la rencontre des voyelles qui ne se perdent pas dans la prononciation.

Gardez qu'une voyelle à courir trop hâtée,
Ne soit d'une voyelle en son chemin heurtée.

DESPREAUX.

Le précepte est excellent; mais comme on n'a pas la liberté de dire en vers tout ce qu'on voudroit, il faut ajoûter que l'*e* muet peut précéder une voyelle, parce qu'il se perd alors dans la prononciation. Ce seroit donc une faute de dire avec Pybrac dans ses Quatrains:

Dieu en courant ne veut être adoré;
D'un ferme cœur il veut être honoré;
Mais ce cœur-là, il faut qu'il nous le donne

Où l'on voit que dans le premier vers, *Dieu en*, & dans le troisiéme *là il* font une rencontre de voyelles, qui se souffroit autrefois, mais qui ne se souffre plus depuis un siécle & davantage.

Il y a une exception à cette régle par rapport à l'affirmative *oui*, lorsqu'elle est répétée:

Oui, oui je sçaurai bien m'affranchir de vos fers.

Mais par-tout ailleurs, & sur-tout quand ce mot forme deux syllabes, il est sujet à la régle. Je dis, *quand ce mot est de deux syllabes;* car il en peut faire deux lorsqu'il devient substantif:

Dès qu'on a prononcé ce malheureux oui.

Il faut distinguer deux sortes d'*h*: l'une qui est aspirée, & l'autre qui ne l'est pas. La premiére est une vraie consonne, & elle en a toutes les propriétés, c'est-à-dire que toutes les voyelles qui la précédent, même l'*e* muet ne se mangent point, & que les consonnes ne se prononcent point. On doit dire le contraire de l'*h* non aspirée. Exemple :

Mais quelques vains lauriers que promette la guerre,
On peut être héros *sans ravager la terre.*
Il est plus d'une gloire : envain aux Conquérans
L'erreur parmi les Rois donne les premiers rangs.
Parmi les grands héros *ce sont les plus vulgaires.*
Chaque siécle est fécond en heureux *téméraires....*
Mais un Roi vraiment Roi, qui sage en ses projets,
Sçache en un calme heureux *maintenir ses Sujets,*
Qui du bonheur public ait cimenté sa gloire,
Il faut pour le trouver, courir toute l'histoire.

DESPREAUX.

Si on veut sçavoir quels sont les mots qui ont l'*h* aspirée ou non aspirée, la régle ordinaire est que les mots qui sont dérivés du latin, comme habile, haleine, heureux, huile, huître, hyver, qui viennent d'*habilis*, *halo*, *hora*, *oleum*, *ostreum*, *hyems*, n'ont pas l'*h* aspirée. Exceptés *héros*, *harpie*, *hennir*, & peut-être quelques autres qui tirent leur premiére origine du Grec, ἥρως, ἅρπυια, ὕννος, &c. les autres mots qui ne viennent pas du Latin ont l'*h* aspirée. Voici une liste générale des mots les plus communs où l'*h* est aspirée, aussi-bien que leurs dérivés & leurs composés, par laquelle il sera facile de juger de ceux où elle ne l'est pas. Nous n'y mettrons pas les noms propres de villes, &c.

Habler,	Hanneton,	Harnois,	Héros, mais non ses dérivés.	Houlette,
Hacher,	Hanter,	Harpe,		Houpe,
Hagard,	Haper,	Harpie,		Housse,
Haie,	Haquenée,	Harrt,	Hêtre,	Houssine,
Haillon,	Haran,	Hâte,	Heurter,	Houx,
Haïr,	Harangue,	Haut,	Hibou,	Huée,
Hâire,	Haras,	Havre,	Hideux,	Huguenots,
Hâle,	Harceler,	Hasard,	Hola,	Huit,
Halle,	Hardes,	Hennir,	Honte,	Hure,
Hallebarde,	Hardi,	Héraut,	Hoquet,	Hurler,
Hameau,	Haricot,	Herce,	Hors,	Hute,
Hanche,	Haridelle,	Hérisser,	Hotte,	

L'usage familier n'aspire point l'*h* en certaines occasions particuliéres, ainsi on prononce un'hallebarde, du fromage d'Hollande, de l'eau de la Reine d'Hongrie.

J'ajoûterai une réflexion sur le mot *Henri*, que Ménage prétend devoir être aspiré. Il y a des occasions où on doit l'aspirer; il y en a d'autres où l'on ne doit pas le faire. On n'en peut donner des régles sûres. C'est l'oreille qu'il faut consulter pour cela. Mlle de Rohan a fort bien dit, par exemple :

Quoi! faut-il que Henri, &c.

Cependant on dit fort bien aussi, *le regne d'Henri IV. la mort d'Henri IV.* M. Habert de Montmaur n'a été blâmé de personne pour n'avoir pas aspiré l'*h* d'*Henri*, dans ce beau Madrigal *touchant la statue d'Henri le Grand, placée sur le Pont-Neuf*, pas même de Ménage, qui l'a inséré lui-même dans l'ouvrage où il condamne cette liberté.

Superbes Monumens, que votre vanité
Est inutile pour la gloire
Des grands Héros, dont la mémoire
Mérite l'immortalité!
Que sert-il que Paris, au bord de son canal,
Expose de nos Rois ce grand original,
Qui sçut si bien regner, qui sçut si bien combattre?
On ne parle point d'Henri Quatre;
On ne parle que du cheval.

Les Poëtes ne font pas difficulté d'aspirer quelques mots qui ne commencent pas par un *h*, comme onze, onziéme. Il seroit d'autant plus injuste de leur refuser cette liberté, que l'usage l'a introduite dans la prose, où il est permis de dire *le onze du mois, du onze du mois, le onziéme*, &c.

Ce concours vicieux de voyelles se connoît par la prononciation & non par l'écriture. Ainsi, quoique la conjonction *&* reçoive le *t* dans l'orthographe ; comme ce *t* ne se prononce point, on ne peut employer en vers cette conjonction avant les mots qui commencent par une voyelle, ni dire avec la Fontaine :

Le Juge prétendoit qu'à tort & à travers,
On ne sçauroit manquer condamnant un pervers.

» Quoique, dit M. Restaut, l'*n* finale de la négation *non*, ne se » prononce pas plus que le *t* de la conjonction *&*, cependant les » Poëtes sont en possession de la mettre avant des mots qui commen- » cent par une voyelle, comme dans ce vers :

» *Non, non, un Roi, qui veut seulement qu'on le craigne* «.

Je suis un peu surpris d'entendre dire à M. Restaut, que l'*n* finale de *non* ne se prononce pas plus que le *t* de la conjonction *&*. On prononce *é*. Prononce-t-on *no?* Il n'est donc pas dans l'exactitude de dire que *la prononciation de* non *avant une voyelle, soit aussi desagréable que celle d'une voyelle avant une autre.* Je crois, pour le dire en passant, quoi qu'en pense M. Restaut, que dans un discours soûtenu on peut faire sonner l'*n* dans *illusion, ambition, &c.* & prononcer *illusion n'étrange, ambition—n'illustre.* Du reste, j'avoue, avec M. Restaut, qu'il est mieux de placer avant une consonne, les mots où l'on ne fait point sonner l'*n* finale, & qu'ainsi ce premier vers est plus doux que le second :

Non, je ne puis souffrir un bonheur qui m'outrage.
Non, non, un Roi qui veut seulement qu'on le craigne.

Quoique certaines personnes prétendent que quelques mots liés, tels que, *peu-à-peu*, *pié-à-pié*, *&c.* n'en font qu'un, cependant il faut les éviter comme un écueil dans la Poësie, à cause de l'*Hiatus*.

Les mots qui finissent par deux voyelles, dont la derniére est un *e* muet, comme vie, joie, vûe, idée, &c. ne peuvent se mettre qu'à la fin du vers, à moins que cet *e* muet ne se perde par le concours d'une autre voyelle. Ainsi l'on ne sçauroit dire avec Scarron :

Où l'on oit crier tue, tue.
Ils se mirent à tue tête.

Mais Despreaux a fort bien dit :

Qu'est devenu ce teint, dont la couleur fleurie
Sembloit d'ortolans seuls & de bisques nourrie?
Où la joie en son lustre attiroit les regards, &c.

Il s'ensuit de-là que ces mots, lorsqu'ils sont au pluriel, & les verbes qui ont *nt* précédé de deux voyelles, dont la derniére est un *e* muet, ne peuvent entrer dans le vers si ce n'est à la fin, comme *vies*, *joies*, *vûes*, *idées*, *avouent*, *envoient*, *&c.* On excepte *soient* & *aient*, parce qu'ils sont monosyllabiques. On excepte aussi les imparfaits de la troisiéme personne du pluriel, *aimoient*, *charmeroient*, *&c.* qui rendent le vers masculin, par la raison que j'en ai donnée plus haut.

De l'Enjambement du Vers.

On appelle *enjamber*, quand on continue le sens qu'on a commencé dans un vers jusqu'au vers suivant, & qu'on reprend un sens nouveau avant la fin du vers. Les différentes périodes séparées par un point, & les divers membres d'une même période que l'on distingue par deux points, ou par un point & une virgule dans l'orthographe réguliére, sont censés porter des sens différens. Voici donc ce qu'on établit par cette régle : sçavoir, qu'*il n'est pas permis de finir une période, ni un membre de période avant la fin du vers, si la période ou son membre ont commencé dès le vers précédent*. La raison de cette régle se tire de ce que dans la lecture on est obligé de s'arrêter sensiblement à la fin de chaque période & de chaque membre de période. Et comme d'ailleurs on est obligé de s'arrêter sensiblement à la fin du vers, afin de pouvoir faire sentir la rime ; si ces deux pauses ne concourent point ensemble, celle qui se fera à la fin du vers semblera peu naturelle, parce que le sens n'y sera pas fini; & celle qui se sera avant la fin du vers sera peu harmonieuse, à cause qu'elle ne sera pas à la place de la rime. Pour éviter cet inconvénient, on doit terminer le sens sur un mot qui serve de rime, & par ce moyen l'esprit & l'oreille seront également satisfaits. C'est-là une des plus grandes délicatesses, & en même temps l'une des plus grandes difficultés de notre Poësie. Il y a peu d'Auteurs, même célébres, qui ne se soient écartés de cette régle.

Exemple de l'Enjambement.

Mais de ce même front l'héroïque fierté
Fait connoître Alexandre. Et certes son visage
Porte de sa grandeur l'infaillible présage.

RACINE.

Il est bon de remarquer que quand le sens ne finit pas avec le vers, il faut cependant qu'on puisse s'y arrêter naturellement. Un exemple fera sentir ce que je veux dire. Racine a dit dans ses *Plaideurs :*

Mais j'apperçois venir Madame la Comtesse
De Pimbesche. Elle vient pour affaire qui presse.

Il est visible qu'il y a enjambement, non seulement à cause que le sens finit après les trois premiéres syllabes du second vers; mais encore, parce qu'on ne peut s'arrêter à la fin du premier. J'ai dit, *non seulement à cause que le sens finit après les quatre premiéres syllabes du second vers :* car il ne laisseroit pas d'y avoir enjambement, quand même le sens ne finiroit qu'à la fin du second vers. De sorte que Racine n'auroit pas laissé de pécher contre la régle de l'enjambement quand il auroit dit :

Mais j'apperçois venir Madame la Comtesse
De Pimbesche, qui vient pour affaire qui presse.

La raison en est, qu'on ne sçauroit se reposer après le premier vers, le sens n'étant pas assez suspendu. En un mot, lorsque le sens ne finit pas avec le vers, il faut qu'on puisse s'y arrêter aussi sensiblement qu'après la césure. Qui pourroit par exemple, approuver ces deux vers faits exprès?

A l'aspect de son Roi, le vaillant capitaine
Bayard, quoique blessé, combattoit dans la plaine.

Il n'y faudroit faire qu'un très-léger changement, pour les rendre supportables :

A l'aspect de son Roi, ce vaillant Capitaine,
Bayard, quoique blessé, combattoit dans la plaine.

Où l'on voit qu'on peut s'arrêter après le premier vers. Ce qu'on ne sçauroit faire lorsqu'il est tourné de la premiére façon. J'ai insisté sur cette observation, parce que je crois que personne ne l'a faite jusqu'à présent.

Si c'est une faute de terminer après le commencement du vers le sens qui a commencé au vers précédent, ce n'en est pas une de l'y interrompre, soit par la passion, comme dans les vers suivans :

Le Ciel te donne Achille, & ma joie est extrême
De t'entendre nommer .... Mais le voici lui-même.

RACINE.

Soit dans le dialogue, lorsque celui qui parloit est interrompu par quelqu'un, comme dans ces vers de l'Andromaque du même Auteur.

Je prolongeois pour lui ma vie & ma misère.
Mais enfin sur ses pas j'irai revoir son pere.
Ainsi tous trois, Seigneur, par vos soins réunis,
Nous vous .....

Pyrrhus.

Allez, Madame, allez voir votre fils.

Il faut cependant que le sens soit tout-à-fait suspendu à l'endroit où se fait l'interruption. Car s'il n'étoit pas suffisamment déterminé, le changement soudain de discours ni l'arrivée imprévûe d'un Acteur ne sauveroient pas l'enjambement, comme si Racine eût mis ces paroles dans la bouche de Clytemnestre.

Le Ciel te donne Achille, & ma joie est extrême
De le voir ton Epoux. Mais le voici lui-même :

ou celles-ci dans la bouche d'Andromaque :

Ainsi tous trois, Seigneur, par vos soins réunis,
Nous ne craindrons plus rien.

Pyrrhus.

Allez voir votre fils.

L'enjambement se souffre dans les fables & dans les vers familiers. On l'emploie sur-tout avec grace dans les vers appellés Marotiques, de Clément Marot, Poëte célébre du XVIe siécle, dont on imite quelquefois le style naif & agréable dans les vers à cinq pieds.

DES INVERSIONS OU TRANSPOSITIONS.

Quoique le langage de la Poësie Françoise ne soit pas différent de celui de la Prose, & qu'on y emploie communément les mêmes termes, il est permis cependant d'y faire dans la construction de la phrase certaines inversions ou transpositions que la prose n'admettroit pas, & qui contribuent beaucoup à l'harmonie & à la noblesse des vers. Le P. du Cerceau, dans ses Réflexions sur la Poësie, croit les transpositions si nécessaires, que sans elles il ne peut y avoir de vers François. L'essence de notre Poësie *consiste*, selon cet Auteur, *dans le tour qui met de la suspension dans la phrase, par le moyen des inversions ou transpositions reçûes dans la Langue, & qui n'en forcent pas la con-*

struction. Richelet paroît d'un sentiment diamétralement opposé à celui du P. du Cerceau. » Il faut, dit-il, que la construction des vers soit » par-tout naturelle & sans transposition. On en souffre pourtant quel- » quefois dans la Poësie sublime, où il se faut exprimer d'un air noble » & vigoureux. On ne s'en doit point servir dans les chansons, les » madrigaux & autres piéces, qui ne veulent pas un style élevé «. J'ose dire qu'ils ont tort l'un & l'autre : le P. du Cerceau ; puisque nous avons de très-beaux vers sans transposition ; & Richelet, puisque les transpositions sont employées fréquemment par nos meilleurs Poëtes. Despreaux en particulier en est tout rempli. Les inversions se souffrent aussi fort bien dans les madrigaux, chansons, &c. Mais en quelque piéce qu'on les emploie, il faut que ce soit toûjours avec grace & avec discernement ; de sorte qu'elles ne causent ni dureté ni obscurité.

Les transpositions consistent à changer l'ordre naturel des mots. Ce qui se peut faire de plusieurs maniéres.

I°. En mettant le nominatif après le verbe, comme dans ce vers du Mithridate de Racine :

Je fuis. Ainsi le veut la fortune ennemie.

L'ordre naturel seroit, la fortune ennemie le veut ainsi.

Cette sorte de transposition est aussi admise dans la prose.

II°. En mettant un génitif avant celui dont il dépend. Exemple :

Des biens des nations ravisseurs altérés.

RACINE.

Où l'on voit qu'en prose il faudroit dire : Ravisseurs altérés des biens des nations.

III°. En mettant le régime relatif au datif ou à l'ablatif, avant le verbe auquel il a rapport. Exemple :

A mes justes desseins je vois tout conspirer.

RACINE.

Des sotises du temps je compose mon fiel.

DESPREAUX.

Et recevant l'appui, que vous offre son bras,
D'un si grand défenseur honorez vos Etats.

RACINE.

IV°. Il y a quelques remarques à faire sur la transposition de l'accusatif. » Si notre Langue, dit Corneille sur Vaugelas, souffre » quelquefois la transposition du nominatif, elle ne sçauroit s'ac- » commoder de celle de l'accusatif, non pas même en Poësie. Ainsi » les vers qui ressembleroient à celui-ci, ne seroient pas faits pour le plaisir de l'oreille :

» *Il veut sans différer ses ennemis combattre* «.

Racine par conséquent a fait une faute, en disant dans ses Freres ennemis :

Et si quelque bonheur nos armes accompagne.

Tel

Tel eſt le ſentiment de tous nos Ecrivains. » A l'égard de nos ac» cuſatifs, dit un Auteur moderne (*), comme ils ont la même ter» minaiſon que nos nominatifs, il eſt impoſſible de les tranſpoſer, » parce que c'eſt leur poſition qui les détermine. Ainſi on a eu raiſon » d'en abolir la tranſpoſition dans les vers, où elle étoit autrefois » reçûe «. Cette raiſon eſt-elle ſolide? Ne s'enſuivroit-il pas de-là que la tranſpoſition d'un verbe régi par un autre, pourroit être permiſe, puiſque ce n'eſt pas ſa poſition qui le détermine? Et ne pourroit-on pas dire avec Ronſard, Eglogue V.

Si ſous mon larigot reverdir je vous vois.

Ou ſi ce vers n'eſt pas aſſez intelligible:

Si de cette maiſon approcher l'on vous voit?

Il eſt certain qu'il n'y a aucune obſcurité dans ce vers, dont la tranſpoſition ne laiſſe pas d'être vicieuſe. Il n'eſt pas vrai d'ailleurs que ce ſoit toûjours leur poſition qui détermine les accuſatifs; car lorſque le verbe eſt dans un nombre différent du nominatif, alors c'eſt lui qui détermine l'un & l'autre, comme on le voit par le vers que j'ai déja cité.

Et ſi quelque bonheur nos armes accompagne.

C'eſt le verbe ſingulier *accompagne* qui détermine le nominatif & l'accuſatif.

M. Reſtaut permet de tranſpoſer quelquefois l'accuſatif. » Ce qui, » dit-il, ne ſe doit pourtant faire qu'avec beaucoup de réſerve, comme » dans ces vers:

» *Le ſort vous y voulut l'une & l'autre amener,*
» *Vous pour porter des fers, elle pour en donner.*
» *Vous direz à celui qui vous a fait venir,*
» *Que je ne lui ſçaurois ma parole tenir* «.

Il eſt évident que M. Reſtaut s'eſt trompé par rapport à l'accuſatif du dernier vers, dont la tranſpoſition eſt certainement vicieuſe.

La tranſpoſition de l'accuſatif n'eſt pas ſi généralement proſcrite, qu'elle ne ſouffre quelquefois des exceptions. Il y a des cas où non ſeulement elle eſt permiſe, mais où elle donne même de la force à la phraſe. Car, pour ne point parler des accuſatifs monoſyllabiques, *me*, *le*, *vous*, *les*, &c. qu'il faut néceſſairement tranſpoſer en proſe auſſi-bien qu'en vers, j'ai remarqué qu'on tranſpoſe auſſi les mots ſuivans: *rien*, *tout*, *tous*, *l'un & l'autre*, *&c.* Exemple:

Le ſort vous y voulut l'une & l'autre *amener.*
L'un l'autre *vainement ils ſemblent ſe haïr.*

DESPREAUX.

A mes juſtes deſſeins je vois tout *conſpirer.*
Le bruit de nos tréſors les a tous *attirés.*

RACINE.

(*) M. l'Abbé Des Fontaines.

Cette transposition est aussi reçûe dans la prose. Il a *tout* avoué, il n'a *rien* dit. Un homme capable de *tout* oser, de *tout* entreprendre. Cependant elle n'est guère reçûe que dans les infinitifs & participes. Ainsi il faut dire : j'ose *tout*. Il entreprend *tout*. Ce qui paroît assez bisarre, c'est qu'on dit fort bien : *Un homme incapable de rien faire de bon* ; & qu'on ne sçauroit dire : *Un homme capable de quelque chose faire de bon*. J'ai remarqué encore que l'accusatif se peut transposer au moins en vers, lorsqu'il est précédé de *comme*. Exemple :

Oui, comme ses exploits, nous admirons vos coups.

RACINE.

Comme un parfait Héros, je regarde Louis.

Il y a encore des cas où l'on transpose nécessairement l'accusatif, & en vers & en prose. *Quel livre lisez-vous ?* Je ne sçai *quelle piéce on joua hier*. Mais je ne m'apperçois pas que ceci regarde la Grammaire, & non la Poësie en particulier.

V°. La transposition se fait en mettant avant le verbe tout ce qui peut en dépendre, & ce qui devroit naturellement être mis après. Ce sont communément les prépositions avec leurs régimes, comme on le peut voir dans les vers suivans, qui serviront d'exemples pour la plûpart des transpositions que je n'ai pas détaillées :

Ne vous figurez pas que de cette contrée,
Par d'éternels remparts Rome soit séparée :
Sur le tombeau des Rois *élever sa grandeur*.
La Gréce en ma faveur *est trop inquiétée*.
Mais l'Hydaspe, malgré tant d'escadrons épars,
Voit enfin sur ses bords *flotter nos étendars*.
Mais pour vous *ce malheur est un moindre supplice*.
Ainsi la Gréce en vous *trouve un enfant rebelle*.
Vous attendez le Roi. Partez, & lui montrez
Contre le fils d'Hector *tous les Grecs conjurés*.
Et quel autre intérêt contre lui *vous anime ?*
Dans le sein de Priam *n'a t-on pû l'immoler ?*
Sous tant de morts, sous Troye, *il falloit l'accabler*.
Tout étoit juste alors. La Vieillesse & l'enfance
Envain sur leur foiblesse *appuyoient leur défense*.

RACINE.

Quoique j'aie dit que la transposition des nominatifs, génitifs, *&c.* soit permise, il faut cependant en user avec prudence. C'est à l'oreille à juger si les transpositions n'ont rien de forcé ni d'obscur. Je donne un seul exemple d'une mauvaise transposition du génitif :

Après avoir vaincu de Ferdinand *l'armée*.

Où l'on sent qu'il faudroit quelques mots entre *Ferdinand* & *l'armée*, &c.

DE LA RIME.

LA Rime est un même son à la fin des mots qui terminent les vers. Je dis *son*, & non pas *mêmes lettres*. Car la Rime étant pour l'oreille, on n'y regarde communément que le son & non l'écriture. Ainsi *accords* & *corps* riment très-bien, & *aimer* & *mer* très-mal. J'ai ajoûté *communément*; parce qu'il y a des sons parfaitement semblables, qui ne font pas une rime. Arrêt, par exemple, ne rime pas avec Marais. D'où il suit que les Auteurs qui nous ont tracé des régles de la Versification, ne se sont pas expliqués correctement, en disant que la Rime n'est que pour l'oreille.

Comme j'ai parlé au commencement de ce Traité des différentes sortes de Rimes, je ne répéterai pas ce que j'en ai dit.

La principale différence qu'il y ait entre la Rime masculine & la Rime féminine, c'est que dans la premiére on ne considére que la derniére syllabe, comme *amour*, *liberté*, *grandeur*. Au contraire, dans la Rime féminine l'*e* muet se prononçant peu, il faut que la ressemblance du son se tire de la syllabe précédente, qui est la pénultiéme. Ainsi *fortune* & *couronne* ne riment pas; mais *fortune* & *Neptune*; *couronne* & *abandonne*. En un mot, dans la Rime masculine c'est la derniére syllabe qui fait la Rime; & dans la Féminine, les deux derniéres.

Dans les Rimes masculines la derniére syllabe des deux vers qui riment ensemble, doit presque toûjours se ressembler entiérement. Heu*reux*, danger*eux*, par exemple, riment fort bien. Heu*reux* & fa*meux* ne riment pas si bien; encore moins beau*té* & enflam*mé*. Mais quand le son de la derniére syllabe est fort plein, comme a*mour*, re*tour*, gran*deur*, dou*leur*, uni*vers*, en*fers*, Cé*sars*, re*gards*, alors on se contente de l'uniformité du son dans la derniére voyelle, sans se mettre en peine de la consonne précédente. Cette exception a lieu principalement dans les mots d'une syllabe; ces mots riment fort bien, soit avec d'autres monosyllabes, soit avec des mots de plusieurs syllabes, comme *loi*, *toi*, *foi*, em*ploi*, *pas*, *bas*, com*bats*, *paix*, *faix*, *jour*, re*tour*, *feu*, *jeu*, ne*veu*, *&c.*

Quand les Rimes sont rares, on n'exige pas tant d'exactitude. Ainsi sou*pir* rime avec plai*sir*, & *zéphir* avec dé*sir*.

Les mots qui ont un *e* ouvert, ne riment pas bien avec ceux qui à la derniére syllabe ont un *e* fermé. Jupi*tèr* ne rime pas bien avec van*ter*, *mèr* avec ai*mer*, en*fèr* avec échau*ffer*, *chèr* avec appro*cher*, *hier* avec gros*sier*, lé*ger* avec chan*ger* [la derniére syllabe de Cheveau-lé*ger* est un *e* fermé] quoi qu'en ait pensé le P. Mourgues, qui prétend que l'*e* devient ouvert dans la derniére syllabe des infinitifs. Ainsi la Rime est défectueuse dans les vers suivans :

Mes yeux en sont témoins, j'ai vû moi-même hier
Entrer chez le Prélat le Chapelain Garnier.

DESPREAUX.

Attaquez dans leurs murs ces conquérans si fiers.
Qu'ils tremblent à leur tour pour leurs propres foyers.
Et quand avec transport je pense m'approcher
De tout ce que les dieux m'ont laissé de plus cher.

RACINE.

Il y en a encore quelques autres exemples dans Racine. Mais ce n'est pas par-là qu'il a été grand Poëte. Il y a long-temps que cette Rime Normande est proscrite, & l'on doit dire avec M. de Fontenelle :

Bergères, jouissez de mille vœux offerts.
Dans l'absence d'Iris les momens vous sont chers.

Et avec M. l'Abbé du Resnel :

Sont-ils devenus grands, ces nourrissons si chers ?
Ils courent habiter les bois, les champs, les airs.

Traduction de l'Essai de Pope sur l'homme.

Ménage, dans ses observations sur Malherbe, dit que ce Poëte, *sur la fin de ses jours avoit conçu une si grande aversion contre ces Rimes Normandes, qu'il avoit dessein de les ôter toutes de ses Poësies.*

Cette Rime n'est pas même permise dans les vers féminins, où le son est plus soûtenu, & ou l'é est plus ouvert. Ainsi *terre* & taire (*tacere*) ne forment pas une Rime suffisante. Je sçai que quelques Poëtes modernes l'emploient assez communément. Mais ils ne sont pas en cela à imiter. Despreaux ne l'a employée qu'une seule fois :

Cotin à ses sermons traînant toute la terre,
Fend les flots d'auditeurs pour aller à sa chaire.

Une seule lettre, quoiqu'elle fasse une syllabe, n'est pas suffisante pour la Rime. *Desorte qu'il passe pour maxime*, dit le P. Mourgues, *que dans la Poësie Françoise il n'est point de Rime à une seule lettre.* Ainsi créé ne rime pas avec lié, *joué. Créée* ne rime pas même avec *liée* & *jouée.* Il n'est donc pas toûjours vrai de dire que la Rime féminine est riche, lorsque les deux derniéres syllabes sont les mêmes, puisque dans l'exemple que je viens de rapporter, elles ne forment pas seulement une Rime suffisante. Racine n'a pas observé cette régle lorsqu'il a dit :

Depuis que sur ces bords les Dieux ont envoyé
La fille de Minos & de Pasiphaë.

Ni Despreaux dans sa dixiéme Satire :

Mais je vous dirai moi, sans alléguer la Fable,
Que si sous Adam même, & loin avant Noé,
Le vice audacieux des hommes avoué, &c.

Quoique cette Rime paroisse supportable par rapport à l'espéce de conformité de l'*o* & de l'*ou* dans la pénultiéme syllabe. Je ne parle pas de cette expression, *loin avant Noé*, pour *long-temps avant Noé*, dont il seroit difficile de trouver des exemples, parce que cette observation n'est pas de mon sujet.

La cause de cette exception, est que dans les mots terminés en *aé*, *ée*, *ié*, *oé*, *ué*, le son se tire de la pénultiéme voyelle, soit qu'elle fasse une syllabe à part, comme dans *lier*, *lien*, *jouet*, *&c.* soit qu'elle ne fasse qu'une syllabe avec la derniére voyelle, comme dans *bien*, *pilier*, *&c.* De-là vient que, malgré le privilége des monosyllabes, où l'on n'exige pas une si grande conformité de son, *honteux* rime mal avec *yeux*, parce que dans *yeux* le son se tire de l'*y* qui n'est pas dans *honteux*; quoi qu'en pense M. Restaut, qui dit qu'*il n'y a rien d'irrégulier dans cette Rime.* Il en est de même de *feu*, *lieu*; *jeu*, *milieu*; *sein*, *rien*, *&c.* Cette derniére rime est la plus mauvaise de toutes.

On excepte de cette régle les féminins de la terminaison en *iére*, dont les mots, sans être monosyllabiques, riment ensemble; sans doute à cause que le son est plus plein; quoique le nombre des mots qui ont cette terminaison soit fort grand. Tel est l'usage, peut-être mal établi, mais que l'on ne sçauroit contester. Ainsi *sévère*, rime avec *lumiére*, *carriére*, *&c.* quoi qu'*estimer* ne rime pas avec *limier*.

Cette régle du P. Mourgues, qu'il n'est point de Rime à une seule lettre, n'est pas si généralement vraie qu'elle ne souffre des exceptions. *Obéi*, par exemple, rime bien avec *trahi*.

C'est en conséquence de cette même régle qu'il condamne absolument la rime de *connu*, *conçû*; *imprévû*, *interrompu*, *&c.* Rimes qu'il trouve aussi mauvaises que celles de *forcer*, *charmer*; *consultés*, *charmés*, *&c.* Mais sans aucune raison, puisque l'usage permet les unes & condamne les autres; ne se trouvant presque aucun Poëte qui n'emploie les premiéres, & qui ne rejette les derniéres.

Observations diverses sur la Rime.

Le son des lettres *c*, *g*, *q*; du *d* & du *t*; de l'*m* & de l'*n*; de l'*s* & de l'*x*, étant souvent le même, elles forment une bonne Rime. Exemple: *Flanc*, *sang*, *rang*; *coq*, *roc*, *soc*, *bouc*, *joug*; *Armand*, *amant*; faim, humain; nous, doux, courroux, &c. La lettre *p* ne rime bien qu'avec elle-même. Ainsi la rime des vers suivans n'est pas exacte:

D'un triomphe pompeux l'appareil imposant
Hors de ces murs encor le retient dans son camp....
Ton bras est suspendu. Qui t'arrête? Ose tout:
Dans un cœur tout à toi laisse tomber le coup.

Mahomet II. de M. de la Nouë.

La plûpart de ces mots, lorsqu'ils sont au pluriel, riment fort bien avec d'autres pluriels qui n'ont pas les mêmes lettres. Exemple : *Grands*, *sens*, *flancs*, *rangs*, *differens.*

Il est sur l'Hélicon deux sommets différens,
Où chacun à l'envi brigue les premiers rangs.

M. l'Abbé du Resnel, Trad. de Pope sur la Critique.

Jougs, *courroux*, *nous*; *corps*, *accords*, *efforts*, *essors*; *écrits*, *mépris*, *&c.* riment bien par cette raison. J'ai dit, *la plûpart de ces mots*; car il n'en est pas ainsi de la lettre *r*, quoiqu'elle ne se prononce pas quelquefois, comme en *dangers*, qui ne rime pas avec *outragés*; malgré le sentiment du P. Buffier, qui prétend que cette régle n'est pas fort essentielle, même par rapport au singulier, où la rime d'un mot sans *r*, avec un autre qui a un *r* à la fin, est encore plus vicieuse. » Il en est de même, dit-il, des mots qui auroient la même prononciation, dont l'un s'écriroit par une *r* à la fin, & un autre sans » cette *r*, comme *danger* & *plongé*. Cette régle, qui *s'observe communément*, *ne paroît pas néanmoins si essentielle* «. Elle est si essentielle, que je défie le P. Buffier de citer un Poëte qui s'en dispense; si ce n'est peut-être ceux qui retranchent de plusieurs mots les lettres qui ne se prononcent pas, comme on le pratique dans un ouvrage périodique, où l'on écrit *rochés*, qui pourroit alors fort bien rimer avec *touchés*. Mais je doute qu'une telle orthographe soit suivie de beaucoup de personnes. Dans une *Ode aux Manes de Rousseau*, qui se trouve au même Recueil, on fait rimer *François* avec *fois*. Ce qui ne peut qu'*indigner les manes* de ce grand Poëte.

De la Rime du Simple & du Composé.

La Rime du simple avec son composé est proscrite, lorsque l'un & l'autre sont pris dans leur signification naturelle & non figurée. Ainsi les rimes suivantes doivent être rejettées : *Battre*, *combattre*; *ordre*, *desordre*; *bonheur*, *malheur*, *&c.* Mais elle est admise lorsqu'elle a reçu par l'usage des significations assez différentes, comme *garde*, *regarde*; *lustre*, *illustre*; *fait*, *parfait*; *front*, *affront*, *&c.* On voit par-là que le P. Mourgues, qui admet cette régle & ces Rimes, s'est visiblement trompé, lorsqu'il a mis les rimes de *jours*, *toûjours*; *temps*, *printemps*, au nombre de celles qui n'ont pas reçû par l'usage des significations assez différentes, & lorsqu'il les a condamnées. Aucun Poëte ne fait difficulté de s'en servir; & je ne connois que le P. Mourgues qui les rejette.

De la Rime de l'L mouillée.

La Rime est défectueuse, entre deux mots qui riment par deux *ll*, dont l'une est mouillée & l'autre séche; car ce sont deux sons presque entiérement différens. Exemple :

Par ton ami rappellé
Sur ce rivage émaillé.

C'est bien pis quand la Rime est féminine. Car *ville* & *famille* riment encore plus mal, ou plûtôt ne riment point du tout, à cause que le son de ces mots est entiérement dissemblable.

Si un mot peut rimer avec lui-même.

On peut faire rimer un mot avec lui-même, quand il a des sens différens. Le P. Buffier dit que *plusieurs trouvent quelque chose de plat & de lâche dans ces sortes de rimes.* Cependant depuis Perrin jusqu'à Corneille, il n'y a aucun Poëte qui ait eu le moindre scrupule là-dessus (*). Et si c'est une licence, elle est si ancienne qu'il y a prescription.

De la Rime des Syllabes longues & bréves.

En général les voyelles longues, soit qu'elles se trouvent dans la derniére syllabe des vers masculins, ou dans la pénultiéme des vers féminins, riment mal avec les bréves, comme *male*, *cabale*, *objet*, *intérêt*, *conquête*, *coquette*; *dépôt*, *dévot*, *&c.* Cependant une voyelle bréve peut rimer avec une longue, quand elle a de sa nature un son assez plein, & que la différence du bref au long n'étant pas trop sensible, elle peut être facilement aidée & corrigée par la prononciation. Ce qui regarde principalement les voyelles *a* & *ou*. Ainsi, quoiqu'elles soient bréves dans les mots *préface* & *tout*, on peut faire rimer ces mots avec ceux de *grace* & de *goût*, où elles sont longues. Exemple :

Un auteur à genoux dans une humble préface,
Au lecteur qu'il ennuye a beau demander grace.
Aimez-vous la muscade ? On en a mis partout.
Sans mentir ces pigeons ont un merveilleux goût.

Despreaux.

C'est donc une trop grande délicatesse au P. Buffier d'avoir condamné cette derniére Rime. Je ne crois pas que celle des vers suivans soit suffisante.

Son choix à votre nom n'imprime point de taches.
Son amitié n'est point le partage des lâches.

Racine.

Il y a une observation à faire sur une partie des mots terminés en

(*) Je viens de m'appercevoir d'un passage de Ménage, qui est de ce sentiment, & qui ajoûte que ces Rimes sont si communes, qu'il ne se seroit pas avisé de faire cette remarque, s'il n'avoit été repris par deux grands Poëtes, pour les avoir employées dans son Offre de Service à Mademoiselle de Bellebat.

et. Tous ceux qui sont brefs au singulier, comme *objet*, *décret*, *parfait*, deviennent longs au pluriel sans exception. Ainsi, *discret*, qui rime mal avec *prêt*, y rime bien quand ces mots sont au pluriel : *Discrets*, *prêts*. Et ce qui paroîtra peut-être assez bizarre, c'est que ces mots, qui deviennent longs au pluriel masculin, demeurent brefs au pluriel féminin. *Discrétes*, *parfaites* riment avec *Prophétes*, *Poëtes*, *trompettes*, & non avec *prêtes*, *fetes*, *têtes*, *conquêtes*, *&c.*

Observation sur le mot Etes.

Ce mot, qui, suivant la plûpart des Auteurs, est toûjours long en prose, peut devenir bref en vers, ou du moins rimer avec un autre mot, dont la derniére voyelle est bréve. M. Restaut se trompe donc en disant que la Rime des vers suivans n'est pas tout-à-fait exacte :

Je me porte encor mieux que tous tant que vous êtes.
Je fais quatre repas, & je lis sans lunettes.

Voici des exemples où l'on fait ce mot bref :

Je ne vous tiendrai plus mes passions secrettes.
Je sçai ce que je suis, je sçai ce que vous êtes.

P. CORNEILLE.

*Point d'époux qui m'abbaisse au rang de ses suj*ettes.
*Enfin je veux un Roi. Regardez si vous l'*êtes.

T. CORNEILLE.

Toute pleine de feu de tant de saints Prophétes,
Allez, osez au Roi déclarer qui vous êtes.

RACINE.

Plusieurs Auteurs l'ont fait long, entre autres, Malherbe.

Qu'il vive misérablement,
*Confiné parmi ses temp*êtes.
Quant à nous, étant où vous êtes
Nous sommes dans notre élement.
Et sur la fin de vos tempêtes,
Obligeant tous les beaux esprits,
Conservez au siécle où vous êtes
Ce que vous lui donnez de prix.

De la Rime des Monosyllabes.

Les monosyllabes, comme je l'ai dit plus haut, riment fort librement entr'eux, même avec d'autres mots de plusieurs syllabes ; c'est-à-dire, que l'oreille n'est pas si difficile sur la conformité du son. Par exemple, un mot terminé en *temps* rime mal avec un autre terminé en *dans*. Cependant si l'un des deux est monosyllabe, la Rime est suffisante. Aussi Despreaux, très-scrupuleux sur la Rime, n'a point fait de difficulté de dire :

C'eſt-là ce qui fait peur aux eſprits de ce temps,
Qui tout blancs au dehors, ſont tout noirs au dedans.
Et ſans ceſſe en eſclave à la ſuite des Grands,
A des Dieux ſans vertu prodiguer mon encens.

Il y a cependant deux choſes qui pourroient empêcher la bonté de la Rime dans les monoſyllabes. La premiére, ſi l'un des mots qui forment la Rime, étoit bref & l'autre long; comme *tache*, *lâche*; *mâle*, *cabale*, *&c.* La ſeconde, ſi le ſon étoit trop différent, comme *feu*, *milieu*; *ſein*, *bien*, *&c.* J'ai parlé plus haut de ces défauts. C'eſt pourquoi il eſt inutile de répéter ce que j'en ai dit.

Avant que de quitter ce qui regarde la Rime, il eſt bon d'obſerver que les verbes terminés en *ois*, *oit*, riment mal avec des noms terminés en *ais*, en *ois*, & en *oit*. Ainſi la Rime de ces vers eſt défectueuſe :

*Ma colère revient, & je me recon*nois.
Immolons en partant trois ingrats à la fois.

Racine.

*Tenez, voilà le cas qu'on fait de votre explo*it.
*Comment ! c'eſt un exploit que ma fille liſ*oit !

Il faut donc faire rimer ces verbes avec d'autres verbes qui ont la même terminaiſon. Mais le plus ſûr eſt de ne les point employer [non plus que les gérondifs, les participes, la troiſiéme perſonne des ſinguliers & des pluriels des futurs de l'indicatif : *Il fera*, *ils détruiront*, *&c.*] à la fin où ils ont communément mauvaiſe grace. Je dis *communément.* Car ils y ſont employés quelquefois aſſez à propos. Quelle oreille, par exemple, ſeroit aſſez délicate pour être choquée de ces deux vers de Deſpreaux ?

*Aux accords d'Amphion les pierres ſe mou*voient,
Et ſur les murs Thébains *en ordre s'élev*oient.

Art Poëtique.

De la Rime des Hémiſtiches.

Le vers eſt défectueux quand le premier hémiſtiche rime, ou a quelque convenance de ſon, ſoit avec le dernier, comme :

Vous faites bien, & moi *je fais ce que je* doi.

Racine.

*Aux Saumaiſes fut*urs *préparer des* tortures.

Despreaux.

ſoit avec le premier du vers ſuivant, comme :

Mais ſon emploi n'eſt pas *d'aller dans une place*
De mots ſâles & bas *charmer la populace.*

Despreaux.

J'eus un frére, Seigneur, *illuſtre & généreux,*
*Digne par ſa va*leur *du ſort le plus* heureux.

Rhadamiſte & Zénobie.

Soit avec le second du vers suivant, comme :

Un fiacre me couvrant d'un déluge de boue,
Contre le mur voisin m'écrase de sa roue ;
Et voulant me sauver, des porteurs inhumains
De leur maudit bâton me donnent dans les reins.

DESPREAUX.

Ou quand le dernier hémistiche d'un vers rime avec le premier du vers suivant, comme :

Tant de fiel entre-t-il dans l'ame des dévots ?
Et toi fameux Héros, &c.

Ou quand le premier mot du vers rime avec le premier hémistiche :

L'Amour *n'a pas toûjours respecté la nature.*

CREBILLON.

Du destin des Latins *prononcer les oracles.*

DESPREAUX.

Ou enfin le second mot du vers avec la fin :

Les Rois *de l'univers sont au-dessus des* Loix.

Comme un même mot pris dans la même signification ne fait pas proprement une Rime, il donne beaucoup de grace & de force au vers, quand on sçait le répéter à propos. Exemple tiré du Mithridate de Racine :

Xipharès.

Vous pourriez à Colchos *vous expliquer ainsi.*

Pharnace.

Je le puis à Colchos, *& je le puis ici.*
Grand Roi, poursui toûjours, assûre leur repos ;
Sans elles un Héros *n'est pas long-temps* Héros.

DESPREAUX.

Raphaël peint. Vida *fait entendre sa voix,*
Cet immortel Vida, *qui joignit à la fois*
Le lierre du Critique au laurier du Poëte.

M. l'Abbé du Resnel, Trad. de l'Essai de Pope sur la Critique.

Le mal qu'on dit d'autrui, ne produit que du mal.

DU MÉLANGE DES RIMES.

Dans les Piéces réguliéres, il est défendu de mettre de suite plus de deux rimes masculines, ou de deux Rimes Féminines. C'est Ronsard qui a introduit le premier le mélange des Rimes. Avant lui on avoit la liberté de faire tant de vers qu'on vouloit sur une même rime.

L'ordonnance des Ouvrages de Poësie est ou à Rimes plates, ou à Rimes croisées, ou à Rimes mêlées : à rimes plates, lorsque les vers de mêmes rimes se suivent par couples, deux masculins & deux féminins : à Rimes croisées, lorsqu'on entrelace les vers des deux espéces, un masculin après un féminin, ou deux masculins de même rime entre deux féminins qui riment ensemble : à rimes mêlées, lorsque dans le mélange des vers on ne garde d'autre régle que celle de ne pas mettre de suite plus de deux masculins, ou plus de deux féminins. Régle dont on se dispense quelquefois dans les vers familiers, pourvû cependant qu'ils soient tous sous une même terminaison, comme *grandeur*, *douleur*, *fureur*, &c.

Le Poëme Epique, la Tragédie, la Comédie, l'Elégie, l'Eglogue se composent à rimes plates; l'Ode, le Sonnet, le Rondeau, la Ballade, à Rimes croisées; les Fables, les Madrigaux, les Chansons à rimes mêlées. On emploie depuis quelques années cette derniére ordonnance dans l'Idylle, dans quelques Piéces de Théâtre, dans les Opéra, & dans tout ce qui est fait pour être chanté. Il faut observer qu'encore que deux Rimes Féminines soient suivies ou entremêlées de deux masculines, les féminines qu'on emploie immédiatement après, ne doivent pas être sur la même terminaison. C'est-à-dire, que si les deux Rimes ont été, par exemple, *aimable* & *durable*, & les deux masculines, *grandeur* & *splendeur*, on ne doit pas ensuite mettre pour rimes féminines, *favorable* & *désirable*, ni pour rimes masculines *fureur* & *terreur*, pas même au pluriel. On se dispense de cette régle dans les vers qu'on appelle irréguliers; c'est-à-dire, à rimes mêlées, où cet amas de Rimes semblables, loin d'être un défaut, est quelquefois un agrément, & où, contre la pratique ordinaire, on souffre de temps en temps, comme on l'a vû plus haut, jusqu'à trois masculins & trois féminins consécutifs. Mais dans les vers à rimes suivies, autrement dites plates, on ne doit guère se dispenser de cette régle; & ce n'est que de loin à loin qu'on doit se permettre la répétition de ces sortes de rimes.

On a la liberté de commencer & de finir quelque Poëme que ce soit par des vers masculins, ou par des vers féminins indistinctement. Desorte que si l'on a commencé par des vers masculins, il est libre de finir par des masculins; & si l'on a commencé par des féminins, on peut finir de même par des féminins.

Des vieilles Rimes.

Les curieux seront peut-être bien aises de sçavoir le nom des rimes qui étoient autrefois en usage, & comme on n'écrit que pour avoir l'avantage de leur plaire, on mettra ici les plus connues, qui sont la Kirielle, la Batelée, la Fraternisée, la Senée, la Brisée, l'Empériére, l'Annexée, l'Enchaînée, l'Equivoque, la Couronnée.

La Rime *Kirielle* consiste à répéter un même vers à la fin de chaque couplet.

(a) *Qui voudra sçavoir la pratique*
De cette rime juridique,
Je dis que bien mise en effet,
La Kirielle ainsi se fait.
De plate (b) *de syllabes huit*,
Usez-en donc, si bien vous duit,
Pour faire le couplet parfait,
La Kirielle ainsi se fait.

On appelle Rime *Batelée*, lorsque le repos du vers qui suit, rime avec le vers précédent.

Quand Neptunus puissant Dieu de la mer,
*Cessa d'*armer *caraques & galées*,
Les Gallicans bien le deurent aimer
Et réclamer ses grands ondes salées.

Cl. Marot.

Dans la Rime *Fraternisée* le dernier mot du vers est répété en entier, ou en partie au commencement du vers suivant, soit par équivoque ou d'une autre maniére.

Mets voile au vent, cingle vers nous, Caron,
Car on *t'attend, & quand seras en* tente,
Tant *& plus bois bonum vinum* charum,
Qu'aurons *pour vrai. Donque sans longue* attente
Tente *tes piés à si décente* sente
Sans te *fâcher; mais en soit contant* tant
Qu'en se *faisant nous le soyons* autant.

La Rime *Senée* est une espéce d'Acrostiche. Elle se fait lorsque tous les vers, ou tous les mots de chaque vers commencent par une même lettre.

Miroir mondain, madame magnifique,
Ardente amour, adorable angélique.

Dans la Rime *Brisée* les vers sont coupés immédiatement après le repos, & à ne les lire que jusques-là, ils font un sens différent de celui qu'ils renferment lorsqu'ils sont tout entiers. Ex. d'Octavien de Saint Gelais.

De cœur parfait *Chassez toute douleur*,
Soyez soigneux, *N'usez de nulle feinte*,
Sans vilain fait *Entretenez douceur*,
Vaillant & preux *Abandonnez la crainte*,
Par bon effet *Montrez votre valeur*
Soyez joyeux. *Et bannissez la plainte.*

(a) Poëtique de Gratien Du Pont.
(b) De Rimes suivies.

La Rime *Emperiére* est une rime où une partie de la derniére syllabe de l'antépénultiéme mot est répétée deux fois de suite.

*Prenez en gré mes impar*faits faits, faits,
*Benins Lecteurs très-dili*gens gens, gens....

La Rime *annexée* est une rime où la derniére syllabe du vers qui précéde, commence le vers suivant.

*Dieu garde ma maitresse & re*gente
Gente *de corps & de fa*çon,
Son *cœur tient le mien en sa* tente
Tant *et plus d'un ardent fris*son....

Cl. Marot.

La Rime *Enchaînée* est une espéce de gradation.

Dieu des amans de mort me garde,
Me gardant donne-moi bonheur,
En me le donnant prends ta darde,
En la prenant nävre son cœur.

Cl. Marot.

Dans la Rime *Equivoque* la derniére syllabe de chaque vers est reprise en une autre signification au commencement ou à la fin du vers qui suit.

En m'ébatant je fais rondeau en rime,
Et en rimant, *bien souvent je m'*enrime;
Bref c'est pitié entre nous rimailleurs,
Car vous trouvez assez de rime ailleurs,
Et quand vous plaît, mieux que moi rimassez,
Des biens avez & de la rime assez.

Cl. Marot.

La Rime *Couronnée* se fait quand le mot qui fait la fin du vers, est une partie du mot qui le précéde immédiatement dans le même vers.

*La blanche Colom*belle belle
Souvent je vais priant criant,
*Mais dessous la cor*delle d'elle
Me jette un œil friant, riant,
*En me con*sommmant & sommant.

Cl. Marot.

DES STANCES.

Le mot de *Stance* vient de l'Italien *Stanza*, qui signifie *demeure*; parce qu'il y doit avoir à la fin de chaque Stance, un sens complet. La Stance est un certain nombre de vers, le plus souvent de quatre, de six, de huit, ou de dix, & quelquefois de cinq, de sept, de neuf, d'onze, ou de treize. La Morale, l'Amour & la Galanterie ſont les matiéres les plus ordinaires des Stances. Leur caractère eſt ſérieux ou enjoué.

Les Stances vont après, & cette troupe grave
A ſous divers harnois le port galant & grave. SARAZIN.

On les compoſe en grands ou en petits vers, ou en tous les deux enſemble. Ils s'y mêlent dans les unes comme dans les autres. Si la premiére Stance commence par un vers maſculin ou féminin, la ſeconde commence & finit de même, & ainſi des autres. Que ſi la matiére des Stances eſt triſte ou enjouée, on arrange de telle façon les vers, que dans les ſujets galans chaque Stance ſe termine par un maſculin, & dans les triſtes, par un féminin, les rimes maſculines étant moins languiſſantes que les féminines. On a encore ſoin que le ſens d'une Stance ne ſoit jamais emporté à l'autre; ni que le dernier vers d'une Stance rime avec le premier de celle qui ſuit, & même autant qu'on le peut, ce dernier vers doit avoir une rime d'une nature différente de celui qui commence la Stance, c'eſt-à-dire, que ſi le premier vers de chaque Stance eſt maſculin, le dernier eſt féminin, ou au contraire. On tâche enfin d'achever chaque Stance par quelque choſe de vif, de beau, d'agréable ou de galant, qui ſoit juſte & ingénieuſément amené. On n'a introduit le mot de *Stance* dans notre Poëſie qu'au dernier ſiécle, & les Stances n'ont été parmi nous fort en vogue qu'environ l'an 1580. que le Préſident Largus leur donna cours, & ordonna des prix pour les beaux eſprits qui en feroient de plus belles.

Des Quatrains, & comment on les fait.

La matiére des Quatrains eſt la morale, & ce qui regarde la conduite de la vie. Leur caractère eſt ſimple & grave. On les compoſe ſouvent en grands vers: & s'il eſt poſſible, leurs vers ſont tous d'une même meſure: & ils ont tous leurs ſens détachés les uns les autres: principalement le ſens du ſecond vers de chaque Quatrain ne doit point être emporté au troiſiéme vers. Les rimes dans les Quatrains ſe mêlent de deux façons: le premier vers rime avec le quatriéme, & le ſecond avec le troiſiéme, ou le premier rime avec le troiſiéme, & le ſecond avec le quatriéme.

La fortune en tous lieux à l'homme eſt dangereuſe,
Quelque chemin qu'il tienne, il trouve des combats;
Mais des conditions où l'on vit ici-bas,
Certes, celle d'aimer eſt la plus malheureuſe.

MALHERBE.

La Juſtice eſt des Rois le plus noble partage,
Elle eſt de leur grandeur le plus noble ſoûtien;
Par elle ils ſont de Dieu le véritable image,
Et leurs autres vertus ſans elle ne ſont rien.

Les François les plus fameux dans les Quatrains sont Pibrac, du Bartas, Mathieu, le Président Faure, la Picardiére, Paul Pérot, pere de Mr. d'Ablancourt. Nostradamus & quelques autres faiseurs de Centuries ont aussi acquis beaucoup de réputation dans les Quatrains : mais comme leurs vers regardent principalement l'avenir, je laisse aux Astrologues le soin de parler de ces Auteurs. Les Quatrains de Pibrac sont les plus fameux, & ils renferment tous de beaux préceptes. Godeau & Desmarest ont fait des Quatrains très-considérables pour les instructions qu'ils contiennent.

Quatrains à un Prince.

Que votre piété soit sincère & solide,
Ne faites point un art de la dévotion,
Et qu'à ses mouvemens la prudence préside.
Chacun doit être saint dans sa condition.
Ne demandez à Dieu ni gloire ni richesse,
Ni ces biens dont l'éclat rend le peuple étonné.
Mais pour bien gouverner demandez la sagesse,
Avec un don si saint tout vous sera donné.
Ecoutez & lisez la céleste parole,
Que dans les Livres saints il nous donne pour Loi.
La politique humaine au prix d'elle est frivole,
Et forme plus souvent un tyran qu'un bon Roi.

GODEAU.

Des Stances de quatre vers.

Les Stances de quatre vers sont plusieurs Quatrains liés ensemble par un raisonnement qui se continue jusqu'à la fin. Les véritables Quatrains au contraire n'ont entr'eux aucune liaison. Ils subsistent seuls, & ils ne dépendent point de ceux qui les précédent ou qui les suivent. Ils ont aussi quelque chose de plus grave & de plus moral que les Stances de quatre vers qui sont fort souvent galantes ou amoureuses. Elles se font en vers de huit, de dix, ou de douze syllabes, & quelquefois elles ont chacune deux vers de douze, avec deux vers de six ou de huit. Les rimes s'y mêlent ainsi : après un vers féminin, avant que de mettre l'autre féminin qui lui répond, on met un ou deux masculins, ou tout au contraire.

L'Amour est un enfant aussi vieux que le monde,
Il est le plus petit & le plus grand des Dieux.
De ses feux il remplit le Ciel, la Terre & l'Onde,
Et toutefois Iris le loge dans ses yeux.

PERAULT.

Aimez, servez, brûlez avecque patience,
Ne murmurez jamais contre votre tourment;
Et ne vous lassez point de souffrir constamment,
Il n'est rien qui ne céde à la persévérance.

MONTAUSIER.

Toutes les pompeuses Maisons
Des Princes les plus adorables,
Ne sont que de belles prisons
Pleines d'illustres misérables.
Catherine ne me plaît point,
Elle est séche comme canelle.
On ne sçauroit trouver sur elle
Pour quatre deniers d'embonpoint.

MAINARD.

Stances de quatre vers, où il y en a deux de douze syllabes & deux de six.

La mort a des rigueurs à nulle autre pareilles:
On a beau la prier,
La cruelle qu'elle est se bouche les oreilles,
Et nous laisse crier.

Le pauvre en sa cabanne où le chaume le couvre
Est sujet à ses Loix;
Et la garde qui veille aux barriéres du Louvre,
N'en défend point nos Rois.

De murmurer contre elle & perdre patience,
Il est mal à propos.
Vouloir ce que Dieu veut est la seule science
Qui nous met en repos.

MALHERBE.

Stances de quatre vers, où les vers de huit syllabes sont mêlés à ceux de douze.

L'Amitié fait son Portrait.

J'ai le visage long & la mine naïve,
Je suis sans finesse & sans art,
Mon tein est fort uni, la couleur assez vive,
Et je ne mets jamais de fard.

Mon-

Mon abord est civil, j'ai la bouche riante,
Et mes yeux ont mille douceurs ;
Mais quoique je sois belle, agréable & charmante,
Je regne sur bien peu de cœurs.

On me proteste assez, & presque tous les hommes
Se vantent de suivre mes Loix.
Mais que j'en connois peu dans le siécle où nous sommes,
Dont le cœur réponde à la voix !

Ceux que je fais aimer d'une flamme fidelle,
Me font l'objet de tous leurs soins.
Et quoique je vieillisse, ils me trouvent fort belle,
Et ne m'en estiment pas moins.

On m'accuse souvent d'aimer trop à paroître
Où l'on voit la prospérité.
Cependant il est vrai qu'on ne me peut connoître
Qu'au milieu de l'adversité.

PERAULT.

Des Stances de six vers.

Les Stances de six vers sont composées chacune de deux vers de même rime, & d'un Quatrain. Le troisiéme vers de chaque Stance est masculin, ou féminin, selon que finissent les deux premiers : & il rime avec le cinquiéme, ou le sixiéme. Il doit y avoir une pause à la fin de ce troisiéme vers ; j'entens que l'oreille s'y puisse arrêter agréablement, & que le sens n'en soit point emporté au quatriéme.

Mainard s'aperçut le premier que cette pause étoit nécessaire, & ensuite les excellens esprits qui en virent la beauté, ne composérent point de Stance de six où il n'y eût une pause : de sorte aujourd'hui que c'est une négligence de ne les point imiter en cela : & d'ailleurs sans ce repos les Stances de six en sont bien moins belles : on les fait ordinairement sur trois, & quelquefois sur deux rimes, & presque toûjours en vers de sept, ou de huit, ou de douze syllabes, tous de même ou de différentes mesures.

Heureux de qui l'ame est atteinte
D'amour, de respect & de crainte
Pour la majesté de son Dieu,
Qui le consulte dans ses doutes,
Et dont en tout temps en tout lieu
Il suit fidélement les routes.

GODEAU.

Romps tes fers, bien qu'ils soient dorés,
Fuis les injustes adorés;
Et descens dans toi-même à l'exemple du Sage.
Tu vois de près ta derniére saison.
Tout le monde connoît ton nom & ton visage,
Et tu n'es pas connu de ta propre raison.

MAINARD.

Vain fantôme d'honneur, c'est pour toi que l'épée
Sans cesse au massacre occupée
A mis tant de guerriers à bas.
C'est pour toi qu'au mépris des plus mortelles armes,
Ils volent aux alarmes,
Et semblent n'avoir peur que de ne mourir pas.

Etrange aveuglement à la race des hommes,
Pourquoi, malheureux que nous sommes,
Avancer la fin de nos jours?
D'où se forme en nos cœurs cette brutale envie
D'abréger une vie
Dont le plus long espace a des termes si courts.

La mort de ses rigueurs ne dispense personne.
L'auguste éclat d'une couronne
Ne peut en exempter les Rois.
N'espère pas, ami, que ton mérite extrême,
Ni la Muse qui t'aime,
Te mettent à couvert de ses fatales loix.

Ta sagesse, il est vrai, fait honneur à notre âge,
Mais de quelque rare avantage
Dont un mortel soit revêtu,
Son terme est limité, le nocher de la Parque
Dans une même barque
Passe indifféremment le vice & la vertu.

MAUCROIX.

Dans les Stances de six on n'arrange pas toûjours les vers de la sorte; car quelquefois on met les deux vers de même rime à la fin de chaque Stance, & le Quatrain au commencement. Elles n'ont alors point de repos, & même elles ne semblent pas si agréables de cette derniére façon que de la premiére. Chacun en jugera par celles-ci qui décrivent d'une maniére allégorique & ingénieuse le corps d'une belle fille.

C'est un grand temple d'ivoire
Plein de grace & de beauté,
En quelque lieu marqueté
D'une ébéne douce & noire
Qui sert en ce lieu si beau
Comme d'ombre à un tableau.
Deux flambeaux incomparables
Plus brillans que le soleil
Par un éclat sans pareil
Et des rayons favorables
Rendent les lieux d'alentour
Pleins de lumiére & d'amour.
La nef de cet édifice
Est pleine d'un jour très-pur,
Mais le cœur en est obscur
Et fait par tel artifice,
Que les yeux les plus perçans
Ne pénétrent point dedans.
Tout ce que la terre & l'onde
Produisent de précieux,
Tout ce qu'on voit dans les Cieux
Et qui paroît dans le monde,
Est fait imparfaitement
Au prix de ce bâtiment.

VOITURE.

Des Stances de huit vers.

Les Stances de huit vers ne sont ordinairement chacune que deux Quatrains joints ensemble. Quand le derniers vers du premier Quatrain est masculin, le premier vers du second est féminin, ou au contraire.

Juge des Princes de la terre,
Grand Dieu, qui portes dans tes mains
Les tempêtes & le tonnerre
Pour punir l'orgueil des humains :
Arbitre souverain des affaires du monde,
Quelque vive douleur dont je sois tourmenté,
Aujourd'hui mon ame ne fonde
L'espoir de son secours qu'en ta seule bonté. . .

GODEAU.

Dans ces Stances les vers s'arrangent encore de cette maniére. On commence chaque Stance par deux vers de même rime, & des six qui restent il y en a trois sur une rime & trois sur l'autre.

Tous nos arbres sont dépouillés,
Nos promenoirs sont tous mouillés.
L'émail de notre beau parterre
A perdu ses vives couleurs.
La gelée a tué les fleurs,
L'air est malade d'un caterre,
Et l'œil du ciel noyé de pleurs,
Ne peut plus regarder la terre.

THEOPHILE.

Les Stances de huit vers n'ont quelquefois chacune qu'un sixain sur deux ou trois rimes, au bout duquel il y a deux vers de rime semblable.

Quelque Misanthrope animal,
Qui toujours pique, mord ou pince,
Dira que mon style est bien mince,
Et mon Pégase un franc cheval.
Mais il n'importe bien ou mal,
Je dois remercier mon Prince,
Et j'aime mieux passer pour rimeur languissant,
Que pour rimeur méconnoissant.

SCARON.

Outre que ces Stances se composent en vers de huit, de dix ou de douze syllabes, on les fait aussi de vers de différente mesure.

Des Stances de dix vers.

Les Stances de dix vers n'ont chacune qu'un Quatrain & un Sixain. Si le dernier vers du Quatrain finit par un masculin, le Sixain commence par une rime féminine, ou au contraire. Chaque Stance a deux repos, l'un au quatriéme vers, & l'autre au septiéme.

Alix n'a rien qui me touche,
J'ai fait banqueroute à ses loix,
L'ébéne qui reste en sa bouche,
Branle au vent même de sa voix.
Un rhume qui la persécute,
L'expose tous les jours en bute
A de périlleux accidens.
Et pourtant il faut que l'on sçache,
Que jamais la pauvre ne crache,
De crainte de cracher ses dents.

MAINARD.

Il est mieux qu'au commencement de chaque Stance de dix les vers soient mêlés d'une autre façon qu'à la fin. Ainsi le premier vers doit le plus souvent rimer avec le troisiéme, & le septiéme avec le dixiéme. Exemple :

Ce Prince marche à la tête
Des corps les plus avancés,
Et méprise la tempête
De cent canons courroucés.
Le laurier qui l'environne
D'une immortelle couronne,
Brave la foudre & le fer ;
Et quand ce Héros s'expose,
Il n'appréhende autre chose,
Que de ne pas triompher.

SARASIN.

Elles se composent aussi en vers de sept, de huit ou de douze syllabes, ou de huit & de douze tout ensemble.

Veux-tu de ton esprit bannir l'inquiétude,
Et goûter la douceur d'une solide Paix ;
Fui le trouble importun des superbes Palais,
Et pour vivre avec Dieu, cherche la solitude.
C'est là que renonçant à tous les vains plaisirs,
Son amour éternel remplira tes desirs,
Et de tes passions viendra calmer l'orage.
Ton corps sera son Temple, & ton cœur son Autel,
Ta vertu son miroir, ton ame son image,
Et ses yeux te verront comme un Ange mortel.

D'ANDILLI.

Stances de dix vers, où ceux de huit ou de douze sont mêlés.

C'est un Arrêt du Ciel, il faut que l'homme meure,
Tel est son partage & son sort,
Rien n'est plus certain que la mort,
Et rien plus incertain que cette derniére heure.
Heureuse incertitude, aimable obscurité,
Par où la divine bonté
A veiller, à prier sans cesse nous convie.
Que ne pouvons-nous point avec un tel secours,
Qui nous fait regarder tous les jours de la vie,
Comme le dernier de nos jours.

L'ABBÉ TESTU.

Des Stances de quatorze vers.

Les Stances de douze se composent en vers de huit ou de douze syllabes, ou en tous les deux ensemble. Elles ne sont proprement que des Stances de dix, à la fin de chacune desquelles on ajoûte deux vers qui sont quelquefois de même rime que ceux qui les précédent, ce qui rend ces Stances beaucoup plus belles. Exemple :

Vive image d'Achille,
Devant qui tout lâche le pié,
Qui ne te comptoit pas pour mille
Comptoit trop peu de la moitié.
Il ignore que ton épée
Dans une eau fatale trempée,
Porte l'horreur & le trépas.
Que c'est elle qui sçait résoudre
*Les difficultés des com*bats;
*Et qui sans le sang & la p*oudre
*Fait voler des éclats de f*oudre
Par tout où s'avancent ses pas.

TRISTAN.

Des Stances de quatorze vers.

Les Stances de quatorze vers sont des Stances de dix, à la fin de chacune desquelles on met quatre vers que l'on fait rimer, si l'on veut, avec ceux qui précédent. Ces Stances sont très-rares & des plus longues qui se fassent, si l'on excepte celles de seize vers, qui sont approuvées de fort peu de gens.

On l'a vû dès ses jeunes ans
Sous son pere, ainsi qu'Alexandre,
Enseigner aussitôt qu'apprendre,
Le dur métier des Conquérans.
Leur destin n'est que trop semblable,
L'un & l'autre fut adorable;
L'un & l'autre quand il vêcut
Fut d'une valeur sans seconde.
L'un & l'autre en son lit mourut.
La terre en remédes féconde
En vain tâcha de les guérir;
Et celui qui vient de mourir,
S'il n'a pas conquis tout le monde,
Etoit homme à le conquérir.

SCARON.

Des Stances de nombre impair.

Les Stances de nombre impair sont agréables, mais aussi elles sont difficiles, en ce qu'elles doivent toûjours avoir trois vers sur une même rime, sans qu'ils soient de suite.

Stances de cinq, de sept, de neuf & de treize vers.

Je tâche d'étouser ces flammes criminelles
Qui m'ont fait mépriser votre juste couroux.
Je déclare la guerre à mes sens infidéles,
Et veux les élever aux choses éternelles ;
Mais je ne puis, mon Dieu, les domter que par vous.

GOMBERVILLE.

Le temps qui produit les saisons,
Les tient l'une à l'autre enchaînées.
Et le soleil marchant par ses douze maisons
Renouvelle les jours, les mois & les années.
Il n'en est pas ainsi du destin de nos jours ;
Quand la Parque en borne le cours,
Nous entrons dans des nuits qui ne sont pas bornées.

GOMBERVILLE.

Nos inconstances continues
Nous font errer par l'Univers,
Et sous mille climats divers
Voir mille terres inconnues :
Mais nous voyageons vainement,
Notre esprit inquiet nous fait toûjours la guerre.
Ainsi pour vivre heureusement,
Il ne faut point changer de terre,
Il faut changer de sentiment.

GOMBERVILLE.

Oui des Beïs & des Malherbes
Doivent mettre leurs vers au jour :
Mais que la Ville & que la Cour
Souffre jamais ces mangeurs d'herbes,
Ces petits rimeurs déchaînés,
Qui depuis le blocus sont nés,
Par l'avarice des Libraires.
Ah ! par ma foi c'est un abus ;
Et si jamais Monsieur Phœbus
Donne quelque ordre à ses affaires,
Tous ces écrivains de bibus
Abjureront bientôt leur fausse poësie
Qu'on tient sur l'Hélicon pire qu'une hérésie.

SCARON.

DU RETRANCHEMENT DE QUELQUES LETTRES DANS LA POESIE.

Il est permis de retrancher une lettre dans certains mots, non-seulement pour le besoin de la Rime, mais encore pour la structure du vers. Ainsi l'on conserve ou l'on supprime à sa fantaisie la derniére lettre des mots suivans, & de quelques autres : *Athénes*, *Thébes* (a) *fourmis* au singulier, *encore*, *jusques*, de tous les présens des verbes terminés en *is*, en *ais*, ou en *ois* : *je fais*, *je crois*, *je dis*, *je frémis*, *j'avertis*, je *suis* du verbe suivre (j'excepte le verbe substantif je suis, *sum*, dont je n'ai jamais vû qu'on ait retranché l's). On ne doit pas non plus la retrancher au prétérit parfait terminé en *is*. Ainsi Moliére a pris une trop grande licence en disant :

Hélas ! si vous sçaviez comme il étoit ravi,
Comme il perdit son mal sitôt que je le vi.

Malgré le sentiment de Ménage, qui prétend que Vaugelas s'est manifestement trompé, en blâmant ces vers de Malherbe :

Que j'avois lorsque je couvri
Les plaines d'Arques & d'Ivry.

Quelques Auteurs retranchent aussi l's au présent de l'indicatif des mots terminés en *iens* : je *tiens*, je me *souviens*, &c. Mais je ne crois pas que cette liberté soit suffisamment autorisée.

Il faut bien se garder de la retrancher à la seconde personne des présens singuliers de l'indicatif, & de dire avec l'Auteur du Sonnet de l'Avorton :

Et du fond du néant où tu rentre aujourd'hui.

Autrefois les Poëtes avoient la liberté de dire *avecque*, & même *avecques*. Aujourd'hui ce mot est rarement en usage. Racine & Despreaux ne l'ont employé chacun que deux fois. Encore l'ont-ils changé une fois l'un & l'autre. Despreaux l'a conservé dans ce vers, où il a beaucoup de grace :

Tous les jours je me couche avecque *le Soleil.*

Dans sa premiére Satire il avoit dit :

Quittons donc pour jamais une ville importune,
Où l'Honneur est en guerre avecque la Fortune (b).

Bien des gens trouveront qu'il a eu tort de le changer, tant parce qu'il étoit plus doux de la premiére façon, & que la césure étoit plus exacte, qu'à cause qu'on ne dit pas, *avoir guerre avec quelqu'un* ; mais *être en guerre avec quelqu'un.*

En prose on dit assez communément : *c'est peu que de faire*, &c. On a la liberté de retrancher le *que* dans la Poësie. C'est à l'oreille à juger dans quel endroit ce retranchement peut avoir de la grace. Despreaux l'a sagement supprimé dans les vers suivans :

(a) Thomas Corneille, dans ses Remarques sur Vaugelas, prétend qu'il faut toûjours écrire, & en Prose & en Vers, *Athènes*, *Mycènes*, *Thèbes*, &c. Mais à l'égard de la Poësie l'usage est contre lui.

(b) M. Brossette, qui est si exact à nous avertir des changemens qu'a faits Despreaux, n'a pas fait attention à celui-ci. J'ai lû dans une des premiéres éditions des Oeuvres du célébre Satirique :

Où l'Honneur est en guerre avecque la Fortune.

Mais, pour bien exprimer ces caprices heureux,
C'est peu d'être Poëte, il faut être amoureux.
C'est peu d'être agréable & charmant dans un livre,
Il faut encor sçavoir & converser & vivre.

Le P. Mourgues prétend qu'on peut supprimer la particule *ne* dans l'interrogation : *Peut-on pas?* pour *ne peut-on pas? Sçai-je pas?* pour *ne sçai-je pas?*

Sçai-je pas *que Taxile est une ame incertaine?*
Sçai-je pas *que sans moi sa timide valeur?*

RACINE.

Mais M. l'Abbé d'Olivet, dans ses Remarques de Grammaire sur Racine, a condamné ces exemples; & je crois que c'est avec d'autant plus de raison, que j'ai observé que nos meilleurs Poëtes ont pris seulement cette licence, lorsqu'ils y ont été contraints par la mesure du vers. Je ne sçache que le seul Bensérade, qui, sans y être obligé, a dit :

Est-il pas naturel de prendre sa revenche?

DES TERMES NOBLES ET DES TERMES BAS DANS LA POESIE.

S'il y a des termes nobles dans la Poësie, comme *espoir*, *coursier*, *net*, *jadis*, *humains* ou *mortels* au lieu d'hommes, *forfait*, *glaive*, *penser*, substantif [ce terme commence à vieillir, sur-tout au pluriel] *onde*, *flanc*, *antique*, *éternel* au lieu de Dieu, *Hymen* ou hyménée, *soudain*, *&c.* Il y en a d'autres qui sont si bas en vers, qu'il faut les éviter comme des écueils, excepté dans la Poësie familiere, qui n'est proprement que de la prose rimée. Tels sont les termes suivans : *Vache*, *cheval*, *cochon*, *très*, *fort*, [synonime de *très*,] *c'est pourquoi*, *pourvû que*, *car*, *parce que*, *puisque*, *en effet*, *en vérité*, *à la vérité*, *desorte que*, *outre que*, *or*, *d'ailleurs*, *tant s'en faut*, *à moins que*, *non seulement*, *pour ainsi dire*, *lequel*, *laquelle*, *lesquelles*, *celui*, *ceux*, *celles*, [ces trois derniers mots, qui rendent le vers languissant & prosaïque, lorsqu'ils sont relatifs, sont fort nobles, quand on les emploie absolument, c'est-à-dire, pour le nom de la personne, au commencement d'une période, comme dans les vers suivans :

Celui, *qui met un frein à la fureur des flots,*
Sçait aussi des méchans arrêter les complots. RACINE.]

à la fin, *afin que*, *&c.* Cependant Despreaux a très-heureusement employé *afin que* dans les vers suivans, qui ont une grace & une douceur extrême :

Elle peint les festins, les danses & les ris,
Vante un baiser cueilli sur les lévres d'Iris.
Qui mollement résiste, & par un doux caprice
Quelquefois le refuse afin qu'*on le ravisse.*

Je suis persuadé qu'un habile Poëte, même dans le style le plus sublime, pourroit de temps en temps employer avec succès la plûpart de ces mots. Tout dépend de l'artifice de l'ouvrier; & l'on peut dire en quelque façon, que le bon Poëte est au-dessus des régles. Car si quelques mots sont proscrits en Poësie; c'est à cause que les Poëtes médiocres en abusent, & ne sçavent pas les employer élégamment.

M. Restaut prétend que *n'a guère*, *cependant que* [pour pendant que, tandis que] *d'autant que*, ont de la noblesse dans la Poësie. J'ose être d'un sentiment contraire à l'égard de tous ces mots; excepté *n'a guère*, qui peut encore avoir de la grace. Témoin ces vers de Racine où il est employé très-heureusement:

> *Digne plûtôt d'un chef de malheureux bannis,*
> *Que d'un Roi qui* n'a guère *avec quelque apparence*
> *De l'aurore au couchant portoit son espérance.*

Les adverbes dessus, dessous, alors, selon le P. Buffier, *s'emploient quelquefois pour les prépositions sur, sous, lors; comme dessus quel endroit? pour sur quel endroit? alors qu'on espère toûjours. Alorsque* pour *lorsque*, est peut-être encore quelquefois supportable. Mais *dessus* & *dessous* pour *sur* & *sous* ont entiérement vieilli. De sorte qu'on ne diroit plus aujourd'hui avec Des Barreaux dans son fameux Sonnet:

> *Mais* dessus *quel endroit tombera ton tonnerre?*

Ménage nous apprend dans ses Observations sur *Malherbe*, que ce Poëte lyrique *se blâmoit lui-même d'avoir mis dessus au lieu de sur.* Chevreau sur Malherbe proscrit aussi *dessus* au lieu de *sur*.

Il y a des verbes, qui étant neutres en prose, peuvent devenir actifs en vers; comme *soupirer*. Malherbe a dit:

> *Tantôt vous* soupiriez *mes peines,*

Et Despreaux:

> *Ce n'étoit pas jadis sur ce ton ridicule,*
> *Q'Amour dictoit les vers que* soupiroit *Tibulle.*

En quoi les Poëtes François ont imité l'exemple des Poëtes Latins, qui ont fait un verbe actif de *suspirare*:

> Quod si fortè alios jam nunc *suspirat* amores.
>
> *Tibull. Eleg. IV. v. III.*

aussi-bien que d'*ardeo* & de *corusco*:

> Formosum Pastor Corydon *ardebat Alexin.*
>
> *Virgil. Eclog. II. v. I.*
>
> Talia vociferans sequitur, strictumque *coruscat*
> Mucronem. *Æneid. X. 651.*

On tutoie en Poësie les Rois, & jusqu'à Dieu même:

> *Jeune & vaillant Héros, dont la haute sagesse*
> *N'est pas le fruit tardif d'une lente vieillesse;*
> Toi, *qui seul sans Ministre, à l'exemple des Dieux;*
> Soutiens *tout par* toi-*même*, *&* vois *tout par* tes *yeux.*
>
> Despreaux, Discours au Roi.

Grand Dieu, tes jugemens sont remplis d'équité.

DES BARREAUX.

Le terme de *Monsieur* est exclus des ouvrages en vers écrits d'un style sérieux. Il n'entre pas même dans la Satire, si ce n'est dans les circonstances, où le Poëte cessant de parler, introduit une personne qui parle, comme dans ces vers :

Quand hier il m'aborde, & me serrant la main,
Ah! Monsieur, *m'a-t-il dit, je vous attends demain.*
De ce vers, direz-vous, l'expression est basse.
Ah! Monsieur, *pour ce vers je vous demande grace.*

DESPREAUX.

On doit donc appeller une personne par son nom, ou par sa qualité. Exemple :

D'où vient chez le Vayer, *que l'homme le plus sage*
Croit toûjours avoir seul la raison en partage.
La Noblesse, Dangeau, *n'est pas une chimère.*
Oui, je fuis, Lamoignon, *le séjour de la ville.*
Que tu sçais bien, Racine, *à l'aide d'un Acteur,*
Etonner, émouvoir, ravir le spectateur!

DESPREAUX.

Reine, *l'excès des maux où votre ame est livrée.*

VOLTAIRE.

Quoique le terme de *Monsieur*, soit exclus du genre Dramatique, & même du Satirique, celui de *Madame*, qui ne peut entrer dans le Satirique, est reçu dans le Dramatique. La raison en est, si je ne me trompe, que les Acteurs étant obligés d'adresser la parole à des femmes, ne peuvent employer de termes plus élevés que celui de *Madame*, qui se donne même en prose, à la Reine; au lieu que celui de *Monsieur* se donne, pour ainsi dire, aux moindres personnes. » Le » mot de *Madame*, dit Ménage sur Malherbe, n'est plus usité parmi » nous dans la belle Poësie, si ce n'est dans les Poëmes Dramatiques. » Un de nos Poëtes a usé du mot de *Mademoiselle* dans une Comédie, » en quoi il n'est pas à imiter «.

DU NOMBRE DES SYLLABES DE CERTAINS MOTS.

Eau est d'une syllabe. *Eau, tableau, pinceau, &c.* Le P. Mourgues excepte *fléau* & *perdreau*, qui font deux syllabes. *C'est apparemment*, dit-il, *à cause des consonnes fl, dr, qui ayant chacune leur son fort distinct, chargeroient trop la syllabe, où elles seroient suivies de la triphthongue eau.* Cependant *eau* dans *sceau, chevreau, lapreau* ne fait qu'une syllabe. Je crois qu'il en est de même de *perdreau*. *Fléau* est véritablement de deux syllabes.

Eo fait deux syllabes. *Eole, Géographe, Géométre, Geolier, &c.*

Ia dans *viande, liard, diable, fiacre, bréviaire*, ne fait qu'une ſyllabe. Il en fait deux dans *vi-ager*, *di-amant*, *mi-auler*, *bi-ais*; galimathi-as. *Ia* peut ne faire qu'une ſyllabe dans ce dernier mot. Il en fait deux dans les participes & les gérondifs : *oubli-ant*, *li-ant*, *&c.* & dans les ſubſtantifs, *ingrédi-ent*, *expédi-ent*, *inconvéni-ent*, *&c.*

Ie, *iez* eſt d'une ſyllabe dans les ſubſtantifs, *pitié*, *moitié*, *amitié*, *&c.* *piéce*, *relief*. Dans les verbes il en fait deux : *li-é*, *juſtifi-é*, *vous oubli-ez*, *&c.* Dans l'imparfait des indicatifs & des ſubjonctifs il n'en fait qu'une : vous *diſiez*, vous *ſentiriez*, &c. *Bri-ef* & *gri-ef* font deux ſyllabes à cauſe des conſonnes br & gr.

Iel, *ielle*, eſt de deux ſyllabes, *eſſenti-el*, *kiri-elle*, excepté dans *ciel*, *fiel*, *miel*.

Ien dans les verbes & dans les ſubſtantifs ne fait qu'une ſyllabe, *bien*, *combien*, *rien*, *mien*, je tiens, je me ſouviens, ſoûtien; excepté *li-en* & *gardi-en*. ancien [il peut être d'une ſyllabe dans ce dernier mot] & les noms qui déſignent la qualité ou la patrie de quelqu'un : *Phrygi-en*, *Syri-en*, *Itali-en*, *Phyſi-ci-en*, *Grammairi-en*, *Pratici-en*, (*a*) & les noms propres, *Appi-en*, *Quintili-en*, *Felibi-en*.

Richelet dit que ſur la terminaiſon *ien*, il a conſulté » M. d'An- » cour, *parce qu'il écrit agréablement & ſolidement en vers & en* » *proſe*, qui penſe qu'autant qu'il étoit poſſible, on n'en devoit faire « qu'une ſyllabe; à cauſe que la prononciation étoit plus douce » & plus naturelle d'en uſer de la ſorte. Je ſerois volontiers de » cet avis, ajoûte Richelet. La raiſon le favoriſe, & peut-être » que l'uſage prendra bientôt le parti de la raiſon en faveur de » quelques-uns de ces mots. *Gardien* ſemble du moins auſſi doux de » deux ſyllabes que de trois, & *magicien* de trois que de quatre. Qui- » conque a un peu d'oreille ſent cela, & en matiére du nombre des » ſyllabes, l'oreille en eſt le principal juge. Heureux qui l'a bonne «.

Je voudrois du moins qu'on laiſsât au Poëte la liberté de faire une ou deux ſyllabes de cette terminaiſon, ſuivant que la meſure du vers le demanderoit, & que l'oreille y ſembleroit conſentir. Si M. l'Abbé du Reſnel eût eu cette liberté, je ne doute point qu'il n'eût changé le ſecond de ces vers :

Par l'ordre ingénieux qui regne en ſes Ecrits,
Le grand Quintilien *s'empare des eſprits.*

Traduction de l'Eſſai de Pope ſur la Critique.

Quintilien étoit ſans doute un habile Rhéteur, & un Critique judicieux. Mais je doute qu'on puiſſe dire, *le grand Quintilien* (*b*). A peine ſouffriroit-on qu'on donnât cette qualité à ceux qui ont excellé dans le ſublime, tels qu'Homère, Virgile, Démoſthène, Cicéron, parmi les anciens. A l'égard des modernes, il ſemble que l'on

(*a*) Racine a fait *Praticien* de trois ſyllabes ſeulement dans ce vers des Plaideurs :
Va, je t'acheterai le Praticien *François.*
C'eſt que ce mot devient alors purement ſubſtantif
(*b*) Deſpreaux l'a proſcrit formellement dans ſa Diſſertation ſur Joconde.

a été un peu plus indulgent à leur prodiguer cette épithéte. Car, sans parler du *grand Arnauld*, on dit *le grand Bossuet*, le *grand Corneille*, *&c.* L'usage ne permet pas de dire *le grand Racine*, *&c.* on doit encore moins donner cette qualité à un Rhéteur, quelqu'estimable qu'il soit. Ainsi M. l'Abbé du Resnel auroit peut-être mieux fait de dire, au hasard de prendre une licence :

> *Par l'ordre ingénieux qui regne en ses Ecrits*,
> Le sage Quintilien *s'empare des esprits*.

Du moins auroit-il eu pour lui le P. Bouhours, qui dans le monument qu'il dressa à la mémoire de Moliére, ne fit que trois syllabes de *Comédien*. En quoi il n'a pas été repris de Ménage, alors son ennemi, & qui a critiqué cette petite Piéce avec beaucoup de sévérité.

Il est libre de faire *ancien* de deux ou de trois syllabes. *Ier*, *iere* est d'une syllabe dans les noms : *métier*, *courier*, *altier*, *grossier*, *&c.* *lumiére*, *carriére*; excepté dans les mots où se trouve l'une des deux consonnes douces ou liquides; *l*, & *r*, précédée d'une consonne muette dans la même syllabe; comme *meurtri-er*, *pri-ére*, *&c.* *Hier* est de deux syllabes, mais il n'en fait qu'une dans *avant-hier* :

> *Le bruit court qu'*avant-hier *on vous assassina.*

Richelet fait deux syllabes d'*ier* dans Géoli-er, *parce*, dit-il, *que dans ce mot il est plus doux de faire* ier *de deux syllabes*, il se trompe doublement.

Ier est de deux syllabes dans les verbes *li-er*, *humili-er*, *justifi-er*, *&c.*

Ierre est d'une syllabe : *Pierre*, *bierre*. Il est permis d'en faire deux dans *li-erre*.

Iéte est d'une syllabe : *diéte*, *assiéte*.

Ieu, *ieux* est d'une syllabe dans les substantifs : *Dieu*, *lieu*, *milieu*, *yeux*, *lieux*; & de deux dans tous les adjectifs, *ambiti-eux*, *envi-eux*, *préci-eux*, excepté *vieux*, qui est monosyllabe. *Mieux* n'est aussi que d'une syllabe.

Iévre est d'une syllabe : *liévre*, *fiévre*, rue de *Biévre*.

Io de deux syllabes : *vi-ole*, *vi-olent*, *vi-olon*.

Iole d'une syllabe dans *babiole*, *fiole*, de deux dans *Avi-ole*, nom d'homme.

Ion dans les noms est de deux syllabes : *ambiti-on*, *prétensi-on*, *Api-on*, *Ari-on*, *Ori-on*. Il en fait deux dans les verbes terminés en *ier*, *humili-ons*, *oubli-ons*. Mais dans les verbes, qui ne sont pas terminés en *ier*, il n'en fait qu'une : nous *voulions*, nous *trouvions*; à moins qu'il n'y ait l'une des deux consonnes *l* ou *r*, précédée d'une consonne muette, comme *voudri-ons*, *soumettri-ons*, *&c.*

Ménage [d'après Ronsard, en la Préface de sa Franciade] voudroit qu'on n'employât jamais à la fin du vers, des mots en *ion* de plus de trois syllabes. Mais son goût n'est pas une loi. *Ambition*, *illusion*, *&c.* finissent noblement le vers. La régle de Ménage peut être bonne à l'égard des mots en *ion*, qui ont plus de quatre syllabes.

Ius de deux syllabes : *Appi-us*, *Ari-us*, *Janseni-us*. *Baius* n'est que de deux syllabes.

Oe est de deux syllabes dans *No-ë*, *No-ël*, *Poë-te*, *Poë-me*, *Poë-sie*, & d'une seulement dans *coëffe*, *boette*, *poelle*, *moelle*.

Ove, *over* de deux syllabes : *avou-é*, *dévou-er*. *Fouet* monosyllabe.

Oui, *ouir* toûjours de deux syllabes : Louïs, *éblou-ïr*, *jou-ïr*, *évanou-ïr* ; excepté dans *bouis*, & dans l'affirmative *oui*.

Ua est de deux syllabes : Situ-a, prosti-tua, *Gargantu-a*. Quelques-uns n'en font qu'une dans *persuader*. Racine, qui n'en a fait qu'une dans ce vers :

> *Vous le souhaitez trop pour me le persuader*,

en a fait deux dans celui-ci :

> *Il suffit de tes yeux pour l'en persu-ader.*

Dans la passion, il est à propos, ce me semble, de n'en faire qu'une syllabe, comme a fait Racine au premier vers. En général il en faut faire deux syllabes.

Ué, *ue*, *uet*, *uel*, toûjours de deux syllabes, *situ-e*, *prostitu-e*, *muet*, *sensuel*, &c.

Ui d'une syllabe : *aujourd'hui*, *ennui*, *fui*, *lui*, *luire*, *introduire*, muid, suite, poursuite, suivre, cuivre ; excepté dans *pitu-ite*, & dans rui-ne, malgré la liberté que prennent quelques Auteurs de n'en faire qu'une syllabe dans ce dernier mot.

Uon de deux syllabes : *Tu-ons*, *situ-ons*, *prostitu-ons*.

L'*e* muet ou obscur dans un nom, & précédé d'une voyelle, ne fait ni n'aide à faire aucune syllabe ; comme dans payement, enjouement, louera, j'oublierai, &c. Cet *e* même ne se prononce ni en vers ni en prose.

De la Cadence et des Images dans la Poesie.

Il ne suffit pas au Poëte de contenter l'esprit ; il faut flatter l'oreille ; ou plûtôt il est impossible de plaire à l'un sans plaire à l'autre. Il faut donc éviter avec soin tous les mots & tous les sons qui pourroient la blesser.

> *Ayez pour la cadence une oreille sévère....*
> *Fuyez des mauvais sons le concours odieux,*
> *Le vers le mieux rempli, la plus noble pensée*
> *Ne peut plaire à l'esprit, quand l'oreille est blessée.*
>
> Despreaux.

Ce que j'ai dit des transpositions & des rimes de l'hémistiche, regarde la cadence. De sorte que Despreaux, contre sa coutume, paroît avoir un peu péché contre la régle qu'il donne dans les deux derniers vers, que j'ai cités, où il y a une conformité de son trop marquée dans la césure.

Comme il est impossible de donner des régles précises d'une cadence juste & agréable, & des images, qui doivent, pour ainsi dire, peindre nos pensées, je me contenterai de citer plusieurs vers, où cette cadence & ces images se rencontrent parfaitement. Despreaux fait ainsi parler la Mollesse dans le Lutrin :

A ce triste discours, qu'un long soupir achéve,
La Molesse en pleurant sur un bras se reléve,
Ouvre un œil languissant, & d'une foible voix
Laisse tomber ces mots qu'elle interrompt vingt fois :
O nuit ! que m'as-tu dit ? Quel Démon sur la terre
Souffle dans tous les cœurs la fatigue & la guerre ?
Hélas ! qu'est devenu ce temps, cet heureux temps,
Où les Rois s'honoroient du nom de Fainéans,
S'endormoient sur le Thrône, & me servant sans honte,
Laissoient leur Sceptre aux mains ou d'un Maire ou d'un Comte ;
Aucun soin n'approchoit de leur paisible Cour.
On reposoit la nuit, on dormoit tout le jour.
Seulement au Printemps, quand Flore dans les plaines,
Faisoit taire des vents les bruyantes haleines,
Quatre bœufs attelés d'un pas tranquille & lent
Promenoient dans Paris le Monarque indolent.
Ce doux siécle n'est plus. Le Ciel impitoyable
A placé sur leur Thrône un Prince infatigable.
Il brave mes douceurs, il est sourd à ma voix.
Tous les jours il m'éveille au bruit de ses exploits.
Rien ne peut arrêter sa vigilante audace.
L'été n'a point de feux, l'hyver n'a point de glace.
J'entends à son seul nom tous mes Sujets frémir.
Envain deux fois la Paix a voulu l'endormir.
Loin de moi son courage, entraîné par la gloire,
Ne se plaît qu'à courir de victoire en victoire.....
. . . . *La mollesse oppressée*
Dans sa bouche à ce mot sent sa langue glacée.
Et lasse de parler, succombant sous l'effort,
Soupire, étend les bras, ferme l'œil & s'endort.

Ce morceau est si achevé, que je n'ai pû résister à la tentation de l'enchâsser ici. L'Auteur n'a jamais rien fait de plus beau : non seulement par rapport aux louanges fines & indirectes qu'il donne au Roi, qui ne sçauroit être mieux loué ; mais aussi par rapport à l'harmonie & à la peinture, qui s'y trouvent dans le dégré le plus éminent.

Ces autres vers du même Poëte font une image très-naturelle :

Comme on voit dans les champs un arbrisseau stérile,
Qui sans l'heureux appui qui le tient attaché
Languiroit tristement sur la terre couché, &c.
J'aime mieux un ruisseau, qui sur la molle arêne,
Dans un pré plein de fleurs lentement se promène,
Qu'un torrent débordé, qui d'un cours orageux
Roule plein de gravier sur un terrein fangeux.

Les deux premiers vers expriment bien le cours tranquille d'un ruisseau dans une prairie; & les deux derniers, la chute & l'impétuosité d'un torrent que rien ne peut arrêter, & qui entraîne tout ce qui s'oppose à son passage.

L'un esquive le coup, & l'assiéte en volant,
S'en va frapper le mur, & revient en roulant. DESPREAUX.

Il n'appartient qu'aux Maîtres de former de si nobles images. C'est en quoi, au jugement des connoisseurs, Homère est si admirable, que personne n'a pû l'égaler. Virgile, à qui cet Art a été si parfaitement connu, n'approche que de loin du Poëte Grec.

Il y a des objets qui veulent être peints d'une maniére douce & agréable; d'autres avec des traits forts, & qui inspirent de l'horreur. M. de Crébillon peint ainsi un Scélérat dans Rhadamiste. Act. II. Sc. I.

Traître envers la nature, envers l'amour perfide,
Usurpateur, ingrat, parjure, parricide.

Où l'on voit que la multitude des *r* donne beaucoup de force à la description.

Je le répéte : Il n'appartient qu'aux Maîtres d'entreprendre de pareils Tableaux :

Heureux qui dans ses vers sçait d'une voix légère,
Passer du grave au doux, du plaisant au sévère!
Son livre aimé du Ciel, & chéri des Lecteurs
Est souvent chez Barbin entouré d'acheteurs.

Voici d'autres vers fort beaux, où le Lecteur trouvera, & la régle & l'exemple :

Mais c'est peu dans un vers que de fuir la rudesse.
Il faut que le son même avec délicatesse
Fasse entendre au Lecteur l'action qu'il décrit,
Et que l'expression soit l'écho de l'esprit.

Que le style soit doux, lorsqu'un tendre zéphire
A travers les forêts, s'insinue & soupire.
Qu'il coule avec lenteur quand de petits ruisseaux
Roulent tranquillement leurs languissantes eaux.
Mais les vents en fureur, la mer pleine de rage
Font-ils d'un bruit affreux retentir le rivage,
Le vers comme un torrent en grondant doit marcher.
Qu'Ajax souléve & lance un énorme rocher,
Le vers appesanti tombe avec cette masse.
Voyez-vous, des épics effleurant la surface,
Camille, dans un champ, qui court, vole & fend l'air;
La Muse suit Camille & part comme un éclair.

M. l'Abbé *du Resnel*, Traduction de l'Essai de Pope sur la Critique.

Je viens maintenant aux vers qui ont une mauvaise cadence. Tout vers dont la césure est vicieuse, frappe desagréablement l'oreille accoutumée à trouver un repos naturel après l'hémistiche.

Les vers, dont le premier ou le second hémistiche finit par un monosyllabe, ont souvent de la dureté.

Il y a pourtant des occasions où le monosyllabe ainsi placé ne rend pas un son dur. 1°. Quand il est précédé d'un autre monosyllabe. Car deux monosyllabes joints ensemble, rendent le même son qu'un mot de deux syllabes. 2°. Quand le monosyllabe est précédé d'un *e* muet ou d'un *é* obscur; comme dans ces vers :

Son feu n'allume point *de criminelle* flamme.
Et n'allez pas toujours d'une pointe frivole
Aiguiser par la queue *une Epigramme* folle.
Je me fatiguerois à te tracer le cours
Des outrages cruels qu'il me fait tous les jours.
L'un peut tracer en vers *une amoureuse* flamme. DESPREAUX.

Un monosyllabe à la fin du vers, & précédé d'un mot qui finit en *ieux* de deux syllabes, est fort dur :

Rien ne peut arrêter son impérieux cours.

Le suivant est un peu dur :

Non, pour louer un Roi que tout l'Univers loue,
Ma langue n'attend pas que l'argent la dénoue. DESPREAUX.

Un vers monosyllabique peut être très-élégant, & avoir une fort bonne cadence. Qui pourroit, par exemple, être blessé des cinq qui suivent?

Et moi, je ne vois rien, quand je ne la vois pas.....
Et tout ce que je vois n'est qu'un point à mes yeux.

MALHERBE.

Je sçais ce que je suis, je sçais ce que vous êtes.

P. CORNEILLE.

Mais moi, qui dans le fond sçais bien ce que j'en crois.

DESPREAUX.

Le jour n'est pas plus pur que le fond de mon cœur.

RACINE.

Une simple convenance de sons dans les rimes masculines & féminines qui se suivent, blessent l'oreille; comme dans ces vers :

Avant que tous les Grecs vous parlent par ma voix,
Souffrez que j'ose ici me flatter de leur choix,
Et qu'à vos yeux, Seigneur, je montre quelque joie
De voir le fils d'Achille, & le vainqueur de Troye.

RACINE.

C'est à l'oreille, comme je l'ai dit, à juger de la cadence. Elle n'est pas fort agréable dans ces deux vers-ci :

Chaque passion parle un différent langage.....
Mais il apprit enfin grace à sa vanité.

DESPREAUX.

On voit que *grace à sa va* sonne mal. Ce qui me fait souvenir de ce que j'ai lû dans les Observations de Ménage sur les Poësies de Malherbe, au sujet du vers suivant de ce dernier :

Enfin cette beauté m'a la place rendue.

» M. Des-Yvetaux, dit Ménage, se mocquoit de ce vers, à cause » de ce *m'a l'a pla*. Ce qui ayant été rapporté à Malherbe. Celui-ci » dit plaisamment que c'étoit bien à M. Des Yvetaux à trouver ce » *m'a la pla* mauvais; lui qui avoit dit *parabla ma fla*. M. Des-» Yvetaux avoit fait des vers, où il avoit dit, *comparable à ma* » *flamme* «.

Malherbe avoit raison, mais Des-Yvetaux n'avoit pas tort.

Tous les vers, que j'ai apportés en exemple d'une juste cadence, sont si beaux, qu'ils peuvent suffire pour donner une grande idée de notre Poësie, & pour inspirer le dessein de s'instruire de la Versification Françoise; connoissance qui seule peut faire sentir les différentes beautés de tant de Poëmes, dont notre Langue s'est enrichie depuis plus d'un siécle, & qui peuvent passer pour des chefs-d'œuvre.

DE PLUSIEURS POËMES

OU

PIECES DE POËSIE REMARQUABLES.

DU SONNET.

DEspreaux a fort bien exprimé la nature du Sonnet; c'est dans le deuxiéme Chant de l'Art Poëtique, où après avoir parlé d'Apollon, il ajoûte :

On dit à ce propos qu'un jour ce Dieu bizarre
Voulant pousser à bout tous les rimeurs François,
Inventa du Sonnet les rigoureuses loix :
Voulut qu'en deux Quatrains de mesure pareille
La rime avec deux sons frappât huit fois l'oreille;
Et qu'ensuite six vers artistement rangés
Fussent en deux tercets par le sens partagés :
Sur-tout de ce poëme il bannit la licence,
Lui-même en mesura le nombre & la cadence,
Défendit qu'un vers foible y pût jamais entrer,
Ni qu'un mot déja mis osât s'y remontrer.
Du reste il l'enrichit d'une beauté suprême,
Un sonnet sans défaut vaut seul un long poëme;
Mais en vain mille auteurs y pensent arriver,
Et cet heureux phœnix est encore à trouver :
A peine dans Gombaud, Mainard & Malleville
En peut-on admirer deux ou trois entre mille;
Le reste aussi peu lû que ceux de Pelletier,
N'a fait de chez Sercy qu'un saut chez l'épicier;
Pour renfermer son sens dans la borne prescrite,
La mesure est toûjours trop longue ou trop petite.

Après les deux quatrains du sonnet suivent deux tercets semblables à ceux des stances de six vers. La fin du quatriéme, du huitiéme & de l'onziéme vers doivent avoir un repos entier, c'est-à-dire un sens tellement fini, que l'on puisse s'y reposer quelque temps, en lisant le sonnet; quoique le repos absolu, pour parler catégoriquement, ne doive être qu'à la fin du sonnet. Le second & le sixiéme doivent avoir un demi repos. Ceci deviendra plus sensible par les exemples.

La combinaison des rimes, c'est-à-dire la maniére de les entrelacer n'est pas toûjours la même. Il y en a quatre qui ont chacune leurs exemples. Nous les donnerons ici, en avertissant que M. signifie un vers Masculin, & F. un vers Féminin.

Quatre maniéres d'arranger les Rimes du Sonnet.

	I.	II.	III.	IV.
Premier Quatrain.	F. M. M. F.	M. F. F. M.	F. M. F. M.	M. F. M.
Second Quatrain.	F. M. M. F.	M. F. F. M.	F. M. F. M.	M. F. M. F.
Premier Tercet.	M. M. F.	F. F. M.	F. F. M.	M. M. F.
Second Tercet.	M. F. M.	F. M. F.	F. F. M.	M. F. M.

SONNET.

Le théâtre jamais ne fut si glorieux,
Le jugement s'y joint à la magnificence,
Une régle sévère en bannit la licence,
Et rien n'y blesse plus ni l'esprit ni les yeux.
On y voit condamner les actes vicieux,
Malgré les vains efforts d'une injuste puissance;
On y voit à la fin couronner l'innocence,
Et luire en sa faveur la justice des cieux,
Mais en cette leçon si pompeuse & si vaine
Le profit est douteux, & la perte certaine,
Ce remède y plaît moins, que ne fait le poison:
Elle peut réformer un esprit idolâtre;
Mais pour changer leurs mœurs, & régler leur raison,
Les Chrétiens ont l'Eglise, & non pas le théâtre.

GODEAU.

Il y a des sonnets dont les vers sont de dix syllabes, d'autres dont les vers n'en ont que huit; d'autres enfin qui sont composés de vers de sept syllabes.

Autre Sonnet.

Un amas confus de maisons,
Des crottes dans toutes les rues,
Ponts, Eglises, palais, prisons,
Boutiques bien ou mal pourvûes:
Force gens noirs, blancs, roux, grisons;
Des prudes, des filles perdues,
Des meurtres & des trahisons,
Des gens de plume aux mains crochues,
Maint poudré qui n'a point d'argent,
Maint homme qui craint le sergent,
Maint fanfaron qui toujours tremb[le],
Pages, laquais, voleurs de nuit,
Carrosses, chevaux, & grand bruit,
C'est là Paris: que vous en semble?

SCARRON.

Autre Sonnet.

Plus Mars que Mars de la Thrace,
Mon Pere victorieux
Aux Rois les plus glorieux
Ota la première place.
Ma mere vient d'une race
Si fertile en demi-dieux,
Que son éclat radieux
Toutes lumières efface.
Je suis poudre toutefois,
Tant la Parque a fait ses
Egales & nécessaires.
Rien ne m'en a sçû parer;
Apprenez, ames vulgaires,
A mourir sans murmurer.

MALHERBE.

DU RONDEAU.

Le Rondeau est à présent de treize vers sur deux rimes. Après le cinquiéme il doit y avoir un repos, comme à la fin des Stances. Après le huitiéme doit revenir le mot qui est au commencement du premier vers. Et il doit se retrouver encore après le treiziéme. Ce mot est ce qu'on appelle le refrain. Il est indifférent de commencer par un vers masculin ou par un féminin. Voici la maniére d'en arranger les vers :

M.	F.
M.	F.
F.	M.
F.	M.
M.	F.
M.	F.
M.	F.
F.	M.
M.	F.
M.	F.
F.	M.
F.	M.
M.	F.

Le caractère du Rondeau est la naïveté, & le badinage; c'est pourquoi le style soûtenu & sérieux n'y est pas si propre que le Marotique & le familier. On peut choisir telle sorte de vers que l'on veut, excepté les Alexandrins, qui ont quelque chose de trop grave. Ordinairement on préfère les vers de dix à onze syllabes, appellés autrement les vers communs. Il y a aussi beaucoup de bons Rondeaux en vers de huit & neuf; cela est arbitraire : mais il n'est pas permis d'employer dans un même Rondeau des vers de différente mesure.

Il y a des Auteurs qui se sont appliqués à faire ensorte que le mot qui sert de refrain ait trois sens différens : Il est vrai que c'est une beauté; mais je ne sçai si elle s'accorde bien avec la simplicité du Rondeau.

Voici un Rondeau fait exprès pour exprimer la nature du Rondeau même.

Ma foi, c'est fait de moi, car Isabeau
M'a conjuré de lui faire un Rondeau;
Cela me met en une peine extrême.
Quoi treize vers, huit en eau, cinq en ême *;*
Je lui ferois aussitôt un bateau.
En voilà cinq pourtant en un monceau,
Faisons-en huit en invoquant Brodeau,
Et puis mettons par quelque stratagême,
Ma foi, c'est fait.
Si je pouvois encor de mon cerveau
Tirer cinq vers, l'ouvrage seroit beau :
Mais cependant je suis dedans l'onzième,
Et si je crois que je fais le douzième,
En voilà treize ajustés au niveau.
Ma foi, c'est fait.

VOITURE.

Autre Rondeau.

Le bel esprit, au siécle de Marot,
Des dons du ciel passoit pour le gros lot;
Des grands Seigneurs il donnoit accointance,
Menoit par fois à noble joüissance,
Et qui plus est faisoit bouillir le pot.
Or est passé ce temps où d'un bon mot,
Stance ou dizain, on payoit son écot;
Plus n'en voyons qui prennent pour finance
Le bel esprit.

A prix d'argent l'auteur comme le sot,
Boit sa chopine & mange son gigot;
Heureux encor d'en avoir suffisance.
Maints ont le chef plus rempli que la pance.
Dame ignorance a fait enfin capot
Le bel esprit.

Mlle DESHOULIERES.

Autre Rondeau.

A la fontaine où s'enivre Boileau,
Le grand Corneille, & le sacré troupeau
De ces auteurs que l'on ne trouve guère,
Un bon rimeur doit boire à pleine éguiére,
S'il veut donner un beau tour au rondeau.
Quoique j'en boive aussi peu qu'un moineau,
Chez Benserade, il faut te satisfaire,
T'en écrire un: Hé! c'est porter de l'eau
A la fontaine.
De tes refrains un livre tout nouveau
A bien des gens n'a pas eu l'heur de plaire;
Mais quant à moi j'en trouve tout fort beau;
Papier, dorure, image, caractère,
Hormis les vers qu'il falloit laisser faire
A la fontaine.

PREPETIT DE GRAMMONT.

DU RONDEAU REDOUBLÉ.

Il y a une autre sorte de Rondeau qu'on appelle redoublé; mais il sort du genre épigrammatique. On commence par faire un quatrain, ensuite on y en ajoûte quatre autres, dont chacun finit par un des vers du premier. Desorte que le second quatrain finit par le premier vers, & ainsi des autres. L'ouvrage est fermé par un quatrain où le mot du premier tombe naturellement comme dans le rondeau ordinaire. On le comprendra mieux par un exemple.

L'AMANT GUERI.

Rondeau redoublé.

Epris d'amour pour la jeune Climéne,
J'ai soupiré pour elle un jour ou deux:
Si l'insensible eût partagé ma peine,
J'aurois long-temps brûlé des mêmes feux.

Depuis l'instant qu'un dépit courageux
M'ôta du cœur cette passion vaine,
Je ne sçaurois que plaindre un langoureux
Epris d'amour pour la jeune Climéne.

Elle croyoit me tenir dans sa chaine ;
Mais quelque sot ! pourquoi perdre des vœux ?
Je sçais trop bien qu'elle est fiére, inhumaine ;
J'ai soupiré pour elle un jour ou deux.

Je ne dis pas que mon cœur amoureux
N'eût soupiré pour elle une semaine.
J'aurois nourri cet amour dangereux,
Si l'insensible eût partagé ma peine.

Divin Bacchus, ta liqueur souveraine
M'a garanti d'un incendie affreux.
Sans ton secours, éléve de Siléne,
J'aurois longtemps brûlé des mêmes feux.

Envoi.

Garder six mois une fiévre quartaine
Est à mon sens un mal moins rigoureux
Que d'adorer une fille hautaine
Qui de mépris relance un malheureux
Epris d'amour.

Autre Rondeau redoublé.

Sur une belle Maison de Campagne.

L'heureux séjour ! l'agréable bocage !
Pour un esprit exempt d'ambition
Qui sçait goûter les douceurs du village,
Des vains soucis fuyant l'illusion.

Qu'on sente ailleurs toute l'émotion
Que peut causer la fortune volage,
Il dit, content de sa condition,
L'heureux séjour ! l'agréable bocage !

A ces beaux lieux son loisir se partage,
Et son repos, sa satisfaction
Seront toujours un solide avantage
Pour un esprit exempt d'ambition.

Les oiseaux même à toute occasion
Semblent redire exerçant leur ramage,
Ressent du Ciel la benédiction,
Qui sçait goûter les douceurs du village.

Dans ses enclos chacun peut faire usage
Des fruits offerts à sa discrétion,
Et savourer la crême & le fromage,
Des vains soucis fuyant l'illusion.

A cent objets l'œil fait attention,
Et doucement occupe une ame sage.
Eaux, prés, jardins, tout sans exception
Plaît, & publie en son charmant langage
L'heureux séjour.

Du Triolet.

Le Triolet est une petite piéce de huit vers, qui sont ordinairement de huit syllabes, dont le troisiéme, quatriéme, cinquiéme, septiéme, riment ensemble, & de même le second, le sixiéme & le huitiéme. Après le second de ces vers il y a un repos, après le quatriéme un second repos, & un troisiéme à la fin. Enfin le quatriéme vers n'est que le premier qu'on répéte. Il en est de même du septiéme & du huitiéme, qui ne sont que la reprise ou la répétition du premier & du second. C'est à cause du premier vers répété trois fois que le Triolet a été ainsi nommé.

Triolet.

I. *Si je ne gagne mon procès,*
Vous ne gagnerez pas le vôtre.
Vous n'aurez pas un bon succès,
Si je ne gagne mon procès.
Vous avez chez moi libre accès,
J'en demande chez vous un autre:
Si je ne gagne mon procès,
Vous ne gagnerez pas le vôtre.

II. *Pindare étoit homme d'esprit,*
En faut-il d'autres témoignages?
Profond dans tout ce qu'il écrit,
Pindare étoit homme d'esprit.

A qui jamais rien n'y comprit,
Il sçut bien vendre ses ouvrages:
Pindare étoit homme d'esprit,
En faut-il d'autres témoignages?

III. *Bèze qui produit ce bon vin,*
Doit passer pour très-catholique.
J'estime mieux que Chambertin
Bèze qui produit ce bon vin.
Si le disciple de Calvin,
Bèze passe pour hérétique,
Bèze qui produit ce bon vin,
Doit passer pour très-catholique.

Du Madrigal.

Le Madrigal ne diffère de l'Epigramme ni par le nombre ni par la mesure des vers; mais par le caractère de la pensée qu'on y emploie, qui doit avoir quelque chose de tendre, & de noble en même temps. C'est le sentiment de Boileau qui après avoir parlé du Rondeau & de la Ballade, ajoûte ces deux vers:

Le Madrigal plus simple, & plus noble en son tour,
Respire la douceur, la tendresse & l'amour.

De la Ballade.

Les Ballades sont de petits Poëmes anciens, qui ont ordinairement trois strophes, & un Envoi: & ces strophes sont tellement disposées que le dernier vers de la premiére, est le refrain, & vient prendre sa place à la fin de toutes les autres & de l'Envoi.

Dans les Ballades de Clément Marot les strophes ont huit, dix, & même quelquefois douze vers, & les vers sont tantôt de huit, tantôt de dix syllabes: mais ils sont tous de la même mesure dans la même Ballade.

Les Ballades les plus exactes ont toûjours un Envoi de quatre vers lorsque les strophes sont de huit; de cinq, lorsqu'elles sont de dix; & de six, lorsqu'elles sont de douze, ce qui est rare. Cependant on en trouve deux dans Voiture qui n'ont point d'Envoi: l'une a quatre strophes, chacune de huit vers, toutes quatre sous deux rimes en *eur* & en *age*: l'autre a cinq strophes, chacune aussi de huit vers, mais le Poëte ne s'y est gêné que pour les quatre féminins, qui sont sous une même rime dans chaque strophe: les quatre masculins ont deux rimes différentes.

Ballade de Mlle Deshoulières à M. Charpentier.

Les strophes sont de huit vers de dix syllabes sous deux rimes.

Fameux auteur, de tous auteurs le coq,
Toi dont l'esprit agréable & fertile
Des Latineurs a soûtenu le choc
Par un écrit dont sublime est le style,
Plus éloquent que ne fut feu Virgile.
Tu leur fais voir qu'on doit les mettre au croc.
Quand tu combats, la victoire t'est hoc.
Dans leurs discours & ab hac & ab hoc,
Ils ont crié qu'à Paris la grand'ville,
Où l'étranger est en proie à l'escroc,
Inscription Françoise est inutile,
Latinité moins seroit difficile,
Disent-ils tous pour la gent vin de broc.
On prêche envain un si faux Evangile,
Quand tu combats, la victoire t'est hoc.
Du grand Louis qui de taille & d'estoc
De l'univers fera son domicile,
Et dont le cœur s'ébranle moins qu'un roc :
Pourquoi les faits, par une erreur servile,
Mettre en latin ? non, non, tourbe indocile ;
D'inscription nous allons faire troc.
Par toi, Damon, pedans vont faire gile,
Quand tu combats, la victoire t'est hoc.

Envoi.

Grands sçavantas, nation incivile,
Dont Calepin est le seul ustencile,
Plus on ne voit ici de votre affroc.
François langage est or ; le vôtre argile,
Bon seulement pour ceux qui portent froc.
Poursui, Damon, ils n'ont plus d'autre asyle ;
Quand tu combats, la victoire t'est hoc.

Autre Ballade.

Qui sont ceux-là qui ont si grande envie
Dedans leur cœur, & triste marisson,
Dont cependant que nous sommes en vie,
De maître ennui n'écoutons la leçon?
Ils ont grand tort, vû qu'en bonne façon,
Nous consommons notre fleurissant âge.
Sauter, danser, chanter à l'avantage,
Faux envieux, est-ce chose que blesse?
Nenni, pour vrai, mais toute gentillesse,
Et j'ai vouloir, qui nous tient en ses lacqs.
Ne blâmez point doncques notre jeunesse,
Car noble cœur ne cherche que soulas.
Nous sommes drus, chagrin ne nous suit mie,
De froid souci ne sentons le frisson:
Mais de quoi sert une tête endormie,
Autant qu'un bœuf dormant près d'un buisson,
Langards piquans plus fort qu'un hérisson,
Et plus reclus qu'un vieil corbeau en cage:
Jamais d'autrui ne tiennent bon langage:
Toujours s'en vont songeant quelque finesse.
Mais entre nous, nous vivons sans tristesse,
Sans mal penser, plus aises que Prélats.
D'en dire mal c'est donques grand'simplesse,
Car noble cœur ne cherche que soulas.
Bon cœur, bon corps, bonne physionomie,
Boire matin, fuyr noise, & tanson:
Dessus le soir, pour l'amour de s'amie,
Devant son huis la petite chanson:
Trancher du Brave, & du mauvais Garçon,
Aller de nuit, sans faire aucun outrage:
Se retirer, voilà le tripotage:
Le lendemain recommencer la presse.
Conclusion nous demandons liesse:
De la tenir jamais ne fûmes las:
Et maintenons que cela est noblesse:
Car noble cœur ne cherche que soulas.

Envoi.

Prince d'amours, à qui devons hommage,
Certainement c'est un fort grand dommage,

Que nous n'avons en ce monde largesse,
Des grands trésors de Juno la Déesse,
Pour Vénus suivre : & que Dame Pallas
Nous vint après réjouir en vieillesse :
Car noble cœur ne cherche que soulas.

Il y a encore une espéce de Ballade qui a deux refrains différens à chaque strophe, comme on le peut voir dans celle-ci, que Clément Marot fit sur frere Lubin. Elle est composée de trois strophes chacune de huit vers, avec un Envoi de quatre, au nombre desquels se trouvent les deux refrains. Les vers sont de huit syllabes, & généralement tous les féminins sont sous deux rimes. L'une en *ile*, l'autre en *aire*, & tous les masculins sous une même rime en *ien.*

Pour courir en poste à la ville
Vingt fois, cent fois, ne sçais combien :
Pour faire quelque chose vile,
Frere Lubin le fera bien :
Mais d'avoir honnête entretien,
C'est à faire à un bon Chrétien :
Frere Lubin ne le peut faire.
Pour mettre (comme un homme habile)
Le bien d'autrui avec le sien,
Et vous laisser sans croix ne pile,
Frere Lubin le fera bien.
On a beau dire je le tien,
Et le presser de satisfaire;
Jamais ne vous en rendra rien :
Frere Lubin ne le peut faire.
Pour amuser par un doux style
Quelque fille de bon maintien,
Point ne faut de vieille subtile,
Frere Lubin le fera bien.
Il préche en Théologien :
Mais pour boire de belle eau claire,
Faites-la boire à notre chien,
Frere Lubin ne le peut faire.

Envoi.

Pour faire plûtôt mal que bien,
Frere Lubin le fera bien :
Mais si c'est quelque bonne affaire,
Frere Lubin ne le peut faire.

DU CHANT ROYAL.

Le Chant Royal est un Poëme composé de cinq strophes chacune le plus souvent d'onze vers, & tellement disposées, que le dernier de la première, qui est le refrain de toute la piéce, quadre avec la fin de toutes les autres, & y revient prendre sa place, aussi-bien qu'à la fin de l'Envoi de cinq vers par où ce Poëme finit, & en tout en a cinquante-cinq, qui avec le refrain répété six fois paroissent être soixante-un. L'Envoi anciennement avoit quelquefois sept vers, & commençoit souvent par le mot Prince, ce qui a donné le nom de Chant Royal à ce Poëme. On en fait quelquefois en vers Alexandrins. *Voyez dans Clément Marot un Chant Royal sur la conception*, t. 1. de l'édit. de La Haye in 12. p. 243.

DU LAY.

Le Lay est un Poëme composé de couplets dont le nombre n'est pas fixe, non plus que celui des vers qu'il renferme, qui ne sont pas grands, mais parmi lesquels il y en a quelques-uns plus petits que les autres : Ceux-ci finissant le couplet, & laissant un espace vuide, parce qu'ils n'en peuvent pas remplir, autant que les plus longs, ont attiré au Lay le nom d'arbre fourchu : il n'y entroit que deux rimes différentes. En voici un :

La grandeur humaine
Est une ombre vaine
Qui fuit :
Une ame mondaine
A perte d'haleine
La suit :
Et pour cette Reine,
Trop souvent se gêne
Sans fruit.

DU VIRELAY.

Le Virelay ancien, comme le vieux mot *virer* le marque, étoit un *Lay* sur lequel le Poëte retournoit par de semblables vers, sous les deux mêmes rimes, avec cette différence, que celle qui dominoit dans le Lay, servoit à terminer les couplets dans le Virelay : & l'autre prenoit le dessus : par exemple, la rime *fuit*, *suit*, *fruit* est ici, pour ainsi dire, la servante, & elle seroit devenue la maîtresse dans le Virelay, où l'on ajoûtoit autant de couplets que le Lay en avoit.

Quant au Virelay nouveau, voyez le Traité de la Versification Françoise, par Prépetit de Grammont, *p.* 519. Il y a six Virelays dans les Poësies de l'Abbé Regnier Desmarais.

De la Villanelle.

☞ La Villanelle est une chanson de bergers. En voici une de Jean Passerat :

J'ai perdu ma tourterelle,
Est-ce point celle, que j'oi ?
Je veux aller après elle.
Tu regrettes ta femelle,
Hélas ! aussi fai-je moi,
J'ai perdu ma tourterelle.
Si ton amour est fidéle,
Aussi est ferme ma foi :
Je veux aller après elle.
Ta plainte se renouvelle :
Toûjours plaindre je me doi :
J'ai perdu ma tourterelle.
En ne voyant plus la belle,
Plus rien de beau je ne voi :
Je veux aller après elle.
Mort que tant de fois j'appelle
Prend ce qui se donne à toi :
J'ai perdu ma tourterelle,
Je veux aller après elle.

Ce petit Poëme est partagé par tercets, tous sous deux rimes en *elle* & en *oi* : & les deux mêmes se trouvant ensemble à la fin de la piéce, font un quatrain au lieu d'un tercet. On trouve encore des Villanelles dont les couplets sont de six vers.

DICTIONNAIRE

DICTIONNAIRE *DE RIMES*, FRANÇOIS ET LATIN,

Considérablement augmenté, & mis dans un nouvel ordre.

A

A, Lettre de l'Alphabet.

m A a, nom de plusieurs riviéres.

m Brouhaha, bruit confus, *rumor confusus.*

Cahin-caha, adv. avec peine, *vix, ægrè.*

Ha! ha-ha! exclamations, *ha! he!*

v Il a, on a, *habet, habetur* ou *habent.*

f Nausicaa, fille d'Alcinoüs.

A B.

m Achab, septiéme Roi d'Israël, *-us.*

subst. masculins. Aminadab, nom d'homme, *-us.*

Joab, Chef des Armées de David, *-us.*

Moab, pays de la Tribu de Ruben, *-us.*

a —de Moab, *Moabita.*

Rab, ou Raab, riviére qui traverse une partie de la basse-Hongrie, *Arabo.*

A B E.

Abe, habit des Orientaux, *aba.*

Arabe, d'Arabie, *Arabs.*

—avare, *-us, a, um.*

substantifs masculins.

—homme dur, *durus.*
l'Arabe, (langue) *Arabica lingua.*
Astrolabe, *-bium.*
Cosmolabe, instrument de Mathématique, *-bium.*
Crabe, espéce d'écrevisse, *cancer.*
—marin, *-us.*
—amphibie, *terrenus simul & aquatilis.*
a Dissyllabe, *-bus.*
v Gabe, vieux verbe, *irrideo.*
Hendécasyllabe, *-bus.*
Mésolabe, *-bium.*
Monosyllabe, *-bus.*
Mozarabe . . .
Polysyllabe . . .
a Quadrisyllabe . . .
f Syllabe, *-ba.*
a Trissyllabe, *-bus.*

ABLE.

La plûpart des mots terminés en able, *sont des adjectifs communs verbaux, qui se terminent en Latin en* abilis, abile, *ou en* andus, a, um, *& signifient le sujet avec la qualité ou la modification passive, & rarement l'active. On n'a marqué ici & ailleurs, pour abbréger, que les terminaisons latines des mots analogiques.*

adjectifs communs.

Abominable, *abominandus.*
Abordable, *accessibilis.*
Acceptable, -admissible, *-bilis.*
Accointable, vieux mot, *accessu facilis.*

adjectifs communs.

Accommodable, *commodus.*
—affaire accommodable, *negotium conciliabile.*
Accordable, *concedendus.*
Accostable, affable, *aditu facilis.*
Accusable, *-bilis.*
Admirable, -très-beau, très-excellent, très-surprenant, parfait. *-bilis.*
Affable . . .
—civil, *urbanus.*
—de facile accès, *aditu facilis.*
—humain, *-manus.*
—populaire, *-laris.*
Agréable, *gratus.*
Aimable, *amabilis.*
Aliénable, qu'on peut vendre, *vendibilis.*
Alliable, *qui commisceri, vel affinitate jungi potest.*
Amiable, *æquus.*
—doux, *mansuetus.*
—bon, *benignus.*
—tendre, *tener.*
—à l'amiable, adv. *amicè.*
Amortissable, *extinguibilis.*
Attaquable, *qui potest oppugnari.*
Bannissable, *removendus.*
Bastonnable, *dignus fustibus.*
Bernable, *contemptibilis.*
Blâmable, *vituperabilis.*
Brisable, *frangendus.*
Brûlable, *urendus.*
Buvable, *potabilis.*
Cable, *rudens.*
Calculable, *quod numerari potest.*
Capable, *capax.*

adjectifs communs.

—ſçavant ; *doctus.*
—très-ſçavant ; *eruditiſſimus.*
—propre ; *idoneus.*
—digne , *dignus.*
—qui peut ; *potens.*
—ſuffiſant , *ſufficiens.*
—intelligent , *peritus.*
Faire le capable , le ſçavant , *peritum agere.*
Charitable , *beneficus.*
Châtiable , *caſtigabilis.*
Chevauchable ; au fig. *viro matura.*
Chommable , *feſtus.*
—fête chommable , *dies feſtus.*
Combattable , vieux mot , *oppugnandus.*
Commerçable , *in commercio poſitus.*
Communicable , *-bilis.*
Comparable , *comparandus.*
Comptable , *rationarius.*
—débiteur , *debitor.*
Concevable , *conceptibilis.*
Condamnable , *condemnandus.*
—blâmable , *vituperandus.*
Connétable , grand officier de la Couronne , *Comes ſtabuli primarius.*
Conſidérable , *inſignis , clarus.*
Conſolable , *-bilis.*
Contraignable , *cogibilis.*
Contribuable , *tributarius.*
Convenable , *conveniens.*
—commode , *-dus.*
—propre , *aptus , idoneus.*
Converſable , agréable dans la converſation , *ſociabilis , commodus.*

adjectifs communs.

Convertiſſable , *converſibilis.*
Convoitable , *appetendus.*
Corvéable , *angarius.*
Coupable , *reus , nocens.*
—criminel , *crimine devictus.*
—condamnable , *damnandus.*
Coupable , qui peut ſe couper , *ſectilis.*
Courable , terme de chaſſeur , *in quod licet incurrere.*
Critiquable ; *reprehenſioni obnoxius.*
Curable , *ſanabilis.*
Croyable , *credibilis.*
Damnable , *damnandus.*
—pernicieux , *-oſus.*
—méchant , *nequam.*
Décevable , vieux mot , facile à être trompé , *decipiendus.*
Déchiffrable , qu'on peut lire aiſément , *lectu facilis.*
Décimable , *decimis obnoxius.*
Déclinable , *-bilis.*
Défavorable , *damnoſus.*
Défenſable , *defenſibilis.*
Délectable , *delectationem afferens.*
—plaiſant , *jucundus.*
—doux , *amœnus.*
Démonſtrable , *quod demonſtrari poteſt.*
Déplorable , *-randus.*
Déraiſonnable , ſans raiſon , *ab æquo alienus.*
Déſagréable , *inamœnus.*
Déſirable , *deſiderabilis.*
Deſtituable , *deſtituendus.*
Déteſtable , *deteſtandus.*

—abominable, exécrable, horrible, *execrandus.*

m Diable, esprit malin, *diabolus.*

—méchant, déterminé, *nequissimus.*

—de mer, *corvus marinus.*

—poule d'eau, *fulica*, *gavio.*

A la diable, adv. *ridiculè.*

Du diable, sorte de jurement.

adjectifs communs.

Dilatable, *-bilis.*

Disciplinable, *docilis.*

—docile, *docilis.*

Disconvenable, qui ne convient point, *indecens.*

Disputable, *-bilis.*

Dissemblable, *dissimilis.*

Diversifiable, *quod variari distingui-ve potest.*

Dommageable, *damnosus.*

Domptable, *domandus.*

Ecartable, terme de fauconnerie, qui se dit des oiseaux qui sont les plus coûtumiers de monter en essor.

Effroyable, horrible, épouventable, terrible, grand & énorme, *horrendus.*

Emerveillable, *mirabilis.*

Epouventable, *voyez* Effroyable.

Epuisable, *exhaustibilis.*

Equitable, raisonnable, juste, droit, *æquus.*

Erable, arbre, *acer.*

Espérable, *sperandus.*

f Etable, *stabulum.*

—à chevaux, *equile.*

—à brebis, *ovile.*

—à bœufs, *bubile*, *bovile.*

—à chévres, *caprile.*

—à cochons, *suile.*

—à chiens, *canile.*

—terme de marine, *sub prora.*

—d'Etable, *stabularius.*

—qui a soin de l'Etable, *stabularius.*

—créche d'étable, *præsepe.*

adjectifs communs.

Evitable, *vitandus.*

Evocable, *à quo potest provocari.*

Excusable, *tolerabilis*, *veniâ dignus.*

Exécrable, *-bilis.* *synon.* Détestable.

f Exorable, *-bilis.*

Explicable, *explicatu facilis.*

Exploitable, *dicæ addictus.*

Fable, *fabula.*

—apologue, *apologus.*

—petite fable, *fabella.*

Faisable, *quod fieri potest.*

Favorable, *favens.*

—propice, *-tius.*

Féable, vieux mot, *fidelis.*

Fériable, *festus.*

Flottable, riviére flottable, *navigabilis.*

Forgeable, *quod procudi potest.*

Formidable, *metuendus.* *synon.* Redoutable.

Friable, *-bilis.*

Friponnable, *qui potest expilari.*

Grondable, *reprehensione dignus.*

Guéable, *vadosus.*

Guérissable, *sanabilis.*

Habitable, *-bilis.*

adjectifs communs.

Hable, vieux mot, *portus.*
Haïssable, *odibilis.*
—odieux, *-osus.*
Honorable, *-bilis.*
—honnête, *honestus.*
—digne d'honneur, *dignus honore.*
—qui fait honneur, *honorem concilians.*
—honorifique, *-cus.*
—glorieux, *-osus.*
—décent, *-ens.*
Amende honorable, *animadversionis honorariæ mulcta.*
Imaginable, *id quod animo fingi potest.*
—concevable, *conceptibilis.*
Imitable, *imitabilis.*
Immanquable, *indeficiens.*
—sûr, *certus, a, um.*
—certain, *certus.*
Immémorable, pour Immémorial, *ante hominum memoriam.*
Immensurable, *mensurâ carens.*
Immuable, *immutabilis.*
Impalpable, *-bilis.*
Impardonnable, *incondonabilis.*
Impartageable, qu'on ne peut partager, ni démembrer, *indivisibilis.*
Impartable, *quod partiri non possumus.*
Impayable, *supra mercedem.*
Impeccable, *-bilis.*
Impénétrable, *impervius.*
qu'on ne peut sonder, *inscrutabilis.*
Imperdable, *quod amitti non potest.*

adjectifs communs.

Imperturbable, *-bilis.*
Impétrable . . .
Impitoyable, dur, inhumain, *immiserabilis.*
Implacable, *-bilis.*
—inexorable . . .
Imposable, *vectigabilis.*
Impraticable, *impervius.*
Impréciable, *cui nequit imponi pretium.*
Imprenable, *inexpugnabilis.*
Improbable, *-bilis.*
Inabordable, *inaccessibilis.*
Inaccostable, *inaccessibilis.*
Inaliénable, qu'on ne peut vendre, *non vendibilis.*
Inalliable, *inconcretilis.*
Inapercevable, *quod cernere nequeas.*
Inappréciable, *cui nequit imponi pretium.*
Inattaquable, *oppugnationi non obnoxius.*
Incahotable, *quod succuti nequit.*
Incapable, *incapax.*
—ignorant, *ignarus.*
—indigne, *-nus.*
—insuffisant, *insufficiens.*
—d'une lâcheté, *vir probatæ fidei.*
Incommensurable, *-bilis.*
Incommunicable . . .
Incomparable, *non comparandus.*
—sans pair, *imparilis.*
—sans égal, *sine æquali.*
Inconcevable, *inconceptibilis.*
Inconciliable, *qui nequit conciliari.*
Inconsolable, *-bilis.*

adjectifs communs.

Inconteſtable, *indubitatus.*
Inconvertiſſable, *inconvertibilis.*
Incoupable, vieux mot, *inſons.*
Incroyable, *incredibilis.*
Incurable, *inſanabilis.*
Indéchiffrable, *inexplicabilis.*
Indéclinable, *-bilis.*
Indécrotable (animal) *animal lutoſum.*
Indéfenſable, *quod defendere nequeas.*
Indéfiniſſable, *definitionem non admittens.*
Indiſciplinable, *indocilis.*
Indiſpenſable, *quo nemo ſolvi poteſt.*
—néceſſaire, *-arius.*
—néceſſité indiſpenſable, *fatalis neceſſitas.*
Indiſputable, inconteſtable, *certus.*
Indomptable, *indomabilis.*
Indubitable, *indubius.*
—aſſûré, *ſecurus.*
—conſtant, *-tans.*
—certain, *certus.*
Inébranlable, *immobilis.* *ſynon.* Stable.
Ineffable, *inenarrabilis.*
Ineffaçable, *indelebilis.*
Inénarrable, *indicibilis.*
Inépuiſable, *inexhauſtilis.*
Ineſtimable, *quod ſatis æſtimari nequit.*
Inévitable, *-bilis.*
Inexcuſable, *non excuſabilis.*
Inexorable, *-bilis.*
Inexpiable ...
Inexplicable ...

adjectifs communs.

—ineffable, *-bilis.*
—inénarrable ...
—indicible ...
Inexprimable, *quod exprimi nequit.*
Inexpugnable, *-bilis.*
Infaiſable, *non factibilis.*
Infatigable, *indefeſſus.*
Inflammable, *inflammabilis.*
Infriponnable, *qui decipi nequit.*
Ingénérable, qui ne peut changer de nature, *qui generari nequit.*
Ingouvernable, *regimen reſpuens.*
Inguériſſable, *inſanabilis.*
Inhabitable, *-bilis.*
Inimaginable, *in mentem non cadens.*
Inimitable, *-bilis.*
Innavigable, *naves non admittens.*
Innorabrable, *innumerabilis.*
Inſatiable, *inſaturabilis.*
—faim inſatiable, *fames inſaturabilis.*
Inſéparable, *quod disjungi non poteſt, individuus.*
Inſociable, *-bilis.*
Inſolvable, *qui non ſolvendo eſt.*
Inſondable, *non ſolvendus.*
Inſoutenable, *non propugnabilis.*
Inſtable, *-bilis.*
Inſultable, *qui oppugnari poteſt.*
Inſupportable, *non ferendus.*
Inſurmontable, *inſuperabilis.*
Intariſſable, *inexhauſtibilis.*

adjectifs communs.

Interminable, *quod confici non poteſt.*
Inteſtable, *-bilis.*
Intolérable, *-bilis.*
Intraitable, *intractabilis.*
Introuvable, *quod inveniri nequit.*
Invariable, immuable, *immutabilis.*
—ferme, *firmus.*
—conſtant, *-tans.*
Inverſable, *quod inverti nequit.*
Inviolable, *-abilis.*
Invulnérable, *vulneri minimè obnoxius.*
Irraiſonnable, *irrationalis.*
Irramenable, *quod reduci nequit.*
Irraſſaſiable, *quod ſatiari nequit.*
Irrecevable, *quod nolis admittere.*
Irréconciliable, *implacabilis.*
Irréformable, *quod in melius mutare nequeas.*
Irréfragable, *locupletiſſimus.*
—ſans contredit, *certiſſimus.*
Irrémédiable, *remedii exors.*
—maladie irrémédiable, *morbus inſanabilis.*
Irréparable, *quod ſarciri non poteſt.*
Irreprochable, *inexprobrabilis.*
—homme irreprochable, *vitæ integer.*
—témoin irreprochable, *teſtis locuples.*
Irrévocable, *-bilis.*
Juſticiable, *juriſdictioni obnoxius.*

adjectifs communs.

Labourable, *arabilis.*
Lamentable, *-bilis.*
—déplorable, *deflendus.*
Logeable, *habitationi idoneus.*
Loüable, *laudabilis.*
Malléable, *malleo extenſibilis.*
—non malléable, *malleo non extenſibilis.*
Manducable, bon à manger, *quod libenter comedas.*
Mangeable, *eſculus.*
Maniable, *flexibilis.*
—non maniable, *rigidus.*
Mariable, *nubilis.*
Méconnoiſſable, *non agnoſcibilis.*
Mémorable, *memorandus.*
—qui mérite d'être raconté, *narratu dignus.*
Mépriſable, *deſpectibilis.*
Meſurable, *menſurabilis.*
Mettable, *admiſſibilis.*
Miſérable, qui eſt dans la misère, *miſer.*
—digne de compaſſion, *calamitoſus.*
—pauvre, *pauper.*
—malheureux, *infelix.*
—vil, *vilis.*
—mépriſable, *contemnendus.*
—pitoyable, *luctuoſus.*
—malfait, *miſerandus.*
—ſans mérite, *nullius pretii.*
—coquin, *mendicus.*
Morttaillable, *ſervus, mancipium.*
Muable, *mutabilis.*
ſynon. Variable.

adjectifs communs.

Multiplicable, *-bilis.*
Navigable...
Négociable, *in commercio positus.*
Notable, remarquable, considérable, insigne, singulier, illustre, *notabilis.*
Ouvrable, *profestus.*
—jour ouvrable, ou jour ouvrier, *profestus dies.*
Palpable, *tractabilis.* item *evidentissimus.*
Papable, *qui potest papa fieri.*
Pardonnable, *ignoscibilis, veniâ dignus.*
Passable, *tolerabilis.*
—admissible, *-bilis.*
Patinable, *quod contrectari potest.*
Payable, *solvendus.*
Peccable, *peccato obnoxius.*
Pendable, *malâ cruci affligendus.*
—cas pendable, *crimen capitale.*
Pénétrable, *-bilis.*
Perdurable, *permanens.*
Périssable, *periturus.*
—caduc, *-us.*
—fragile, *-lis.*
Pervertissable, *depravabilis.*
Piétable, vieux mot, *miseratione dignus.*
Pitoyable, qui a de la pitié, *misericors.*
—qui fait pitié, *miserandus.*
Plaidable, *dies profestus.*
Plaidoyable, *synon.* Plaidable.
Pliable, *plicabilis.*

adjectifs communs.

—flexible. *flexibilis.*
Potable, *-bilis.*
—liquide, *-dus.*
Praticable, *pervius.*
Préalable (au préalable) terme de Palais, *anteà.* adv.
Prédicable, *qui prædicari potest.*
Préférable, *anteferendus.*
Préjudiciable, *damnosus.*
Prisable, *pretio dignus.*
Privable, *qui privari potest.*
Probable, *-bilis.*
Profitable, *compendiosus.*
Proposable, *quod proponi potest.*
Punissable, *puniendus.*
Rable, *lumbus.*
—de liévre, *dorsum leporinum.*
—fer de Plombier, *Radula.*
Raisonnable, *rationalis.*
—qui a de la raison, *ratione præditus.*
—sage, *sapiens. synon.* Equitable.
—prix raisonnable, *æquum pretium.*
Ramandable, *quod emendari potest.*
Rapportable, sujet à rapport dans les successions, *referendus.*
Recevable, *admissibilis.*
Recommandable, *commendabilis.*
—loüable, *laudabilis.*
—estimable, *æstimabilis.*
Réconciliable, *reconciliandus.*

adjectifs communs.

Reconnoiſſable, *agnoſcibilis.*
Recouvrable, *quod recuperari poteſt.*
Récuſable, *ejuratus.*
Redevable, *debitor.*
Redoutable, *metuendus.*
—terrible, *-bilis.*
Regrettable, *quod ſui deſiderium debet relinquere.*
Rejettable, *rejiciendus.*
Remarquable, *notabilis. ſynon.* Notable.
Reniable, *denegabilis.*
—cas reniable, *caſus denegabilis.*
Réparable, *-bilis.*
Repouſſable, *repellendus.*
Reprochable, *exprobrabilis.*
Requérable, *requirendus.*
Reſpectable, *veneratione dignus.*
Reſpirable, *-rans.*
Reſponſable, *eventûs adpromiſſor.*
Reſtituable, *quod reſtitui poteſt.*
Révocable, *quod reſcindi poteſt.*
Riſquable, *quod in alea poni poteſt.*
Rouable, terme de Boulanger, *contus furnarius.*
Sable, *arena.*
—noir, terme de blâſon, *color niger.*
—banc de ſable, *brevia.*
—horloge de ſable, *ſabularium.*
—menu, *arenula.*
—d'eau, *aquaria.*
—de riviére, *fluviatica.*
Abondant en ſable, *arenoſus.*

adjectifs communs.

Jetter en ſable, *in ſabulum projicere.*
Saiſiſſable, *occupabilis.*
Secourable, *auxiliarius.*
—obligeant, officieux, *officioſus.*
Semblable, *ſimilis.*
—un peu ſemblable, *ſubſimilis.*
Séparable, *-bilis.*
Serviable, *officioſus.*
Serviſſable, vieux mot, pour Serviable, *officioſus.*
—ſociable, *ſociabilis, ſocietatis amans.*
Solvable, *qui ſolvendo eſt.*
Sortable, *accommodatus.*
—décent, *-cens.*
—convenable, *conveniens.*
—ſouffrable, *tolerandus.*
Souhaitable, *optabilis.*
Soutenable, *propugnabilis.*
Stable, *-bilis.*
—ferme, *firmus.*
—ſolide, *-dus.*
—fixe, *fixus.*
—immobile, *-bilis.*
Supportable, *ferendus.*

f Table à manger, *menſa.* grande, petite, bonne, ſplendide, magnifique.
—planche, *tabula.*
—d'attente, *tabula vacua.*
—de diamans, *adamantium.*
—géographique, *-phica.*
—d'architecture, *abacus.*
—racourcie, *pluteus.*
—d'oignon, *caparis pagina.*
—d'un Livre, *index.*
—carreau de jardin, *area.*
—d'inſtrument, *pars ſuperior.*

—de Marbre, Jurisdiction des Maréchaux de France, *Marescallorum Jurisdictio.*
—terme d'Eglise, de la Ste. Communion, *sacra synaxis.*
—de plombier, *plumbea.*
—de corroyeur, *stalum.*

adjectifs communs.

a de Table, *mensarius.*
f entrée de Table, *prima mensa* ou *promulsis.*
couvrir la Table, *mensam sternere.*
se mettre à Table, *mensa assidere.*
lever la Table, desservir, *mensam efferre.*
Taillable, *vectigalis.*
—tributaire, *-tarius.*
Tarissable, *exhaustibilis.*
Tenable, *locus propugnabilis.*
Place non tenable, *locus non propugnabilis.*
Tolérable, *-bilis.*
Traitable, *tractabilis.*
—docile, *-lis.*
—commode, *-dus.*
Transmuable, *-tabilis.*
Transpirable, *-bilis.*
Triturable, *qui teri potest.*
Tuable, *mactandus.*
Valable, légitime, *-mus.*
—juste, *-tus.*
—ratifié, *ratus.*
Variable, changeant, *mutabilis.*
—inconstant, *-tans.*
—peu stable, *instabilis.*
—léger, *levis.*
Véable, vieux mot, *amœnus.*

adjectifs feminins.

m Végétable, *vegetum semen.*
Vendable, *-dibilis.*
Vénérable, *-randus.*
Véritable, *verus.*
Viable, vieux mot, qui est en état de vivre, *vivax.*
Viciable, vieux mot, vicieux, *vitio obnoxius.*
m Vocable, vieux mot, *vocabulum.*
—mot, diction, *vox, dictio.*
a Vraisemblable, *verisimilis.*
a Vulnérable, *-bilis.*

VERBES.

Accable, *obruo.*
Ensable, *insabulo.*
Entable, *intabulo.*
Hable, *me jacto.*
Sable, *sabulo.*

Tous les verbes en er, *&* *plusieurs en* oître, *& en* oir, *peuvent fournir de ces rimes, mais la plûpart ne sont plus en usage.*

ABRE.

v Cabre (il se cabre) *effertur.*
f Calabre, Province, *Calabria.*
a —de Calabre, *Calaber.*
m Candélabre, chandelier à l'antique, *candelabrum.*
m Cinnabre, *-baris.*
v Délabre, *dilacero.*
m Sabre, *acinaces.*

AC.

Ab hoc & ab hac.

Subst. masc.

Almanach, *-um.*
—calendrier, *-darium.*
—faiseur d'almanachs, *delirus commentator.*
Armagnac, *Armeriacus ager.*
a —d'Armagnac, *Armeriacensis.*
Sel armoniac, *sal armoniacum.*
Arsenac ou plûtôt arsenal, *armamentarium.*
Bac, batteau, *ponto*, *linter.*
Balzac, écrivain François, *Balzacus.*
Bazac, coton filé & très-fin qui vient de Jérusalem.
Bissac, *mantica.*
Bivouac, garde à cheval, *nocturnæ castrorum excubiæ.*
Boubak, animal quadrupéde que l'on voit sur les confins de Pologne vers la Moscovie.
Brissac, ville, *Brissiacum.*
a —de Brissac, *Brissiacensis.*
Clac, expression naturelle.
Cognac, ville, *Connacum.*
a —de Cognac, *Connacensis.*
Cornac, conducteur d'un éléphant.
Cotignac, *cydoneum condimentum.*
Crac, interjection dont on se sert lorsqu'une personne est sujette à mentir.
Cul-de-sac, *angiportus.*
Elac, expression naturelle.
Estomac, *stomachus.*
—le bas orifice de l'estomac, *pylorus.*

Substantifs masculins.

Fric-frac, terme populaire.
Gayac, *-um.*
Girac, sçavant critique François, *Giracus.*
Havresac, *sacculus.*
Lac, *-us.*
Mic-mac, *collusio.*
Moyac, gros oiseau de Canada.
Patac, monnoie d'Avignon.
Pourceaugnac, nom propre.
Sac, *saccus* vel *-um.*
—de ville, *internecio.*
—d'une plaie, *vulneris saccus.*
—petit sac, *sacculus.*
—sac où l'on enfermoit les parricides, *culeum.*
—mettre quelqu'un au sac, *vincere.*
Tabac, d'Espagne, grené, rapé, en corde, *tabacum.*
—petun, Nicotiane, *Nicotiana.*
Tac, expression naturelle.
Tic & tac, *strepitus inconcinnus.*
Tillac, *fori tabulatum.*
—franc tillac, le plus bas, *imum tabulatum.*
Trac, *stridor.*
Trac de chevaux, *equorum vestigium.*
Trictrac, jeu, *scruporum & tesserarum mistus ludus.*
Instrument de jeu, *alveus lusorius* vel *fritillus.*
Usquebac, liqueur forte.
Zigzac ou Zigzag, machine qui s'allonge, *machina productilis.*
Plus, divers noms de Places de Gascogne.

ACE. & ASSE. bref.

Substantifs féminins.

Agasse, pie, *pica.*
Arcasse, terme de Marine, *navis postica pars.*
Avalace (d'eau,) *alluvies.*
Audace, *-cia.*
—hardiesse, *fortitudo.*
—générosité, *-tas.*
—gance avec agraffe, *fibula.*
Bagasse, femme de mauvaise vie, *meretrix.*
Bécasse, oiseau, *rusticula.*
Bécasse, coquillage de mer, *rusticula concha.*
Besace, *mantica.*
Bocace, auteur de contes Italiens, *Bocatius.*
Bonace, calme, *malacia.*
* Bonace, assez bon, *satis bonus.*
Brasse, mesure, *ulna.*
Calebasse, *cucurbita.*
Candace, Reine d'Ethiopie.
Carapace, c'est l'écaille qui couvre le dos de la tortue.
Carcasse, *crates ossea.*
—squelette, *larva nudis ossibus cohærens.*
—corps mort, *cadaver.*
—espéce de bombe, *ignia-ria machina.*
—figure maigre, *macilentus.*
Casse, où l'on met les plumes, *theca calamaria.*
Chasse, action de chasser, *venatus.*
—capture, *venatio.*
—gibier, venaison, *præda.*

Subst. feminins.

—fuite, *fuga.*
—aux oiseaux, *aucupium.*
—terme de balancier, *axis.*
—Boucle où est le boulon, *axis fibula.*
—terme de miroitier, *theca.*
a De chasse, *venaticus.*
Vaisseau de chasse, *piratica navis.*
Garde-chasse, *venationis custos.*
Chasse de jeu de paume, *meta.*
v Donner la chasse, *fugare.*
Chiasse, *scoria metallorum.*
m Chien de chasse, *canis venaticus.*
* Cocasse, capricieux, *morosus, levis.*
Cognace, fruit, *cydonium agreste.*
Contre-fasce, terme de blâson.
Contumace, *-cia.*
Cordace, danse des Anciens, fort lascive.
a Coriace, *-us.*
Crasse, *squallor.*
Crevasse, *hiatus.*
Cuirasse, *lorica.*
Dace, peuple, *Dacus.*
—impôt, tribut, *vectigal.*
Dédicace, *-catio.*
—consécration, *-tio.*
a Efficace, *-cax.* ou *efficiens.*
Face, *-cies.*
—face *hippocratique* ou *cadavéreuse*, c'est le visage d'un malade qui a les yeux enfoncés & éteints.
—face de Dieu, *vultus Dei.*

Subst. féminins.

—façade, *facies, frons.*
—terme de blâſon, *faſcia.*
—de l'état, *proſpectus.*
—de baſtion, *propugnaculi exteriora latera.*
Face à face, *facie ad faciem.*
v Réſiſter en face, *coràm reſiſtere.*
De prime face, *primâ fronte.*
Faire volte face, terme de guerre, *convertere ſigna in hoſtem.*
Fallace, vieux mot, *fallacia.*
Fendace, vieux mot, *major fiſſura.*
Filace, *floccus, linum.*
* Fouace, gâteau, *panis infervefactus.*
Galéace, *quinqueremis.*
Gallinaſſe, oiſeau du Mexique.
Glace, *-cies.*
Grimace, *oris diſtorſio.*
—coquillage de mer.
—ſorte de pelotte à mettre des épingles.
Hommaſſe, *virago.*
Horace, *-tius.* Poëte lyrique & ſatyrique latin.
a Inefficace, *-cax.*
Lavaſſe d'eau, *alluvies.*
Liaſſe, *colligatio.*
—de papiers, *codicum manipulus.*
Limace, *-max.*
Malegrace, au pluriel, vieux mot, *offenſa.*
Maſſe, *ferri maſſa.*
Mataſſe, *ſericum crudum.*
Menace, *mina.*
Milliaſſe, *millena.*
Noüaſſe, noix muſcade ſauvage.

Subſtantifs féminins.

Paillaſſe, *culcitra ſtraminea.*
Pancrace, exercice des Athlétes, *pancratium.*
Paonace, vieux mot, couleur de violette ou de pavot.
Paperaſſe, au pluriel, *chartæ.*
Parnaſſe, *-naſſus.*
—grimper au Parnaſſe, *Parnaſſum conſcendere.*
—dormir ſur le Parnaſſe, *in Parnaſſo dormitare.*
Paſſe-paſſe, *præſtigia.*
Pinaſſe, petit bâtiment de mer, *navicula.*
Place, *platea.*
—lieu public, *platea.*
Place, ville, *urbs.*
—lieu de change, *forum.*
Place forte, *arx.*
Place, marché, *forum nundinarium.*
—marchande, *forum legitimum venalium.*
—au bled, *frumentarium.*
—aux bœufs, *boarium.*
—aux chevaux, *equarium.*
—à bâtir, *ſitus.*
—à s'aſſeoir, *ſedes.*
Place, lieu de dignité *ou* d'office, *locus, gradus.*
v Faire place, *dare locum.*
Faire faire place, *turbam ſubmovere.*
Populace, *plebecula.*
Poſt-face, terme burleſque, *epilogus.*
Préface, *præfatio.*
—avant-propos, *proœmium.*
—terme d'Egliſe, *præfatio.*
* Proufaſſe, adv. *bene fiat.*

substantifs feminins.

Race, *stirps, genus.*
—lignée, *progenies.*
Ramasse, traîneau; *traha.*
Rapace, *-pax.*
Salace, *persalsus.*
Sçavantasse, *litteris confusè imbutus.*
Stace, Poëte héroïque latin, *Statius.*
Surface, *extrema facies.*
—superficie, *-cies.*
Le Tasse, Poëte épique Italien, *Tassus.*
Teignace, méchante perruque, *capillamentum.*
m Tenace, terme de jeu, *tenacitas.*
Terrasse de jardin, *horti agger.*
Terrasse de rampart, *agger propugnaculi.*
*Tétasse, *papillago.*
Thrace, pays; *Thracia.*
a —de Thrace, *Thracius, Thrax.*
Tirasse, filet, *reticulum.*
Trace, piste, *vestigium.*
Villace, *urbs ampla.*
a Vivace, qui a en soi des principes d'une longue vie, *vivax.*
Volte-face, *vultûs varia conversio.*
a Vorace, gourmand, *vorax.*

VERBES.

verbes au present & à l'imperatif.

Agace, *irrito.*
Avocasse, *advocatum ago.*
Brasse, *machinor.*
Chasse, *fugo.*
Contrefasse, *effingam.*
Croasse, *crocito.*
Débarrasse, *extrico.*
Défassé, *destruam.*
Déplace, *eloco.*
Embarrasse, *intrico.*
Embrasse, *amplector.*
Fasse, *faciam.*
Fracasse, *frango.*
Fricasse, *frigo.*
Glace, *congelo.*
Harassé, *fatigo.*
Place, *colloco.*
Remplace, *suppleo.*
Rêvasse, *deliro.*
Satisfasse, *satisfaciam.*
Surfasse, *cariùs indicem.*
Terrasse, *prosterno.*
Tracasse, *variè occupor.*
Trace, *delineo.*

Voyez les autres verbes en acer & asser.

ACE. & ASSE. dont l'*A* est long.

substantifs feminins.

Basse de mer, *brevia.*
Basse, une des quatre parties de musique, *bassus.*
Basse, celui qui chante la basse, *bassus.*
Basse, instrument de musique, *bassus.*
Chambre basse du Parlement d'Angleterre, *infima Camera.*
v Faire main-basse, tuer; *internecione delere.*
Casse, drogue, *cassia.*
Casse d'Imprimerie, *loculamenta.*
*Casse, il a eu de la casse, il a été cassé, *remotus ab officio.*

Subſtantifs feminins.

Caſſe, une voix caſſée, *vox fracta.*
Châſſe à mettre des Reliques, *capſa.*
Claſſe, *ſchola.*
Contre-baſſe, groſſe baſſe de violon, *contra-baſſus.*
Echaſſe. *Il ſe dit ordinairement au pluriel :* monter ſur des échaſſes, *grallos aſcendere.*
Echaſſe, terme d'architecture, *norma latior.*
Eſpace, *ſpatium.*
Eſpace, terme d'Imprimerie, *intervallum.*
m Grace, plaiſir, *gratia.*
m —bienfait, *beneficium.*
—faveur, *favor.*
—bienveillance, *benevolentia.*
—Gratification, *-tio.*
—rémiſſion, *-ſio.*
—reconnoiſſance, *grates.*
—pardon, *venia.*
—diſpenſe, *condonatio.*
—affection, *gratia.*
—agrément, *venuſtas.*
—crédit, *autoritas.*
—beauté, *pulchritudo.*
—entregent, *urbanitas.*
Bonne grace, amitié, *amicitia.*
—bon air, *lepor.*
Mauvaiſe grace, *illepiditas.*
Grace expectative du Pape, *expectativa ſummi Pontificis gratia.*
Avec grace, adv. *venuſtè.*
De grace, adv. *amabo.*
Sans grace, *invenuſtè.*
Grace, terme de Théologie, *gratia.*

Subſtantifs feminins.

—ſecours divin, *auxilium divinum.*
—don de Dieu, *Dei donum.*
—inſpiration, *-tio.*
Grace efficace, *efficiens.*
—victorieuſe, *victrix.*
—ſuffiſante, *-ficiens.*
—prévenante, *-niens.*
—concomitante, *-tans.*
—ſubſéquente, *-quens.*
—actuelle, *-alis.*
—virtuelle, *-alis.*
—habituelle, *-alis.*
—congrue, *-grua.*
—de perſévérance, *-rantiæ.*
—gratuite, *gratìs data.*
—ſanctifiante, *-ficans*
—increée, *-ata.*
—naturelle, *-ralis.*
—intérieure, *interna.*
—extérieure, *externa.*
—aſpirante, *-rans.*
—inſpirante . . .
—opérante . . .
—coopérante . . .
—qui aide, *adjuvans.*
—de la nature intégre, *naturæ integræ.*
—de la nature tombée, *naturæ lapſæ.*
—Sacramentale, *-lis.*
—Baptiſmale . . .
—de la Pénitence, *-tentiæ.*
—de l'Euchariſtie, *-tiæ.*
—de l'Extrême-onction, *Extremæ-unctionis.*
—qui ſauve, *ſalvativa.*
—qui allége, *alleviativa.*
—de l'Ordre, *Ordinis.*
—du Mariage, *matrimonialis.*

Bonne grace, terme de Tapiſſiers, *conopeum.*

a Graſſe, fille graſſe, *puella pinguis.*
a Laſſe, *defatigata.*
f Mace, terme de jeu & de débauche, *maſſa.*
f Naſſe, *navicula.*
f Paſſe, terme d'eſcrime & des jeux de cartes, de billard, de mail, &c. *tranſitus.*
m Joueur de paſſe-paſſe, *hiſtrio.*
f Taſſe à boire, *crater.*

VERBES.

verbes au préſent.

Amaſſe, *coacervo.*
Caſſe, *frango.*
Compaſſe, *circino.*
Concaſſe, *confringo.*
Délace, *deligo.*
Enchaſſe, *recondo.*
Entrelace, *interligo.*
Lace, *ligo.*
Paſſe, *tranſeo.*
Ramaſſe, *colligo.*
Repaſſe, *repeto.*
Saſſe, *incerno.*
Surpaſſe, *ſupero.*
* Trépaſſe, *obeo.*

Voyez les autres verbes en acer *&* aſſer *longs, & divers temps des verbes en* er, aimer, que j'aimaſſe, *&c.* amarem.

ACHE. bref.

f Ache, herbe, *apium.*
f Apache, nom de peuple, *Apachius.*
f Attache, lien, *ligamen.*
m Lévrier d'attache, *vertagus alligativus.*
f Attache d'habit, *veſtis ligamen.*
f Attache, pouvoir ou conſentement, *mandatum.*
f Bache, couverture de groſſe toile, qu'on appelle auſſi Banne.
m Bardache, *catamitus.*
m Bravache, faux brave, *gloriosus jactator.*
f * Cache, *latibulum.*
f Eſcache, terme d'Eperonnier, eſpéce de mors de bride.
m L'Eſclache, Philoſophe François.
f Eſtache, au pluriel, pour poteaux, *pali.*
f Flaches de marais, creux où l'eau ſéjourne.
m Gamache, *laneus pero.*
f Ganache, mâchoire de cheval.
f Gavache, injure d'Eſpagnole, *tumida.*
m Gouache, terme de peinture.
H, lettre de l'alphabet.
f Hache, coignée, *ſecuris.*
f Mordache, *forceps.*
f Mouſtache, *labri ſuperioris pili.*
Mouſtache, cadenette, *capillorum cincinnus.*
f Panache, *pennæ adornatiles.*
f Patache, *ſcapha.*
f Piſtache, *-cium.*
* Plumache, *avis plumæ.*
f Rondache, *parma.*
f Tache, *macula.*

f Vache, *vacca.*

VERBES.

verbes au présent.

M'amourache, *insano amore irretior.*
Arrache, *arripio.*
Attache, *colligo.*
Cache, *abscondo.*
Crache, *spuo.*
Détache, *solvo.*
Ecache, *contero.*
Hache, *asciâ concîdo.*
Tache, *maculo.*
Voyez les autres verbes en acher *bref.*

ACHE. *ou* ASCHE. long.

f Gâche, *rutrum.*
f Gâche de porte, *incavata pessuli lamella.*
a Lâche, languissant, *mollis.*
a Lâche, poltron, *ignavus.*
a Lâche, non tendu, *laxus.*
f Mâche, terme populaire, *commessatio.*
v Faire la mâche, *comessari.*
m Relâche, *quies.*
f Tâche d'ouvrage, *pensum operis.*

VERBES.

Délâche, inusité, *delaxo.*
Fâche, *irrito.*
Gâche, *oblino.*
Lâche, *laxo.*
Relâche, *relaxo.*
Tâche, *conor.*
Voyez les autres verbes en âcher *long.*

ACLE.

f Bernacle, ou Bernache, c'est la même chose que Macreuse.
f Débacle, *declusio.*
m Habitacle, *-culum.*
f Macle, terme de blâson, *rhombus, rhomboïdes.*

subst. masculins.

Miracle, *-culum.*
Obstacle...
Oracle, réponse de la Divinité, *Oraculum.*
Pinacle, *Pinnaculum.*
Réceptacle *-culum.*
Spectacle...

VERBES.

Débacle, *decudo.*
Racle, *rado.*

ACRE. long.

a Acre, de mauvais goût, *acer.*

ACRE. bref.

Acre, mesure de terre, *jugerum, acnua.*
Acre, monnoie des Indes Orientales.
Archidiacre, *-conus.*
Diacre...
Fiacre, nom propre, *Fiacrius.*
Mal Saint-Fiacre, *hæmorrhoïdes.*
Un fiacre, carrosse de loüage, *rheda conductilis.*

Substantifs masculins.

Maſſacre, *cades.*
Nacre de perle, *concha margaritifera.*
Polacre, navire, *Polonica navis.*
Polacre, terme de Tailleur, habit à la polacre.
Pouacre, mot trivial, *malè olens.*
Quouacre, ou Quaker, trembleur, fanatique d'Angleterre, *Quouacer.*
Simulacre, vieux mot, *ſimulachrum.*

VERBES.

Conſacre, *-ſecro.*
Maſſacre, *cado.*
Sacre, *ſacro.*

ACS.

Bacs, *pontones.*
Biſſacs, *mantica.*
D'Acqs, ou Dax, ville, *Aquenſis civitas.*
a Qui eſt d'Acqs, *Aquenſis.*
Eſtomachs, *ſtomachi.*
Havreſacs, *mantica.*
Lacs, *laci.*
Voyez le pluriel des noms en ac.

ACT.

a Abſtract, terme de Philoſophie, *abſtractus.*
a Exact, *accuratus.*
a Inexact, *negligens.*
Tact, l'organe du toucher, *tactus.*

Substantifs masculins.

Yacht, bâtiment de mer, *navis Anglica.*

ACTE.

Acte, action, *actus.*
Acte, témoignage, *actus teſtimonialis.*
Prendre acte, *teſtimonium poſtulare.*
Acte de Comédie, *actus.*
Acte, écrit, *ſcriptum.*
Acte de contrition, *actus contritionis.*
—de Foi, *fidei.*
—d'Eſpérance, *ſpei.*
—de Charité, *charitatis.*
—pur, *purus.*
—impur, *impurus.*
—phyſique, *-ſicus.*
—métaphyſique . . .
—accidentel, *-talis.*
—ſubſtantiel, *-tialis.*
—premier, *primus.*
—ſecond, *ſecundus.*
—eſſentiel, *-tialis.*
—notionel, *-nalis.*
—d'homme, *hominis.*
—humain, *-manus.*
—de volonté, *voluntatis.*
—élicite, *-tus.*
—commandé, *imperatus.*
—immanent, *-nens.*
—qui paſſe, *tranſiens.*
—libre, *liber.*
—ſpontanée, *-neus.*
—néceſſaire, *-ſarius.*
—bon, *bonus.*
—mauvais, *malus.*
—indifférend, *-rens.*
Anſianacte, nom de peuple, *Anſianactus.*

f Cataracte, *-racta.*
a Compacte, *-tus.*
m Entr'acte, *diludium.*
f Epacte, *-ta.*
m Pacte, *-tum, fœdus.*

VERBES.

Contracte, *-to.*
Détracte, *detrecto.*
Retracte, *-to.*

AD.

Il n'y a point de mots qui se terminent en ad *en notre Langue, si ce n'est quelques mots étrangers, comme* Gad, *Tribu de la Terre-Sainte.*

m Arphaxad, Roi des Médes, *Arphaxadus.*
m Galaad, *urbs Galaad.*

ADE.

Les mots en ade *marquent des actions, passions, substances, qualités & modifications.*

substantifs féminins.

Accollade, terme de Chevalerie, *amplexus.*
Accollade de lapreaux, *cuniculorum par.*
Aiguade, *aquatio.*
Aiguillade, gaule des Laboureurs & Voituriers.
Aillade, sauce d'ail.
m Alcibiade, *-des.*
Algarade, *insultus.*
Alidade, instrument de Mathématique, *allidata, perspicillum.*
Amadryade, *voyez* Hamadryade.

subst. féminins.

Ambassade, *legatio.*
Ambréade, *pseudo-electrum.*
Anguillade, coups de fouet.
Annonciade, *monialis ab Annunciat. B. Virginis dicta.*
Annonciade, ordre de Chevalerie, *Annonciades.*
m Anspessade, *spatarius.*
Arcade, *arcus, fornix.*
Arbolade, terme de Traiteur.
Arlequinade, *scurrilitas.*
Arquebusade, *sclopeti amplioris ictus.*
Aubade, *antelucanus concentus.*
Bade, ville, *Basilea.*
Balade, sorte de vieux poëme françois, *saltatoria cantilena.*
Bambochade, tableaux de sujets champêtres.
Barbade, Isle de l'Amérique Septentrionale, *Barbada.*
Barbinade, petit livre.
Barricade, *viarum occlusio.*
Bastonnade, *fustigatio.*
Belcinade, Isle de la Seine, & Monastère, *Lotum.*
Belgrade, *Bellogradum.*
a —de Belgrade, *Bellogradensis.*
m Bensérade, Poëte François, *Benseradus.*
Bigarade, *malum aureum.*
Bonnetade, *galeri ictus.*
Bourade, *mulctatio.*
Bourgade, *oppidum.*
Boutade, *cacus impetus.*
Bravade, *insolentia.*
Brigade, *caterva.*
Bronchade, *offensio.*
* Cacade, *alvi exoneratio.*

substantifs féminins.

f Cagade *ou* Cacade, *inanis impetus.*
m Camarade, *comes.*
Camisade, *antelucana oppugnatio.*
Canade, oiseau de l'Amérique.
Canonade, *tormenti bellici ictus.*
Cantonade, l'aîle, le coin, & le côté du Théâtre.
Capilotade, *minuta.*
Capucinade, *scurrilitas quadam.*
Carabinade, *sclopeti ictus.*
Carbonade, *super carbones assatio.*
Cariſtade, *eleemosyna.*
Cartelade, meſure pour l'arpentage.
Caſcade d'eau, *aqua delapsus.*
* Caſcade, chûte, *lapsus.*
Caſſade, *dimissio.*
Caſſade, moquerie, *stropha.*
Caſſonade *ou* Caſtonade, *saccarum non expurgatum.*
Cavalcade, *equitatus.*
Chamade, terme de guerre, *deditionis signum.*
Chapellade, coup de chapeau, *salutatio.*
Charade, ſecte idolâtre de l'Inde.
Claquade, *ictus repetiti.*
Colonnade, *columnarum ordo, series.*
Condemnade, ancien jeu de cartes.
Croiſade, *crucis gestio.*
Croupade, terme de manége, *equi calcitratio.*
Cruzade, monnoie de Portugal.

substantifs féminins.

à la débandade, *disgregatim.*
à la déſeſpérade, *desperatè.*
Dipſade, *dipsas.*
Diſparade, action de diſparoître, abſence, *evasio.*
Dorade, conſtellation, *dorada.*
Dorade, poiſſon, *aurata.*
Dryade, *Dryas.*
Ecaveçade, terme de manége, ſecouſſe qu'on donne à la tête du cheval.
Embraſſade, *amplexus.*
Embuſcade, *insidia.*
m Encélade, géant, *-dus.*
Enfilade, terme de trictrac, *per medium adactio.*
Enfilade au figuré, *tractus.*
Eſcalade, *scansio.*
Eſcapade, *effugium.*
Eſcouade, *manipulus.*
Eſplanade, *aquata planities.*
Eſtacade, *viarum occlusio.*
Eſtafilade, *plaga casim inflicta.*
Eſtocade, coup d'épée, *punctim gladii petitio.*
porter une eſtocade, demander l'aumône, *stipem mendicare.*
Eſtrade, terme de guerre, *stratum.*
Eſtrade de chambre, *suggestus.*
Eſtrapade, *impetuosa in aëra demissio.*
donner l'Eſtrapade, *impetu per aërem dejicere.*
Etouffade, ſauce pour manger, certain gibier & ſurtout la perdrix.
Euphrade, Divinité. *-des.*

substantifs féminins.

f Façade d'un bâtiment, *ædificii aspectus.*
a Fade, *insipidus.*
Fanfaronade, *jactatio.*
Fougade, *violentus impetus.*
Franciade, Poëme épique de Ronsard, *Francias.*
Francinade.
Gabionnade, *terrena sportarum corbitarum munitio.*
Galopade, terme de manége, *equi cursu agitatio.*
Gambade, *crurum in orbem jactatio.*
Gasconade, *Vasconis dicterium.*
Gaulade, coup de gaule, *longiuscula virga ictus.*
Glissade, *in lubrico lapsus.*
Goinfrade, repas de goinfre, *helluonis coena.*
Gourmade, *pugnis casio.*
Grade, *-dus.*
Grenade, fruit, *granatum.*
Grenade d'artillerie, *granatum ignitum missile.*
Grenade, ville, *Granada.*
Grenade, royaume, *regnum Granatense.*
a —de Grenade, *Granatensis.*
Grenade, sorte d'étoffe, *granatus pannus.*
Griffade, *unguium injectio.*
Grillade, terme de cuisine, *assatio*, *assatura.*
Hamadryade, *Hamadryas.*
Hyade, *Hyas.*
Henriade, poëme épique de
m M. de Voltaire, *Henrias.*
Jade, pierre précieuse, *jadus lapis.*
Jérémiade, ton plaintif, *querela.*

substantifs féminins.

Iliade, poëme épique grec, *Ilias.*
Incagade, Rodomontade, *arrogantia.*
Incartade, *insultus*, *insultatio.*
Jurade, terme usité à Bordeaux, *Juratûs munus.*
Limonade, breuvage, *ex succo limoniorum potio.*
Mainade, compagnie, *cætus.*
a Malade, *ægrotus. -ta.*
Marinade, terme de cuisine, *ex aqua marina salinatio.*
Marmelade, *condimentum mellitum.*
Mascarade, *larva.*
Matassinade, *actio mimica.*
Maturinade, extravagance, *scurrilitas.*
a Maussade, *sordidus.*
Ménade ou Bacchante, *Mænas.*
Milliade, révolution de mille ans, *millias.*
m Miltiade, *-des.*
Mocade, sorte d'étoffe.
Monade, terme de métaphysique, *monas.*
Mousquetade, *sclopeti amplioris ictus.*
Muscade, *moscata nux.*
Rose muscade, *rosa moscata.*
Myriade, dix mille, *-as.*
Naïade, Nymphe, *Naïas.*
Oeillade, *oculorum intuitus*, *obtutus.*
Olympiade, époque, *olympias.*
Orangeade, boisson composée, *mali aurei potatio.*

Substantifs feminins.

Orcades, isles, ne se dit qu'au pluriel, *Orcades.*
Orgeade, boisson composée, *hordeacea potio.*
Ostade, espéce d'étoffe ancienne.
Palissade d'une Fortification, *vallatura.*
Palissade de jardin.
Panade, *panis juribus coctus.*
Pantalonade, *ludionis gestus.*
Parade, lit de parade, *lectus ad pompam stratus.*
Parade, terme d'escrime, *ictûs vitatio.*
Parcade, *perdicum critio.*
Pasquinade, *Pasquinii dicterium.*
Passade, *transitus.*
donner la passade, l'aumône, *stipem erogare.*
Passade de cheval, *transitus.*
Pavesade, *lorica.*
Pelade, maladie, *alopecia.*
Persillade, terme de cuisine, *acetaria petroselino respersa.*
Pesade *ou* posade, terme de manége, *positio.*
Pétarade, *portæ vi tormenti bellici infractio.*
Peuplade, *colonia.*
Pholade, coquille multivalve.
Pimentade, sauce à l'usage des Insulaires, *condimentum Insularum.*
Pintade, *-da avis.*
Plantade, plant d'arbres, *arborum seminarium.*
Pleïade, *pleïas.*
Pointillade, arbrisseau étranger, *pointiana.*
Poivrade, *piperis aspersus, respersio.*
Pommade, *melinum medicamentum.*
Promenade, *ambulatio.*
Rade, *vadosa ora.*
Ramolade, espéce de danse.
Rassade, sorte de verre ou d'émail.
Ratepennade, *vespertilio.*
Razade, verre plein de vin, *urceus plenus.*
Rebusade, *repulsa.*
Régalade.
—boire à la régalade, *uno haustu bibere.*
Rémolade, reméde pour les chevaux, *medicamentum equorum.*
Remoulade, sorte de ragoût, *condimentum ex oleo & sinapi simul mixtis.*
Retirade, fortification, *receptio.*
a Rétrograde, terme d'Astronomie, *retrogradus.*
Revirade, terme du jeu de Trictrac.
Risade, terme de mer, *collectio.*
Rodomontade, *jactatio.*
Ruade, *calcitratio.*
Saccade, *violenta impulsio.*
Sade, vieux mot, *suavis.*
Salade d'herbe, *acetaria.*
Salade, casque, *galea.*
Saluade, *salutatio.*
Sanglade, *vibex.*
Satinade, espéce de satin, *species quædam satini bombycini.*
Sérénade, *nocturnus ad fores concentus.*

Substantifs feminins.

Singlade, *flagelli ictus.*
Soufflетade, *repetita alapa.*
Sthéniade, surnom de Minerve, *Sthenias.*
Taillade, *plaga cæsim inflicta.*
Thyade, prêtresse de Bacchus, *Thyas.* f
Tibériade, terme usité au Parlement de Dijon. a m
Tirade, terme de danse, *saltatorius tractus.* v
Tirade de paroles, *verborum ductus.*
Tribade, *Tribas.*
Trivelinade, *trivelini gestus.*
Turlupinade, *parasiti gestus.* f
Vade, terme de jeu de Prime, *vade.* a
Versade, action de verser, *eversio.*
Vertugade, *pulvinatus cirticellus.* f
Vinade, *vectigal pro vino.* m
Vulsenade, meurtre d'une femme surprise en adultère.

VERBES.

Verbes au présent.

Barricade, *vias occludo.* f
Dégrade, *de gradu dejicio, exauctoro.* a
Dissuade, *-deo.*
Escalade, *scando.*
Evade, *-do.*
Gambade, *crura in orbem jacto.* m
Palissade, *palis defixis vallo.*
Persuade, *-deo.*
Rétrograde, *-dior.*
Taillade, *plagas cæsim infligo.*

Voyez les autres verbes en ader.

ADRE.

Escadre, *navium* vel *equitum turma.*
Ladre, *leprosus.*
Quadre *ou* cadre, *quadrum* vel *quadra.*
Quadre, *-dro.*

AÉ.

Ces mots sont les mêmes en latin.
Danaé, fille d'Acrise, reine des Argiens.
Faé, dont les Fées se sont mêlées, *mulierum magicarum arte effectus.*
Pasiphaé, femme de Minos, roi de Créte.
Tycho-brahé, grand Astronome.

AEL. *voyez* EL.

AFE. *ou* APHE.

Agrafe, *fibula.*
Anépigraphe, qui est sans titre, *anepigraphus.*
Apographe, *-phus.*
Architectonographe, terme d'Architecture, *architectonographus.*
Arrestographe, compilateur d'Arrêts, *arrestographus.*
Ascalaphe, fils de l'Achéron, *Ascalaphus.*
Autographe, *scriptum autographum.*

Substantifs masculins.

Batarafe, *rapa Africana.*
Bibliographe, qui fait des catalogues de Livres, *bibliographus.*
Bibliotaphe, qui a des livres rares qu'il ne veut point communiquer, *bibliotaphus.*
Biographe, *vitarum ſcriptor.*
Calligraphe, *-phus.*
Çarafe, nom propre, *Carafa.*
Carafe de verre, *ampulla vitrea.*
Cénotaphe, *cœnotaphium.*
Chalcographe, graveur, *cælator.*
Chronographe, auteur, *Chronographus.* Item : aſſemblage de mots choiſis de maniére que les Lettres numérales marquent l'année de quelque événement.
Coſmographe, *-phus.*
Démonographe, auteur qui écrit de la nature des Démons, *Dæmonographus.*
Elégiographe, auteur d'élégies.
Epigraphe, *titulus.*
f Epitaphe, *-phium.*
Eſcafe, *pedis ictus.*
f Eſtafe, terme de grivois, *vectigal ab invitis meretricibus ſolutum.*
Géographe, *-phus.*
Girafe, animal, *giraphus.*
Gloſſographe, auteur de gloſſaires, *Gloſſographus.*
Hagiographe, *-phus.*
Hiſtoriographe . . .
a Holographe . . .
Teſtament holographe, *teſtamentum holographum.*
m Hydrographe, *-phus.*
m Mimographe, auteur de mimes, *mimorum ſcriptor.*
f Eau de naffe *ou* de fleur d'orange, *aqua naphtha.*
a Néographe, qui orthographie d'une maniére contraire à l'uſage, *inuſitatæ orthographiæ affectator.*
a Opiſtographe, *-phus.*
f Orthographe, *-phia.*
m Paragraphe, *-phus.*
m Parafe, *peculiaris nota.*
Patarafe.
f * Piafe, marcher avec piafe, *cum pompa incedere.*
m Rhopographe, *-phus.*
f Scaphe, *-pha.*
m Topogtaphe, *-phus.*

VERBES.

Agrafe, *affibulo.*
Dégrafe, *exfibulo.*
Parafe, *paraphis noto.*
* Piafe, *pompaticè incedo.*

AFLE.

v Eraſle, *erado.*
v Raſle, *corradere.*
f Raſle, terme de jeu de dez, *corraſio.*
v Faire raſle, *corrado.*
m Raſle, filet de pêcheur & d'oiſelier, *reticulum.*

AFRE.

Bâfre, *helluatio.*

f Balafre, *truculenta plaga.*
v Balafre, *truculentis plagis onero.*
m Cafre, peuple, *Cafri.*
a Gouillafre, *helluo.*
a Safre, goulu, *avidus.*

AFTE.

Nafte *ou* naphte, espéce d'huile, *naphtha.*

AGE.

Les mots en âge *marquent les actions, substances, qualités & modifications.*

substantifs masculins.

Abordage, *appulsus.*
Accommodage, *adaptatio.*
Adage, proverbe, *adagium.*
Adjoûtage, *additamentum.*
Affinage, *purgatio.*
Affinage de sucre, *saccari excoctio.*
Afforage, *jus Dominii in vinum venale.*
Age, *ætas.*
Age avancé, *provecta.*
Age décrépit, *decrepita.*
Age de discrétion, *prudens ætas.*
Age de puberté, *ephebia.*
Age viril, *virilis.*
bel âge, *juventus.*
grand âge, *senectus.*
bas âge, *puerilis ætas.*
f la fleur de l'âge, *flos ætatis.*
être sur l'âge, *senem esse.*
être hors d'âge, *per ætatem ampliùs non posse.*
l'âge d'or, *ætas aurea.*
avec l'âge, *progressu ætatis.*

substantifs masculins.

Agiotage, terme de finances, *schedularum pecuniarum negociatio.*
Alliage de métaux, *metallorum conflatura.*
Amarrage, *anchoræ jactus.*
Ancrage, *anchoræ jactus.*
Anthropophage, *-phagus.*
Apanage, *patrimonii pars.*
Apprentissage, *tyrocinium.*
Arbitrage, *-trium.*
Archimage, chef de la Religion des Perses, *Archimagus.*
Aréopage, Sénat d'Athènes, *Areopagus.*
Arrivage, *appulsus.*
Arrosage, terme d'hydraulique, *irrigatio.*
Assemblage, *compositio.*
Assemblage, terme d'Architecture, *consignatio.*
Attelage, *instructus rhedarius.*
Avalage, *demissio.*
Avantage, *commodum.*
Avenage, *obligatio ad clientelaria avenarum vectigalia.*
Aunage, *ad ulnam mensuratio.*
Bachotage, conduite d'un bachot.
Baclage, *navium in portu collocatio.*
Badaudage, *stoliditas.*
Badinage, *festivitas.*
Badoulage, mot Provincial, *criminatio.*
Bagage, *sarcina.*
Baillage, *ballivium.*
Balotage, *sarcinarum colligatio.*

Substantifs masculins.

Bandage, *ligamen.*
Baragouinage, *inexplicitus sermo.*
Barbonnage, qualité de barbon.
Barbouillage, *conspurcatio.*
Barguignage, *animi fluctuatio.*
Bariolage, *variegatio.*
Barnage, vieux mot, *aulici.*
Barrage, droit, *vectigal.* item sorte de linge ouvré.
Batelage, *navigii onus.* item *naulus.*
Battage, *tritura.*
Baudouinage, *asinorum coïtus.*
Béguinage, *collegium Beguinarum.*
Bichenage, *vectigal ex frumento, nucibus, &c.*
Biffage, *litura.*
Billonage, terme de monnoie, *improborum nummorum conflatio.*
Blanchissage, *fulloneria.*
Blocage, *cæmentum.*
Bocage, *nemus.*
Bordage, *navis latera.*
Bordelage, *prædiolum.*
Bornage, *metatio.*
Bossage, terme d'architecture, *prominens muri pars.*
Bosselage, travail en bosse, *ectypa opera.*
Botelage, *manipulorum collectio.*
Bouriage, vieux mot, *prædium rusticum.*
Bousillage, *lutum paleatum.*

Substantifs masculins.

Branchage, *ramalia.*
Brassage, terme de Monnoyeur, *mixtura.*
Breuvage, *potus.*
Brigandage, *latrocinium.*
Briquetage, *opus lateritium.*
Brise-image, nom de secte, *iconoclasta.*
Brouage, ville, *Broagium.*
a —de Brouage, *Broagiensis.*
Cabotage, terme de marine.
f Cage, *cavea.*
Cailloutage, *petrosa loca.*
Calfeutrage, *rimarum obturatio.*
Cannage, mesurage des étoffes.
Canonage, science du canon, *tormenti bellici emittendi ars.*
Cariage, *mobilia.*
Carnage, *strages.*
Carrelage, *stratura è lateribus.*
Cartelage, *quadratio.*
Cartilage, *-go.*
Cavalage, nom qu'on donne à deux tortues accouplées pour la génération.
Chariage, *vectura.*
Charnage, *carnis esui concessum tempus.*
Charonage, *carrucaria.*
Chauffage, *calefactio.*
Chauffage, provision de bois, *lignatio.*
Cirage, *ceratio.*
Clabaudage, *vociferatio.*
Cloisonnage, clôture, *cratitius*, ou *gypsatus paries.*
Cocuage, *uxoris prostibulum.*

substantifs masculins.

* Compérage, *compaternitas.*
Concubinage, *-natus.*
Contregage, *pignoris reciprocatio.*
Coquillage, *conchylia.*
Cordage, *funes.*
Corsage, *corporatura.*
Coulage, *dimanatio.*
Courage, *animus.*
Courage, parole d'exhortation, *euge, macte animo.*
Courcetage, *proxenetica.*
Cousinage, *cognatio.*
Coûtage, vieux mot, pour Coût, *impensa.*
Criage, *clamor.*
Crithophage, mangeur d'orge, *crithophagus.*
Curage, *purgatio.*
Cuvage, lieu où l'on met les cuves.
Davantage, *insuper.*
Débardage, *exutio.*
Debatelage, *navium subductio.*
Dégrossage, terme de tireur d'or.
Délestage, *saburræ ejectio.*
Démariage, divorce, *conjugum separatio.*
Dépucelage, *devirginatio.*
Désavantage, *incommodum.*
Desemballage, *sarcinarum & mercium explicatio.*
Dommage, *damnum.*
Aller en dommage, *detrimentum inferre.*
Dorophage, qui vit de présens, *dorophagus.*
Doublage, *geminatio.*
Douillage, mauvaise fabrication des étoffes de laine, *vitiosa panni fabricatio.*
Echaffaudage, *tabulatorum constructio.*
Echevinage, *scabinatus.*
Ecurage, *detersio.*
Ecuyage, vieux mot, *scutagium.*
Emballage, *sarcinarum colligatio.*
Embauchage, *inductio.*
Embichetage, terme d'Horloger.
Empesage, *cum amylo imbutio.*
Emplage, vieux mot, *repletio.*
Enfonçage, terme de Tonnelier.
Engallage, action de teindre avec la noix de galle, *ex gallâ tinctio.*
Equipage, *instructus.*
Esclavage, captivité, *servitus, captivitas.*
Etablage, *stabulatio.*
Etage, *tabulatum.*
Etalage, *mercium ostensio.*
Etamage, *stanni impositio.*
Evolage, *stagnum aquâ & piscibus refertum.*
Fagotage, *fascium colligatio.*
Fanage, *fœnisectium.*
Fascinage, *colligatio virgultorum.*
Fauchage, *fœnisectio.*
Fauxsaunage, *ementiti salis venditio.*
Fenêtrage, *fenestraria.*
Fermage, *occlusio.*

substantifs masculins.

Feuillage, *frondium congeries.*
Feuilletage, *placenta foliacea.*
Feutrage, *lanarum coactio unde fit pannus.*
Fillage, état d'une fille, *virginis conditio.*
Finage, *excoctio.*
Foiblage, terme de monnoie, *moneta impuritas.*
Formariage, *matrimonium contra leges initum.*
Fouage, droit, *faxatio.*
Fourage, *pabulatio.*
Fourchage, terme de généalogie.
Fournage, *merces furnacea.*
Fourrage, *pabulum.*
Fromage, *caseus.*
Frotage de plancher, *frictio.*
Fruitage, *fructus, fruges.*
Fumage, *agrorum stercoratio.*
Gabelage, *gabella.*
Gage, salaire, *merces.*
Gage, chose engagée, *pignus.*
Gagnage, terme de chasse, *lucrum, captura.*
Garantage, vieux terme de Jurisprudence, *auctoritas.*
* Gargotage, *cauponaria.*
* Garouage, *aberratio.*
Aller en garouage, *aberrare.*
Gaspillage, désordre, *eversio.*
Geolage, *carcerarii jus ostiarium.*
Glanage, *spicarum in agro relictarum collectio.*

substantifs masculins.

Grage, rape de cuivre, où les Insulaires mettent leur Manioc en farine.
Gribouillage, *confusio.*
* Grifonage, *deformatio.*
* Grimelinage, *grammaticatio.*
Guindage, terme de mer, *fursùm elevatio.*
Habillage, terme de cuisine, *leporum spoliatio.*
* Havage, *-gium.*
Herbage, *-olus.*
Héritage, *hæreditas.*
Hermitage, *eremus.*
Hersage, *occatio.*
Hommage, *clientela.*
Homophage, *-gus.*
Hontage, vieux mot, *verecundia.*
Jambage, *postis.*
Jardinage, *hortulatoria.*
f Jaugeage, *stereometria.*
Image, *-go.*
Labourage, *aratio.*
Lainage, *lanaria.*
Laitage, *lacticinium.*
Laminage, l'action de réduire les métaux en lames, *metallorum in laminas reductio.*
Langage, *lingua, loquela.*
Lantiponage, terme populaire, *importunitas.*
Largage, vieux mot, *largagium.*
Lavage, *lotio.*
Libertinage, *licentia, immoderata libertas.*
Lignage, parenté, *proximitas, Gens.*
Vin de lignage, *vinum lignagium.*

substantifs masculins.

Limosinage, ouvrage de maçonnerie, *impolita domûs ædificatio.*
Liserage, terme de Brodeur.
Lithophage. petit ver qui ronge la pierre, *lithophagus.*
Loüage, *locatio.*
Maçonnage, *muratoria parietum instructio.*
Mage, *-gus.*
* Malerage, *mala rabies.*
Manage, vieux mot, *domus.*
Maquerellage, *lenocinium.*
Maquignonage, *mangonia.*
Marcage, droit sur les poissons, *vectigal in pisces impositum.*
Marécage, *palus.*
Mariage, *matrimonium.*
Martelage, *signum malleo impressum.*
Matelotage, *nauticum opus.*
Ménage, *domestica supellex.*
Ménage, famille, *familia.*
Ménage, adresse, *industria.*
Ménage, épargne, *parsimonia.*
Ménage, auteur François, *Menagius.*
Remu-ménage, *supellectilium motus.*
Message, *nuntium.*
Mesurage, *mensuratio.*
Contre-mesurage, *remensuratio.*
Mesusage, mauvais usage, *abusio.*
Minage de bled, *frumenti mensuratio.*
Monnetage, vieux mot, *tertia pars lucri in monetis cudendis.*

substantifs masculins.

Monnoyage, *monetaria.*
Monnoyage au marteau, *malleata.*
—au moulin, *moletrina.*
Mouillage, terme de mer, *anchoræ jactus.*
Moulage, *lateres efformati.*
Moulinage, *serici trituratio.*
Moutonnage, *jus vervecinum.*
Mucilage, terme de Médecine, *mucilago.*
Naisage, *jus macerandi in aqua cannabium.*
Naufrage, *-gium.*
Naulage, *naulum.*
Non-âge, *ætas præmatura.*
Non-usage, *desuetudo.*
Nuage, *nubes.*
Obliage, droit que les Sujets doivent en quelques endroits au Seigneur.
Octomage, *octomarium decimarium.*
Oesophage, partie du corps, *oesophagus.*
Ombrage, *obumbratio.*
Faire ombrage, *obumbro* : au figuré, *suspicionem alicui afferre.*
Orage, *tempestas.*
Otage, *obses.*
Ouselage, vieux mot, baiser, *osculum.*
Outrage, *contumelia.*
Ouvrage, *opus.*
Pacage, *pastus.*
Page d'un livre, *pagina.*
Page, jeune Gentil-homme qui sert un Grand, *puer Regius.*
Païsage, étendue de païs, *regionis tractus.*

Substantifs masculins.

Païsage, peinture, *tractus depictus.*
Papillotage, *crinium glomeratio.*
Paqüage, terme de négoce & de salines.
Parage, *æqualis nobilitas.*
Parage, droit de parage.
Parentage, *affinitas.*
Parquetage, *tabulamentum.*
Partage, *partitio.*
Passage, *transitus.*
Passage de l'Ecriture Sainte, *sacræ Scripturæ locus.*
Patelinage, *palpatio.*
Patissage, *jus pascendi.*
Patronage, *patronatus.*
Patrouillage, *per cœnum volutatio.*
Pâturage, *pastus.*
Péage, *vectigal.*
Pélerinage, *peregrinatio.*
Grand personnage, *vir spectabilis.*
Personnage, qui joue un rôle de théâtre, *actor.*
Pertuisage, *tributum pro dolio perforando.*
Pillage, *spoliatio.*
Pilotage, *naucleratura.*
Placage, *mensa vermiculata.*
f Plage, *vadosum littus.*
Plantage, *satus.*
Plumage, *avis pluma.*
Pointage de la carte marine, *chartæ marinæ directio.*
Pointillage, *opus punctis delineatum.*
Pontage, droit qu'on paye pour le passage de certains ponts.

Substantifs masculins.

Pontenage *ou* pontonage, *pontonagium.*
Portage, *vectura.*
Posage, le travail & la dépense pour poser certaines choses, *positio.*
Potage, soupe, *puls.*
Potage, bouillon, *jusculum.*
a de potage, liquide, *jureus.*
a de potage, *jurulentus.*
* pour tout potage, *pro omni re.*
Présage, *præsagium.*
Pressurage, *pressura.*
Prêtrage, vieux mot, *sacerdotium.*
Pucelage, *pudoris flos.*
—virginité, *virginitas.*
—coquillage, *concha venerea.*
Puisage, action de puiser, *haustio.*
Putage, vieux mot, *meretricium.*
Quillage, terme de marine.
Quintelage, *nautarum sarcina.*
Quiossage, terme de Tanneur.
Rabillage, *veteramentaria.*
—racoûtrement, *reconcinnatio.*
Raccommodage, *adaptatio.*
Radotage, discours dénué de sens, *delirium.*
Rage, *rabies.*
Ramage, *avium garritus.*
Velours à ramage, *sericus pannus ramis & foliis distinctus.*
Rapatriage, réconciliation, *reconciliatio.*

substantifs masculins.

Ravage, *depopulatio.*
Ravaudage, *veteramentaria sartura.*
Recepage, *collucatio.*
Reclusage, *carcer, locus inclusus.*
Reliage, *religatio.*
Remplage *ou* Remplissage, *complementum.*
Remplissage, *complementum.*
Remuage, *commotio.*
Remu-ménage, *supellectilium commotio.*
Rendage, terme de monnoie, *reditus Regius.*
Reportage, *dimidium decimæ.*
Ressuage, fourneau dont on se sert à la Monnoie, *fornicula.*
Ribotage, réjoüissance, *gaudium.*
Rigolage, *jocus.*
Rivage, *ora, ripa.*
Riverage, droit Domanial, & quelquefois seulement Seigneurial.
Rouage, *rotatio.*
Sacquage, *vectigal à saccis frumenti venalibus, aliorumque seminum.*
Sage, *sapiens.*
Salage, *-larium.*
Sarcophage, *-gus.*
Sassenage, pierre pour les yeux.
Sautillage *ou* sautillement, *subsaltatio.*
Sauvage, *sylvester.*
Sauvage, farouche, *immanis, rusticus.*

substantifs masculins.

Sauvage, non cultivé, *incultus.*
Saxifrage, plante, *saxifragus.*
Seigneuriage, droit qui se léve sur la monnoie, *dominium.*
Senage, droit sur le poisson.
* Servage, *servitus.*
Signage, terme de vitrier, *delineatio.*
Sillage, terme de marine, *sulcatio.*
Soignantage, vieux mot, concubinage, *concubitus.*
Sorissage, l'action de préparer les harengs sores, *fumo exsiccatio.*
Soufflage, terme de marine, *navis contabulatio externa.*
Stage de Chanoine, *Canonici statio.*
Suffrage, *-gium.*
Suffrage, au pluriel, signifie Priéres, *suffragia.*
Tabarinage, bouffonnerie, *comicus sermo.*
Tage, *-gus.*
Taillage, impôt, *vectigal.*
Tapage, tumulte, *tumultuatio.*
Tapinage, vieux mot, lieu caché, *obscurus locus.*
Tatillonnage, action de tatillonner, *minimarum rerum inquieta cura.*
Tavernage, vieux mot, *mulcta cauponaria.*
Taurophage, *-gus.*
Témoignage, *testimonium.*
Terrage, *territorium.*
Tirage, *tractio helciaria.*

substantifs masculins.

Totage, vieux mot, *totum.*
Touage, terme de mer, *anchoræ signum.*
Treillage, *cancellatio.*
Triage, *delectus.*
Tricotage de bas, *tibialium textura.*
Trincage, vieux mot, *dissolutio.*
* Tripotage, *intricatio.*
Truage, vieux mot, *tributum.*
Tuage, *mactatio.*
Vasselage, *clientela.*
Verbiage, *loquacitas.*
Veuvage, *viduitas.*
Village, *villa.*
Vinage, *jus vinarium.*
Visage, *vultus.*
Vitrage, *vitriaria.*
Voisinage, *vicinia.*
Volage, *inconstans, levis.*
Feu volage, *ignis sacer.*
Voyage, *iter.*
Usage, coûtume, *usus.*
Usage, terres en commun, *soli communis usus.*

VERBES.

verbes au présent.

Avantage, *alicui potiores defero.*
Décourage, *alicujus animum frango.*
Dégage, *expignero.*
Déménage, *transmigro.*
Dévisage, *vultum deformo.*
Encourage, *inflammo.*
Endommage, *noceo.*
Engage, *pignero.*
Enrage, *furo.*
Envisage, *intueor.*
Fourrage, *devasto.*

verbes au présent.

Gage, *pignero.*
Ménage, *cautè dispenso.*
Nage, *nato.*
Outrage, *contumeliis afficio.*
Partage, *partior.*
Présage, *præsagio.*
Ravage, *depopulor.*
Saccage, *deprædor.*
Soulage, *opitulor.*
Voyage, *iter facio.*
Voyez les autres verbes en ager.

AGME.

*Changez l'*e *final en* a.

m Diaphragme.
f Dragme, monnoie.
Dragme, poids.

AGNE. bref.

v Accompagne, *comitor.*
f Allemagne, *Germania.*
f Aragne, vieux mot, *aranea.*
m Ascagne, fils d'Enée, *-canius.*
f Bretagne, *Britannia.*
f Campagne, *campus.*
a de Campagne, *campestris.*
f piéce de Campagne, petit canon, *tormentum campestre.*
f Champagne, *Campania.*
a —de Champagne, *Campanus.*
m Charlemagne, Empereur, *Carolus magnus.*
Pays de Cocagne, *pingue solum.*
f Compagne, *comes.*
f Espagne, pays, *Hispania.*
a —d'Espagne, *Hispanus.*

Cire

substantifs feminins.

Cire d'Espagne, *cera Hispanica.*
Limagne, pays de la basse Auvergne, *Limania.*
Montagne, *mons.*
Mortagne, ville du Perche, *Moritania.*
Musaragne, animal, *musaraneus.*
Pistagne, vieux mot, *pistacium.*

AGNE. long.

v Gagne, *lucror.*

AGRE.

Chiragre, *-gra.*
Gonagre . . .
Jagre, sucre fait avec le Tary, ou vin de palmier & de cocotier.
m Méléagre, nom propre, *Meleagrius.*
Méléagre, fleur, *meleagrus.*
Podagre, *-gra.*

AGUE.

m Archipélague, *ou* Archipel, *Archipelagus.*
Bague, *annulus.*
Dague, épée, *sica.*
Drague, *rastrum piscatorium.*
pêcher à la Drague, *rastro piscari.*
Gyrovague, *-gus.*
Indague, vieux mot, *turpis.*
Offrague, *-ga.*
Pague, vieux mot, *solutio.*
Prague, ville, *Praga.*
a —de Prague, *Pragensis.*
a Vague, onde, *fluctus.*
Vague, étendu, *vastus.*

VERBES.

Dague, *sicâ percutio.*
Elague, *decurto.*
Extravague, *deliro.*
Incague, *sperno.*
Vague, *vagor.*

AI. ou AY. monoss.

Balai, *scopa.*
Rubis-balai, *pyropus.*
Bai, cheval bai, *badius.*
Bey, Officier Turc.
Caranvanserai, logement des Caravanes dans le Levant, *seratum.*
Défrai, *sumptuum suppeditatio.*
Délai, *dilatio.*
Dey, chef de la République de Tunis ou d'Alger.
fil d'Epinay, *filum è spineto.*
Essai, *periclitatio.*
Essai de métaux, *probatio*
Essai, tasse de gourmet, *exploratorius crater.*
un coup d'essai, *periculum.*
Etai, terme de marine, *junis fulcralis.*
Frai du poisson, *piscium ova.*
Frai des coquillages, *crustaceorum piscium coïtio.*
Gai, *hilaris.*
Geai, *graculus.*
Lai, *laïcus.*
Conseiller lai, *Consiliarius laïcus.*
Lai, vieux Poëme François; *lessus*

Mai, mois, *Maius.*
planter le Mai, *pangere maialem pinum.*
Papeguai, *Psittacus.*
Quai, *projecta moles.*
Tai-tai, terme dont on se sert pour appeller un chien, *hem! hem!*
Virelai, vieux Poëme François, *versus tursatiles.*
Vrai, *verus.*

VERBES.

Brai, *rude.*
Contrefai, *effinge.*
Défai, *destrue.*
Déplai, *displice.*
Distrai, *distrahe.*
Extrai, *excerpe.*
Fai, *fac.*
Plai, *place.*
Rentrai, *reintra.*
Satisfai, *satisfac.*
Soustrai, *substrahe.*
Surfai, *pluris indica.*
Tai, *tace.*

Plus l'impératif des autres verbes en aire, qui s'écrit aussi avec une s *finale.*

AI. dissyl. ou AÏ.

Les noms propres de cette terminaison sont invariables.
Abisaï, *& divers noms Hébreux & étrangers.*
Adonaï, nom de Dieu en Hébreu.
Pilpaï *ou* Bidpaï, Philosophe Indien.
Mont Sinaï.

Spahi, Cavalier Turc.

VERBES.

Ebahi, *stupefactus.*
Envahi, *invasus.*
Haï, *odio habitus.*
Trahi, *proditus.*

AÏA. ou AYA.

Balaya, *verrit.*
Bégaya, *balbutivit.*
Défraya, *sumptus præbuit.*
Délaya, *diluit.*
Effraya, *perterruit.*
Egaya, *lætificavit.*
Essaya, *tentavit.*
Etaya, *fulsit.*
Fraya, *fricando allisit.*
Paya, *solvit.*
Relaya, *ablegavit.*
Tutaya, *minùs honorificè compellavit.*

Voyez les autres verbes en aïer *ou* ayer.

AÏANT. ou AYANT. *voyez* ANT.

AID. *voyez* AIT.

a Laid, *deformis.*
m Plaid, terme de Pratique, *contentio.*

AIDE.

v Aide, *adjuva.*
f Aide, *adjutorium.*
f Aide, pour subsides au pluriel, *subsidia.*

f Cour des Aides, *subsidiorum vel vectigalium curia.*
f Laide, *deformis.*
v Plaide, *voyez* EDE, *parce que l'ai est assez doux.*

AÏE. ou AYE. dissyl.

f Abbayé, *-atia.*
f Achaïe, pays, *Achaïa.*
a Envahie, *invasa.*
a Haïe, *odio habita.*
a Trahie, *prodita.*

AIE. & AYE. monos.

substantifs féminins.

Aunaie, *locus alnis consitus.*
Baie, petit golfe, *sinus marinus.*
donner une baie, *dare sinum.*
Braie, *subligaculum.*
Fausse-braie, terme de fortification, *propugnaculum muro prætentum.*
Châtaigneraie, *castanetum.*
Chênaie, *quercetum.*
Claie, *crates.*
Coudraie, *coryletum.*
Craie, *creta.*
Etaie, *ou* Etai, *fulcimen.*
Frênaie, *fraxinetum.*
Futaie, *sylva.*
bois de haute futaie, *sylva.*
Gaie, *hilaris, læta.*
Haie de jardin, *sepes.*
Haie, terme de guerre, *militum ordo.*
être en haie, *hinc & inde sigillatim stare.*
la Haie, ville de Hollande, *Haga.*
Laie, vieux mot, *sylva.*

substantifs feminins.

Laie, femelle de sanglier, *sus fera.*
Lance-gaie, *jaculum.*
Morte-paie, *statarius miles.*
Orfraie, oiseau, *ossifragia.*
Ozeraie, *locus viminibus consitus.*
Paie, *stipendium.*
Plaie, *plaga.*
m Pommeraie, *pometum.*
Raie, ligne, *radius.*
Raie, poisson, *raia.*
Saie, vêtement ancien, *sagum.*
Saussaie, *salictum.*
Taie en l'œil, *albugo, cataracta, glaucoma.*
Taie d'oreiller, *pulvini tegmen.*
Tremblaie, *populetum album.*
Zagaie, arme des Mores.

VERBES.

verbes au présent & à l'impératif.

Aie, d'Avoir, *habe.*
Balaie, *verro.*
Bégaie, *balbutio.*
Défraie, *sumptus suppedito.*
Délaie, *diluo.*
Egaie, *exhilaro.*
Essaie, *experior.*
Etaie, *fulcio.*
Fraie, *iter tero.*
Paie, *solvo.*
Relaie, *sublevo.*
Tutaie, *rusticè appello.*

Voyez les autres verbes en ayer.

AÏE. ou AYE.

Balayé, *versus.*

verbes au preter. & au participe.

Bégayé, *balbutivit.*
Défrayé, *viatico donatus.*
Délayé, détrempé, *dilutus.*
—différé, *prolatu.*
Effrayé, *territus.*
Egayé, *exhilaratus.*
Essayé, *expertus.*
—éprouvé, *exploratus.*
—examiné, *-natus.*
Etayé, *fultus.*
Frayé, *tritus.*
Payé, *solutus.*
Rayé, *radiatus.*
Relayé, *sublevatus.*
Tenté, *tentatus.*

Voyez les autres verbes en ayer *ou* aïer.

AÏER. ou AYER.

m Brayer, *subligamen.*
m Cahier, *codex.*
m Métayer, *villicus.*

VERBES.

verbes à l'infinitif.

Balayer, *verro.*
Bégayer, *balbutio.*
Déblayer, *exsemino.*
Défrayer, faire les frais, *sumptus suppedito.*
Délayer, détremper, *diluo.*
Dilayer, *procrastino.*
—différer, prolonger, *differo, produco.*
Effrayer, *terreo.*
Egayer, *exhilarare.*
Egayer du linge, *lavare.*
Egayer, *fig.* Egayer un ouvrage, *opus variegare.*
Emayer, vieux mot, *mirari, obstupescere.*
Emblayer, *semino.*

verbes à l'infinitif.

Enrayer une roue, *sufflamino.*
Essayer, *conari.*
Etayer, *fulcire.*
Frayer, *ova emitto.*
—un chemin, *iter tero.*
Grasseyer, parler gras, *pingui voce loqui, balbutire.*
Langayer un pourceau, *linguam suis exploro.*
Payer, *solvere.*
Planchayer, *contabulo.*
Rayer, *radio.*
Relayer, *sublevo.*
Turayer, *rusticè loqui.*

AIGLE. *voyez* EGLE.

AIGNE. *voyez* EGNE.

AIGRE. & EGRE.

a
a Aigre, *acidus, acer.*
m Alaigre, *alacer.*
Maigre, poisson, *thunnus.*
m Jour maigre, *dies quo abstinetur à carnibus.*
f Négre, peuple, *Nigrita.*
m Ségre, riviére, *segris.*
Vinaigre, *acetum.*

AIL.

substantifs masculins.

Aiguail *ou* Egail, rosée, *ros, mador.*
Ail, *allium.*
Attirail, *impedimentum.*
Bail, *locatio.* Tradition, *-tio.* Administration, *-tio.* Tutéle, *-la.* Pouvoir, *autoritas.* Procuration, *-tio.*
Bercail, *ovile.*
Bêtail, *pecus.*

Substantifs masculins.

Camail, *capitium.*
Corail, *corallium.*
Dail, coquillage.
Détail, *res singulæ.*
Email, *encaustum.*
Epouvantail, *terriculamentum.*
Evantail, *flabellum.*
Gouvernail, *gubernaculum, clavus navis.*
Mail, jeu, *sphæristerium in quo tursatili pilâ luditur.*
Mail avec quoi on joue, *malleus lusorius.*
Métail, *metallum.*
Les espéces des métaux sont :
L'or, aurum.
L'argent, argentum.
L'étain, stannum.
Le cuivre, Cyprium æs.
Le plomb, plumbum.
Le fer, ferrum.
L'acier, chalybs.
Plumail, *scopa plumaria.*
Poitrail, *pectorale.*
Portail, *porticus.*
Poires de portail, *pyra portallitia.*
Sérail, *serallium, palatium in quo Orientalium Principum concubinæ includuntur.*
Sous-bail, *sublocatio.*
Soûpirail, *spiraculum.*
Tramail, filet à pêcher, *rete, sagena.*
Travail, *labor.* Ouvrage, *opus.* Effort, *contentio.* Douleurs d'enfanter, *puerperii dolores.* terme de Maréchal, *trabale.* Pinces à serrer, *forcipes.*
Ventail, *valva.*

AILE.

Aîle *d'oiseau, ala, penna.*
Aîle, côté, *latus.*
—*de moulin, moletrina ala.*
—*d'un bâtiment, ala.*
—*d'une armée, acies, ala.*
—*droite, dextra.*
—*gauche, sinistra.*
—*d'une fiche, ala fibulæ.*
J'en ai dans l'aîle, *perii.*
A tire d'aîle, *alatim.*
Petite aîle, *alula.*
Aile, bierre Angloise, *cervisia.*

AILLA. voyez LA.

AILLE.

Substantifs féminins.

Accordaille, *sponsio.*
Antiquaille, *antiquaria.*
Basse-taille, une des quatre parties de la Musique, *vox acuta & gravis.*
Basse-taille, celui qui chante la basse-taille, *cantor subgravis.*
Basse-taille, *bassus.* d'estoc & de taille, *casim & punctim.*
Bataille, *certamen, pugna.*
—combat, *prælium.*
Armée en bataille, *instructus exercitus.*
Belitraille, *mendiculorum grex.*
Bigaille, tout insecte volatile, *insectorum volatilium genus.*

Substantifs féminins.

Broſſaille *ou* Brouſſaille, *fruticeta, vepres.*
Caille, *coturnix.*
Canaille, *infimi homines.*
Clinquaille, *cultellus.*
Contr'écaille, deſſous, envers d'écailles, *ſquamma inferior.*
Crapaudaille, étoffe, *ſtamen reticulatum.*
Crevaille, *crepitatio.*
Ecaille, éclat de bois, &c. *aſſulæ.*
Ecaille *de poiſſon*, *ſquamma.*
huître à l'écaille, *oſtrea.*
Entraille, au pluriel, *viſcera.*
Epouſaille, au pluriel, *nuptiæ.*
Faille, vieux mot, *culpa.*
Sans faille, ſans faute, *abſque culpâ.*
Ferraille, *ſcruta ferrea.*
Fiançaille, au plur. *ſponſalia.*
Fonçailles, piéces d'un lit qui portent la paillaſſe.
Funéraille, au pluriel, *funera, exequiæ.*
Futaille, *dolium.*
Gazaille, contrat de Gazaille, *locatio pecorum ad arandum.*
Gogaille, débauche, *lætitia.*
faire Gogaille, *lautè agere, vivere.*
Grand-Ecaille, Poiſſon de l'Amérique.
Grenaille, *ramentum.*
Griſaille, *leucophæum.*
Griſaille, terme de Perruquier, *capilli ſubalbi.*
Gueuſaille, *mendicatio.*
Jaque-de-maille, *hamulus, thorax.*

Substantifs féminins.

Limaille, *ſcobis*
Maille, monnoie, *teruntius.*
Maille d'un filet, *macula.*
Maille en l'œil, *argema.*
Maille de perdreau, *macula.*
Chemiſe de maille, *lorica hamis conſerta.*
Mangeaille, *victus.*
Maraudaille, *ſceleſti.*
Marmaille, *puſiones.*
Médaille, *numiſma.*
Menuaille, quantité de petite monnoie, *nummuli.*
Merdaille, terme populaire en parlant d'enfans, *puerorum turba.*
Mitraille, *ramenta.*
Moinaille, les Moines en général, *Monachorum turba.*
Mouraille, inſtrument de Serrurier, *lupatum.*
Moutonnaille, *vervecina.*
Muraille, *murus.*
Noailles, Loüis d'or de 20 au marc, *nummi aurei.*
Ouaille, brebis, *ovis.*
Paille, *palea.*
Paille dans les métaux, *ſtrictura.*
Paſſecaille, *ſaltatio Hiſpanica.*
Peautraille, *vilis plebecula.*
Pédantaille, mot ſatyrique, Pédant, *Inſulſus eruditionis affectator.*
Penaille, aſſemblée de Moines.
Pierraille, petite pierre, blocage, *lapillus.*
Pince-maille, avare, *avarus.*

Poissonnaille, fretin, *pisciculi.*
Pommaille, *poma parum bona.*
Pretintaille, *luxuriantia ornamenta.*
Racaille, *plebecula.*
Relevaille, au pluriel, *caremonia purificationis.*
Repentaille, au pluriel, vieux mot, *pœnitentia.*
Repostaille, vieux mot, réponse, *responsum.*
Représaille, au pl. *pigneratio.*
Retaille, *præsegmina.*
Rimaille, *rythmi insulsi.*
Ripaille, *lautitia.*
Rocaille, *saxula.*
Semaille, *sementis.*
Sonaille, *pecuarium tintinnabulum.*
Taille, coupure, *sectio.*
—gravure, *sculptura.*
Taille, stature, *statura.*
Taille, impôt, *vectigal.*
Taille, terme de Chirurgie, *lithotomia.*
Taille, bâton sur quoi on marque, *talea.*
Tauraille, jeunes taureaux, *juvenci.*
Tenaille, *forceps.*
Tondaille, *tonsio.*
Touaille, linge, *linteum.*
Traille, espéce de bateau, *navicula.*
Tripaille, *exta.*
Trouvaille, *repertum.*
Truandaille, *mendicus, nequam.*
v Vaille, *valeat.*
Vaille que vaille, *valeat quantùm valeat.*

f Versaille, au pluriel, *Versalia.*
f Victuaille, au pluriel, *annona.*
f Vitaille, vieux mot, viande, vivres, *cibi.*

VERBES.

Bâille, *oscitor.*
Baille, *do, præbeo.*
Braille, *clamito.*
Chamaille, *digladior.*
Criaille, *clamito.*
Débraille, *pectus nudo.*
Ecaille, *desquamo.*
Emaille, *encausto incrusto.*
m'Encanail l, *cum plebe infima versor.*
s'encornaille, *cornua suscipit.*
Entaille, *incido.*
Piaille, *vocito.*
Raille, *irrideo.*
Rimaille, *malos versus effutio.*
Taille, *incîdo.*
Travaille, *laboro.*
Voyez lee autres verbes en ailler.

AILLÉ. *voyez* LÉ.

AILS.

Camails, *capitia.*
Détails, *res singula.*
Epouvantails, *terriculamenta.*
Eventails, *flabella.*
Gouvernails, *clavi, gubernacula.*
Mails, *sphæristeria.*
Portails, *porticus.*

AIME. *voyez* EME.

AIM. AIN. & EIN.

Abat-faim, *esca irato vel jejuno ventri placando idonea.*
Airain, *æs.*
Ansicain, nom de peuple, *Ansicanus.*
Antipuritain, *-tanus.*
Arbre nain, *arbusculum.*
Archidiocésain, *Archidiœcesanus.*
Arriére-main, terme de jeu de paume, *postera manus.*
Avant-main, *prima manus.*
Aubain, étranger, *externus.*
Bain, *balneum.*
Bonne main, au figuré il se dit d'un peintre, d'un joueur d'instrumens, &c. *habilis.*
Boute-en-train, celui qui anime les autres, *hortator.*
Caïn, fils de Noé, *Caïnus.*
Cangoximain, qui est de Cangoxima, Ville Maritime du Japon.
Certain, *certus.*
Chanfrein, *stria.*
Chapelain, *Capellanus.*
Chapelain, Poëte François, *Capellanus.*
Châtain, *color castaneus.*
Châtelain, *Castellanus.*
Chevetain, vieux mot, *Dux.*
Cousin germain, *patruelis vel consobrinus.*
Issu de germain, *ex germano ortus.*

Substantifs & adjectifs masculins.

Cismontain, *-tanus.*
Contemporain, *coævus.*
Couvain, c'est la semence des punaises.
Cumain, de la ville de Cumes, *Cumanus.*
Daim, animal, *dama.*
Dédain, *despectus.*
de longue-main, *à longo tempore.*
Demain, *cràs.*
après demain, *postridiè.*
Derniére-main, *ultima manus.*
Dessein, *propositum.*
Diocésain, *diœcesanus.*
Dixain, *denarius.*
Douzain, *duodenarius.*
Ecrivain, *scriba.*
Ecrivain, au figuré : Auteur, *scriptor.*
Entremain, jeu de l'entremain, ou le cinq, ter. de musique.
Essain d'abeilles, *examen apum.*
Estrain, vieux mot, *stramen.*
Etain, *stannum.*
Faim, *fames.*
Forain, *foraneus.*
Marchand forain, *externus mercator.*
Franciscain, Religieux, *Franciscanus.*
Frein, *frænum.*
Fuzain, arbrisseau, *fusus.*
Gain, *lucrum.*
Genovéfain, *-fanus.*
Germain, *-manus.*
Germain, Allemand, *Germanus.*

Substantifs & adjectifs masculins.

Grain, *granum.*
Grain, poids, *mica.*
Grain, blé, *granum.*
Grain de folie, *ſtultitiæ grumus.*
Guairain, nation de l'Amérique Méridionale, *Guairanus.*
Hautain, *arrogans.*
Huitain, *octo verſuum carmen.*
Humain, *-manus.*
Incertain, *incertus*
Inhumain, *-manus.*
Jourdain, fleuve, *Jordanis.*
Lavemain, *malluvium.*
Lendemain, *dies poſtera.*
Levain, *fermentum.*
Levain, figuré : rancune, *ſimultas.*
Lointain, *longinquus.*
Lointain, terme de peinture, *receſſus.*
Lucain, Poëte, *Lucanus.*
Main, *manus.*
Main de papier, *chartarum ſcapus.*
Main d'oublies, *cruſtularum mellitarum ſcapus.*
Main, terme de jeu, *ſcapus.*
—donner la main, donner une main, *manum præbere.*
Main de ſinge, d'oiſeau de proie, &c. *falcati ungues.*
Lever la main, faire ſerment, *jurare.*
Sous-main, *ſecretò.*
Main, vieux mot, *manè.*
Main, vieux mot, *medius.*
Mairrein, *materies.*
Male-faim, *dira fames.*

Substantifs & adjectifs masculins.

Mal-ſain, *male-ſanus.*
Mal ſaint Main, *pſora.*
Maſſepain, *marſius panis.*
Mein, riviére, *Mœnus.*
Méhain, vieux mot, *mutilatio.*
Métropolitain, *-tanus.*
Mondain, *mundanus, profanus, ſuperbus.*
Nain, *nanus, pumilus.*
Néapolitain, *-tanus.*
Nonnain *ou* Nonne, Religieuſe, *ſanctimonialis.*
Pain, *panis.*
P[illegible]ain, *lapis angularis.*
Parrain, *patrimus.*
Plantin, herbe médicinale, *plantago.*
Plein, *plenus.*
Poulain, *pullus equinus.*
Poulain à deſcendre le vin dans la cave, *ductarius funis.*
Poulain *ou* bubon, *inguinis anthrax.*
Primerain, v. m. *primus.*
Prince ſouverain, *Princeps ſupremus.*
Prochain, *proximus.*
Publicain, *-canus.*
Puritain, *-tanus.*
Putain, *meretrix.*
Quarantain, terme de manufacture.
Quatrain, *quaternarius.*
Quintain, terme de jeu de paume, *quindeni.*
Rain, vieux mot, rameau, *ramus.*
Refrain de chanſon, *verſus intercalaris.*
Regain, *fœnum cordum, fœnum autumnale.*

Substantifs & adjectifs masculins.

Rein, *ren.*
Républicain, *Reipublicæ studiosus.*
Riverain, *oram maris* vel *fluminis inhabitans.*
Romain de nation, de religion, *Romanus.*
Sacristain, *ædituus.*
Sain, *sanus.*
Sain de porc, *axungia porci.*
Samaritain, *-tanus.*
Seigneur suzerain, *subalternus Dominus.*
Sein, gorge, *sinus.*
Sein, giron, *sinus.*
Sein, fig. le cœur & le milieu de quelque chose, *sinus.*
Seing, signature, *chirographum.*
Serein, *vespertini* vel *nocturni vapores.*
Serein, beau, *serenus, sudus.*
Sixain de vers, *hexasticum.*
Sixain de cartes, *sextarius*
Soudain, *subitus.*
Tout soudain, *subito.*
Souterrain, *subterraneus.*
Souverain, *supremus.*
Sur-lendemain, *nudius tertius.*
Sylvain, Dieu champêtre, *Sylvanus.*
Terrein, *territorium.*
Terreplein, *planities.*
Tournemain, moment, *momentum.*
—dans un tournemain, *in instanti.*
Train, aller son train, *solito more procedere.*
Train, suite, *stipatio.*
Train de bois, *traha.*
Prendre le train de quelqu'un, l'imiter, *aliquem imitari.*
Traversin, *transversum lecti cervical.*
* Trentain, gros tonneau, *dolium tricenarium.*
Trentin, terme de jeu de paume, *triceni.*
Trezain, *tredenarius.*
Tubalcaïn, *-us.*
Vain, orgueilleux, *vanus superbus.*
Vain, temps vain, *æstuans tempus.*
En vain, *in vanum.*
Velours-plein, *sericus pannus rasus.*
Vilain, avare, *avarus.*
Vilain, malhonnête, *inhonestus.*
Vilain, roturier, *ignobilis.*
Vilain, laid, sale, &c. *sordidus, deformis.*
Villicain, vieux mot, *villicus.*
Ultramontain, *-tanus.*
Urbain, *Urbanus.*
Vulcain, *-canus.*

VERBES.

Verbes à l'impératif.

Cein, *cinge.*
Contrain, *coge.*
Crain, *time.*
Dépein, *depinge.*
Détein, *detinge.*
Enfrein, *infringe.*
Fein, *finge.*
Pein, *pinge.*
Tein, *tinge.*

Voyez les autres verbes en aindre *&* eindre.

AINCRE.

Convaincre, *convincere.*
Vaincre, *vincere.*

AIND. & EIND. *voyez* AINT. & EINT.

AINDRE. *voyez* INDRE.

AINE. & EINE.

substantifs feminins.

Aine, partie du corps, *inguen.*
Aubeine, *caduca bona.*
Aveine, *avena.*
Baleine, *cete, balæna.*
côte de Baleine, *pinna balænaria.*
Bedaine, *abdomen.*
m Bourdaine, arbrisseau.
m Capitaine, *centurio.*
Centaine, *centum.*
Chaîne, (long) *catena.*
Chaîne de Galériens, *ferrea catena.*
Cinquantaine, *quinquaginta.*
Dégaîne, vieux mot, (long) *agendi modus.*
Dixaine, *decas.*
m Domaine, *dominium.*
Douzaine, *duodecim.*
m Faine, fruit du hêtre, *glans fagea.*
Fontaine, *fons.*
m La Fontaine, Poëte François, *Fontanus.*
* Fredaine. *noxia.*
Futaine, étoffe, *pannus xylinus.*

substantifs feminins.

Gangréne, *gangrena.*
Garde-chaîne, (long) terme d'horlogerie.
Graine, *semen.*
Guaîne, (long) *vagina.*
Haine, (long) *odium.*
Haleine, *halitus.*
Courte-haleine, *spiritûs angustia.*
Hautaine, femme hautaine, *mulier ferox.*
Huitaine, *octo dierum spatium.*
Inhumaine, *-mana.*
Laine, *lana.*
Tireur de laine, filou, *aruscator.*
Lorraine, *Lotharingia.*
Male-semaine, au pluriel, *menstrua.*
Marjolaine, *amaracus.*
Marraine, *matrina.*
Métropolitaine, *-tana.*
Migraine, *hemicrania.*
Misaine, mât de navire, *medianus malus.*
Mitaine, *manica pellita.*
m onguent miton Mitaine, *unguentum inutile.*
Neuvaine, *novendiale spatium.*
Peine, *pœna.*
Plaine, *planities.*
Porcelaine, *porcellana.*
courir la * Pretantaine, *divagari.*
Quarantaine, *quadraginta.*
la sainte Quarantaine, *quadragesima.*
fiévre Quartaine, *quartana febris.*
Quatorzaine, *tessaradecas.*

Substantifs féminins.

Quinzaine, *pentadecas.*
Raine, vieux mot, *rana.*
Reine, (long) *Regina.*
Rengaîne, (long) terme populaire, *repulsus.*
Ribon-ribaine, terme populaire, *quovis pretio.*
Romaine, femme de Rome, *Romana.*
Romaine, peson ou balance, *trutina*, *statera.*
laitue Romaine, *lactuca Romana.*
Saine, *sana.*
Samaritaine, *-tana.*
Seine, riviére, *sequana.*
Seine, filet à pêcher, *rete.*
Semaine, *hebdomas.*
male-Semaine, au pluriel, *infaustum tempus.*
Sursemaine, *infra* vel *supra hebdomadam.*
Tiretaine, grosse étoffe, *pannus rudis.*
Tiphaine, vieux mot, pour Epiphanie.
Trentaine, *triginta.*
Trezaine, nombre de treize, *tredecimalis numerus.*
Triolaine, vieux mot, *longa hominum turba.*
Trudaine, vieux mot, *ineptia.*
Veine du corps, *vena.*
—de métal, *metallica.*
—de poësie, *poëtica.*
Veine, *ou* source d'eau, *scaturigo.*
Vervaine, *verbena.*
Vingtaine, *viceni.*

VERBES.

verb. au prés. & imp.

Déchaîne, *excateno.*
Déguaîne, *evagino.*
Enchaîne, *concateno.*
Enguaîne, *invagino.*
Entraîne, *attraho.*
Renguaîne, *revagino.*
Traîne, *traho.*

Voyez les rimes en ène, *& les féminins des noms en* ain.

AINS. & EINS.

Alibi-forains, *tergiversationes.*
Humains, *humani.*
Mondains, *mundi cupidi*, *superbi.*
La Toussaints, Fête, *Festum omnium Sanctorum.*

AINS. ou EINS. dont l'*s* se prononce fortement.

Aïns, vieux mot, pour Mais, *sed.*
Ens, vieux mot, pour Dans, *in.*
Rheims, ville de Champagne, *Rhemensis civitas.*
Sciens, vieux mot, pour Docte, *doctus.*

Voyez les noms en ain *dont le pluriel fait* ains, Vains.
Plus le pluriel des noms en eint, aint & aim, Sains, bains, daims.

VERBES.

Ceins, *cingo.*

verbes au present de l'indic.

Contrains, *cogo.*
Crains, *metuo.*
Dépeins, *depingo.*
Déteins, *detingo.*
Enceins, *præcingo.*
Enfreins, *infringo.*
Eteins, *extinguo.*
Feins, *fingo.*
Peins, *pingo.*
Teins, *tingo.*
Voyez les autres verbes en aindre & eindre.

AINT. & EINT.

a Atteint de maladie, *morbo affectus.*
m Demiceint, *semicinctium.*
a Dessaint, vieux mot, *discinctus.*
m Grand-teint, ou bon teint.
a Maint, vieux mot, *multus.*
a Saint, *Sanctus.*
Plus divers temps & personnes des verbes en aindre & eindre, plaint, ceint.

AINTE. & EINTE.

substantifs feminins.

Atteinte, *ictus.*
Atteinte que se donnent les chevaux, *intertrigo.*
Atteinte de fiévre, de goutte, &c. *febris, artritidis tentatio.*
Complainte, *conquestio.*
Contrainte, *coactio.*
Crainte, *timor, metus.*
Enceinte, circuit, *ambitus, circuitus.*
Enceinte, clôture, *sepimentum.*

substantifs feminins.

Enceinte, *circuitio.*
femme Enceinte, *gravida mulier, prægnans.*
Empreinte, *impressio.*
Epreinte, *expressio.* Item: *torsio.*
Epreinte, *dolor intestinorum.*
Etreinte, *adstrictio.*
Feinte, *fictio.*
contre-Feinte, *contra-fictio.*
a Mainte, vieux mot, *multa.*
Plainte, *querimonia.*
Restrainte, terme de Chiromance.
Teinte & demi-teinte, terme de peinture, *infectus, semi-infectus.*

VERBES.

verbes au particip. feminins.

Atteinte, *attacta.*
Ceinte, *cincta.*
Contrainte, *coacta.*
Dépeinte, *depicta.*
Déteinte, *decolorata.*
Enceinte, *cincta.*
Enfreinte, *infracta.*
Eteinte, *extincta.*
Feinte, *ficta.*
Peinte, *picta.*
Plainte, *deplorata.*
Teinte, *tincta.*
Plus les participes feminins des autres verbes en aindre & eindre.

AIR. dissyl. *voyez* IR.

AIR. monos.

Air, élément, *aër.*
Air du visage, *vultus.*

subst. & adj. masc.

Air du feu, *ignis halitus.*
Air, situation d'un lieu, *situs, cœlum.*
la Chair, *caro.*
Clair, *clarus.*
Eclair, *fulgetrum.*
Impair, *impar.*
Nompair, *impar.*
Pair, *par.*
Pair de France, *Par Galliæ.*
Vair, terme de Blâson, *varius.*
contre-Vair, terme de Blâson, *revarius.*
menu-Vair, ancienne fourrure, *minutim variatus color.*

Voyez aussi les rimes en er *rude, qui se prononce comme* air.

AIRE.

substantifs & adjectifs masculins & féminins.

Abécédaire, *elementarius.*
Accurbitaire, sorte de ver, *tænia.*
Actionnaire, *actor.*
Adjudicataire, *manceps.*
Adversaire, *-sarius.*
Affaire, *negotium.*
Agraire, adjectif féminin, *agraria.*
Aire d'une grange, *area.*
Aire, nid d'oiseau de proie, *area, nidus.*
Airrhe, au pluriel, Prononciation Provinciale, *arrhabo.*
Alimentaire, *-tarius.*
Angulaire, *-laris.*
Anniversaire, *-sarium.*
Annonaire, il se dit de quelques villes d'Italie, *Annonaria.*
Annulaire, terme d'Anatomie, d'Astronomie, d'Architecture, *annularis.*
Anticonstitutionaire, *-arius.*
Antidosaire, recueil de remédes, *antidosarium.*
Antiphonaire, *-narium.*
Antiquaire, *-quarius.*
Antiscripturaire, *-rarius.*
Apollinaire, nom d'homme, *Apollinaris.*
Apothicaire, *Pharmacopola.*
Arbitraire, *-trarius.*
Archivaire, *Archivorum custos.*
sphère Armillaire, *sphæra armillaris.*
Articulaire, terme d'Anatomie, *articularis.*
Atrabilaire, *atrâ bile affectus.*
Aululaire, *-laria.*
Auxiliaire, *-liarius.*
Axillaire, terme d'Anatomie, *axillaris.*
Basilaire, artère basilaire, *arteria basilaris.*
Beaucaire, ville, *Belloquadrum.*
Bellonaire, *Bellonæ sacerdos.*
Bénédictionnaire, livre qui contient les bénédictions, *benedictionarium.*
Binaire, *-narius.*
Arithmétique binaire, inventée par Leibnitz.
Biviaire, *Bivium.*
Bréviaire, *-viarium.*
Bullaire, *-larium.*

subst. & adj. masc. & fem.

le Caire, ville, *Cairum.*
pierre Calaminaire, *lapis calaminaris.*
Calendaire, registre que l'on conservoit dans les Eglises, où l'on écrivoit le nom des Bienfaiteurs, *calendarium.*
Calvaire, *Calvarium.*
Campanaire, terme de fondeur de cloche, *campanarium.*
jours Caniculaires, *dies caniculares.*
Cantionnaire, *canticorum liber.*
Capillaire, herbe, *capilli Veneris.*
Capitulaire, *sanctiones.*
Capitulaire, *-larius.*
Cartulaire . . .
Catilinaire, *oratio in Catilinam.*
Caudataire, *syrmatis gerulus.*
Célibataire, *cœlebs.*
Cellulaire, terme d'Anatomie, *cellularis.*
Censitaire, celui qui a une terre à charge de cens, *qui præsidium possidet cum onere censûs annui.*
Centenaire, *centenarius.*
Céroféraire, *-rarius.*
Césaire, nom propre, *Cæsarius.*
Cessionnaire, *-narius.*
Chaire, *cathedra.*
Chirographaire, *-pharius.*
Cicutaire, plante, *cicutaria.*
Ciliaire, muscle, *ciliaris.*
Cinéraire, *-rarius.*

subst. & adj. masc. & fem.

Circulaire, *-laris.*
Claire, *clara.*
Colégataire, terme de droit, *cohæres.*
Collectaire, terme du Cérémonial Ecclésiastique, *collectarius.*
Columbaire, terme d'antiquités Romaines, *columbarius.*
Conceptionnaire, celui qui soûtenoit que la Vierge a été conçue sans péché, *conceptionis immaculatæ assertor.*
Concessionnaire, celui en faveur de qui une concession a été faite, *concessionis beneficio ornatus.*
Concubinaire, *-narius.*
Concussionnaire, *violentus exactor.*
Confidenciaire, *iarius.*
Congiaire, *-rium.*
Consuétudinaire, *qui morem semper eundem servat.*
Consulaire, *-laris.*
Contraire, *-arius.*
Convulsionaire . . .
Commandataire . . .
Commenditaire, qui a une commandite.
Commentaire, ou mémoires, *commentarium.*
Commissaire, *legatus.*
fidéi-Commissaire, *-arius.*
Complimentaire, *congratulator.*
Corollaire, *-arium.*
Corpusculaire, Philosophe qui enseigne la doctrine des corpuscules ou atô-

subst. & adj. masc. & fém.

mes, *corpusculorum doctrinæ addictus.*
Corsaire, *pirata.*
Corsaire, dur, *durus.*
Crotalaire, plante, *-aria.*
Cubiculaire, *-arius.*
Cucullaire, muscle, *-aris.*
Dataire, *-arius.*
sous-Dataire, *subdatarius.*
Débonnaire, *lenis.*
Décennaire, *-arius.*
Décisionnaire, *-arius.*
Délétaire, *qui delet.*
Demi-orbiculaire, muscle, *semi-orbicularis.*
Demissionnaire, en faveur de qui on a fait une démission, *demissionis beneficio ornatus.*
Denaire, *-arius*
Dentelaire, plante, *-aria.*
Dépositaire, *-arius.*
Dévolutaire...
Diamantaire, *qui gemmarum facit commercium.*
Dictionnaire, *-arium.*
Dignitaire, *dignitate ornatus.*
Dissimilaire, *-aris.*
Doctrinaire, *Pater è Congregatione Doctrinæ Christianæ.*
Domicellaire, Grand Officier des Cours d'Allemagne.
Dromadaire, espéce de chameau, *dromadarius,*
Douaire, *usufructus certæ pecuniæ.*
Ducenaire, officier d'armée, *Dux.*
Electuaire, médicament, *electuarium.*

subst. & adj. masc. & fém.

Elémentaire, *-aris.*
Emissaire, *-arius.*
style Epistolaire, *epistolaris stylus.*
Exemplaire, *exemplar.*
Exemplaire, *-aris.*
Expéditionnaire en Cour de Rome, *expeditionarius.*
Extraordinaire, *quod est ad exemplum.*
Factionnaire, simple soldat, *gregarius miles.*
sçavoir Faire, *industria.*
Faussaire, *falsarius.*
Férendaire, *-arius.*
Feudataire...
Fidéi-commissaire, terme de droit, *fide-commissarius.*
Fiduciaire, *-arius.*
Fieffataire, qui prend une terre en fief.
Fluxionnaire, *-arius.*
Formulaire, *-arium.*
Fractionnaire, terme d'Arithmétique.
Funéraire, *-arius.*
Funiculaire...
Garnisonnaire, Archer ou Sergent qu'on envoie en garnison dans une maison.
Glaire, *liquor glutinosus.*
Glossaire, *-arium.*
Grabattaire, *in lecto jacens.*
Grammaire, *-matica.*
Haire, *cilicium.*
Hebdomadaire, *-arius.*
Héréditaire...
Herniaire, *Chirurgus herniarius.*
Honoraire, *-arius.*

Substantifs & adjectifs masculins & féminins.

cercle-Horaire, *circulus horarius.*
Hypothécaire, *-arius.*
Janissaire . . .
Imaginaire, *falsus, imaginarius.*
Immobiliaire, *res non movens.*
Incendiaire, *-arius.*
Incidentaire . . .
Indultaire . . .
Institutaire . . .
Insulaire, *-aris.*
Inter-articulaire, terme d'Anatomie, *inter-articularis.*
Intercalaire, jour intercalaire, vers intercalaire, *intercalaris.*
Interlinaire, *-nearis.*
Interlobulaire, terme d'Anatomie, *interlobularis.*
Intermaxillaire, *-aris.*
Intermédiaire, *-dius.*
Inventaire, *recensio.*
Inventaire de production, *index, recensio.*
Involontaire, *involuntarius.*
Itinéraire, *-arium.*
Judiciaire, *judicialis.*
Astrologie Judiciaire, *astrologia judiciaria.*
Veine Jugulaire, *vena jugularis.*
Lactaire, *-arius.*
Laire, lanlaire, refrain.
Lampadaire, *-arium.*
Lapidaire, *gemmarius.*
Laraire, *-arium.*
Lecticaire, *-arius.*
Lectionnaire, *-arium.*
Légendaire, *autor historiæ Sanctorum.*

Substantifs & adjectifs masculins & féminins.

Légionnaire, soldat de légions, *legionarius miles.*
Légitimaire, *legitimo jure debitus.*
verre Lenticulaire, *vitrum lenticulare.*
Libitinaire, *-arius.*
Libraire, *bibliopola.*
Limaire, *thunnulus.*
Liminaire, *-aris.*
Epître Liminaire, *epistola liminaris.*
Linéaire, *-aris.*
Locataire, qui donne à loüage, *locator.*
—qui prend à louage, *conductor.*
sous-Locataire, *sublocator.*
Lombaire, *lumbaris.*
Luminaire, *-are.*
perdre son Luminaire, *excæcari.*
Lunaire, *-aris.*
Macaire, nom propre, *Macarius.*
Madère, ville, *Madera.*
Maire, *major.*
Mandataire, *-arius.*
Matricaire, *artemisia tenuibus foliis.*
Matriculaire, *in album elatus.*
Mattaire, *-arius.*
Médicamentaire . . .
Médullaire, *-aris.*
Mercenaire, homme de travail, *mercenarius.*
Mercenaire, attaché à l'intérêt, *avarus.*
Mi-douaire, pension adjugée à la femme, *dimidia pars pecuniæ quâ uxor superstes frui debet.*

subst. & adj. masc. & fém.

Militaire, *-aris.*
Millénaire, *-arius.*
Milliaire, *-arium.*
Millionnaire, *ditissimus.*
Missionnaire, *-arius.*
Mobiliaire, *res mobiles.*
Molaire, *-aris.*
Monétaire, qui fabrique la monnoie, *monetarius.*
Mortuaire, *defunctorius.*
Extrait mortuaire, *apodixis defunctoria.*
Mousquetaire, *sclopetarius.*
Munitionnaire, *curator.*
Musculaire, *-aris.*
Naviculaire, *-aris.*
Nécessaire, *-arius.*
Nobiliaire, *-arium.*
Nominataire, *designatus.*
Nonagénaire, *-arius.*
Notaire, *actuarius.*
Nummulaire, *-arius.*
Nutricaire . . .
Orbituaire, *Index sacrorum pro defunctis.*
Oblationnaire, *-arius.*
Occasionnaire, *-alis.*
Octavaire, *terme Ecclésiast.*
Octogénaire, *-arius.*
Oculaire, témoin oculaire, *testis ocularis.*
verre Oculaire, *vitrum oculare.*
Olivaire, terme d'Anatomie, *olivarius.*
Onéraire, tuteur onéraire, *tutor onerarius.*
Oraire, *precarius.*
Orbiculaire, *-aris.*
Ordinaire, *consuetus, ordinarius, communis.*
Ordinaire de table, *consuetus cibus.*

subst. & adj. masc. & fém.

—courier, *tabellarius.*
—office chez le Roi, *Regis administer ordinarius.*
Originaire, *oriundus.*
Ovaire, *ovarium.*
Paire, *pares* ou *paria.*
Pandectaire, *-arius.*
Papillaire, *-aris.*
Parabolaire . . .
Paramonaire . . .
Pariétaire, herbe qui croît sur les murs, *parietaria.*
Parlementaire, *-arius.*
Particulaire, *-aris.*
Patibulaire . . .
Pausaire, *-arius.*
Pécuniaire, *-arius.*
maladie Pédiculaire, *morbus pedicularis.*
Pensionnaire, qui est en pension, *convictor.*
Pensionnaire, qui reçoit pension, *annuâ attributione donatus.*
Pentecostaire, *-arius.*
Pérégrinaire, *quod ad peregrinos pertinet.*
Péricardiaire, *nascens in pericardio.*
Perpendiculaire, *-aris.*
Pessaire, remède solide, *pessulum.*
Piquenaire, vieux mot, *hastarius.*
Pituitaire, terme d'Anatomie, *pituitarius.*
Plagiaire, *-arius.*
Planétaire . . .
Plénipotentiaire, *legatus cum summa potestate.*
Poitrinaire, qui a une mauvaise poitrine, *vitioso pectore laborans.*

subst. & adj. masc. & fém.

Polaire, *-aris.*
Populaire ...
Précaire, *-arium.*
Préliminaire, *procœmium.*
Procommissaire, *Procommissario.*
Provicaire, *pro Vicario.*
Propriétaire, *dominus.*
Protonotaire, *-arius.*
Quadragénaire ...
Quadrangulaire, *-aris.*
Quaternaire, *-arius.*
Quinquagénaire ...
Questionnaire, celui qui donne la question, *tortor.*
Quodlibétaire, terme de Théologie & de Médecine, *quodlibetaria propositio.*
Récipiendaire, *-arius.*
Récrédentiaire, qui a un jugement de provision.
Réfectoriaire, *-arius.*
Référendaire ...
Réfractaire, *pervicax.*
Registraire, gardien des registres, *tabularum publicarum custos.*
Relationnaire, *relationis auctor.*
Religionnaire, *Calvinianæ hæresis sectator.*
Reliquaire, *reliquiarum theca.*
Reliquataire, *debitor.*
Repaire, *latibulum.*
Résignataire, *-arius.*
Retentionnaire, qui retient le bien d'autrui, *alieni possessor.*
Réticulaire, *-aris.*
Revertiaire, *-arius.*

subst. & adj. masc. & fém.

Revestiaire, *sacrarium.*
Rosaire, *-arium.*
Rubricaire, compilateur de Rubriques, *Rubricarum collector.*
Sabbataire, *-arius.*
Sacculaire, *-arius.*
Sacramentaire *ou* Calviniste, *Sacramentarius.*
Sagittaire, signe du Zodiaque, *sagittarius.*
Salaire, *-arium.*
Salicaire, plante, *-aria.*
Salutaire, *-aris.*
Sanctuaire, *-arium.*
Sanguinaire, *-arius.*
Scapulaire, *-arium.*
Scriniaire, *secretarius.*
Secondaire, *-arius.*
Secrétaire, *scriba.*
—d'Etat, *Regi à decretis notarius.*
—du Roi, *Regis scriba.*
—des Commandemens du Roi, *Regi à decretis.*
—de Parlement, *supremæ Curiæ tabellio.*
—de Ville, *prætorii tabellio.*
sous-Secrétaire, *subscriba.*
Sectaire, *-arius.*
Séculaire, jeux séculaires, *ludi sæculares.*
Séminaire, *-arium.*
Septénaire, *-arius.*
Septuagénaire ...
Sermonaire, *-arium.*
Serpentaire, herbe, *-aria.*
Sexagénaire, *-arius.*
Signandaire, terme de Palais.
Silentiaire, *-arius.*

subst. & adj. masc. & fém.

Similaire, terme de Médecine, *partes homogeneæ.*
Solaire, *-aris.*
Solitaire, *-arius.*
un Solitaire, *Monachus.*
Sommaire, *summa.*
Somptuaire, loi somptuaire, *sumptuaria lex.*
Spataire, Ecuyer, *-arius.*
Spéculaire, *specula conficiendi ars.*
Stationnaire, *-arius.*
Statuaire . . .
Stellionataire . . .
Stipendiaire . . .
Suaire, *sudarium.*
Sublunaire, *-aris, terrenus.*
Subsidiaire, terme de Palais, *subsidiarius.*
Surnuméraire *ou* supernuméraire, *quod est extra, supra*, vel *ultra numerum.*
Survivanciaire, qui a la survivance d'une charge, *successor designatus.*
Tarcaire, vieux mot, carquois, *pharetra.*
Téméraire, *-arius.*
Temporaire, terme de Théologie, *temporalis.*
Tercère, île, *Tercera.*
Terminaire, *-arius.*
Ternaire . . .
Exécuteur Testamentaire, *curator testamenti.*
Textuaire, *-arius.*
Thuriféraire, qui porte l'encensoir, *thurifer.*
Tierçaire, *Tertiarius Ordinis sancti Francisci.*
Titulaire, *-arius.*
Tortionnaire . . .

subst. & adj. masc. & fém.

Traditionnaire, c'est le même que Talmudiste.
Triangulaire, *-aris.*
Tributaire, *-arius.*
Tricenaire . . .
Trinitaire, au pluriel, *ou* Mathurins, Religieux pour la Rédemption des Captifs, *Trinitarii.*
Anti-Trinitaire, au pluriel, *ou* Sociniens, qui nient les Mystères de la Sainte Trinité, *Anti Trinitarii.*
Tumultuaire, *-arius.*
Tutélaire, Ange tutélaire, *ou* Ange gardien, *Angelus tutelaris, custos.*
Dieu Tutélaire, des Payens, au pluriel, *penates, lares.*
Valétudinaire, *-arius.*
Valvulaire, *valvulis abundans.*
Vasculaire, terme d'Anatomie, *vasis abundans.*
Vestiaire, *-arium.*
Viaire, vieux mot, visage, *vultus.*
Vicaire, *-arius.*
Victimaire, terme d'Antiquité, *victimarius.*
Vimaire, orage, *procella.*
Ultramédiaire, terme de Palais.
Unitaire, au pluriel, les Sociniens hérétiques prennent ce nom, *Unitarii.*
Universaire, vieux mot, *anniversarium.*
Vocabulaire, *-arium.*
Volontaire, *voluntarius.*
Volontaire d'armée, *miles voluntarius.*

subst. & adj. masc. & fém.

Volontaire, cheval qui suit les autres, *equus spontaneus.*
Usufructuaire, *-arius.*
Usuraire . . .
Vulgaire, *vulgus.*
Vulgaire, *-aris.*
eau Vulnéraire, *aqua vulneraria.*

Le verbe faire *est le plus étendu de la Langue Françoise, & a un très-grand nombre de sens, suivant les diverses applications qu'il a avec presque tous les Noms & les Verbes. Il se joint avec la plûpart des Verbes actifs, avec les Verbes passifs, & sur-tout avec les Neutres & Absolus. Voyez ce Verbe, & les exemples rapportés.*

VERBES.

verbes à l'infinitif.

Attraire, *allicio.*
Braire, *rudo.*
—crier, *clamo.*
Complaire, *complaceo.*
—à quelqu'un, *obsequi.*
se Complaire, *delectari.*
—se flatter, *sibi assentiri.*
Contrefaire, *simulo.*
—imiter, *imitor.*
—dissimuler, *dissimulo.*
—feindre, *fingo.*
—rendre difforme, *corrumpo.*
—un seing, *chirographum adultero.*
—quelqu'un, *speciem induo.*
Défaire, détruire, *destruo.*

verbes à l'infinitif.

—une chose tissue, *retexo.*
—un nœud, *nodum solvo.*
—une armée, *exercitum fundo.*
—tuer, *occido.*
Défaire, dissoudre, *dissolvo.*
se Défaire, se tuer, *mortem sibi consciscere.*
se décharger de, *se liberare à.*
—de ses marchandises, *merces vendo.*
—d'un vice, *vitium depono.*
—d'une coûtume, *à consuetudine discedo.*
—d'une charge, *magistratum depono.*
—la vendre, *alieno.*
Déplaire, *displiceo.*
—se Déplaire, *contristor.*
Distraire, *distraho.*
—détourner, *averto.*
Extraire, *extraho.*
—séparer, *separo.*
Faire, *facio.* Produire, *produco.* Créer, *creo.* Agir, *ago.* Engendrer, *liberos procreo.* Travailler, *laboro.* Mettre au jour, *in lucem edo.* Faire faire, commander, *jubeo ut.* Accroire, *fallo.* Bâtir, *ædifico.* Cultiver, *colo.* Labourer, *aro.* Recueillir, *colligo.* Contraindre, forcer, *cogo.* Pousser à, porter à, *impello.* Etre cause, *efficio ut.*
Faire le sçavant, *ago doctum.* le sot, *fatuum.* le fou, *stultum.* le saint, *sanctum.* le sage, *sapientem.* le dia-

ble à quatre, *tumultuosum, violentum.* l'enragé, *atrocem.* le pied de veau, *demissiùs saluto.*

Faire florès, *floreo.* figure, de la dépense, *sumptuosè vivo.* fortune, *ditesco.* des siennes, *indolem ostento.* débauche, *comessor.*

Faire sa maison, *familiam constituo.* son ménage, *supellectilem curo.* ses terres, *terras colo.* les honneurs, *bene excipio.* la révérence, *saluto.*

Faire, lever des soldats, *milites conscribo.* voile, s'embarquer, *ventis vela do.* l'amour, *procum ago.* le bec, avertir, *moneo.* fête, *congratulor.*

Faire la paix, *pacificor.* la guerre, *bellum gero.* un marché, *paciscor.* des armes, *digladior.* eau, terme de marine, *aquam contraho.*

Faire mine, *simulo.* Bon, *spondeo pro.* Gras, *carnes edo.* Maigre, *à carnibus abstineo.* Procès, *dicam intento.* Justice, rendre justice, *rectè judico.* punir de mort, *capite plecto.* l'Office, officier, *celebro.* l'office d'ami, rendre service, *alicui servio.*

Faire oraison, *precor.* ses dévotions, *ad sacram synaxim accedo.* profession de, *profiteor.* vœu, ses vœux, *voveo.* ses adieux, *valedico.*

Faire place, *locum cedo.* faire faire place, *turbam submoveo.* la planche, *iter tero.* bien, *benefacio.* mal, *malefacio.* les Rois, la saint Martin, &c. *Regalia, Martinialia ago, &c.*

Façon de faire, *agendi ratio.*

Se faire des amis, *amicos concilio.* honneur, *honori tribuo.* craindre, *timorem incutio.* aimer, *amorem concilio.* fort, *confido posse.* Et une infinité d'autres exemples.

Malfaire, *malefacio.*
Méfaire, *malefacio.*
Plaire, *placeo.*
—agréer, *gratum esse.*
—vouloir, *volo.*
se Plaire, *delector.*
Raire, vieux mot, *radere.*
Raire, cri des cerfs, *bramere.*
Rentraire, *plenâ suturâ suo.*
Retraire, terme de Palais, *redhibeo.*
Satisfaire, *satisfacio.*
—contenter, *facere satis.*
—payer, *solvo.*
—obéir, *obtempero.*
Soustraire, *subtraho.*
—déduire, *deduco.*
se Soustraire, *subtrahere se.*
se dérober, *evado.*
Surfaire, *cariùs propono.*
Taire, *taceo.*
—appaiser, *placo.*
se Taire, *sileo.*
faire Taire, *audientiam facere.*

Traire, *mulgeo.*

La plûpart de ces mots se pourront rimer avec ceux en ère, *car on prononce* ai *fort doucement.*

AIRS. *voyez* ERS, dont l'E est fort ouvert.

AÏS. dissyllabe.

f Laïs, Courtisanne, *Laïs.*
m Pays, *tractus.*
v gagner pays, *ire viam.*
m Tanaïs, *ou* Don, fleuve, *Tanaïs.*

VERBES.

Ebahis, *miror, suspicio.*
Envahis, *invado.*
Haïs, *odio habeo.*
Trahis, *prodo.*

AIS. ou AIX.

substantifs masculins.

Agrais *ou* apparaux de Navire, *armamenta navis.*
Ais, planche, *asser.*
Aix, ville de Provence, *Aquæ-sextiæ.*
Aix-la-Chapelle, *Aquisgranum.*
Confection d'Alkermès, *confectio Alkermis.*
Attraits, appas, *illecebræ.*
Benais, *bardus.*
Biais, moyen, *medium.*
Biais, mouchoir de cou de femme, *linteum in obliquum sectum.*
de Biais, de travers, *obliquè.*
Calais, ville, *Caletum.*
a —de Calais, *Caletensis.*

subst. masc.

Dadais, vieux mot, *ineptus.*
Dais, *umbella.*
Desormais, adv. *exindè.*
Engrais, bœufs à l'engrais, *boves in saginam conjecti.*
a Epais, *spissus.*
Exlaquais, *nuper servus.*
Faix, fardeau, *onus.*
porte-Faix, *bajulus.*
sur-Faix, sangle, *cingulum.*
arriére-Faix, *secundina.*
Frais, nouveau, *recens.*
—dépense, *sumptus.*
faux-Frais, *impensæ quæ in rationem non ducuntur.*
S. Gelais, Poëte François, *San-Gelasius.*
Grais *ou* Grez, *silex.*
a —de Grais, *silicius.*
casser du Grais, *silicem frango.*
Grassais, oiseaux de passage.
Jais *ou* Jayet, *gagates.*
Jamais, adv. *nunquam.*
Langeais, *Langius pagus.*
melon de Langeais, *pepo Langiacus.*
Laquais, *pedissequus.*
Legs, *legatum.*
Mais, adv. *sed, verùm, at, verè.*
il n'en peut Mais, *non per eum stat.*
Malais, la plus pure de toutes les Langues de l'Inde Orientale.
Marais, *palus.*
Marais, fou célébre, *Maresius.*

subst. masculins.

Mauvais, *malus.*
—malin, *malignus.*
Mirabelais, *Mirabellensis ager.*
Niais, sot, *bardus, ineptus.*
Gilles le niais, injure, *insulsus.*
f Paix, *pax.*
—silence, *silentium.*
—d'Eglise, *pax Ecclesiæ.*
Palais, *palatium.*
—de la bouche, *palatum.*
Palais, fig. pratique, *forum*, il entend le Palais, *callet forum.*
Panais, légume, *pastinaca.*
Péquais, salines de Péquais, *salinæ Pesquariæ.*
* Plaids, tenir les plaids, *jus dicere, dirimere.*
Punais, *fœtidæ naris homo.*
Rabais, *extenuatio.*
Rabelais, Auteur François, *Rabalesius.*
Quart-d'heure de Rabelais, se dit quand on sort du cabaret & qu'il faut payer.
Rais, vieux mot, pour rasé, *tonsus.*
Rais de la lune, *radius.*
—d'une roue, *radius.*
Relais, aller en Relais, *mutatis equis advolare.*
Relais ou berme de fossé, *fossæ acclivitas.*
Segrais, Poëte François, *Segresius.*
Segrais, v. m. *sylva discreta.*

VERBES.

Hais, *odio prosequor.*

verbes au présent.

Nais, de Naître, *nascor.*
Pais, de Paître, *pasco.*
Sçais, *scio.*

Plus le pluriel des noms en ai, ait, est, *ou* êt, *&* aist, balais, faits, benêts, &c. *Voyez aussi les rimes en* ez, *qui se prononcent comme* ais.

Plus les noms de divers Peuples en ois, *qui se prononcent en* ais, *comme* Anglois, François, Polonois, &c.

Plus divers temps de tous les verbes qui se prononcent de même, aimois, aimerois.

VERBES.

Brais, *rudo.*
Contrefais, *fingo.*
Défais, *destruo.*
Déplais, *displiceo.*
Distrais, *distraho.*
Extrais, *extraho.*
Fais, *facio.*
Plais, *placeo.*
Rentrais, *planâ suturâ suo.*
Retrais, *retraho.*
Satisfais, *satisfacio.*
Soustrais, *subtraho.*
Surfais, *cariùs propono.*
Tais, *taceo.*
Trais, *mulgeo.*

Voyez les autres verbes en aire.

AISSE.

Est-ce? *est-ne?*
f Graisse, *pinguedo, adeps.*
v Naisse, *nascar.*

v *substantifs feminins.*

Paiſſe, *paſcam.*
Quaiſſe, tambour, *tympanum.*
Quaiſſe de marchandiſes, *ſarcina.*
raiſins de Quaiſſe, *racemi capſarii.*
Qu'eſt-ce ? *quid eſt ?*

VERBES.

verbes au préſent & à l'imp.

Abaiſſe, *deprimo.*
Affaiſſe, *degravo.*
Baiſſe, *deprimo.*
Degraiſſe, *macrum reddo.*
Délaiſſe, *derelinquo.*
Engraiſſe, *pinguefacio.*
Graiſſe, *adipe ungo.*
Laiſſe, *relinquo.*

Voyez les autres verbes en aiſſer.

Voyez auſſi eſſe *long.*

AIST. *voyez* ET. *ou* EST.

AIT.

ſubſtantifs maſculins.

Abſtrait, diſſipé, *abſtractus, minimè attentus.*
Attrait, appas, *illecebra.*
Bienfait, *beneficium, benefactum.*
Contrefait, *deformis.*
Dehait, vieux mot, *ægrotatio.*
un Extrait, *excerptum.*
Extrait, ſuc, *ſuccus, expreſſio.*
un Fait, *factum.*
Forfait, *crimen, ſcelus.*
Hait, vieux mot, *jucundus habitus, ſive animi, ſive corporis.*

a *ſubſt. maſcul.*

a Imparfait, *imperfectus.*
a Laid, *deformis.*
Lait, *lac.*
cochon de Lait, *nefrens.*
petit Lait, *ſerum lactis.*
frere & ſœur de Lait, *collactaneus.*
a Malfait, *malè factus.*
Méfait, *malefactum.*
a Parfait, *perfectus.*
Plait, *ou* plais, conſeil, *conſilium.*
Portrait, *imago, effigies.*
Retrait lignager, *redhibitio gentilitia.*
a Retrait, vieux mot, racourci, *reſciſſus.*
Retrait, privé, *forica.*
Souhait, *votum.*
—déſir, *deſiderium.*
à Souhait, adv. *optatò.*
Stupéfait, *ſtupefactus.*
Trait d'arbalêtre, *ictus baliſtæ.*
Trait, coupe des pierres, *ductus lapidum.*
boire un Trait, *poculum exhaurire.*
Trait, corde, *funiculus.*
Trait, tour, jouer un trait, *proditoriè agere.*
Trait d'écriture, *ductus ſcripturæ.*
—de viſage, *lineamentum.*
argent Trait, *argentum purum.*

VERBES.

Ait, *habeat.*
Brait, *rudit.*
Contrefait, *effingit.*

verbes au présent.

Défait, *destruit.*
Distrait, *distrahit.*
Extrait, *extrahit.*
Fait, *facit.*
Hait, *odit.*
Malfait, *malefacit.*
Rentrait, *ad unguem committit.*
Satisfait, *satisfacit.*
Sçait, *scit.*
Soustrait, *subtrahit.*
Surfait, *cariùs proponit.*
Tait, *tacet.*
Trait, *mulget.*

Voyez les autres verbes en raire.

Voyez aussi les rimes en et.

AITE. bref.

substantifs feminins.

Défaite d'armée, *strages.* trouver une Défaite, *excusationem effingo.*
Entrefaite, au pluriel, avec la préposit. Sur, *interea, interim.*
Laite de poisson, *lactea pulpa.*
Retraite, *secessus.*
Retraite, au figuré, l'action de se retirer, *secessio, secessus.*
Traite, distance d'un lieu à un autre, *iter, intervallum.*
Traite, droit du Roi sur les marchandises, *vectigal.*
Traite foraine, traite domaniale, *vectigal extraneum.*

VERBES.

Alaite, *lacto.*

verbes au présent & imp.

Brouéte, *vehiculâ versatili traho.*
Fouéte, *fustigo.*
Maltraite, *malè excipio.*
Pirouéte, *gyros ago, in orbem versor.*
Souhaite, *cupio.*
Traite, *tracto.*

Voyez les autres verbes en aiter.

verbes au participe feminins.

Contrefaite, *efficta.*
Défaite, *destructa.*
Distraite, *distracta.*
Extraite, *extracta.*
Faite, *facta, constructa.*
Malfaite, *malè facta, deformis.*
Rentraite, *ad unguem commissa.*
Satisfaite, *satisfacta.*
Soustraite, *subtracta.*
Surfaite, *cariùs æstimata.*

Voyez les autres verbes en aire.

Voyez pour le Latin les infinitifs : faire, &c.

AITE. long.

m Faîte, *ou* sommet, *fastigium.*
f Faîte, comble, *culmen.*

Voyez ETE. long.

AITRE. *ou* AISTRE. dont l'S ne se prononce pas.

m Maitre, *magister.* Seigneur, *Dominus.* des serviteurs, *herus.* qui enseigne, *præceptor, doctor.* d'école, *pædagogus.* artisan, *peritus*

Substantifs masculins.

artifex. habile, *doctus.* ès Arts, *magister Artium.* des œuvres, Ingénieur, *præfectus fabrorum.* des œuvres basses, *foricarius.* d'hôtel, *œconomus.* des Requêtes, *libellorum supplicum magister.* des Comptes, *rationum magister.* des postes, *veredarius præfectus.* de la Chapelle du Roi, *Regiæ moderator musicæ.* de Chapelle, *symphoniaci Chori rector.*

Maître de salle, *rudiarius palæstrita.* en fait d'armes, ou d'escrime, *lanista.* homme d'armes, *eques.* qui commande, *ordinator.*

Grand-Maître de la Maison du Roi, *magister Regii palatii.* de l'artillerie, *supremus rei tormentariæ præfectus.* des Eaux & Forêts, *sylvarum & fluminum protopræses.* de l'Ordre du S. Esprit, *Ordinis S. Spiritûs supremus Magister, &c.*

petit-Maître, *imberbis & jactator eques.*

coup de Maître, *actus* vel *ductus audax.*

sous-Maître, *hypodidascalus.*

le Maître Autel, *altare primarium.*

contre-Maître, terme de marine, *pronauclerus.*

Maître des hautes-œuvres, *tortor.*

m Traître, *proditor.*

en Traître, *perfidè.*

VERBES.

verbes à l'infinitif.

Naître, *nasci.*

Paître, *pascere.*

envoyer Paître, *expellere.*

Renaître, *renasci.*

Repaître, *cibo reficere.*

Repaître, prendre ses repas, *vesci.*

Les verbes en oître *riment avec* aître, *parce qu'on les prononce de même ; on dit* paraître *&* connaître.

Voyez aussi les rimes en être *long.*

AIVE. *voyez* EVE, long.

AIZE. & EIZE. ou AISE. & EISE.

substantifs féminins.

Aise, *commodum.*

m Blaise, nom propre, *Blasius.*

Braise, *pruna.*

Chaise à s'asseoir, *sella, cathedra.* à porter, *gestatoria.* roulante, *cisium.* à dos, *dossuaria.* à bras, *chiramaxium.* percée, *familiaris.* à parler en public, *suggestum.*

aller en Chaise, *sellâ vehi.*

porteur de Chaise, *lecticarius.*

v Complaise, *complaceat.*

Cymaise *ou* Cimaise, terme d'Architecte, *undula.*

v Déplaise, *displiceat.*

Dièze *ou* Diesis, terme de musique, *diesis.*

Fadaise, *ineptiæ, nugæ.*

substantifs feminins.

Falaiſe, côte élevée, *agger.*
Falaiſe, ville, *Faleſium.*
Fournaiſe, *fornax.*
Fraiſe, fruit, *fragum.*
Fraiſe de veau, *vitulinum omentum.*
Fraiſe à mettre au cou, *collare corrugatum.*
Fraiſe d'un baſtion, *propugnaculum, vallum.*
Fraiſe, terme d'Horlogerie, lime ronde.
Glaiſe, *terra glareoſa.*
Magalaiſe, minéral.
Malaiſe *ou* Méſaiſe, *incommodum.*
a Mauvaiſe, *mala.*
conduite Mauvaiſe, *mala agendi ratio.*
Mortaiſe, *locus cardinis.*
Nantaiſe, *tegillum talare.*
a Niaiſe, *inepta, inſulſa.*
Nicaiſe, nom propre, *Nicaſius.*
Parenthèſe, *-theſis.*
par Parenthèſe, *intra parentheſim.*
v Plaiſe, *placeat.*
Punaiſe, inſecte, *cimex.*
Punaiſe, qui a le nez mauvais, *fœtida naris.*
m Saumaiſe, Auteur, *Salmaſius.*
Seize, *ſexdecim.*
v Taiſe, de Taire, *taceat.*
Treize, (bref) *tredecim.*

VERBES.

Appaiſe, *placo.*
Baiſe, *oſculor.*
Biaiſe, *declino, obliquè ago.*
Déniaiſe, *circumvenio.*
Fraiſe, *corrugo.*
Niaiſe, *nugor, ineptio.*

Voyez les autres verbes en aiſer.

Voyez auſſi les rimes en èſe *&* eze.

AIT. *voyez* ET.

AL.

Les noms en al *ſont pour la plûpart des adjectifs maſculins qui marquent le rapport ou la qualité. Ils ſe terminent en latin en* alis, ale. *Il y a auſſi quelques ſubſtantifs, ils ſont preſque tous dérivés ou formés du latin.*

adjectifs & ſubſtantifs maſculins.

logis Abbatial, *domus Abbatialis.*
Accidental, *-alis.*
Adverbial . . .
Amical, *ad amicitiam pertinens.*
Amiral, *Admirallus, præfectus maris.*
vice-Amiral, *proprafectus maris.*
contre-Amiral, *ſubpræfectus maris.*
Anévriſmal, terme de Médecine, *anevriſmalis.*
Animal, *-al.*
Annibal . . .
Anomal, contraire aux régles, *abnormis.*
Antimonial, *-alis.*
fil d'Archal, *æreum ſtamen, æs textile.*
Archiépiſcopal, *-alis.*

adjectifs & substantifs masculins.

Armorial, *gentilitiorum insignium collectio.*
Arsenal *ou* arsenac, *armamentarium.*
Arsénical, *-alis.*
Asdrubal, nom propre, *Asdrubal.*
Asséral, plante. *-alis.*
Assessorial, *-ianus.*
Astral, *sidereus.*
Aval, *deorsùm.*
bâton Augural, *baculus auguralis.*
Austral, *-alis.*
Automnal, *autumnalis.*
Azimutal, *quod verticales circulos exhibet.*
Bal, *chorea.*
tenir le Bal, *choreas celebrare.*
donner le Bal, *choreas dare.*
Banal, *indictivi juris.*
Baptismal, *-alis.*
Bestial ...
Bipédal ...
Bival, Abbaye de Filles de l'Ordre de Cîteaux.
Bocal, *lagena cum colli longitudine.*
Boréal, *-alis.*
Brachial, terme d'Anatomie, *brachialis.*
Brumal, *-alis.*
Buccal, terme d'Anatomie, *buccalis.*
Edit Bursal, *edictum pecuniarium.*
Brutal, *brutus, truculentus, ferox.*
—rustre, *rusticus.*
—impertinent, *insulsus.*
—grossier, *rudis.*

adjectifs & substantifs masculins.

—incivil, *inurbanus, agrestis.*
Cal, *callus.*
Canal, *-alis.*
Canonial ...
Capital ...
Caporal, officier de guerre, *optio.*
Captal de Busch, *caput Buchii pagi.*
Caramoussal, vaisseau Turc, *navis Turcica.*
Cardinal, *-alis.*
Carotidal, terme d'Anatomie, *carotidalis.*
Cathédrale, *-alis.*
Cavial, œufs d'Esturgeon salés, *ova accipenserina eondita.*
Causal, terme de Grammaire, *causalis.*
Cémétérial, *quod ad cœmeterium pertinet.*
Cendal, *panni genus.*
Central, *-alis.*
Centumviral ...
Cérémonial ...
Cessoïdal, terme de Géométre : qui appartient à la ligne Cessoïde.
Chacal, animal à peu près semblable au renard.
Chardonnal, vieux mot, *Cardinalis.*
Cheptal de bestiaux, *pecudum capitale.*
Cheval, *equus, caballus.* petit cheval, *equulus.* cheval hongre, châtré, *canterius.* étalon, *emissarius.* nain, *nanus.* amble, *tollutarius.* de pas, *grada-*

adjectifs & substantifs masculins.

rius. de haras, *armentitius.* de selle, *ephippiarius.* de somme, *dossuarius.* de bataille, *cataphractarius.* de course, coursier, *cursor.* de change, *desultorius.* de main, *honorarius.* de poste, *veredus.* de relais, *veredus recens.* de carrosse, *carrucarius.* de charette, *plaustrarius.* de coche, *essedarius.* de male, *sarcinarius.* borgne, *luscus.* morveux, *mucosus.* rétif, *refractarius.* fort en bouche, *contumacis oris.* qui rue, qui regimbe, *calcitrosus.* ombrageux, *meticulosus, & restitans.* qui bronche, *cespitator.* qui secoue, *succussor.* qui se couche, *cubitor.* poussif, *anhelator.* amaigri, *strigosus.* bondissant, *ferociter exultans.* indompté, *intractatus & novus.* bey, de couleur rouge, obscur, *badius.* bay-châtin, *ex badio fuscus.* bay-brun, *ex badio nigricans.* bay-doré, *spadiceus inauratus.* pie, blanc & noir, ou blanc & de quelque autre couleur, *pica ex albo discolor.* gris pommelé, *leucophæus scutulatus.* Isabelle, *gilvus.* alezan ou roux, *fulvus.* roux, alezan de couleur de feu, *punicus.* alezan brûlé, alezan obscur, *in fuscum rutilus.* auberre, de couleur grisâtre, ayant de grandes taches noires, *ex albo fuscus, nigris distinctus maculis.* rubicon, d'un poil mêlé de blanc & de rouge pâle, *ex albo fulvus.* bailliet, de poil roux tirant sur le blanc, *helvus* vel *helvolus.*

adjectifs & substantifs masculins.

Cheval marin, *equus marinus.*

—saure, *ou* saur, *fulvus.*

gens à Cheval, *equites.*

Chrismal, *-alis.*

Citronal, *-alis.*

Claustral . . .

Clérical . . .

Collatéral . . .

Colossal, *colosseus.*

Comitial, mal caduc, *morbus comitialis.*

Commensal, *convictor, sodalis.*

Comprovincial, *-alis.*

Comtal, qui appartient à un comte.

Conchoïdal, terme de Géométre, *conchoïdalis.*

Confessional, *-alis.*

Conjectural, *in conjectura positus.*

Conjugal, *-alis.*

Contreval, vieux mot, *deorsùm.*

Coral *ou* Corail, *coralium.*

Cordial, *cardiacus.*

Coronal, terme d'Anatomie, *coronalis.*

Corporal de Calice, *-ale.*

Corrival, *-alis.*

Cortical, *cortici similis.*

Costal, *-alis.*

adjectifs & substantifs masculins.

Crural, *-alis.*
Cryſtal, *-allum.*
Cubital, terme d'Anatomie.
Curial, *-alis.*
Cuſtodial...
Cycloïdal, terme de Géométre, *cycloïdalis.*
Décanal, *-alis.*
Décennal...
Décimal, terme d'Arithmétique, *decimalis.*
Déloyal, *infidelis.*
Delphinal, *ad Delphinum pertinens.*
Denéral, terme de Monnoyeur, *archetypus nummus.*
Diaconal, *-alis.*
Diagonal...
Diamétral...
Didaſcal, vieux mot, *doctor.*
Diurnal, livre d'Egliſe, *horæ diurnæ.*
Doctoral, *-alis.*
Doctrinal, *dogmaticus.*
Domanial, *-alis.*
Dorſal...
Doſſal, vieux mot, *pallium.*
Dotal, *-alis.*
Ducal...
Egal, *æqualis.*
Electoral, *-alis.*
Epactal...
Epiſcopal...
Equinoxial, *æquinoctialis.*
l'Eſcurial, Monaſtère Royal en Eſpagne, *ſanctus Laurentius in Eſcuriali.*
Eſtival, vieux mot, *æſtivus.*
Etal *ou* Etau de Boucher, *menſa lanionia.*

adjectifs & substantifs masculins.

Expérimental, *-alis.*
Exprovincial, dignité de Religieux.
Fanal, *fax, phanalium.*
Fatal, *-alis.*
Féal, *fidelis.*
Férial, *-alis.*
Féodal...
Feſtal...
Fieffal, *clientelaris.*
Filial, amour filial, *amor filii in patrem.*
Final, *-alis.*
Fiſcal...
Fondamental...
Fortunal, coup de mer, tempête, *tempeſtas.*
Franc-réal, poire, *franco-reale.*
Frontal, eſpéce de gêne. *Item* : terme de Chirurgie, *frontale.*
Frugal, *-alis.*
Fuſtal, vieux mot, à coups de bâton, *fuſtibus.*
Général, *-alis.*
—d'armée, *imperator, Prætor.*
—d'Ordre, de Religion, *Præpoſitus generalis.*
Génital, *-alis.*
Géométral...
Glacial...
Grammatical...
Granal, Plant de l'Amérique.
vent Grégal *ou* Grec, vent de Nord-Eſt, *euro-aquilo.*
Gyral, *-alis.*
flux Hémorrhoïdal, *-alis fluxus.*
Hiſtorial, *-alis.*

adjectifs & substantifs masculins.

Hôpital, *nosocomium.*
Horizontal, *-alis.*
Huméral, *ad humerum pertinens.*
Humoral, *humores spectans.*
Hyvernal, *hyemalis.*
Janual, qui concerne Janus, *Janualis.*
Idéal, *-alis.*
Illégal, qui est contre les loix, *non legitimus.*
Illibéral, *-alis.*
Immémorial . . .
Impartial, *in omnes æquus.*
Impérial, *imperatorius.*
Industrial, *ex industriâ proveniens.*
Inégal, *inæqualis.*
Infernal, *-alis.*
Infinitésimal, terme de Géométrie des infiniment petits, *infinitesimalis.*
Initial, *-alis.*
Instrumental . . .
Intercostal, terme d'Anatomie, *intercostalis.*
Intestinal, terme d'Anatomie, *intestinalis.*
Jovial, *festivus, hilaris.*
Journal, *diarius.*
livre Journal, *diarium.*
Juvénal, Poëte satyrique latin, *Juvenalis.*
Labial, terme de Palais, *verbo tenus.*
Lacrymal, *-alis.*
Latéral . . .
Légal . . .
Lexivial . . .
Libéral, *-alis.* Item *munificus.*
Lilial, qui appartient aux lys, *ad lilia pertinens.*
Lingual, *-alis.*
Littéral . . .
Local . . .
Lombical, *vermiformis.*
Longitudinal, *in longitudinem extensus.*
Loyal, *legalis.*
Lustral, *-alis.*
Machinal, se dit des mouvemens naturels, *naturalis.*
Madrigal, épigramme amoureuse, *Madrigale.*
Maestral ou Mestral, vent du Nord-Ouest, *Zephyrus, aquilo.*
Magistral, *-alis.*
Mal, *-lum.* douleur, *dolor.* maladie, *morbus.* inconvénient, *adversus casus.* faute, *culpa.* crime, *crimen.* dommage, *damnum.* malheur, *infelicitas.*
Mal, mauvais, *malus.* mal, adv. *malè.* vouloir mal, &c. *malè precari, &c.* le haut-mal, *morbus regius, herculeus.*
Maniacal, *ad furorem lymphaticum pertinens.*
délire Maniacal, *deliratio lymphatica.*
Maréchal, artisan, *solearum equinarum faber.*
Maréchal, dignité, *Marescallus.*
Marginal, *-alis.*
Martial, belliqueux, guerrier, *bellicosus.*
Martial, Poëte épigrammatiste latin, *Martialis.*
Matutinal, *matutinus.*

Substantifs & adjectifs masculins.

Matrimonial, -alis.
Médicinal . . .
Mémorial . . .
un Mémorial, *commentarius.*
sang Menstrual, *sanguis menstruus.*
Mental, -alis.
Méridional . . .
Métal, -tallum.
Minéral, -ale.
Monacal . . .
Moral . . .
Municipal . . .
Musical . . .
Natal . . .
National . . .
Natural, vieux mot; *naturalis.*
Naval, -alis.
Nazal, *ad nasum pertinens.*
Némoral, *nemorale sacrum.*
Nerval, propre pour les nerfs, *nervalis.*
Novendial, sacrifice chez les Romains, *novendiale.*
Numéral, -alis.
Nundinal . . .
Nuptial . . .
chant Nuptial, *cantus nuptialis.*
Oblial, vieux mot; *reditus annuus.*
Obsidional, -alis.
Occidental . . .
Occipital, -ale.
Occipito-frontal . . .
Octual, mesure, *octuale.*
Official, *Judex in rebus Ecclesiasticis.*
Oral, *ore promulgata lex.*
Oriental, -alis.
Original, *primigenius.*

Substantifs & adjectifs masculins.

Orinal, Urinal, terme à demi honnête; *matula.*
Pal, terme de Blâson, *palus.*
Papal, -alis.
Paradoxal . . .
Parial, qui appartient aux pairs, *parialis.*
Pariétal, -alis.
Paroissial, *parochianus.*
Partial, *qui partium studio abripitur.*
Pascal, agneau Pascal, *agnus paschalis.*
Pastoral, -alis.
Patriarchal . . .
Patrimonial . . .
Patronal . . .
Pectoral, *pectorale.*
Pernicial, vieux mot; *perniciosus.*
Piédestal, *stylobata.*
Pluvial, espéce de chape, *pluviale.*
Pointal, terme de Charpentier, *trabs arrecta.*
Poitrinal, *pectorale.*
Pontifical, -alis.
Préceptoral . . .
Prédial, *prædialis.*
Présidental, *præsidentalis.*
Présidial, *curia præsidialis.*
Prévôtal, *ad capitalem tribunum pertinens.*
cas Prévôtal, *casus capitalis.*
Prieural, -oralis.
Primatial, *ad primatum pertinens.*
Primordial, *authentica tabula.*
Principal, -alis.
Principal d'une rente, *sors principalis.*

substantifs & adjectifs masculins.

Principal d'un Collége, *Gymnasiarchus.*
sous-Principal, *Progymnasiarchus.*
Processional, *-alis.*
Professoral ...
Pronominal ...
Proverbial, *proverbium redolens.*
Provincial, *-alis.*
Pyramidal ...
Quadriennal ...
Quantal, espéce de fromage.
Quartal, sorte de mesure de grains.
Quintal, *centumpondium.*
Radial, terme d'Anatomie, *radialis.*
couronne Radiale, *corona radiata.*
Radical, *-alis.*
humide Radical, *humidum radicale.*
Rational, terme d'Eglise, *rationale.*
Réalgal *ou* arsenic, *arsenicum.*
Rectoral, *-alis.*
Régal, *lauta & opipara cœna.*
Rival, *æmulus.*
Royal, *regius, regalis.*
Palais Royal, *palatium regale.*
chant Royal, vieux Poëme François à refrain, *cantus regius.*
Prophéte Royal *ou* David, *Propheta regius.*
Port-Royal, Abbaïe de Religieuses, *Portus regalis.*
Port-Royal, au figuré, *signifie des gens de mérite & de piété, qui s'étant retirés auprès de ce Monastère pour mieux étudier, ont donné au public d'excellens ouvrages.*
Rural, qui concerne la campagne, *ruralis.*
Doyen Rural, *Decanus ruralis.*
Sandal, taffetas, *pannus sericus levidensus.*
Santal, bois d'Inde odoriférent, *santalium.*
Seigneurial, *Dominicus.*
Sénéchal, *Seneschallus.*
Septentrional, *-alis.*
Sépulchral ...
Sidéral, *sidereus.*
Signal, *signum.*
Social, *-alis.*
Solstitial ...
Sororal, terme de Barreau.
Spécial, *-alis.*
Spiral, *in orbem* vel *spiram convolutus.*
Spiral, mouvement Spiral, *motus spiralis.*
Stational, *-alis.*
Synodal ...
Théatral ...
Thériacal ...
Thermal ...
Tibial, terme de Médecine, *tibialis.*
Tical, monnoie de Siam.
Toral *ou* Thural, *-alis.*
Transversal ...
Transcendental ...
Tribunal, *tribunal.*
Triennal, *-alis.*

Substantifs & adjectifs masculins.

Triomphal, *triumphalis.*
arc Triomphal, char Triomphal, *arcus, currus triumphalis.*
Total, *summa.*
Val, *vallum.*
Vassal, *vassallus.*
Vénal, *-alis.*
Verbal . . .
—dit de bouche, *voce prolatus.*
Vertébral, *-alis.*
Vertical . . .
Vicarial . . .
Vicennal, terme d'Antiquaire, *vicennalis.*
Victorial, terme d'Antiq. *victorialis.*
Virginal, *-alis.*
Visirial . . .
Vital . . .
Volturnal . . .
Urinal, *-ale, matula.*
Ytal, vieux mot, *ita, sic.*
Zodiacal, *-alis.*

ALC.

m Talc ou Talque, pierre luisante, *talcus.*
huile de Talc, *oleum talci.*

ALE. bref.

Substantifs masculins & feminins.

mense Abbatiale, *-alis.*
Acéphale, nom de peuple fabuleux, *Acephalus.*
Annale, au pluriel, *annales.*
Annandale, province d'Ecosse, *Annandia.*
Antale, coquillage, *-alium.*
Antisalle, *prooecus.*
Arvale, *-alis.*
Astragale, terme d'Architecture, *astragalus.*
Astragale, os du talon, *astragalus.*
—partie relevée près le bourlet du canon, *-alus.*
Atabale, tambour de More, *atabalum.*
Augustale, *-alis.*
Aumale, ville, *Albamata.*
Bacchanale, au pluriel, *liberior luxuriandi* vel *compotandi licentia.*
Balle, boule, *globulus.*
Balle de mousquet, *glans plumbea.*
Balle des Imprimeurs, *folliculus typographicus.*
Balle de tripot, *pila.*
Balle, fardeau, *sarcina.*
Balle de dés, *alearum valvulus.*
* de Balle, qui ne vaut rien, *nullius momenti.*
matiére Bénéficiale, *-alis.*
Bubale, animal qui tient du cerf & de la vache.
Buccale, au pluriel, *-alia.*
Bucéphale, cheval, *-alus.*
Cabale des Juifs, *occulta & arcana Hebraorum disciplina.*
Cabale, brigue, *coïtio.*
Cabale, faction, *factio.*
Cale, vieux mot, abri, *apricus locus.*
Cale, *immersio.*
Cale, coëffure de village, *calantica.*
Cale, *assula.*

subst. & adj. masc. & femin.

fond de Cale de navire, *pars navis inferior.*
Cannibale, au pluriel, peuple.
Capitale, ville Métropolitaine, *Metropolis.*
lettre Capitale, *-alis.*
Cardinale, plante, *rapuncium coccineum.*
Vertu Cardinale, *-alis.*
Cathédrale . . .
Céphale, chasseur, *-lus.*
Cervicale, *-ale.*
Cigale, insecte, *cicada.*
statue Colossale, *-alis.*
science conjecturale . . .
foi Conjugale, *fides conjugalis.*
Cymbale, *-lum.*
Cynocéphale *ou* Anubis, Dieu des Egyptiens, *Cynocephalus.*
Dale, tranche, *fossula.*
Dalle, monnoie, *dallum.*
Décennale, au pluriel, *decennalia festa.*
Décrétale, *-alis.*
Dédale, nom propre, *Dadalus.*
Dédale, labyrinthe, *dadala tecta.*
Dentale, *littera qua dentium auxilio pronuntiatur.*
ligne Diagonale, *-alis*
Didascale, *doctor.*
Digitale, plante, *digitalis purpura.*
oraison Dominicale, *oratio Dominica.*
lettre Dominicale, *litera Dominicalis.*
Ecale, *testa.*
Elagabale, *-lus.*

subst. & adj. masc. & femin.

Epiale, sorte de fiévre, *epialus.*
ligne Equinoxiale, *-noctialis.*
Ethmoïdale . . .
science Expérimentale . . .
matiére Fécale, *materia fæcalis.*
Figale, vaisseau des Indes.
obéissance Filiale, *-alis.*
cause Finale . . .
Gale, *scabies.*
noix de Galle, *galla.*
Galle, pays, *Wallia.*
battre la Générale, terme de guerre, *tympanum pulsare.*
partie Génitale, au pluriel, *genitalia.*
mer Glaciale, *-alis.*
guerre Grammaticale, *bellum grammaticale.*
lettre Gutturale, qui se prononce du gosier, *gutturalis.*
Halle, marché, *forum.*
Heliogabale, Empereur, *Heliogabalus.*
Hémérocale, fleur, *-alus.*
Impériale, fleur, *lilium Persicum.*
prune Impériale, *prunum imperatorium.*
Impériale de carrosse, *cœlum.*
dignité Impériale, *dignitas Imperatoria.*
cause Instrumentale, *-alis.*
Intervalle, *-lum.*
Itale, vieux mot, pour Italien, *Italus.*
Ithyphalle, Priape, *-us.*
Fistule Lacrymale, *fistula lacrymosa.*

subst. & adj. masc. & femin.

Laurentinale, au pluriel, fêtes Romaines, *Laurentinalia.*
Lupercale, au pluriel, *Lupercalia.*
eau Lustrale, *-alis.*
Magnale, terme de Physique, esprit de l'eau, *magnalis.*
Malle, coffre, *culeus sarcinarius.*
* troussé en Malle, *constrictus in sarcinam.*
Martingale, courroie de cuir pour les chevaux, *corrigia.*
Mensale, *-alis.*
Mercuriale, herbe, *parthenion.*
Mercuriale, réprimande, *objurgatio.*
Mercuriale du Palais, *reprehensio.*
Modale, terme de Logique, *modalis.*
Monopétale, *-alis.*
Murale...
Neptunale, au pluriel, fêtes de Neptune, *Neptunalia.*
Novale, *ager recèns aratus.*
Novale, dixme, *novale.*
lettre Numérale, *-alis.*
couche Nuptiale, *lectus, thalamus.*
Nudipédale, au pluriel, fête des Anciens, *nudipedalia.*
Obsidionale, couronne, monnoie, *obsidionalis.*
Omphale, reine de Lydie, *Omphala.*
Opale, pierre précieuse, *opalus.*

subst. & adj. masc. & femin.

Ovale, *-alis.*
Pagale, aviron dont on se sert dans les Indes.
Palatale, consonne qu'on prononce en frappant de la langue le palais, *palatalis.*
Parentale, au pluriel, *-alia.*
messe Paroissiale, *missa parochialis.*
Pastorale, *-alis.*
Pédale d'orgue, *pedalis.*
Pétéchiale, fiévre Pétéchiale, *petechialis.*
Pharsale, Poëme de Lucain, *Pharsalia.*
pierre Philosophale, *lapis philosophicus.*
glande Pinéale, partie du cerveau, *glandula pinealis.*
Eglise Primatiale, *-alis.*
eau Pluviale...
Râle (long) difficulté de respirer, *proflatus lethalis.*
Réale, galère, *triremis.*
Réale, monnoie, *regalis.*
Régale, *regalia.*
Régale temporelle & spirituelle.
Régale, terme d'Organiste, *regalis tuba.*
Régale, instrument Flamand sur quoi l'on joue.
Régale, terme de Chymie, eau Régale, *aqua regalis.*
Risdale, monnoie, *-alus.*
couronne Rostrale, *-alis.*
Sale, gâté, *sordidus.*
Salle, partie d'une maison, *aula, camera.*
Salle de maître d'armes, de

subst. & adj. masc. & fem.

maître à danser, *aula rudiaria*, *saltatoria*.
donner la Salle, terme de Collége, *castigare*, *fustigare*.
gris Sale, *color cinereus*.
Sandale, *-lium*.
Sardanapale, roi d'Assyrie, *Sardanapalus*.
Saturnale, au pluriel, fête de Saturne, *Saturnalia*.
Scandale, *-lum*.
Semale, bâtiment étroit.
Sépulchrale, *-alis*.
ligne Spirale *ou* en limaçon, *linea spiralis*.
Eglise Succursale, *-alis*.
Stalle, sorte de siége de bois, *stallum*.
ordonnance Synodale, *mandatum synodale*.
Tantale, roi de Phrygie, *Tantalus*.
vertu Théologale, *virtus theologica*.
eau Thériacale, *aqua theriacalis*.
Thorale, terme de Chiromance, *linea thoralis*.
Tricennale, au pluriel, *tricennalia*.
Tymbale, au pluriel, *tympana ærea*.
Joueur de Tymbales, *tympanatriba*.
ligne Transversale, *-alis*.
Vestale...
Umbilicale...
Vulcanale, au pluriel, fête de Vulcain, *Vulcanalia*.
Vulpinale, au pluriel, fête Romaine, *vulpinalia*.

VERBES.

verbes au présent.

Avale, *sorbeo*.
Cabale, *conspiro*.
Cale, terme de Maçon, *assulâ lapides arctiùs retinere*.
Cale, terme de Marine, *vela demitto*.
Cale des noix, *nuces decortico*.
Déballe, *depromo merces*.
Détale, *expositas merces colligo*.
Egale, *adæquo*.
Emballe, *complico merces*.
Empale, *per anum transfigo*.
Etale, *expono*.
Exhale, *exhalo*.
Gale, *scabo*.
Installe, *initio*.
Ravale, *deprimo*.
Régale, *lautè excipio*.
Sale, *sale condio*.
Signale, *conspicuum me præbeo*.

Voyez les autres verbes en aler, *& les féminins des noms en* al : libéral, libérale.

ALE. long. *ou* ASLE.

m Hâle du soleil, *solis æstus*.
v il Hâle un cable, *laxat funem*.
v il se Hâle au soleil, *sole æstuat*.
v il se Déhâle, *æstum solis detergit*.

a Pâle, *pallidus.*
m Râle, oiseau, *attengen.*
v il Râle, il agonise, *proflat pectore lethalem somnum.*

ALME.

m Calme, *malacia.*
v il Calme, *sedat.*
v Espalme, terme de mer, *navem sublinio.*
m Palme, arbre, *palma.*
f Palme, victoire, *victoria.*
m Palme, mesure de quatre doigts, *palmus.*

ALQUE.

v Calque, *ichonographiam exprimo.*
m Catafalque, *tumulus inanis.*
v Défalque, *deduco.*
m Talque, pour talc, *lapis pellucidus.*

ALS.

subst. masc. plur.

Bals, *chorea.*
Bocals, *lagena cum colli longitudine.*
Juvénals, *Juvenales.*
Martials, *Martiales.*
Navals, *navales.*
Régals, *opipara convivia.*

ALTE.

Alte, terme de guerre, *state.*
m Asphalte, bitume, *asphaltes.*
v Exalte, *exalto.*

f Malthe, île, *Melita.*
m Chevalier de Malthe, *Melitensis Eques.*

ALVE.

substantifs féminins.

Bivalve, terme de Conchyliologie, *bibalva.*
Salve d'artillerie *ou* de mousqueterie, *salutatoria tormentorum explosiones.*
Valve, terme de Conchyliologie, *valva.*
Univalve, *-va.*

AM.

substantifs masculins.

Abraham, *-us.*
Adam, *-us.*
Amsterdam, *Amstelodamum.*
Bantam, ville, *-um.*
Dam, *damnum.*
à son Dam, *suo damno.*
Ispaham, *-um.*
Priam, roi de Troie, *-us.*
Roterdam, *Roterodamum.*
Salam, salutation Turque, *salutatio Turcica.*
Siam, Royaume, *-um.*
Voyez aussi les rimes en an.

AMANT. *voyez* MANT.

AMBE.

m Coriambe, terme de prosodie Grecque & Latine, *coriambus.*
f Dithyrambe, hymne à l'honneur de Bacchus, *dithyrambus.*
v Enjambe, *divaricatis cruribus transilio.*

f Flambe, fleur, *iris.*
f * Flambe, pour flamme, *flamma.*
v Flambe, brûle, *uro.*
v Flambe, jette de la flamme, *flammâ ardeo.*
v Flambe, paſſe ſur le feu, *ad flammam admoveo.*
f Guembe, fruit qui naît dans la Gaïrane, province du Paraguai.
f Jambe, *crus.*
à mi-Jambe, *ad medium crus.*
m Iambe, vers latin *ou* pied de vers, *ïambus.*
a * Ingambe, diſpos, *alacer.*
m Mimiambe, ſorte de Poëſie.

AMBLE. & EMBLE.

f Amble de cheval, *tollutaris inceſſus.*
Enſemble, *ſimul.*

VERBES.

Amble, *tollutim incedo.*
Aſſemble, *congrego.*
Reſſemble, *aſſimilor.*
Semble, *videor.*
Tremble, *tremo.*

AMBRE. & EMBRE.

m Ambre, *ſuccinum.*
v Ambre, *ambaro conſpergo.*
v Cambre, *incurvo.*
f Chambre, *camera.* à coucher, *cubiculum.* à manger, *cœnaoulum.* grande, *magna.* petite, *cellula.* dorée, *inaurata.* aiſée, *commoda.* baſſe, *inferior.* garnie, *inſtructa.* à louer, *locanda.* du commun, *communis.*
Grand-Chambre du Parlement, *Primarium Senatûs tribunal.*
Chambre des Comptes, *Curia rationum regiarum.* des Aydes, *ſubſidiorum.* de la Tournelle, *capitalium.* des Enquêtes, *inquiſitorum.* de la Monnoie, *monetæ.* des Vacations, *juſtitii.* du Conſeil, *Conſilii.* Civile, *civilis.*
m valet de Chambre, *camerarius.*
f fille de Chambre, *cameraria.*
m pot de Chambre, *matula.*
f Chambre, terme d'Armurier, *cavernula.*
Antichambre, *procamera.*
m La Chambre, Philoſophe François, *Camerarius.*
m Décembre, mois, *-ber.*
v Démembre, *dilacero.*
m Gingembre, fruit aromatique, *zimgiberi.*
m Membre, *-brum.*
m Novembre, mois, *-ber.*
f Sambre, riviére, *Sabris.*
m Septembre, mois, *-ber.*

AME. bref. & EMME.

f Amalgame, terme de Chymie, *amalgama.*
f Anagramme, *-ma.*
f Arriére-femme, concubine, *pellex.*

f Belle-dame, ſorte d'herbe potagère.
f Bergame, *-mum.*
a Bigame, *-mus.*
Came, terme de conchyliologie, c'eſt la ſeconde feuille des bivalves.
Corybantiaſme, maladie des Anciens, *corybantiaſmus.*
Dame, *domina.*
Dame, terme d'Aſtrologie judiciaire, planéte féminine.
Notre-Dame, la Bienheureuſe Vierge Marie, *Domina noſtra.*
Entame, pour Entamme, *inciſio.*
Epigramme, *-ma.*
Epithalame, *-mium.*
Eſtame, *ſtamen.*
m bas d'Eſtame, *tibialia ſtaminea.*
Fame, vieux mot, *fama.*
Folle-femme, vieille expreſſion, *meretrix.*
Femme, *mulier.* mariée, *uxor.* de cœur, *virago.* d'honneur, *matrona.* de chambre, *cameraria.* petite, *muliercula.* de qualité, *ſtolata.* de méchante humeur, *amara.* bien-née, *clara.* agréable, *gratioſa.* belle, *luculenta.* eſtimée, *primaria.* bien faite, *elegans.* libre, *libera.* fardée, *fucata.* groſſe, *pregnans.* ſéparée, *dimiſſa.* ayant des enfans, *materfamiliâs.* en travail, *parturiens.* coquette, *viroſa.* forte, *fortis.* dévote, *aevota.* riche, *dotata.* ſage, retenue, *continens.* perdue, débauchée, *meretrix.* concubine, *concubina.* jeune, *juvenca.* vieille, *anus.* fiancée, *ſponſa.* veuve, *vidua.* fertile, *fœcunda.* ſtérile, *ſterilis.* nourrice, *nutrix.* nouvelle mariée, *nympha.* accouchée, *puerpera.* babillarde, *vaniloqua.* flateuſe, *adulatrix.* ſorciére, *venefica, ſaga.* Sage-femme, *obſtetrix.* prendre femme, *uxorem ducere.*

(*ſubſtantifs féminins.*)

Game, *notarum muſicarum tabula.*
* chanter la Game à quelqu'un, lui dire ſes vérités, *acerbiſſimè increpare.*
Game, vieux mot, *culmen.*
m Hippopotame, cheval aquatique, *hippopotamus.*
Lame d'épée, *lamina.*
Lame ou vague de mer, *fluctus.*
Lame d'or, d'argent, *bractea aurea, argentea.*
Madame, *domina mea.*
m Monogramme ou chiffre des lettres d'un nom, *monogramma.*
Octogame, *-mus.*
Oriflamme, *aurea flamma.*
Polygame, *-mus.*
m Pyrame, amant de Thiſbé, *Pyramus.*
Programme, *-amma.*
Rame, *remigium.*
Rame de papier, *ſcapus chartarum.*

substantifs feminins.

Réclame d'oiseau, *acclamatio avis.*
Réclame de livre, *vocis particula.*
Sogredame, vieux mot, *socrus.*
Tautogramme, *-mus.*
vers Tautogrammes, sont ceux dont les mots commencent par une même lettre.
Trame, *subtegmen.*
Trame, pour dire la vie, *trames.*
Trame, trahison, *proditio.*
Tredame, pour Notre-Dame, *ah Domina mea!*
Trigame, *-mus.*
Tripe-Madame, *auricula muris.*
Trou-Madame, jeu, *foruli.*
m Vidame, *vice-dominus.*

VERBES.

verbes au présent.

Affame, *famem affero.*
Dame, *scrupos gemino.*
Déclame, *-mo.*
Diffame, *diffamo.*
Enflamme, *inflammo.*
Entame, *incido.*
Etame, *instanno.*
Proclame, *promulgo.*
Rame, *remigo.*
Réclame, *imploro, vindico, repugno.*
Trame, *machinor.*
Voyez les autres verbes en amer.

AME. long. & ASME.

Ame, *anima.*

subst. fem.

m Blâme, *vituperium.*
m Dictame, herbe, *-mus.*
Diffame, vieux mot, *dedecus.*
Flamme, *-ma.*
Flamme, fleur, *iris.*
Flamme, banderole de navire, *parvum vexillum.*
a Infâme, *-mis.*
Jusquiame, plante venimeuse, *jusquiamus.*
m Oriflamme, banniére de nos Rois qui étoit à Saint-Denys en France, *oriflamma.*

VERBES.

Blâme, *vitupero.*
Enflamme, *inflammo.*
Pâme, *linquor animo.*
Plus le pluriel des préterits des verbes en er, *pour ceux qui voudroient rimer au pluriel*, aimâmes, donnâmes.

AMNE. & ANNE.

v Condamne, *condemno.*
v Damne, *damno.*

AMP.

substantifs masculins.

Camp, *-us.*
Mestre de Camp, *tribunus militum.*
Maréchal de Camp, *castrorum præfectus.*
Aide de Camp, *castrensis adjutor.*
lit de Camp, *lectulus castrensis.*

m Champ, *rus, prædium.*
m —ſur le Champ, à l'inſtant, *extemplo.*
Voyez les rimes en ANT.

AMPE. & EMPE.

ſubſt. feminins.

Crampe, *torpedo.*
Détrempe, terme de Peinture, *aquaria pictura.*
Eſtampe, image, *imago excuſa ex ære : ſigni nota.* *
Hambe de hallebarde, *haſtile.*
Lampe, *-pas.*
m cul de Lampe, *lampadis fundus.*
Rampe d'eſcalier, *ſcalarum tabulatum.*
Trempe d'épée, *temperatio.*
Trempe, au fig. *temperatura.*

VERBES.

Campe, *caſtra metor.*
Décampe, *caſtra moveo.*
Détrempe, *maccro, diluo.*
Rampe, *repo.*
Trempe, *tempero.*
Voyez les autres verbes en amper & emper.

AMPLE. & EMPLE.

a Ample, *-plus, vaſtus.*
v Contemple, *contemplor.*
m Exemple, *-plum.*
m Temple . . .
f Temple *ou* plutôt tempe de la tête, *tempus.*

AMPRE.

m Pampre, *pampinus.*

AMPS. *voyez* ENS.

ANS. & ENS.

Voyez auſſi les noms en AMP, *dont le pluriel fait* Amps : Camps, Champs, *&c.*

AN. *&* EN. *dont l'e ſe prononce comme un* a. *Ces noms ſont pour la plûpart des noms propres ou appellatifs, de pays ou d'office.*

ſubſtantifs maſculins.

f gomme Adragan, *adragantum.*
Ægipan, monſtre, *-pan.*
* Ahan, peine, *anhelitus.*
Alcoran, *-us.*
Alderman, Officier d'Angleterre, *Aldermanus.*
cheval Alezan *ou* Alzan, *equus quatuor pedibus albis.*
Aman, nom propre, *-us.*
An, *annus.*
—ſolaire, *-aris.*
—aſtronomique, *-micus.*
—aſtral, *-lis.*
—tropique, *-picus.*
—naturel, *-alis.*
—planétaire, *-tarius.*
—émergent, *-gens.*
—climactérique, *-ricus.*
—de grace, *gratiæ.*
—de ſalut, *ſalutis.*
—de Jeſus-Chriſt, *Chriſti.*
—lunaire commun, *lunaris communis.*
—emboliſmique, *-micus.*
—plein, *plenus.*
—lunaire, cave, *cavus.*

Substantifs masculins.

jour de l'An, *anni dies primus.* An commencé, *annus oriens.* expirant, *vertens.* accompli, *exactus.*
pour un An, *in annum.* espace d'un An, *tempus annuum.* de deux, *biennium.* de trois, *triennium.* de quatre, *quadriennium*, &c.
Anian, détroit en Asie, *fretum Anianum.*
neiges d'Antan *ou* de l'an passé, *anni elapsi nives.*
Armogan, *tempus navigandi idoneum.*
Artisan, *artifex.*
Astracan, Royaume, *-um.*
Autan, vent, *altanus.*
* Balandran, *gausape.*
Ban, cri, *publica praconis denuntiatio.*
Ban, *exilium.*
Ban, assemblée de Nobles, *convocatio Nobilium.*
arriére-Ban, *nobilium evocatio secunda.*
Ban de mariage, *publicatio.*
crier à Ban, terme de Palais, *voce praconis denuntiare.*
Banjan, tribu, *-us.*
Bilan, compte de trois mois, *trimestrium nominum ratio.* livre de compte, *rationum liber.*
Bocan, danseur, *-us.*
Bocan *ou* Boucan, bordel, *lupanar.*
Boscan, Poëte Espagnol, *Boscanus.*
Bosseman, officier de navire, *anchorarius.*
Bougran, *tela cerata.*

Substantifs masculins.

Bouracan, étoffe, *pannus ex pilis caprinis.*
Bran-de-vin, eau de vie, *aqua vita.*
Bren, *stercus.*
Brelan, jeu, *lusio.*
Brelan, académie de jeu, *aleatorium.*
Buchanan, Auteur, *-us.*
Caban, manteau de pluie, *penula.*
Cabestan, machine qui tourne, *tornus anchorarius.*
Cadran, terme de Lapidaire, machine de bois, pour tailler les pierres.
Caftan, veste Turque, *-um.*
Cajan, boisson des Indes.
Caïmacan, officier Turc, *-us.*
Can des Tartares, *Canus Tartarorum Imperator.*
* Cancan, bruit, *murmuratio.*
Capelan, pauvre Prêtre, *-us.*
Capitan, fanfaron, *thraso, jactator.*
Caplan, petit poisson de mer.
Caraman, *-us.*
Carcan, collier, *collaria.*
Carcan, supplice, *ferreum collare.*
Castillan, *Castellanus.*
Catalan, *-us.*
Ceylan, île, *-um.*
Chaban *ou* Chavan, troisiéme mois de l'année des Arabes.
Chalan, *cymba.*
Chambellan, *camerarius.*
Chambrelan, qui travaille en chambre, *camerarius opifex.*

Substantifs masculins.

Charlatan, *veterator.*
Chanaan, pays, terre de Chanaan *ou* terre promise.
Chenapan, *nebulo.*
Clocheman, *præses gregis aries.*
Coletan, c'est une réforme de l'ordre de Saint François, *Coletanus.*
Columban, nom d'un Saint, *Columbanus.*
Corasman, peuple d'Asie, *Corasmanus.*
Cordouan, espéce de cuir, *corium Cordubense.*
Coriolan, nom propre, *-us.*
Cormoran, oiseau, *corvus aquaticus.*
Cormoran, injure, *nigellus.*
Courtisan, *aulicus.*
Cran, *dens, incisio.*
Daghestan, province d'Asie.
Dindan, son des cloches.
Divan, Conseil, *ou* assemblée des Turcs, *judiciarium forum.*
Dourdan, ville, *Dordingum.*
Drogueman, Interpréte Turc, *Droguemanus.*
Ecran, *umbella.*
Elan, animal, *alces.*
Elan, élancement, *impetus.*
Empan, *spitama.*
Encan, à l'Encan, *auctio.*
Eperlan, poisson, *-us.*
Epian, maladie commune en Amérique, la même que le mal de Naples, *lues venerea.*
Éridan, fleuve, *-us.*
Etang, *stagnum.*

Substantifs masculins.

Faisan, oiseau, *fasianus.*
Fan-fan, terme populaire, *infantulus.*
Fan *ou* faon de biche, *hinnulus.*
Fécan, ville de France sur la côte de Normandie, *Fiscanum.*
Flan, terme de monnoie, *moneta latus.*
Foang, petite monnoie qui a cours à Siam.
Forban, Corsaire, *pirata.*
Gaban, vieux mot, *chlamys.*
Gallican, *-us.*
Gland de chêne, *glans quernea.*
Gland de rabat, *glans collaria.*
Guet-à-pan, ou plutôt Guet-appens, *insidiæ.*
Halebran, jeune canard, *anaticula.*
Hauban, au pluriel, cordages de navire, *scansiles funes.*
Hispahan, ville, *-um.*
herbe saint Jean, *Artemisia.*
Jan, terme du jeu de trictrac.
mal saint Jean, *morbus comitialis.*
messire-Jean, poire, *pyrum muscatum.*
Jeïstan *ou* Jestan, troisiéme mois des Indiens, qui répond à notre mois de Juin.
Iman, Prêtre Turc, *-us.*
Indoustan, pays, *-um.*
Juan, vieux mot, pour Jean, *Joannes.*
Juzan *ou* reflux de mer, *refluxus maris.*

substantifs masculins.

il y a un Juzan, c'est-à-dire, la mer perd & se retire, *mare refluit.*

Kan, terme de relation, *Pro-rex.*

Korban, offrande, oblation.

lac Leman *ou* de Genève, *lacus Lemanus.*

Magellan, détroit, *-um.*

Mahométan, *-us.*

Mal de Siam, maladie contagieuse de l'île de l'Amérique.

Maman, terme d'enfant, *matercula.*

Merlan, poisson, *apua.*

Milan, oiseau, *accipiter.*

Milan, ville, *Mediolanum.*

Mirabolan, fruit, *-um.*

Mitan, vieux mot, *medium.*

Musulman, *-us.*

Nathan, Prophéte.

Négatapan, ville, *-um.*

Océan, *-us.*

Oliban, terme de Pharmacie.

Ortolan, oiseau, *cenchramus.*

Orviétan, *antidotum*, *oropitum.*

Osman, Sultan, *-us.*

Ottoman, Sultan.

Ottoman, Turc, *-us.*

l'Empire Ottoman, *Turcicum Imperium.*

Ouragan, *procella.*

Palan, terme de mer, *troclea.*

Pan, Dieu des Bergers, *Pan.*

Pan *ou* Paon, *pavo.*

Pan de mur, *pars muri.*

substantifs masculins.

Pan de robe, *vestis lacinia.*

Parmesan, fromage, *caseus Parmensis.*

Partisan de quelqu'un, *asseċla.*

Partisan de ferme publique, *publicanus.*

Patapatapan, bruit du tambour.

Paysan, *rusticus.*

Pélican, *pellicanus.*

Petit-blanc, ancienne monnoie.

Plan, arbre, *platanus.*

Plan d'un bâtiment, *iconographia.*

Plan de vigne, *vitium plantarium.*

—d'arbres, *arborum.*

Polican, instrument de Chirurgie, *policanum.*

Portulan, livre où est la description des ports de mer.

Quadran *ou* Cadran, *horologium sciotericum.*

Quamquam, petit discours qu'on fait à l'ouverture d'une thèse.

* Quanquan, *nociva colloquia.* faire un quanquan, *nocivos sermones serere.*

Quartan, *aper quadriennis.*

un Quidam, *quidam.*

Radaman, Carême des Mahométans, *Radamanum.*

Racan, Poëte François, *Racanus.*

Relan, *situs.*

Risban, terme de fortification.

Roman, livre fabuleux, *fabulosa narratio.*

subst. masc. a

poil Rouan, cheval, *equus pilis rubris & albis persparsus.*
Rouen, ville, *Rotomagus.*
de Rouen, *Rotomageus* ou *Rotomagensis.*
Ruban, *vitta, tænia.*
poil Rubican, cheval, *equus subrufus.*
Safran, *crocus.*
Satan, *Satanas.*
Schnapan, paysan voleur d'Angleterre, *grassator.*
Séjan, nom propre, *-us.*
Seran, *pecten.*
Soudan, *Soldanus, Rex.*
Sultan, *-us.*
Tabaristan, province de Perse.
Talisman, *-um.* ou figure constellée, *astralis imago.*
Tamerlan, Empereur de Tartarie, *Tamerlanus.*
Tan, moulin à tan, *moletrina quernei corticis.*
Tan de cuir, *cortex coriarius.*
Tan *ou* taon, grosse mouche, *œstrus.*
Tisseran, *textor.*
Titan de la Fable, *Titan.*
Toscan, le vrai langage Italien, *Tusca lingua.*
ordre Toscan, *ordo Tuscus.*
Toucan, constellation, *-us.*
Trajan, Empereur, *-us.*
Trantran, *agendi ratio.*
entendre le * Trantran, *agendi rationem callere.*
Trapan, piéce de charpente, *transversale lignum.*
Trépan, outil de Chirurgie, *terebra.*

substantifs masculins.

Tristan, Poëte François, *Tristanus.*
Truchement, *interpres.*
Turban, *Turcicus galerus.*
Tympan, *-um.*
Tympan, roue de grue.
Tympan d'horloge, *rota dentata.*
Tympan d'hydraulique, *rota cava.*
Tyran, *tyrannus.*
Vagitan, Dieu des Anciens, *Vagitanus.*
Van à vanner, *ventilabrum, vannus.*
Vétéran, *-us.*
Volcan, montagne qui jette du feu, *volcanus.*
Vulcan *ou* Vulcain, mari de Vénus, *Vulcanus.*
Zian, monnoie d'or d'Alger.

ANC. & ANG.

Arrang, terme d'Imprimeur.
Banc, siége, *sedes, sedile, scamnum.*
Banc de sable, *arenaria moles.*
a Blanc, couleur, *albus.*
Blanc, fard, *cerusa.*
tirer au Blanc, *collimare in meta album.*
de but en Blanc, *à meta in album.*
Blanc, cinq deniers, *quincunx Francicus.*
* grand Blanc, un sol, *solidum assis.*
Bouillon blanc, herbe, *verbascum.*
Etang, *stagnum.*

substantifs masculins.

Flanc, côté, *latus.*
Flanc, matrice, *vulva.*
Flanc de bastion, *latus propugnaculi.*
Franc, libre, *liber.*
Franc, non dissimulé, *sincerus.*
Franc *ou* livre valant vingt sols, ne se dit qu'au pluriel, *viginti asses.*
arbre Franc, non sauvage, *arbor sativa.*
Franc, François : il ne se dit qu'au pluriel en parlant des Francs, anciens peuples d'Allemagne, *Gallus*, *Francus.*
Hareng, *halex.*
Rang, *series*, *ordo.*
Rang, terme de guerre.
Rang *pour* condition, *status, conditio.*
Rang de perles, *gemmarum series.*
Sang, *-guis.*
Sang *pour* race, *stirps.*
flux de Sang, maladie, *fluxus sanguinis.*
à feu & à Sang, *igne & ferro.*

ANCE. & ENCE. ANSE. & ENSE.

Les mots ainsi terminés expriment quelque qualité ou propriété particulière.

f Abondance, *abundantia*, *ubertas*, *affluentia.*
—terme de Collége, *vinum aquâ temperatum.*
f Absence, *-tia.*

substantifs feminins.

Abstinence, *-tia.*
Accointance, vieux mot, *consuetudo.*
Accoûtumance, *mos.*
Adolescence, *-tia.*
Affluence, concours, abondance, *affluentia.*
avec Affluence, *copiosè.*
Aisance, commodité, *facilitas, commoditas.*
* Aisance, privé, *forica*, *latrina.*
Allégeance, *allevatio.*
Alliance, *fœdus.*
Alphitomance *ou* Aleuromance, sorte de divination, *alphitomantia.*
Anse d'un pot, *ansa.*
Anse, ville de France dans le Lyonnois, *Ansa.*
Ance, petit golfe, *sinulus maris.*
Apparence, *-tia.*
Appartenance, terme de Palais, au pluriel, *accessoria.*
Appétence, *-tia.*
Appropriance, terme usité en Bretagne, *appropriatio.*
Arrogance, *ferocitas.*
Assistance, *subsidium.*
Assonance, *consonantia.*
Assurance, *securitas.*
Avance d'argent, &c. *pecunia repræsentatio.*
Avance, saillie de maison, *projectura.*
Audience, *-tia.*
Balance, *bilanx.* signe du Zodiaque, *libra.*
Banse, *cista.*
Bénéficence, *-centia.*

Bienfaisance,

Substantifs féminins.

Bienfaiſance, *benignè faciendi voluntas.*
Bienſéance, *decor.*
Bienveillance, *benevolentia.*
Bombance, *opipara cœna.*
Cadence, terme de danſe, *numerus*; *modus.*
Cadence, figure d'un vers, d'une période, *modus.*
Carence, *-tia.*
Caſtrenſe, terme d'Antiquaire, *caſtrenſis.*
Chance, terme du jeu de dés, *caſus*, *ſors.*
Chance, bonheur, *proſperitas.*
Chéance, vieux mot, *commodum.*
Chevance, vieux mot, *bona fortuna.*
Chiromance, *divinatio per manum.*
Circonférence, *circumferentia.*
Circonſtance, *circumſtantia.*
Clairvoyance, *acerrimus viſus.*
Clémence, *-tia.*
Coëxiſtence . . .
Collabeſcence, affaiſſement, *collabeſcentia.*
Compétence, *judicis legitima poteſtas.*
Complaiſance, *obſequium*, *obſequentia.*
Concomitance, *-tia.*
Concordance de la Sainte Ecriture, *concordantia.*
Concordance, ſyntaxe, *ſyntaxis.*
Concurrence, *-tia.*
Condeſcendance, *obſequium*, *indulgentia.*

Substantifs féminins.

Condoléance, *ex alterius dolore conceptus dolor.*
Conférence, *collatio*, *collocutio.*
Confiance, *fiducia.*
Confidence, *-tia*
bénéfice en Confidence, *beneficium confidentiarium.*
Connoiſſance, *cognitio.*
Connoiſſance, *copula carnalis.*
Conſcience, *-tia.*
Conſéquence . . .
Conſidence, *ſedimentum.*
Conſonance, *conſenſio.*
Conſtance, *-tia.* Fermeté, ſtabilité, *-tas.* Perſévérance, *-tia.* Repos d'eſprit, *animi æquitas.* Inconſtance, *-tia.* Légéreté d'eſprit, *animi levitas.* Inégalité, inſtabilité, *-tas.*
Contenance, *habitus.*
Continence, *-tia.*
Contingence, *eventus fortuitus.*
Contredanſe, danſe Angloiſe, *contra-chorea.*
Convaleſcence, *à morbo recreatio.*
revenir en Convaleſcence, *ex morbo convaleſcere.*
Convenance, *-nientia*; *cognatio.*
Convergence, *-tia.*
Correſpondance, *conſenſio.*
Correſpondance, terme de banque, *mutua procuratio.*
Corpulence, *corporatura.*
Créance, foi, aſſurance, *fides.*

Substantifs féminins.

Créance, ce qu'on donne à dire de bouche à un Messager, *mandata verbo tradita.*
Créance, *fides.* ce qu'on croit, *opinio.*
Crédence, *abacus.*
Crédence, lieu de réserve, *panarium.*
Crédence, autel, *altare minus.*
Croissance, *accretio.*
Dactyliomance, *-tia.*
Danse, *chorea.*
Décadence, *occasus.*
Decevance, vieux mot, *fraus.*
Déchéance, vieux mot, *immunitio.*
Défaillance, *defectus.* de courage, *animi defectio.* de forces, *imbecillitas.*
Défense, *inhibitio.* protection, *tutela.* garde, *custodia.* fortification, *munimentum.* défense d'une place, *propugnatio.* d'une personne, *defensio.* défense, au pluriel, terme de droit, *exceptiones.* recu en ses défenses, *ad causam dicendam admissus.* Défense, au pluriel, dents crochues, *falcati dentes.*
Défense, être en défense, *cautè agere.*
Défiance, *diffidentia.*
Délitescence, *-tia.*
Délivrance, *liberatio.*
Délivrance, terme de monnoie, *distributio.*
Demeurance, vieux mot, *habitatio.*

Substantifs féminins.

Dépendance, aucun mot latin n'y répond, selon Danet.
être dans la Dépendance de quelqu'un, *ab aliquo pendere.*
Dépendance, au pluriel, *appendices, accessiones.*
Dépense, *sumptus.*
Dépense, garde-manger, *cella penuaria.*
vin de Dépense, *posca, lora.*
Desaccoutûmance, *desuetudo.*
Desinance, *-tia.*
Desnience, vieux mot, *casus.*
Desobéissance, *inobedientia.*
Dérogeance, *derogatio.*
Différence, *discrimen.*
Diligence, *-tia.*
Disconvenance, *dissensio.*
Discordance, *discordia, dissonantia.*
Dispense, *immunitas.*
Dispense de la loi, *laxamentum legis.*
Dissemblance, *dissimilitudo.*
Dissonance, *tonus dissonus.*
Distance, *-tia.*
Divergence . . .
Doléance, *planctus.*
Doutance, vieux mot, *dubium.*
Durance, riviére, *Druentia.*
Echéance, *terminus, certa dies.*
Effervescence, *ou* ébullition, *ebullitio.*
Ejoüissance, *lætitia.*
Elégance, *-tia.*
Eloquence . . .

Substantifs féminins.

Eminence, titre de dignité des Cardinaux & du Grand-Maître de Malthe, *Eminentia*.
Eminence, colline, *collis*.
Empirance, terme de Monnoie, *deterioratio*.
Enfance, *infantia*.
Enfance, retourner en enfance, *repuerascere*.
Engeance, *progenies*.
Equivalence, *æquivalentia*.
Equipollence, *æquipollentia*.
Espérance, *spes*.
Essence, *-tia*.
Essence divine, *-na*.
Essence, odeur, *odor*.
Evidence, *-tia*.
Excellence, *-tia*.
Excellence, titre qu'on donne aux Ambassadeurs & aux gens de grand mérite.
Par Excellence, *per excellentiam*.
Excrescence, *excretio*.
Exigence, *-tia*.
Existence . . .
Expérience . . .
Extravagance, *ineptia*.
Extubérance, le même que Protubérance.
Exubérance, *abundantia*.
Fayance, *vasa faventina*.
Féculence, sédiment, *fæces*.
* Fiance, pour Confiance, *fiducia*.
Finance, *pecunia*.
Intendant des Finances, *rei ærariæ præfectus*.
France, Royaume, *Gallia*, *Francia*.
Fréquence, *-tia*.

Substantifs féminins.

Garance, teinture, *rubia*, *sandyx*.
Géomance, *divinatio per terram*.
Gouvernance, dignité de certaines Villes.
Grevance, vieux mot, *molestia*.
Gyromance, *-tia*.
Héritance, vieux mot, *hæreditas*.
a Ignorance, *-tia*.
Immense, *-sus*.
Impatience, *-tia*, *cupiditas*.
Impeccance, *peccandi immunitas*.
Impertinence, *insulsitas*, *ineptiæ*.
Importance, *momentum*, *rei alicujus magnitudo*.
il fait l'homme d'Importance, *videtur esse quantivis pretii*.
Imprudence, *inconsiderantia*.
Impudence, *-tia*.
Impuissance, *impotentia*. foiblesse, débilité, *-tas*. absolue, *-ta*.
Inappétence, *-tia*.
Inclémence . . .
Inexistence . . .
Incidence, terme de Géométrie, *incidentia*.
Incompétence, . *-tia*.
Incomplaisance, *obsequii defectus*.
Incontinence, *-tia*.
Indépendance, *summa libertas*.
Indifférence, *animus in ullam partem propendens*.
j'ai beaucoup d'Indifférence

Substantifs féminins.

pour lui, *hic mihi non est cordi.*
Indigence, *penuria.*
Indulgence, *remissio.*
Indulgence du Pape, au pluriel, *indulgentiæ.*
Inexpérience, *experientiæ defectus.*
Influence, *siderum vis.*
Innocence, *-tia.*
Inobservance, *violatio.*
Inscience, *-tia.*
Insolence, *ferocitas.*
Instance, *efflagitatio.*
avec grande Instance, *omnibus precibus.*
Instance, terme du Palais, *actio.*
Insuffisance, *insufficientia.*
Intelligence, *intellectus, cognitio, conjunctio.*
mauvaise Intelligence, *dissidium.*
Intendance, *inspectio.*
Intense, *-sus.*
Intercadence, *interruptio.*
Intermittence, *interruptio.*
Joüissance, *fruitio.*
fontaine de Jouvence, *fons Juventutis.*
Irrévérence, *-tia.*
Jurisprudence . . .
Laitance, vieux mot, *lactes, ium.*
Lance, *lancea.*
Licence, *clienteralis fides.*
Licence, permission, *potestas, venia.* congé, *missio.* liberté déréglée, *licentia.* dégré, *gradus, titulus.*
Ligence, foi, promesse faite avec serment.

Substantifs féminins.

Loquence, vieux mot, *loquacitas.*
Luxuriance, superfluité.
Lychnomantie *ou* Lychnomance, sorte de divination, *lychnomantia.*
Magnificence, *-tia.*
Malveillance, *malevolentia.*
* Manigance, *astutia.*
Marance, *mulcta pro levioribus delictis.*
Méconnoissance, *ingrati animi vitium.*
Mécréance, *suspicio.*
Médisance, *maledicentia.*
Méfiance, *diffidentia.*
Mense, *-sa.*
Mesalliance, *inæqualis cognatio.*
Mesintelligence, *discordia.*
Messéance, *dedecus.*
Montance, vieux mot, valeur, *pretium.*
Mouvance, *servitus.*
Muance, terme de Musique, *mutatio.*
Munificence, *-tia.*
Naissance, *nativitas.*
le jour de la Naissance, *natalis.*
Naissance, origine, *initium.*
Naissance, extraction, *genus.*
Négromance, *divinatio per mortuos.*
Négligence, *-tia.*
Nomance *ou* Nomantie, *onomantia.*
Nonchalance, *negligentia.*
Non-joüissance, terme de Palais, *non fruitio.*
Non résidence, *absentia.*

substantifs féminins.

Nuance de couleurs, *colorum commissura.*
* Nuisance, *detrimentum.*
Obédience, *-tia.*
Ambassade d'Obédience, *legatio obedientiæ.*
Obéissance, *obedientia.*
Observance, *-tia.*
Obstance, *obstaculum.*
Occurrence, *-tia.*
Onomance, *divinatio per nomen.*
Opulence, *-tia.*
Ordonnance, *ordinatio.* Disposition, *-tio.* terme d'Architecture, *compositio.* Edit, commandement, *Edictum, præscriptum.* terme de Médecine, *consilium medicum.* Ordonnance Synodale, *mandatum synodicum.* Ordonnance de comptant, *mandatum ærarium.*
compagnie d'Ordonnance, *centuria ordinata.*
Oubliance, *oblivio.*
à Outrance, *ultra modum.*
Outrecuidance, *audacia.*
Pance, *abdomen.*
coup de Partance, terme de mer, *signum discessionis.*
Patience, vertu, *patientia.*
Patience, herbe, *lapathum.*
Penance, vieux mot, *pœnitentia.*
Pénitence, *pœnitentia.*
Permanence, *constantia.*
Persévérance, *-tia.*
Pestilence...
Pétulance...
Pitance, *cibaria sportula, diarium.*

substantifs féminins.

f Plaisance, ville, *Placentia.*
f Plaisance, île de l'Amérique, *Placentia.*
a de Plaisance, *Placentinus.*
maison de Plaisance, *domus amœna.*
Potence, gibet, *patibulum.*
Potences qui soûtiennent des balcons, *interpensiva, orum.*
Potences de boiteux, *fulcimenta subalaria.*
Précellence, supériorité.
Préconnoissance, *prænotio.*
Prééminence, *-tia.*
Préférence, *primæ partes.*
Préséance, *præsidentia.*
Préscience, *præscientia.*
Présence...
Présidence...
Prestance, *præstantia.* dignité, *-tas.*
—excellence, *-tia.* beauté, *species.*
—élévation, *majestas.*
Prévoyance, *providentia.*
Prévenance, *occupatio.*
Privance, familiarité, *-tas.*
Protubérance, *tuberculum.*
Providence, *-tia.*
m Prudence, Poëte latin, *Prudentius.*
Prudence, *-tia.*
Puissance, *potentia.*
—pouvoir, autorité, *potestas.*
—force, *fortitudo.* Vertu, *virtus.* Energie, *-ia.* Facilité, *-tas.* Capacité, *-tas.* Naturelle, *-alis.* Active, *-va.* Passive, *-va.* Physique, *-ica.* Obédientielle, *-alis.*

Substantifs féminins.

Puiſſance, Hiérarchie céleſte, *poteſtas.*
Pyromance, *divinatio per ignem.*
Quance, mot Bourguignon, *diſſimulatio.*
Quinteſſence, *ſuccus ſubtiliſſimus.*
Quittance, *apocha, acceptilatio.*
Rance, *rancidus.*
Rareſcence, *-tia.*
Récompenſe, *merces.*
Reconnoiſſance, *recognitio.*
—reſſentiment qu'on témoigne d'un bienfait, *grati animi ſignificatio.*
—ſalaire, *pretium.*
Recréance, terme de Palais, *vindiciæ.*
Redevance, *præſtatio.*
Régence, *regimen.*
Réjoüiſſance, *lætitia.*
—carte du jeu de Lanſquenet, *lætitia chartula.*
Remembrance, *recordatio.*
Réminiſcence, *-tia.*
Remontrance, *admonitio.*
Renaiſſance, *ſecundus ortus.*
Repentance, repentir, *pœnitentia.*
—regret, *dolor.* cuiſant, grand, vrai, ſincère, *ſincerus.*
Répugnance, *-tia.*
Réſidence . . .
Réſipiſcence . . .
Réſiſtance, *reluctatio.*
Reſſemblance, *ſimilitudo.*
Réticence, *-tia.*
Révérence, reſpect, *obſervantia.*
ſauf votre Révérence, *bonâ tuâ veniâ.*
Révérence, ſalutation, *ſalutatio.*
votre Révérence, *veſtra Reverentia.*
Ripſodomance, *-tia.*
Romance, Poëſie Eſpagnole.
* Sapience, *-tia.*
Science . . .
Séance, *ſeſſio.*
Sécance, *chartarum luſoriarum ſeries.*
Semence, *ſemen.*
Senéñance, vieux mot, *ſignificatio.*
Sentence, dit notable, *dictum.*
Sentence de Juge.
Sequence, terme de jeu, *ſequentia.*
Signifiance, *declaratio.*
Silence, *-tium.*
Sorcuidance, vieux mot, *arrogantia.*
* Souvenance, *recordatio.*
Soutenance, *ſuſtentatio.*
Stance, terme de Poëſie, *verſus quaternarii.*
Subſiſtance, *vitæ ſubſidia.*
Subſiſtance, impôt, *vectigal, tributum.*
Subſiſtence, terme de Philoſophie, *ſubſiſtentia.*
Subſtance, figurém. toutes choſes, le précis, ſommaire, ſuc d'un diſcours, *ſermonis ſumma.* biens, *opes.*
Suffiſance, *quod ſatis eſt.*
—préſomption, *arrogantia.*

Substantifs féminins.

—capacité, *eruditio.*
Surabondance de droit, *affluentia juris.*
Sur-intendance, *super-inspectio.*
Surséance, *dilatio, cessatio.*
Surséance d'armes, *induciæ.*
Survenance, *superventio.*
Survivance, *designata successio.*
Tempérance, *-tia.*
Tendance, action de tendre à quelque chose.
m Térence, Poëte comique latin, *Terentius.*
Tolérance, *-tia.*
Toute-science, attribut de l'Etre suprême, *omniscientia.*
Traîne-potence, *furcifer.*
Transe, appréhension, *anxius timor.*
Transes de la mort, *angores mortis.*
Transcendance, supériorité, *eminentia.*
Transparence, *corpus perlucidum.*
Turbulence, *-tia.*
Vacance, *vacatio.*
Vacance de Collége, au pluriel, *feriæ Academicæ.*
Vaillance, *strenuitas.*
—force, *fortitudo.* grandeur d'ame, *animi magnitudo.*
Véhémence, *-tia.*
Vengeance, *vindicta.*
Ventance, vieux mot, sans ventance, sans se venter.
Vigilance, *-tia.*
Violence...

Substantifs féminins.

Visitance, vieux mot, *officiosus aditus.*
Voisinance, vieux mot, *vicinia.*
Voulance, vieux mot, *voluntas.*
Usance, *usus.*
Plus divers temps & diverses personnes des verbes en ancer, anser, encer, & enser : Lance, encense, pense.

ANCHE.

Anche d'un hautbois ou d'une orgue, *lingula.*
Atenanche, vieux mot, *induciæ.*
Avranche, au pluriel, ville, *Abrincæ.*
a Blanche, de blanc, *alba.*
a Blanche, aux cartes, *alba.*
carte-Blanche, plein pouvoir, *jus plenarium delegatum.*
Branche, *ramus.*
m Dimanche, *Dominica dies.*
Eclanche, *coxa vervecina.*
Etanche, pierre, *obturamentum.*
Fanche, diminutif de Françoise.
a Franche, libre, *libera.*
—non dissimulée, *sincera.*
—exempte, *immunis.*
Hanche, *coxa.*
m Manche, *manubrium.*
Manche d'habit, *manica.*
La Manche, mer entre la France & l'Angleterre, *mare Britannicum.*
Pervanche, herbe, *vinca, pervinca.*

subst. femin.

Planche, ais, *asser*. Table, *tabula*. terme de Jardinier, *pulvinus*. au figuré, *via*.

Revanche, *defensio*.

m Sanche, nom Espagnol, *Sancius*.

Tanche, poisson, *tinca*.

Taranche, grosse cheville de fer.

Tranche de pâté de liévre, de poisson, &c. *frustum artocrea*.

Tranche de livre, *codicis sectura*.

Plus divers temps & personnes des verbes en ancher : Epancher.

ANCRE.

Anchre de navire, *anchora*.

Ancre à écrire, *atramentum*.

m Cancre de mer, du Zodiaque, *cancer*.

m * Cancre, au figuré, misérable, maraud, coquin, *miser*.

m un pauvre Cancre, *sordidus & tenax*.

m Chancre, *carcinoma*.

VERBES.

Anchre, *anchoram projicio*.

Desanchre, *anchoram solvo*.

Echancre, *incîdo*.

ANCS. & ANGS.

m Bancs, *transtra*.

a Blancs, *albi*.

substantifs masculins.

m Etangs, *stagna*.

m Flancs, *latera*.

a Francs, *liberi*.

Harengs, *haleces*.

Rangs, *ordines*.

AND. & ENDE.

Brigand, *grassator*.

Caimand, *mendicus*.

Chaland, *emptor*.

Friand, *delicatus*.

Galand, ruban, *tænia*.

Gand pour la main, *chirotheca*.

Gand, ville, *Gandavum*.

a de Gand, *Gandavus*.

Gland de chêne, *glans quernea*.

arbre qui porte du Gland, *arbor glandifera*.

Gland de rabat, *glans collaris*.

Grand, *magnus*.

—élevé, *celsus*.

—éminent en dignité, *eximius*.

—prince, Seigneur, *Princeps*.

Marchand, *mercator*.

Quand, *-ò*.

Révérend, *-us*.

Roland, . .

Tisserand, *textor*.

* Truand, *mendicus*.

Voyez ant & ent : *le* D. *se prononce comme un* T.

Plus le présent & l'impératif des verbes on endre : Rend.

ANDE. & ENDE.

f Amande, *amygdala*.

Substantifs féminins.

pâte d'Amande, *amygdalana massa.*
Amende, peine, *mulcta.*
Ande, au pluriel, montague de l'Amérique Méridionale, *Andes.*
Bande, troupe, *cohors.*
Bande, *fascia.*
Bande, terme d'Armoiries, *tænia.*
Bende, monnoie de Guinée,
Brande, arbuste,
Buvande, petit vin, *villum.*
Calende, au pluriel, *-dæ.*
renvoyer quelqu'un aux Calendes Grecques, *ad calendas Græcas remittere.*
Chalande, qui achette toujours au même lieu.
une bonne Chalande, *quæ frequenter solet emere.*
Commande, vieux mot, *jussio.*
Commande, *beneficii fiducia fidei alicujus commissa.*
Bénéfice en Commande, *beneficium fidei commissum.*
ouvrage de Commande, *opus jussum.*
Componende, terme de Daterie, *commenda.*
Contrebande, terme de Marchand, *merces vetitæ.*
Contrebande, terme de Blâson, *contra-fascia.*
Curlande, Duché, *-dia.*
Demande, *petitio.* Question, *quæstio.*
—interrogation, *-tio.* Requête, *libellus supplex.*
—priére, *rogatio.* Demande en mariage, *petitio postulatio in matrimonium.*

Substantifs féminins.

Dividende.
Finlande, pays, *-dia.*
Girande, terme d'Artificier.
Glande, *-dula.*
Groënlande, pays, *-dia.*
Guirlande, *corona florea.*
Hollande, pays, *-dia.*
Houppelande, *penula scortea,* ou *gausapina.*
Irlande, pays, *-dia.*
Islande, île . . .
Jurande, *juratio.*
Lande, *sabulosa loca ac dumis horrida.*
Lavande, *lavendula.*
Légende, livre contenant la vie des Saints.
Légende, terme d'Antiquaire, *numismatis inscriptio.*
Limande, poisson, *rhomboïdes.*
Locande, *locanda.*
Marande, le goûter, *merenda.*
Multiplicande, terme d'Arithmétique, *numerus multiplicandus.*
Offrande, *offertorium.*
Offrande, présent, *donarium.*
Platebande, terme d'Architecture & de Jardinage, *plutens.*
Prébende, *præbenda.*
Provende.
Réintégrande, terme de Palais, *in integrum restitutio.*
Réprimande, *increpatio.*
Saffrande, de couleur de safran.

f Sarabande, terme de Musique.
f Viande, *victus, caro, esca.*
f Zélande, pays, *-dia.*

VERBES.

verb. au prés. imp. & subjonctif.

Achalande, *ad merces allicio.*
Affriande, *cupediis inesco, allecto.*
Appréhende, *timeo.*
Attende, *expectet.*
Bande, *alligo, tendo.*
Commande, *impero.*
Condescende, *annuat.*
Contremande, *renuntio.*
Débande, *relaxo, remitto.*
Défende, *prohibeat.*
Demande, *postulo.*
Dépende, *dependeat.*
Descende, *descendat.*
Entende, *intelligat, audiat.*
Fende, *findato.*
Gourmande, *duriùs tracto.*
Mande, *significo.*
Marchande, *mercor.*
Pende, *pendat.*
Rende, *reddat.*
Réprimande, *objurgo.*
Suspende, *suspendat.*
Tende, *tendat.*
Vende, *vendat.*
sous-Vende, *subvendat.*
Voyez les autres verbes en ander, ender, *& en* endre.

ANDRE. & ENDRE.

m Alexandre, Conquérant de l'Asie, *Alexander.*
m Anaximandre, Poëte Grec, *Anaximander.*

substantifs masculins & féminins.

Bélandre, bâtiment de mer, *navis genus.*
Belandre, vieux mot, *jactura, damnum.*
Calemandre, étoffe de laine.
Calendre, oiseau, *corydalos.*
Calendre, ver qui ronge, *curculio.*
Calendre, presse pour les étoffes, *prælum levigatorium.*
Cassandre, fille de Priam, *Cassandra.*
Cendre, *cinis.*
le jour des Cendres, *dies cinerum.*
Coriandre, herbe, *-drum.*
Esclandre, *fragor.*
Filandre, herbe de mer, *villi marini.*
Filandre, substantif pluriel, certains fils qui volent dans les beaux jours d'Automne.
Flandre, pays, *-dria.*
Gendre, *gener.*
Léandre, amant d'Héro, *Leander.*
Malandre, maladie des chevaux, *vitium equinum.*
Méandre, riviére, *Maander.*
Ménandre, Poëte Grec, *Menander.*
Miandre, vieux mot, *melior.*
Périandre, Sage, *-der.*
Salamandre, animal, *-dra.*
Salamandre, esprit qui vit dans l'élément du feu, suivant les Cabalistes.
Salamandre, racine des Indes.

Sans prendre, terme du jeu d'Hombre.
f Scolopendre, herbe, *-dria.*
Solandre, maladie de cheval,
a Tendre, *tener.*
m Tendre, passion amoureuse, *mollis amor.*
un cœur Tendre, *cor molle.*
Tendre, fig. susceptible d'amour, *mollis ad amorem.*
carte de Tendre, *charta tenera.*

VERBES.

verbes à l'infinitif.

Appendre, *-dere.*
Apprendre, *discere.*
Attendre, *expectare.*
s'Attendre à, *sperare.*
Comprendre, *intelligere, continere, capere.*
Condescendre, *alicui obsequi.*
Contendre, vieux mot, *contendere.*
Défendre, *tueri.*
Dépendre, *-dere.*
Dépendre *pour* dépenser, *impendere.*
se Déprendre, *ab aliquâ re divelli.*
Desapprendre, *dediscere.*
Descendre, *-dere.*
Détendre, *remittere.*
Entendre, *audire.*
—comprendre, *intelligere.*
un faux donné à Entendre, *mala auditio.*
s'Entendre avec quelqu'un, *connivère cum aliquo.*
s'Entendre à quelque chose, *callere aliquid.*

verbes à l'infinitif.

Entreprendre, *suscipere.*
Epandre, *diffundere.*
Etendre, *extendere.*
Fendre, *findere.*
se Méprendre, *errare.*
Mévendre, *malè vendere.*
Offendre, vieux mot, rencontrer ou offenser, *offendere.*
Pendre, *pendêre.*
Pourfendre, *diffindere.*
Prendre, *capere.*
Prendre, *pour* Manger, *edere.*
Prétendre, *aliquid ambire, contendere.*
Rendre, *reddere.*
Reprendre, *increpare.*
Revendre, *res emptas vili, cariùs vendere. Distrahere.*
Sous-Entendre, *subintelligere.*
Surprendre, *praoccupare.*
Survendre, *cariùs vendere.*
Surprendre, *suspendere, cohibere, submovere.*
Tendre, *tendère.*
Tendre, présenter, *porrigere.*
Vendre, *vendere.*

ANE. bref. & ANNE.

Acrobatane, ville de la Terre-Sainte, *Acrobatana.*
f Anne, nom propre, *Anna.*
Arcane, ville de l'Anatolie propre, *Arcana.*
m Aristophane, Poëte Grec, *Aristophanes.*
Artisanne, *femina opifex.*

substantifs féminins.

Bactriane, pays, *-ana.*
Balzane, *albedo in equino pede.*
Banane, fruit.
Banne, *velum.*
Barbacane, terme de fortification, *spiramentum.*
Bazane, *aluta.*
Bec de cannes, grands clous à crochets.
Bec d'âne, (long) gros ciseau, dont se servent la plûpart des ouvriers en bois.
Bellosane, Abbaïe d'hommes de l'Ordre des Prémontrés.
Bibliomane, *librorum emendorum prurigine furens.*
Cabane, *tugurium.*
Campane, terme d'Architecture, *campana.*
Campane, *fimbria serica, aurea, argentea.*
Canne, oiseau, *anas.*
faire la Canne, être poltron, *esse ignavum, meticulosum.*
Canne, bâton, *arundo.*
Caouanne, une des trois espéces de tortues.
Capitane, galère, *pratoria navis.*
Caravane, *mercatorum, viatorum manus.*
Cartisane, terme de Broderie, *stamen.*
Charlatane, *qua circulatoriam artem profitetur.*
Chicane, *litigatio.*
Cisjurane, terme de Géographie, partie de la Bourgogne qui est en deçà du Mont-Jura, *cisjuranus.*

subst. fém.

Courtisane, *meretrix.*
Dame-Jeanne, *ou* grosse-Jeanne, *vini amphora crassior.*
m Filigrane, ouvrage d'or & d'argent à jour, *opus aurifabri filo intertextum.*
Frangipane, *-ana.*
Eglise Gallicane, *Ecclesia Gallica.*
Gribane, navire, *navigium.*
Guide-âne (long) *directorium.*
Lauranne, ville, *Lauranium.*
Marrane, *Mahumetanus, Judæus, proles Arabum.*
Membrane, *-na.*
Océane, mer Océane, *-num mare.*
m Organe, *-num.*
Panne, terme de Blâson, *pellis scutaria.*
Panne de graisse, *epiploon.*
Panne de soie, *hetero-mallon sericum.*
mettre en Panne, terme de mer, *vela contrahere.*
Papimane.
Partisanne, femme de Partisan.
Pavane, danse, *saltatio.*
Paysanne, *rustica.*
Pertuisanne, *spiculum longius & latius.*
Piane-Piane, doucement, *molliter, paulatim.*
Plane, arbre, *platanus.*
Plane, outil, *-num.*
m Platane, arbre, *-nus.*
Profane, *-nus.*
Prytane, Juge chez les Athéniens.

a substantifs feminins.

Rostane, terme de cuisine, mettre des lapins à la Rostane.
Rouanne, *radius ferreus versatilis.*
Sane, terme de Trictrac, au pluriel.
Sane, v. m. guéri, *sanus.*
Sarbatane *ou* Sarbacane, *tubus.*
Soutane, *vestis talaris.*
Sultane, Turque, *-na.*
Sultane, habit de femme, *sultana.*
Suzanne, *-na.*
Tane, *quernus cortex.*
Taprobane, île, *-na.*
Tartane, barque, *vectorius phaselus.*
Tisane, *ptisana.*
Tramontane, Septentrion *ou* Nord, *Septentrio.*
Transjurane, *-ana.*

VERBES.

verbes au présent & à l'imp.

Chicane, *vitilitigo.*
Glane, *spicas lego.*
Profane, *-ano, polluo.*
Ricane, *cachinnor.*
Tane les cuirs, *querneo pulvere coria perficio.*
je Tane quelqu'un, *molestus sum alicui.*
Trépane, *calvarium terebro.*
Vanne, *ventito.*
Voyez les autres verbes en aner.

ANE. long. & ASNE.

Albane, Peintre, *Albanus.*

subst. & adj. masc. & fem.

Ariane, fille de Minos, *Ariana.*
Ane, animal, *asinus.*
un Ane, fig. ignorant, *ignarus.*
Pas d'Ane, herbe, *bechium.*
En dos d'Ane, en Talud, *acclivis.*
Barbane, herbe, *personata.*
Brachmâne, Prêtre Indien, *Brachmanus.*
v Condamne, *condemno.*
Crâne, *-nium.*
v Damne, *damno.*
Diaphane, *perlucidus.*
Diane, Déesse, *-na.*
à la Diane, au jour, *ad auroram.*
battre la Diane, terme de guerre, *dare ante-lucanum.*
la Douane, *portorium.*
Mandane, mere de Cyrus, *Mandana.*
Mâne, ne se dit qu'au pluriel, *manes.*
Manne du ciel, *-na.*
Manne, panier, *sporta.*
Manne de Calabre, drogue, *manna Calabrina.*
Marianne, nom de femme, *Maria-Anna.*
Nicotiane, *ou* Tabac, herbe, *Nicotiana, tabacum.*
Péricrâne, terme d'Anatomie, *-nium.*

ANFRE.

Canfre, *camphora.*

ANG. *voyez* ANC.

ANGE.

Ange, *-lus.*

substant. fém.

m lit d'Ange, *lectus Angelicus.*
rire aux Anges, *miros risus edere.*
boire aux Anges, *angelis propinare.*
eau d'Ange, *aqua Angelica.*
m Archange, *-lus.*
Change, *cambium.*
prendre le Change, *illudi.*
place de Change, *forum permutatorium.*
lettre de Change, *litteræ permutatoriæ.*
Coulange, Bourg, *Colangia Vinitorum.*
Echange, *permutatio.*
a Etrange, *insolitus.*
Fange, *lutum, cœnum.*
Fontange, ruban de coëffure de femme, *tænia.*
Frange, *fimbria.*
Gange, petite ville de France au bas Languedoc.
Gange, fleuve, *Ganges.*
Grange, *horreum.*
Laidange, vieux mot, *opprobria.*
Lange d'enfans, *linteum.*
Lavange, *nivis globus.*
Losange, vieux mot, *dolus.*
Loüange, *laus, laudatio.*
Lozange, *rhombus.*
fait en Lozange, de biais, *rhomboïdes.*
Mélange, *mixtio.*
Mézange, oiseau.
m Michel-Ange, excellent Peintre, Sculpteur & Architecte, *Michaël Angelus.*
Orange, fruit, *malum aureum.*
Orange, ville, *Auriacum.*

substantifs feminins.

Phalange, gros bataillon quarré des Anciens, *phalanx.*
Rechange, de Rechange.
à Rechange, *ad permutationem.*
* Rotuange, discours ennuieux, *sermo fastidiosus.*
Vendange, *vindemia.*
Vendange sur pied, *vinarius fructus.*
faire Vendange, *vindemiare.*
Vuidange, *egestæ sordes.*
Plus divers temps & personnes des verbes en anger: mange, range, venge.

ANGLE.

m Angle, *-gulus.*
m Quadrangle...
m Rectangle...
Récipiangle, *quod angulum recipit.*
Sangle, *cingulum.*
m Triangle, *-gulus.*

VERBES.

verb. au prés.

Dessangle, *equi cingulum solvo.*
Etrangle, *strangulo.*
Sangle, *cingo.*

ANGUE.

Caquesangue, maladie, *dysenteria, hæmorrhoïs.*
v Harangue, *oratio.*
Harangue, *concionor.*
Langue, *lingua.*
Langue, langage, *loquela.*

Langue de terre, *lingua terræ in mare excurrens.*

ANLE.

subst. masculins.

Branle, branlement, *commotio.*

Branle, danse, *orbis saltatorius.*

donner le Branle aux affaires, *negotia promovere.*

v Branle, *moveo.*

Chambranle de porte ou de cheminée, *antepigmenta.*

v Ebranle, *commoveo.*

ANNE. voyez ANE.

ANQUE.

f Banque, *argentaria.*

f Blanque, jeu de hazard, *ludicræ sortes.*

v Flanque, *latera munio.*

Franque, langue Franque, *vetus Francorum lingua.*

v Manque, *deficio.*

Palanque, terme de fortification, *munimentum.*

Quanque, vieux mot, *quidquid.*

f Salamanque, ville, *Salmantica.*

a de Salamanque, *Salmanticus.*

Saltinbanque, bâteleur, *ludio, histrio.*

v S'efflanque, *halitum exhaurit.*

Vademanque, tetme de Banque, *argentaria dissolutio.*

ANS. & ENS.

substantifs masculins.

Argens, riviére de Provence, *Argenteus fluvius.*

Autans, vents, *altani.*

Brisans, terme de mer, *scopuli.*

Céans, *hic.*

Cens, rente, *census.*

Concertans, *conferentes.*

Dans, préposition, *in.*

Dedans, préposition, *intus.*

Elémens, les Protestans appellent ainsi les matiéres que l'on consacre dans le Sacrifice de la Messe, *Elementa.*

Encens, *incensum.*

Enfans, fils & filles, *liberi, prognati.* Trouvés, *expositi.* Rouges, *orphani rubricati.* Bleus, *cæruleati.* Gris, *leucophæi.* des deux sœurs : *consobrini.* fils des deux freres, *patrueles.* de la sœur de ma mere, *matrueles.* descendus de nous, *liberi.*

Enfans perdus, *velites.* Voyez Enfant.

Gens, domestiques, *domestici.* Valets, *pedissequi.* Gens du Roi, *Procuratores & Advocati Regii.* gens de cheval, *equites.* de pied, *pedites.* de suite, *stipatores.* gens au figuré, le monde, *homines.*

Entretemps, *temporis intervallum.*

m Haubans de navire, *funes scansiles.*
m Orléans, ville, *Aurelium.*
a. d'Orléans, *Aurelianensis.*
Sans, préposition, *sine.*
Sens, faculté naturelle, *sensus.* Discrétion, esprit, *mens.* Sentiment, opinion, *-io.* Signification, *sensus.* Posture, *situs.* Bon, *rectus.* Mauvais, *perversus.* Commun, *-nis.* Naturel, *-alis.* Physique, *-icus.* Moral, *-lis.* Littéral, *-lis.* mystique, *-icus.* Tropologique, *-icus.* Anagogique, *-cus.* Accommodé, *-datus.* adapté, *-atus.*
les cinq sens, *quinque sensus.*
Sens, ville, *Senones.*
a de Sens, *Senonensis.*

Plus les pluriels des noms en an, and, ant, am, ems *&* ans : Quadrans, gans.

substantifs masculins.

Bans, *publicationes.*
Bancs à s'asseoir, *scamna.*
Champs, *campi.*
Contretemps, *tempus alienum.*
Contretemps, terme de danse, *modus incompositus.*
Dents, *-tes.*
—de devant, *primores.*
—macheliéres, *molares.*
—crochues, *uncinati.*
—tranchantes, *falcati.*
—moyennes, *medii.*
—de lait, *lactei.*
—qui branlent, *mobiles.*
—qui avancent, *bronchi.*
—gâtées, *cariosi.*
garni de Dents, *dentatus.*
sortie des Dents, *dentitio.*
curer les Dents, *dentes purgare.*
tomber sur les Dents, *fame perire.*
Etans, *existentes.*
Patiens, *patientes.*
Quens, vieux mot, *comes.*
Romans, *fabulosa narratio.*
Temps, *tempus.*
Tenans, *tenentes.*
Tenans, soûtenans, terme d'Armoiries, *gentilis scuti atlantes.*
Tenans & aboutissans d'une terre, *laterum & capitum agri fines.*

Plus divers temps & personnes des verbes en andre *&* endre : Descens, descend, descendans, *au pluriel.*

ANRE. *voyez* ENRE.

ANSE. *voyez* ANCE.

ANT. & ENT.

La plûpart des noms en ant *&* ent, mant, *&* ment, *sont des participes actifs, présens ou mots participaux ; il y en a quelques-uns qui sont des noms d'instrument, d'office, &c. & quelques adverbes.*

Les participes en ant *&* ent, mant *&* ment, *en changeant le* t *en* s, *deviennent Latins, comme on verra dans la suite.*

Abondant,

substantifs masculins.

Abondant, *abundans*, *copiosus.*
Accident, *-ens.* Evénement, *casus.* Infortune, *-nium.* Malheur, *calamitas.* terme de Philosophie, *accidens.* Les Logiciens admettent neuf accidens, qui sont: la quantité, *-tas.* la qualité, *-tas.* la relation, *-io.* l'action, *-io.* la passion, *-io.* la durée, *quandò.* le lieu, *ubi.* la situation, *situs.* l'habit *ou* vêtement, *habitus.* La nouvelle Philosophie appelle tout cela modes, modalités, *ou* modifications & maniéres d'Etre.
Adjudant, nom de Charge, *adjutor.*
Ardent, embrasé, *ardens.* enflammé, *ignitus.* vif, *acer*, *fervidus.*
poil Ardent, roux, *pilis rufus.*
Ardent, feu folet, *ignis fatuus.*
Ascendant, pouvoir, autorité, *-tas.* terme d'Astronomie, *ascendens.*
a Affident, terme de Médecine, *concomitans.*
Barbant, Barbier barbant, *tonsor.*
a Bréchedent, *primoribus dentibus mutilus.*
Cédant, terme de Palais, *cedens.*
Cependant, adv. *tamen.*
Chiendent, *gramen.*
a Claquedent, *dentitremulus.*

substantifs masculins.

a Coïncident, terme d'Optique, *in idem punctum incidens.*
Concordant, *vox gravior*
Condescendant, *obsequens*, *indulgens.*
Contendant, *-ens.* adversaire, *adversarius.*
—plaidant, *litigans.*
Contendant, *competitor.*
Correspondant, *absentis negotiorum procurator.*
Curedent, *dentiscalpium.*
f Dent, *dens.*
petite Dent, *denticulus.*
—de loup, gros clou, *clavis major.*
Dépendant, *obnoxius.*
Excédent, *quod excurrit.*
Evident, *-ens.*
Fendant, coup d'épée, *findens.*
Fendant, *thraso.*
faire le Fendant, *suas jactare vires.*
Fondant, *liquefaciens.*
Formicant, *-ans.*
Imprudent, *improvidus.* mal avisé, *incautus.* inconsidéré, *-atus.*
Impudent, *-ens.* effronté, *procax.* sans pudeur, *inverecundus.*
Incident, *casus qui incidit.*
Incident, terme d'Optique, *incidens.*
Indépendant, *-ens.*
Intendant, *Præfectus.* des Finances, *ærarii præpositus.* de Justice, *rei judiciariæ præfectus.* d'une maison *domûs administrator.*
Intercadant, *mutabilis.*

substantifs masculins.

Mercadant, *mercator.*
Mordant, qui mord, *mordicans.* par paroles, *mordax.* piquant, *aculeatæ linguæ.* en mordant, *mordicùs.*
Mordant, tenon à mordant, *cardo.* bois fendu qui tient la copie sur le visorium, *index lineæ furcula.* clou à deux pointes, *clavus bis cuspis.*
Occident, *ou* Couchant, *Occidens, occasus.*
Pédant, *insulsus litterator.*
Pendant d'épée, *balteus.*
Pendant d'oreilles, *inauris.*
Pendant, adv. *intereà.*
Précédent, *præcedens.*
Président, *præses.*
Prétendant, *ad aliquid aspirans.* à une Charge, *candidatus.*
—compétiteur, *-tor.*
Prudent, *-ens.* avisé, *solers.* subtil, *-is.* fin, *cautus.* prévoyant, *providus.* sage, *sapiens.* circonspect, *-us.*
Redant, terme de fortification, *angulus recurrens.*
Répondant, *respondens.*
Répondant, qui répond pour un autre, *sponsor.*
Résident, *-ens.*
Stapendant, vieux mot, *pour* pendant ce temps-là.
Surabondant, *superabundans.*
Surdent, *dens superans.*
Surintendant, *protopræpositus.*
Transcendant, *-ens.*
Trident . . .
Vice-Président, *qui præsidis vices implet.*

v Commandant, *imperans.*
v Demandant, *postulans.*
Voyez les participes des autres verbes en der *&* dre.

EANT.

substantifs masculins.

Créant, vieux mot, *fiducia.*
Echéant, *cadens.*
Fainéant, *deses.* paresseux, *piger.* lâche, *iners.*
Géant, *gigas.*
de Géant, *giganteus.*
taille de Géant, *statura gigantea.*
Mecréant, infidéle, *infidelis.*
—incrédule, *-lus.*
Messéant *ou* Malséant, *indecens.*
Néant, *nihil, nihilum.*
homme de Néant, *homo nihili.*
chose de Néant, *res nullius momenti.*
mettre au Néant, *abolere.*
Séant, assis, *sedens.*
en son Séant, *in habitum sedentis.*
Séant, convenable, décent, *decens.* commode, *-dus.* utile, *-lis.*
Vaut-Néant, vieux mot, *nequam.*
Voyez les participes des verbes en éer : agréant.

FANT.

a Bouffant, *tumens.*
v Défend, *tuetur, servat.*
Eléphant, *elephas.*
Enfant, fils *ou* fille, *infans,*

substantifs masculins. *puer.* fils, *filius.* fille, *filia.* légitime, *-mus.* au ventre de la mere, *fœtus.* avorton, *abortivus.* qui ne sçait pas encore parler, *infans.* de sept ans, *puer*; *puella.* supposé, *suppositus.* adoptif, *adoptivus.* adultérin, *adulterinus.* bâtard, *nothus.* doux & gracieux, *mellitus.* joyeux, *hilaris*, *latæ indolis.* triste, *-is.* gâté, *corruptus.* posthume, *-mus.* d'un an, *anniculus.* qui téte, *lactens.* mal appris, *malè institutus.* bien élevé, *liberaliter institutus.*

Enfant de France, *puer sanguine Regio ortus.* de Chœur, *symphoniacus.* d'honneur, *honorarius.* natif d'un lieu, *nativus.* de famille, *filius familiâs.* de Paris, *natus Lutetiæ.* sans souci, *curis vacuus.* du Diable, *filius Satanæ.* orphelin, *orbatus*, *orphanus.*

en Enfant, *pueriliter.*

devenir Enfant, *repuerascere.*

a d'Enfant, *puerilis.*

attaché d'affection aux Enfans, *qui pueros diligit.*

travail d'Enfant, *puerperium.*

Etouffant, *præfocans.*

Fend, *findit.*

Fieffant, qui donne une terre en fief.

v Infant d'Espagne, *Infans Regius.*

Garde-infant, *ou* vertugadin des femmes Espagnoles, *cyclas dilatata circulo.*

v Pourfend, *perfindit.*

Voyez les participes des verbes en fer : étouffant, *suffocans.*

GANT.

subst. masculins. gomme Adragant, *adragantum.*

Arrogant, *-ans.*

Brigant, *grassator.*

Elégant, *-ans.*

a. Extravagant, *delirus.*

* Fringant, *petulans*, *acer.*

Gant, *chirotheca.*

Inélégant, *inelegans.*

Litigant, *-ans.*

Onguent de nard, *nardinum unguentum.*

—rosat, *rosaceum.*

—de laurier, *ex lauro confectum.*

—de storax, *storacinum.*

—blanc, *album.* de beurre, *butyrinum.* de jasmin, *ex gelsimino.* &c.

Faiseur *ou* vendeur d'Onguent, *myropœus.*

Art de faire de l'Onguent, *unguentaria.*

Suffragant, *-aneus.*

Suffragant, vieux mot, simple, modeste, *simplex.*

Vagant, terme de mer, *prædo.*

Voyez les participes des autres verbes en guer : voguant.

GENT.

Abstergent, terme de Médecine, *abstergens.*

Agent, *procurator.*

Argent, *-tum.*

Substantifs & adjectifs masculins.

Argent, métal, *argentum.* toute sorte de monnoie, *pecunia.* vif, naturel, *vivum.* vif, artificiel, *hydrargyrum.* épuré, *obrysum.* en masse ou billon, *infectum*, *rude.* mis en œuvre, *factum.* en coquille, *molitum*, *dilutum.* en feuille, *bracteatum.* battu, *malleatum.* trait, *tractum*, *tenuatum.* filé, *netum*, *ductum in fila.* tissu, *textum.* Ras, non bruni, *rasile.* bruni, *politum.* mat, *impolitum.* de fonte, *fusile.* mis en pâte, par l'eau de départ, *dilutum.* monnoyé, *argentei nummi.* marqué au coin, *signatum.* de bon aloi, *recta conflaturæ moneta.* qui n'est pas de poids, *sui expers ponderis.* comptant, *numerata pecunia.* en papiers, titres, ou obligations, *pecunia in nominibus.* cendrée d'argent, *rudis argenti massa.*

veine d'Argent, *vena argentaria.*

miniére d'Argent, *argentaria fodina.*

a d'Argent, *argenteus.*

a d'Argent monnoyé, *pecuniarius.*

a d'Argent non monnoyé, *argentarius.*

toile d'Argent, *tela argentea.*

grande somme d'Argent, *ingens pecuniæ copia.*

Astringent, *-ens.*

Constringent . . .

Subst. & adj. masc.

Contingent, *-ens. fortuitus.*

Compartageant pour Copartageant, *partiens.*

Dérogeant, *-ans.*

Diligent, *-ens.*

Divergent, *divaricatus.*

Emulgent, *-ens.*

Emergent . . .

* Entregent, *scita & elegans agendi ratio.*

Gent, race, nation, peuple: mot poëtique; *gens, natio.*

la Gent qui porte le Turban, *Turca.*

Indigent, *-ens.*

Intelligent . . .

Négligent . . .

Partageant, *partiens.*

Refringent, *-ens.*

Régent, *-ens.* du Royaume, *regni administer.* Professeur, *-sor.*

Sergent de Justice, *apparitor*, *accensus.* à verge, *virgatus.* à pied, *pedarius.* à cheval, *equester.* verdier, *campestris.*

office de Sergent, *apparitura.*

être Sergent, *apparituram facere.*

envoyer le Sergent à, *aliquem vadari.*

Sergent d'une compagnie de soldats, *centuriæ instructor.* de bataille, *pugnæ ordinator.* Major, *struendæ legionis magister.*

Sergent de Tonnelier, de Menuisier, *harpago victorius.*

Serjant, vieux mot, *servus.*

Urgent, *-ens.*

Voyez les participes des

substantifs masculins.

verbes en ger : obligeant, *-gans.* changeant, *mutabilis.*

CHANT.

Attachant, *deliniens.*
Chant, *cantus.* musical, *concentus musicus.* cantique, motet, *cantilena.* à la naissance, *genethliacum carmen.* nuptial, *epithalamium.* funébre, *epicedium, nania.* de guerre, de combat, *classicum.* de navigation, *celeusma.* de victoire, de triomphe, *epinicium.* agréable, *jucundus cantus.* mélancholique, *mœstus.* accompagné d'instrumens, *symphonia.* plain Chant, *planus cantus.*
Couchant, Occident, *occasus.*
chien Couchant, *canis cubitor.*
faire le chien Couchant, fig. se soumettre, *in morem canis blandiri.*
Déchant, *discantus.*
Marchand, *mercator.* Libraire, *Bibliopola.* Drapier, *lanea vestis propola.* de soie, *serici panni propola.* de toile, *lintearius.* grossier, *solidarius.* en détail, *sectiva mercis.* Quinquaillier, *miscellanea mercis.* Epicier, *aromatarius.* Mercier, *minuta mercis*, &c.
être Marchand, *mercaturam facere, negotiari.*

subst. mascul.

facteur de Marchand, *institor.*
Marchand qui achette, *emptor.*
vaisseau Marchand, *navis oneraria.*
Méchant, *malus.*
Penchant, *inclinans.*
Penchant d'une colline, *devexitas.* Inclination, *-tio, propensio.* de l'âge, *ætas ingravescens.* Bonne volonté, *benevolentia.*
Perchant, terme d'Oiseleur.
Sçachant, *sciens.*
Tâchant, *qui conatur.*
Tachant, *maculans.*
Touchant, préposition, *de.*
Touchant, qui touche, *tangens, contiguus.*
Tranchant, couleur tranchante.

Voyez les participes des verbes en cher : cachant, *abscondens.* mâchant, *mandens.* prêchant, *prædicans.* clochant, *claudicans.*

IANT. ou IENT.

Ambiant, terme de Physique, *ambiens.*
Client, *-ens.*
Conciliant, qui se plaît à concilier les esprits, *consocians.*
Confiant, *sibi præfidens.*
Criant, terme d'Oculiste, cataracte qui fait du bruit touchée de l'aiguille de l'Opérateur, *resonans.*
Escient, *sciens.*

Substantifs masculins.

à bon Escient, *ex animo.*
un Etudiant, *scholaris.*
Expédient, moyen, *ratio.* utilité, *-tas.* nécessaire, *-arius.* il est expédient, *expedit.*
Falsifiant, *depravans, adulterans, supponens.*
Friand, *delicatus.*
Impatient, *-ens.*
Inconvénient, obstacle, *obstaculum.* infortune, *incommodum.* calamité, *-tas.* absurde, *-dus.*
Ingrédient, terme de Pharmacie, *partiaria materia.* composition, *condimentum.*
Méfiant, *diffidens.*
Mendiant, *mendicus.*
Religieux Mendiant, *mendicans.*
les quatre Mendians, dessert du Carême, *bellaria quadragesimalia.*
Mortifiant, *macerans, castigans, molestiam afferens.*
Négociant, *negociator.*
Orient, Levant, *-ens.*
Patient, qui souffre, *patiens.* qui tolère, *tolerans.* un criminel, *nocens, sons.*
Pliant, *vitilis.*
Récipient, *receptaculum.*
Rémollient, *-liens.*
Riant, *ridens.*
Sanctifiant, *-icans.*
Siége pliant, *sedile flexibile.*
Signifiant, *denotans.*
Sororiant, tétons Sororians, *sororiantes mammæ.*
Souriant, *subridens.*
Stupéfiant, *stuporem afferens.*
Suppliant, *supplex.*
Voyez aussi les participes des verbes en ier : justifiant, *-cans.* édifiant, *ædificator.*

LANT. & LENT.

Accablant, *opprimens.*
commis Ambulant, *præpositus circumforaneus.*
Appellant, *vocans.*
Appellant, terme de Palais, *ad supremum Judicem provocator.*
Avalant, *exhauriens, sorbens.*
Beau-semblant, *simulatio.*
Bienveillant, *benevolus.*
Bouillant, *fervens.* au figuré, *fervidus.* les Bouillans, *& mieux* les bouillons de l'âge, *ætatis fervor.*
Brillant, *fulgens.*
Brillant, Diamant, *adamas radians.*
Calmant, terme de Médecine, *sedans.*
Capitulant d'un Chapitre, *qui jus habet suffragii.*
—qui transige, *transigens* vel *paciscens.*
Chancelant, *vacillans.*
Circonvolant, vieux mot, *circumvolans.*
Corpulent, *obesus.*
Coulant de Diamant, *adamantina monilia.*
Découlant, *defluens.*
Défaillant, *deficiens.*
Désolant, *devastans, mœrore afficiens.*
Dolent, *-ens, mœstus.*
Equipollent, *æquipollens.*

Substantifs & adjectifs masculins.

Equivalent, *tantumdem valens.*
Etincelant, *scintillans.*
Excellent, *-ens.* illustre, *-tris.* qui surpasse, *præstans.* exquis, *-situs.* parfait, *perfectus.* accompli, *absolutus.*
Féculent, *fœculentus.*
Feuillant, Religieux, *Fulliensis.*
Fretillant, *lasciviens.*
Fiolent, vieux mot, *thraso.*
Fourmillant, *formicans.*
Galant, Amant, *procus, amasius.*
un verd Galant, *salax amator.*
Galant, de bel air, *festivus.*
* Galant, ruban, *tænia, vitta.*
trousse-Galant, maladie, *morbus quo ægroti brevì conficiuntur.*
Grillant, *assans.*
Grouillant, *se movens. scatens.*
Insolent, *procax, petulans.*
Lent, *-us.*
Mal-talent, *mens infesta.*
Malveillant, *malevolus.*
Métalent, défaut de Talent.
Moulant, meule, ou garçon Meunier, *molitor.*
Nonchalant, *negligens.*
Opulent, *-us.*
Oriflant, vieux mot, *superbus.*
Pantelant, vieux mot, *anhelans.*
Passe-volant, *desertor miles.*
Pétillant, *saliens.*

Substantifs & adjectifs masculins.

Pétulant, *-ans.*
Pestilent, *-us.*
Plant, *arborum plantarium.*
Pont-volant, *portabilis pontus, ponto æreus.*
Postulant, *-ans.*
Postulant, qui recherche en mariage, *procus.*
Postulant, qui aspire à quelque dignité, office, ou qui veut entrer dans une maison religieuse, *candidatus.*
se Prévalant, *ex aliqua re fructum percipiens.*
Ressemblant, *similis.*
Roulant, *volvens.*
Ruisselant, qui coule comme un ruisseau, *fluens.*
angle Saillant, *angulus saliens.*
Saillant, *acer, ingeniosus.*
Sanglant, *sanguinolentus.*
Sanguinolent, *-us.*
Semblant, *pour* mine, vieux mot, *facies, vultus.*
* Semillant, *inquietus.*
Succulent, *succosus.*
Surveillant, *excubitor.*
le Taillant d'un couteau, *acies cultri.*
Talent, somme d'argent, *talentum.*
Talent, au figuré, qualité d'esprit, force de nature, *animi dos, facultas.*
Trelan, *stridor tympani.*
Tremblant, *tremens.*
Troussegaland, *cholera morbus.*
Truculent, *-us.*
Turbulent . . .

substantifs & adjectifs masculins.

Vacillant, *titubans.*
Vaillant, fort, *-is.* courageux, *magnanimus.* qui a de la valeur, *strenuus.*
Vaillant, riche, *dives.*
Valant, *valens.*
Vigilant, *-ans.*
Violent, *-us.*
Virulent...
Volant, *-ans.* Volant, Dérobant, *furans.* un Volant, *tubulus pennatus.*
camp-Volant, *equitum expedita manus.*
passe-Volant, *extra numerum miles.*
Voulant, *volens.*

Plus les participes des verbes en ler, illier: pillant, chamaillant, *spolians, digladians*, &c.

Voyez MANT. & MENT.

NANT. & NENT.

Abstinent, *-ens, temperans.*
Accoquinant, *illiciens.*
Assassinant, *molestus.*
Assonant, rime assonante.
Attenant, *contiguus.*
Badinant, terme de Manége.
Carême-prenant *ou* Mardi-gras, *hilaria.*
Ceignant, *cingens.*
Chagrinant, *angens.*
Continent, chaste, *-ens.*
Continent, terre-ferme, *continens.*
Déclinant, *-ans.*
Dissonant...
Dominant, *-ans, imperiosus.*
Eminent, *eminens, altus.*
Entreprenant, *in suscipiendo audax.*
Fulminant, faisant grand bruit, *qui in aliquem invehitur.*
or Fulminant des Chymistes, *aurum fulminans.*
Gênant, *angens.*
Glutinant, terme de Médecine, *glutinans.*
Impertinent, *ineptus.* sot, *insulsus.* absurde, *-dus.*
Inclinant, *-ans.*
Incontinent, *intemperans.*
Incontinent, adv. *statim.*
Intervenant, terme de Palais, *-niens, interventor.*
Joignant, *juxtà.*
Lieutenant, *legatus.*
Maintenant, adv. *nunc.*
Malsonant, terme de Théologie.
Manant, paysan, *paganus* ou *rusticus.*
Menant, *ducens.*
Moyennant, *mediante.*
Permanent, *-ens.*
Poignant, *aculeatus.*
Ponant, Occident, *-ens.*
* Ponant, le derriére, *dorsum, posteriora.*
Prédéterminant, *prædeterminans.*
Prééminent, *præeminens.*
Préopinant, *præjudicans.*
Rayonnant, *radians.*
Réclinant, *-atus.*
en Récriminant, *recriminando.*
Remenant, *reducens.*
Remenant, vieux mot, le reste, *residuum.*

Substantifs & adjectifs masculins.

Remponant, vieux mot, rapporteur d'une chose.
Résignant, *-ans.*
Sonnant, *sonans.*
Sous-Lieutenant, *sublegatus.*
Soûtenant, *gestans, sustinens.*
Suréminent, *Eminentissimus.*
Surprenant, *mirus.*
Survenant, *superveniens.*
à tout Venant, *mox, modò.*
Tenant d'un tournoi, *propugnator.*
Tenant, galant d'une Dame, *manuductor.*
Tenant, avare, *tenax.*
Tenant, *ou* limites d'héritage, *confinium.*
Tonant, *-ans.*
Tournant, endroit où l'on tourne.

Plus les participes des verbes en rendre, nir, aindre, ner, *& leurs composés.*

PANT. & PEND.

Arpent, *jugerum.*
Jappant, *latrans.*
Occupant, *invadens.*
au premier Occupant, *primo occupanti.*
* Pimpant, *festivus.*
lion Rampant, terme d'Armoirie, *leo reptans.*
se Repent, *pœnitet.*
Serpent, *-ens, anguis.*

Plus les participes des verbes en per *&* ompre, *& leurs composés.*

Plus divers temps & pers. du verbe pendre, *& ses composés,* pend.

QUAND. QUENT, & CANT.

Substantifs & adjectifs masculins.

Attaquant, *oppugnator.*
Baucicant, vieux mot, *mercenarius.*
Conséquent, *-ens.*
—qui agit avec justesse, *qui res concinnè disponit.*
par Conséquent, adv. *ergò, itaque, adeò.*
Convaincant, *evidens, perspicuus.*
Croquant, *glutiens.*
Délinquant, *noxæ reus.*
Eloquent, *-ens.*
Flanquant, terme de fortification, *stringens.*
Formicant, *-ans.*
Fréquent, *-quens.*
Inconséquent, déraisonnable.
Indicant, au pluriel, terme de Médecine, *indicantia.*
Inquant, vieux mot, *auctionis forum.*
Mordicant, *-ans.*
Peccant, terme de Médecine, *peccans.*
Piquant, *pungens.*
Prédicant, *prædicans.*
Quand, adv. *-ò.*
Quant, *quantùm.*
* Quant & quant, *unà.*
Suffoquant, *-cans.*
Trafiquant, *negotiator.*
Vaincant, *vincens.*

Plus les participes des verbes en quer : choquant, *collidens.*

RANT. & RENT. ou REND.

Substantifs & adjectifs masculins.

Adhérent, *adhærens.*
Altérant, terme de Médecine, *alterans.*
Aorant, vieux mot, Suppliant, *orans.*
Apparent, *-ens.*
—opposé à Vrai, en terme d'Astronomie.
Attirant, *illecebrosus.*
Belligérant, *-ans.*
Cathédrant, *-arius.*
Célébrant, *-ans.*
Colorant, terme de Physique, *colorem imprimens.*
Concurrent, *-ens.*
Conquérant, *domitor.*
Contre-remontrant, *ou* Gomariste, *Gomarista.*
Courant, *profluens.*
le mois Courant, *mensis decurrens.*
le Courant de l'eau, *decursus aquæ.* des affaires, *negotiorum.*
un Courant d'eau, *profluvium.*
sçavoir tout Courant, par cœur, *memoriter tenere.*
Déférent, cercle de la sphère, *deferens.*
Déférant, *urbanus.*
au Demeurant, *cæterùm.*
Demeurant, *reliquum.*
Dévorant, *consumens.*
Différent, *-ens*, *dissimilis*, *diversus.*
un Différend, *rixa.*
Enquérant, *inquirens.*

Substantifs & adjectifs masculins.

Juif Errant, *Judæus errabundus.*
Expectorant, *anacatharticus.*
Garent, *autor.* caution, *præs.*
Grand, *-is*, *magnus.*
Ignorant, *ignarus.*
Impétrant, *-ans.*
Incourant, terme de Commerce.
Indifférent, *-ens.*
Inhérent, *inhærens.*
Intempérant, *-ans.*
Intercurrent, fiévre intercurrente, *intercurrens.*
Intolérant, *-ans.*
Intrant, terme de l'Université, *intrans.*
Irrévérent, *contemptor.*
Mourant, *moriens.*
bleu-Mourant, couleur, *cæruleus color evanidus.*
Odorant, *suavis*, *odoratus.*
Odoriférent, *jucundè olens*, *odoratus.*
au plus Offrant, *ultimo licitanti.*
Parant, *ornans.*
Parent, *consanguineus.*
—paternel, *agnatus.*
—maternel, *cognatus.*
Pénétrant, *-ans.*
Perforant...
Persévérant...
Prépondérant...
Récalcitrant, répugnant.
Récurrent, terme d'Anatomie, *recurrens.*
Refrigérant, *-ans.*
Remontrant *ou* Arminien, *Arminianus.*
angle Rentrant, *angulus recurrens.*

ſubſtantifs & adjectifs maſculins.

Reſtaurant, *-ans.*
Roſoyant, *è cœlo roris inſtar decidens.*
Tempérant, *-ans.*
Tirant, *trahens.*
le Tirant d'une bourſe *ou* d'un ſac, *lorum ductile.*
Tirant, viande dure à manger, *caro dura.*
Tolérant, *-ans.*
Torrent, *-ens.*
ſuivre le Torrent, *conſuetudinis æſtu abripi.*
Tranſparent, *pellucidus.*
Vice-gérant, *vices gerens.*

Plus divers temps & diverſes perſonnes du verbe rendre, *& de ſes composés:* rend, prend.

SANT. SENT. ou CENT. dont la prononciation eſt ferme.

Abſent, *-ens.*
Accent d'Orthographe, de Province, *accentus, vocis ſonus, vocis flexio.*
—de Muſique, *tonus muſicus.*
Adjacent, *-ens.*
Adoleſcent . . .
Adreſſant, *inſcriptus.*
Appétiſſant, *ſuî appetentiam excitans.*
Aſſortiſſant, *congruens.*
Aſſujétiſſant, *ſubjiciens.*
Attendriſſant, *mentem commovens.*
Blanchiſſant, *caneſcens.*
Blandiſſant, v. m. *blandiens.*
Cent, *-um.*

v ſubſtantifs & adject. maſcul. v

Chériſſant, *amando,* ou *amans.*
Commerçant, *mercator.*
Compatiſſant, *miſeriis commotus.*
Condeſcend, *conniveo.*
Croiſſant de la lune, *luna creſcens.*
Croiſſant de Jardinier, *lorum hortulani.*
Croiſſant, au figuré, le Turc, *Turca.*
l'Empire du Croiſſant, *Turcicum Imperium.*
Croupiſſant, *ſtagnans.* au figuré, *ſtertens.*
Décent, *-ens.*
Deſcend, *-o.*
Demi-cent, *ſemi-centum.*
Embarraſſant, *intricans.*
Embraſſant, *amplectens.*
Fleuriſſant, arbre Fleuriſſant, *arbor florens.*
Floriſſant, Royaume Floriſſant, *florens.*
Glapiſſant, *ganniens.*
Gliſſant, *lubricus.*
Impuiſſant, *impotens.*
Incraſſant, terme de Médecine, *craſſum efficiens.*
Indécent, *-ens.*
Innocent, idiot, *ſtultus.*
Languiſſant, *languens.*
Laſſant, *fatigans.*
Méconnoiſſant, *ingratus.*
Naiſſant, *naſcens.*
Nourriſſant, *nutriens.*
Obéiſſant, *obediens.*
Offenſant, *injurioſus, contumelioſus.*
Paſſant, *tranſiens.*
Paſſant, hôte, *hoſpes.*

Substantifs & adjectifs masculins.

acquit-Patent, *apocha patens.*
Perçant, *perforans.*
Pressant, *urgens.*
Puissant, *potens.*
Rafraîchissant, *refrigerans.*
Récent, *-ens.*
Réjoüissant, *exhilarans.*
Resplendissant, *splendens, fulgens.*
Ressortissant, *pertinens.*
lion Rugissant, *leo rugiens.*
Salissant, *inquinans, inquinatu facilis.*
Sent, *-io.*
Succent, *secundum vectigal.*
Tout-puissant, *omnipotens.*
Valissant, vieux mot, Vaillant, *fortis.*
Versant, il n'est d'usage qu'en parlant de carrosses.

SANT. ou SENT. dont la prononciation est douce.

Amusant, *qui delectat.*
* Biendisant, *disertus.*
Bienfaisant, *beneficus.*
Caprisant, terme de Médecine, pouls Caprisant, toûjours émû.
Cicatrisant, terme de Médecine, *cicatrisans.*
Complaisant, *adulator.*
Contredisant, *interventor.*
Duisant, vieux mot, *congruus, a, um.*
Episcopisant, qui aspire à l'Episcopat.
Exposant, terme d'Arithmétique.
Faisan, oiseau, *phasianus.*
Gisant, *jacens.*

Substantifs & adjectifs masculins.

Hébraïsant, qui parle Hébreu.
Imposant, adj. verb. *imponens.*
Incomplaisant, *non obsequiosus.*
Insuffisant, *insufficiens.*
Luisant, *lucens, lucidus.*
ver Luisant, *vermis pellucidus.*
Malfaisant, *maleficus.*
Malplaisant, *injucundus.*
Médisant, *maledicus.*
Opposant, terme de Palais, *interventor.*
Pesant, *ponderans.*
Plaisant, *placens.* joyeux, *festivus, lepidus.*
Plaisant, *homo facetus.*
mauvais Plaisant *ou* méchant Plaisant, faux Plaisant, *insulsissimus homo.*
Présent, *præsens.*
Présent, don, *donum.*
temps Présent, *tempus præsens.*
à Présent, adv. *nunc.*
Proposant, *-ponens.*
Reluisant, *relucens.*
Satisfaisant, *-faciens.*
Séduisant, *in malum inducens.*
Suffisant, *sufficiens.* propre, *idoneus.* arrogant, *-ans.*

TANT. ou TENT. & TEND.

Arc-boutant, *anteris, erisma.*
Attristant, *mœrore afficiens.*
Autant, adv. *tantùm.*

substantifs & adjectifs masculins.

Battant, en termes d'Anatomie, *valvulæ fores.*
Batant de porte, *foris.*
tambour Battant, *tympanis crepitantibus.*
Battant, en terme de Conchyliologie, *valva.*
un Combattant, *pugnator.*
Commettant, terme de Négoce & de Pratique, *committens.*
Compétent, *-ens.*
Comptant de l'épargne, *numerata ærarii pecunia.*
argent Comptant, *numerata pecunia.*
Constant, *-ans.*
—terme de Géométrie des infiniment petits.
Avocat-Consultant, *Advocatus de jure respondens.*
Contestant, *-ans.*
Contractant, *contrahens.*
Copermutant, *-ans.*
Coûtant, prix commun, *pretium commune.*
Débitant, Commis qui vend en détail le tabac de son Bureau.
Dégouttant, *stillans.*
Distant, *-ans.*
Etant, *existens.*
Excitant, *-ans.*
Exercitant, celui qui fait l'exercice de la retraite.
Exorbitant, *enormis.*
Exploitant, *vadimonium denuntians.*
Fébricitant, *-ans, febriens.*
Flotant, *fluctuans.*
Habitant, *incola.*
Humectant, *madefaciens.*

substantifs & adjectifs masculins.

Impénitent, *impœnitens.*
Incompétent, Juge Incompétent, *Judex non legitimus.*
Instant, *momentum.*
à l'Instant, adv. *statim.*
Intermittent, *-ens.*
Irritant, terme de Droit, *-ans.*
Latent, *-ens.*
Mécontent, *ou* Mal-content, *offensus.*
Montant, *ascendens.* montant, piéce de bois, *arrectaria trabs.* jambe de porte, *postis.* bateau tirant contre-mont, *adverso flumine acta navis.* montant de colline, *collis acclivitas.* de riviére, *fluminis æstus.* d'une somme, produit, *summa, productus.* du vin, *vini vis.*
Nécessitant, *necessitatem imponens.*
Nécessitant, vieux mot, *pour* nécessiteux, *pauper.*
Nonobstant, *quamvis.*
Noyant, v. m. un quidam.
Octans, instrument à marquer les angles.
Palpitant, *-ans.*
Partant, *proficiscens.*
Pénitent, *pœnitens.*
Permutant, *-ans.*
Persécutant, *persequens.*
Pourtant, adv. *ideò.*
Protestant, Religionaire, *Protestans.*
Repentant, *pœnitens.*
Soutraitant, *vectigalium redemptor.*
Tant, adv. *-ùm.*

Substantifs & adjectifs masculins.

Tant à Tant, *tanti, quanti.*
Tant & Tant, *totidem.*
Tentant, qui cause une envie, *alliciens, invitans.*
Traitant, *tractans.*
Traitant, homme d'affaires, *vectigalium redemptor.*
Tremblotant, *tremens.*
Végétant, *-ans.*
Ventripotent, *-ens.*

Voyez les participes des verbes en ter, atre, etre, *& d'une partie de ceux en* tir : déteſtant, *-ans.* battant, *verberans.* mettant, *ponens.* mentant, *mentiens.*

Plus divers temps & diverses perſ. du verbe tendre, *& de ſes composés :* tend, *-ens.*

VANT. & VENT.

Abat-vent, *tegillum.*
Abrivent, *objectaculum quo ventus arcetur.*
Avant, adv. & prépoſit. *antè, anteà.*
Au-devant, *obviàm.*
Auparavant, *antè.*
Auvent, *umbraculum.*
Bravant, *inſultans.*
Briſe-vent, terme d'Agriculture, clôture ou petit mur, pour empêcher que le vent ne donne ſur les plantes potagères.
Contrevent, *ad ventum arcendum tabula.*
Convivant, *convivens.*
Couvent, *conventus.*
Décevant, *decipiens.*
Devant, prépoſit. *ante.*

Substantifs & adjectifs masculins.

Diſſolvant, *-ens.*
Dorénavant, *deinceps.*
* Engoulevent, *ore patulò ventum hauriens.*
Eſtrivant, vieux mot, *contendens.*
Event, *ſpiraculum.*
Event, *aëris motus.*
tête à l'Event, *levis ingenii.*
Fervent, *fervidus.*
Grêvant, vieux mot, *moleſtiâ afficiens.*
Levant ou Orient, *Oriens, Ortus.*
Levent, ſoldat de Marine chez les Turcs, *miles navalis.*
Paravant, *umbella.*
Paſſavant, cri d'armes de Thibaut, Comte de Champagne.
Pruant, qui démange, *pruriens.*
Rêvant, *ſomnians.*
Sçavant, *ſciens, doctus.*
chevalier Servant, *eques ſerviens.*
frere Servant, *frater ſerviens,* ou *laïcus.*
gentilhomme Servant, *nobilis miniſtrans.*
Souduant, vieux mot, *ſeductor.*
Souvent, adv. *ſæpe.*
Souſcrivant, *ſubſcriptor.*
v Survend, *cariùs vendo.*
Survivant, *ſuperſtes.*
Taillevent, oiſeau maritime.
v Vend, *-o.*
Vent, ſouffle, *ventus, flatus.* de la bouche, *halitus.*

substantifs & adjectifs masculins.

d'Est ou du Levant, *aura, oriens.* d'Oueſt ou du Couchant, *favonius.* du Sud, ou du midi, *auſtralis.* Sudeſt, *euronotus.* Sud-oueſt, *libonotos.* du Nord, ou du Septentrion, *borealis.* de Nordeſt, *euro-aquilo.* de Nordoueſt, *corus.* vent en poupe, bon vent, *ſecundus.* vent en proue, mauvais ou contraire, *adverſus.*

Avau le vent, ſous le vent, *ſub vento.* de bout au vent, *rectâ ad ventum.* coup de vent, *flatus vehemens.* Grain de vent, *mica venti.* terme de marine.

Moulin à vent, *velaris moletrina.*

Vent, faste, *faſtus.*

bon Vivant, *feſtivus, hilaris.*

Plus les part. des verbes en voir *en* ire *& en* ivre : pouvoir, concevoir, vivre, ſuivre, écrire, *& leurs composés, excepté* avoir. Concevant, *concipiens.* vivant, *vivens.* ſuivant, *ſequens.* écrivant, *ſcribens*, &c.

UANT.

Chahuant, oiſeau de nuit, *bubo.*

Concluant, *-udens.*

Confluent de rivière, *-ens.*

Confluent, terme de Médecine, qu'on applique à la grande abondance de la petite vérole.

substantifs & adjectifs masculins.

Congruent, *-ens.*

Conſtituant, participe préſent, act. *conſtituens.*

Gluant, *glutinans.*

Inſinuant, *-ans.*

Puant, *fœtidus.*

Remuant, *movens.*

Suant, *ſudans.*

Tenant, *tenens.* avare, *avarus, parcus.*

Tuant, *occidens* : vel *importunus.*

Voyez les participes des verbes en uer.

YANT.

Bruyant, *perſonans.*

Clairvoyant, *perſpicax.*

Délayant, terme de Médecine, *diluens.*

Flamboyant, *flammas vibrans.*

Foudroyant, *fulminans.*

Fuyant, *fugiens.*

faux-Fuyant, *effugium.*

Joyant, vieux mot, *lætus.*

Larmoyant, *lacrymans.*

Ondoyant, *undans, undoſus.*

Prévoyant, *prævidens.*

Verdoyant, *virens.*

Voyez les verbes en yer : abboyant, *latrans.*

Plus les participes d'une partie des verbes en ant : attrayant, *illiciens.*

VERBES.

Agrafant, *infibulans.*

Agréant, *approbans.*

verbes au participe.

Alléguant, *-ans.*
Apostrophant, *compellans.*
Béant, *os patens.*
Biffant, *delens.*
Brigant, *ambiens suffragia.*
Chauffant, *calefaciens.*
Coëffant, *capillari obvelans.*
Conjuguant, *inclinans.*
Courbant, *curvans.*
Créant, *-ans.*
Décoëffant, *calanticâ exuens.*
Délégant, *-ans.*
Dérobant, *furans.*
Désagréant, *improbans.*
Distinguant, *-ens.*
Divulguant, *-ans.*
Echauffant, *calefaciens.*
Embourbant, *cœno immergens.*
Enjambant, *crus projiciens.*
Etouffant, *suffocans.*
Extravaguant, *insaniens.*
Fatiguant, *-ans.*
Flambant, *flammas vibrans.*
Fourbant, *ludificans.*
Fabriquant, *-icans.*
Gobant, *glutiens.*
Greffant, *inserens.*
Homologuant, *ratum aliquid habens.*
Intriguant, qui se fourre, *gliscens.*
Intriguant, Brouillant, *intricans.*
Légant, *-ans.*
Liguant, *fœdere devinciens.*
Maugréant, *jurans.*
Morguant, *fronte arrogans.*
Paraphant, *scriptoriâ tesserâ obsignans.*
Philosophant, *-ans.*
Plombant, *plumbo muniens.*

verbes au participe.

Procréant, *-ans.*
Prodiguant, *profundens.*
Réchauffant, *recalefaciens.*
Recréant, *oblectans.*
Regimbant, *recalcitrans.*
Relégant, *amandans.*
Subjuguant, *subdens.*
Succombant, *succumbens.*
Tombant, *cadens.*
Triomphant, *-ans.*
Vogant, *velis aut remis navigans.*

Voyez les participes des de tous les verbes.

Voyez MANT. & MENT.

ANTE. & ENTE.

Substantifs & adjectifs féminins.

Abante, nom de peuple, *Abas.*
Acanthe, fleur, *acanthus.*
Alicante, ville, *Alcyona.*
vin d'Alicante, *vinum Alcyonicum.*
Amaranthe, fleur, *-thus.*
Amaranthe, couleur, *amaranthinus color.*
Amiante, terme de Lithologie, *amiantes.*
Appétissante, *appetibilis.*
chambre Ardente, où l'on juge les Empoisonneurs.
chapelle Ardente, *capella luminibus ardens.*
Aspirante, *quæ aspirat.*
Assiente, *collegium mercatorum.*
Atalante, fille légère à la course, *Atalanta.*
Attente, *expectatio.*
table d'Attente, *tabula rasa.*

Substantifs & adjectifs féminins.

Bacchante, Prêtresse de Bacchus, *Bacchans.*
gueule Béante, *os hians.*
Bisanthe, ou Bisanthe, ville de l'ancienne Macédoine, *Bisanthe.*
Cânente, Nymphe, *-ta.*
Carimente, Prophéteſſe, *Carimenta.*
Cinquante, *quinquaginta.*
Consonante, *-ans.*
Contre-fente, terme de Chirurgie.
Corybante, *corybas.*
Courante, danse, *saltatio citata.*
Courante, cours de ventre, *dysenteria.*
eau Courante, *aqua decurrens.*
Croquante, piéce de pâtisserie, *crustula.*
Dante, Poëte Italien, *Dantus.*
Descente, *descensio.*
Descente de boyaux, *enterocele.*
Descente de Justice, *Judicum descensus.*
Diligente, tulippe printanniére.
Dominante, terme de Musique, *dominans.*
Edifiante, *boni exempli.*
conduite Edifiante, *probi mores.*
cause Efficiente, *causa efficiens.*
Engageante, *alliciens.*
Ente d'arbre, *insitum.*
Entente, *intellectio.*
Epouvante, *pavor.*

Substantifs & adjectifs féminins.

Erymanthe, forêt, *-tus.*
Etente, *stipula.*
ligne Fichante, *linea figens.*
Fiente, *stercus.*
épée Flamboyante, *ensis flammas vibrans.*
Forfante, *scelerata.*
bête Fringante, *bestia venustula.*
femme Galante, *improba mulier.*
Gouvernante, *gubernatrix.*
eau Jaillissante, *saliens.*
Jante de roue, *radius.*
Infante, fille de moyenne vertu, *pellex.*
Innocente, *insons.*
Intendante, *præposita.*
fiévre Intermittente, *febris intermittens.*
Lente, *lenta.*
Lente de tête, *lens, lendis.*
Lépante, ville, *Naupactum.*
Mante, couverture, *stragula.*
—voile, *gausapium.*
Médiante, terme de Musique, *media.*
Méliante, plante d'Afrique, *melianta.*
Mente, herbe, *-ta.*
Mévente, *mala venditio.*
Eglise Militante, *Ecclesia militaris.*
Nonante, *nonaginta.*
quart de Nonante, instrument de Mathématique, *quadrans graduatus.*
Octante, *octoginta.*
* Paragouante, *munusculum.*
Patente, *diploma.*
Lettre Patente, au plur. *litteræ patentes.*

Substantifs & adjectifs féminins.

Pénitente, Religieuse, *pænitens : sanctimonialis.*
Pente, talud, *declive.*
Pente naturelle, *propensio.*
Pente de lit, *lecti inclinatio.*
Plante, *-ta.*
Postulante, *postulatrix.*
Probente, terme de Palais.
Pulante *ou* Pullante, vieux mot, *putida.*
Quarante, *quadraginta.*
ligne Rasante *ou* Flanquante, *linea eradens.*
Rente, *reditus, proventus.* annuelle, *annuus.* viagère, *vitalis.* fonciére, *solarium.* volante, *ambiguus.*
Revente, *iterata venditio.*
Rhadamanthe, Juge des Enfers, *Rhadamanthus.*
Rossinante, mauvais cheval, rosse, *strigosus equus.*
chaise Roulante, *sella curulis.*
Sente, vieux mot, sentier, *semita.*
Septante, *septuaginta.*
Version des Septante, *Versio LXX. Interpretum.*
Servante, *ancilla.*
Soixante, *sexaginta.*
Sous-gouvernante, *sub-gubernatrix.*
Soupente, *cella expensilis.*
Sur-intendante, *super-præposita.*
Sycophante, *-ta, delator.*
Tangente, terme de Trigonométrie, *linea tangens.*
Tante, sœur de pere, *amita.* sœur de mere, *matertera.*

Substantifs & adjectifs féminins.

Tente d'armée, *tentorium.* Tente d'une plaie, *peniculum.*
voix Tonnante, *vox intonans.*
Tourmente de mer *ou* tempête, *tempestas.*
Trente, *triginta.*
Trente & Quarante, jeu, *triginta & quadraginta.*
Variantes, diverses leçons d'un même texte, *variæ lectiones.*
Vente, *venditio.*
—trafic, *nundinatio.*
Vice-gérente, *vices gerens.*
Xante, nom d'un fleuve & d'un des chevaux d'Achille.
Zante, ville de l'ancienne Gréce.

Voyez les féminins des noms en ant *&* ent. Géante, *gig[illegible]* diligente, *diligens.*

Plus divers temps & pers. des verbes en anter *&* enter: vante, *vendito.* contente, *satisfacio,* &c.

Plus les participes féminins des verbes en er, *& presque de tous les autres :* charmante, *mira.* tenante, *tenax.* méconnoissante, *ingrata,* &c.

ANTRE. & ENTRE.

Subst. masc.

Antre, caverne, *antrum.*
Centre, milieu, *centrum.*
—lieu où l'on se plaît, *locus optatus.*
Chantre, *cantor.*

Substantifs masculins. verbes au présent.

* Diantre, *pour* Diable, *hercle.*
Entre, prépofit. *inter.*
Souchantre, *fuccentor.*
Ventre, *-ter.*

VERBES.

Concentre, *rem aliquam cum alterâ cogo; in unum coalefco.*
Entre, *intro.*
Eventre, *exentero.*
Rentre, *denuò ingredior.*

ANVRE. & ENVRE.

Chanvre, *cannabis.*
beurre de Vanvre, *Vanvrenfe butyrum.*

AO.

Bilbao, ville, *Bilbaum.*
Cacao, arbre, *cacaum.*

AON. *voyez* ON.

AP.

Cap *ou* promontoire, *promontorium.*
Cap, *caput.*
a de pied en Cap, *cataphractus.*
Drap, *pannus.* d'or, *aureus.* de foie, *fericus.* ras, *-us.* à poil, *villofus.* de toile, *linteus.*
Gap, ville, *Vapincum.*
de Gap, *Vapincenfis.*
Hanap, *crater.*
Jalap, plante, *-um.*
Jap, vieux mot, *abies.*

APE.

Substantifs masculins & feminins.

Agape, feftins des premiers Chrétiens dans les Eglifes, *agapa.*
Antipape, *-pa.*
Attrape, *captio.*
Chape d'Eglife, *cappa.*
—fourreau d'épée, *vagina.* d'alembic, *apex.*
Chauffe-trape, *murex.*
Détrape, vieux mot, délivrance, *liberatio.*
Efculape, *Æfculapius.*
Etape, *annona.* de gens de guerre, *militaris.*
Etrape, fauciffon.
la Frape, terme de Monn. *percuffura.*
Grappe, *botrus*, *racemus.*
Happe, efpéce de crampon.
Jappe, *garrulitas.*
Mappe, vieux mot, torchon, *peniculus.*
Nape, *mappa.* filet, *rete.* peau, terme de chaffe, *pellis.*
Pape, *-pa.*
Priape, *-pus.*
Râpe, (long) *radula* ou *fcabina.*
Sappe, *fuffoffio.*
v Sappe, *murum fuffodio.*
aller à la Sappe, *cuniculis incedere.*
Satrape, Gouverneur de Province chez les anciens Perfes, *Satrapas.*
Soupape, inftrument pour les machines hydrauliques, *animella.*

f Tape, coup, *ictus.*
f Trape, *decipulum.*
La Trape, Abbaye de Bernardins, qui vivent dans la derniére régularité, *Trapense Monasterium.*

APLE.

m Canaple, Comté, *-plus.*
a de Canaple, *Canaplensis.*
m Naples, ville, *Neapolis.* mal de Naples, grosse vérole, *lues venerea.*
m gros de Naples, étoffe, *pannus bombycinus Neapolitanus.*

APRE.

a Apre au goût, *asper.*
a Apre, ardent, *ardens.*
m Câpre, pirate, *pirata.*
f Câpre, fruit, *capparis.*
v Diapre, il est plus bref que les autres, *illustro.*
Malapre, terme d'Imprimerie, *ignarus.*

APS.

Caps, *promontoria.*
Draps, *on prononce* Dras, *lintea*, *panni.*
Hanaps, *cyathi.*
Relaps, *-us.*

APT.

Apt, ville. *Apta Julia.*
a d'Apte, *Aptensis.*
m Rapt, *-us.*

substantifs & adjectifs masculins & féminins.

APTE.

v Adapte, *-to.*
Capte la bienveillance, *capto.*

AQUE.

Ablaque, soie ablaque.
Andromaque, femme d'Hector, *Andromacha.*
Artériaque, terme de Médecine, *arteriacus.*
Attaque, *aggressio.*
—de maladie, *tentatio.*
—des ennemis, *irruptio.*
—d'une ville, *invasio.*
—fausse attaque, *ficta invasio.*
Baraque, *tugurium.*
Braque, espéce de chien, *canis venaticus.*
Brucolaque, les Grecs appellent ainsi les cadavres des excommuniés.
Caque de poudre, de hareng, *cadus.*
Caraque, côte de l'Amérique méridionale.
Caraque, vaisseau, *-aca.*
Cardiaque, *cordi utilis.*
Cazaque, *chlamys.*
tourner Cazaque, changer, *deficere ab.*
Claque, *palma extensa percussio.*
Claque, gros oiseau, *item* au plur. sandales de femme.
Cloaque, m. & f. *-aca.*
Cœliaque, terme de Médecine, passion cœliaque, *passio cœliaca.*

substantifs & adjectifs masculins & féminins.

flux Cœliaque, maladie, *fluxus cœliacus.*
Cosaque, peuple, *-cus.*
Déliaque, *-cus.*
Démoniaque, *dæmoniacus.*
Eaque, Roi d'Egine, Juge des Enfers, *Æacus.*
Elégiaque, espéce de Poësie, *elegiacus.*
Généthliaque, qui fait l'horoscope, *genethliacus.*
Poëme Généthliaque sur la naissance de quelqu'un, *genethliacum.*
Héliaque, terme d'Astronomie, *heliacus.*
Hypocondriaque, *-acus.*
Jaque, fruit des Indes.
Iconomaque, hérétique.
Laque, gomme, *lacca.*
Laque de la Chine, *rubrum purpurarium Sinicum.*
Lausiaque, qui appartient aux Laures.
Macque, instrument pour briser le chanvre.
Maniaque, *-acus.*
Morlaque, peuple . . .
Opaque . . .
Patraque, curiosité de peu de valeur, *res vilis.*
Plaque, *lamina.*
Plaque d'Orfévrerie, *lamina argentea.*
Polaque.
Riqueraque, *cantilena.*
Sandaraque, gomme, *-ca.*
Simoniaque, *-acus.*
Syriaque (le) *lingua Syriaca.*
Tambaque, métal composé, *tambacum.*

f Thériaque, *-aca.*
m Valaque, peuple, *-acus.*
Veillaque, homme de mauvaise foi, *infidus.*
m Zodiaque, cercle de la sphère, *zodiacus.*

Plus divers temps & diverses personnes des verbes en aquer : braque.

AQUE. long.

Jacques, nom, *Jacobus.*
Pâques, *Pascha.*

AR.

substantifs masculins.

Abdar, nom de l'Officier qui sert de l'eau à boire au Sophi de Perse.
Agar, mere d'Ismaël.
Amilcar, nom.
Antithénar, nom d'un muscle.
Baltazar, Roi de Babylone.
Duché de Bar, *Ducatus Barensis.*
Bomilcar, nom.
Braquemar, *acinaces.*
Calemar, *theca calamaria.*
Car, adv. *nam, enim.*
César, Empereur, *Cæsar.*
Char, *currus.* de triomphe, *triumphalis.* à deux chevaux, *bigæ.* à quatre, *quadrigæ.* à six, à huit.
Choncar, espéce d'oiseau de proie.
Coquemar, *cucuma.*
Costar, Aut. Franç. *-us.*
Czar de Moscovie.
Escobar, fameux Jésuite Espagnol.

ſubſtantifs maſculins.

Gaſpar, nom.
Gibraltar, détroit, *fretum Gaditanum.*
Hoſpodar de Valachie, *-us.*
Jaquemar d'horloge, *malleus.*
Jar, entendre le jar.
Madagaſcar, île, *inſula Laurentina.*
Malabar, pays, *-um.*
Nabonaſſar, Roi de Babylone.
Nectar, breuvage des Dieux.
Nénuphar, *nymphæa.*
Par, prépoſit. *per.*
Putiphar, nom propre.
Radar, archer de Perſe.
Rafar, mauvais raiſin.
Sannazar, Poëte latin, *-us.*
Timar, eſpéce de fief en Turquie, *timarum.*

Plus voyez ci-après les mots terminés en ard *&* art, *où le* t *& le* d *ne ſe prononcent point, & qui riment avec ceux-ci.*

ARBE.

ſubſtant. fem.

Algarbe, pays, *-ba.*
Barbe, *-ba.* blanche, *cana.* jaune, *flava.* rouſſe, *ænobarba.*
ſans Barbe, *imberbis.* avec de la barbe, *barbatus.*
petite Barbe, *barbula.*
à la Barbe, *coram.*
à vôtre Barbe, *te invito.*
faire la Barbe, *tondere barbam.* reprendre, *objurgare.*
Barbe d'épi, *ariſta.* de coq, *galli palea.* de chévre, ou de bouc, *aruncus.* de cheval, *equina.*

ſubſtantifs feminins.

Barbe de chévre, herbe, *barba caprina.*
Barbe, cheval de Barbarie, *equus Punicus.*
la ſainte Barbe, terme de mer, lieu où l'on met les poudres du vaiſſeau, *pulveris pyrii tabulatum.* chambre des Canoniers, *tormentariorum camera.*
Barbe, nom, *Barbara.*

v

Ebarbe, *barbam tondeo, demo.*

* Garbe, *feſtivitas.*
Jombarbe, *ou* Joubarbe, plante, *ſedum magnum, digitellus.*
Pantarbe, pierre précieuſe, *lapidis pretioſi ſpecies.*
Rhubarbe, *Rheum -barbarum.*
Soubarbe, *hypobarba.*

ARBRE.

ſubſt. maſc.

Arbre, *arbor.*
Marbre, *marmor.*

ARC.

Arc, *-us.*
Dannemarck, Royaume, *Dania.*
Koniſmark, ſorte de lame d'épée.
Marc, nom propre, *Marcus.*
Marc, poids, *bes.*
Marc de fruits, *magma, feces.*

subst. masc.

—de raisins, *vinacea.*

Parc, enclos de murs, *septum muris clausum.*

Parc de brebis, *septum oviarium.*

ARCE. & ARSE.

substantifs & adject. fem.

Comparse, entrée des quadrilles au Carrousel, *distributio pyrrhiæ equestris.*

Darse, où l'on met les Galères, *triremium statio.*

Eparse, *sparsa.*

Farce, terme de cuisine, *farcimen.*

Farce de Théâtre, *mimicus jocus.*

v Farce, de Farcir, *farciat.*

v Farce, de Farcer, *mimos ago.*

Garce, fille débauchée, *meretrix.*

Tharse, ville, *-sus.*

ARCHE.

f Arche de Noé, *arca Noë.* d'un pont, *pontis.* d'alliance, *fœderis.*

f Contremarche, terme de guerre, *retrocessio, regressus.*

v Contremarche, *contravado.*

f Démarche, port, contenance, *incessus.*

v se Démarche, *incedit.*

f Marche, degré, *gradus.*

f —trace, *vestigium.*

f Marche, terme de guerre, *iter.*

v battre la Marche, terme de guerre, *iter canere.*

fausse Marche, terme de guerre, *fictum iter.*

v Marche, *ambulo.*

m Patriarche, *-cha.*

ARD. & ART.

Outre qu'ils riment de même, la plûpart s'écrivent indifféremment.

substantifs & adjectifs masculins.

Aboyard, nom d'un chien, *latrator.*

un Apart, on dit plus ordinairement un *à parté.*

Art, *ars.* science, *-tia.* artifice, *-ium.* subtilité, *-tas.* industrie, *-ia.* adresse, *solertia.*

sans Art, *iners.*

Avant-quart.

Babillard, *garrulus.*

Bachelard, term. prov. *Amasius.*

Bâtard, *nothus, spurius.*

Bavard, *vaniloquus.*

Bayard, cheval des quatre fils Aymon.

Bayard, *badius.*

Bayard, sorte de riviére.

Begghard, Religieux, *-us.*

Béquillard, *grallator.*

Bernard, nom propre, *-us.*

Bernard l'hermite, poisson de mer, appellé aussi le pauvre homme.

Bezoard, minéral, *bezoardicus lapis.*

Billard, jeu, *ludus tudicularis.*

Billard, bâton, *tudicula.*

Blafard, *subpallidus.*

Bois lézard, c'est dans les

Subst. & adj. masc.

îles une eſpéce d'arbre de Charpentier.
Bouvard, terme de Monnoyeur, gros marteau.
Braillard, *clamator, rabula.*
Martin-Braillard, injure, *clamator.*
Brancard, *lectica.*
Braſſart, *brachiale.*
Brocard, injure, *dicterium.*
Brocard, étoffe, *ſericum auro intextum.*
Brouillard, *nebula.*
papier Brouillard, *papyrus ſtupea.*
Boulevard, *propugnaculum.*
Cafard, *hypocrita.*
damas Cafard, *damaſcinum ſimulatum.*
Caignard, fainéant, *deſes.*
Camard, *ſimus.*
Campagnard, *agreſtis.*
Canard, *anas.*
Capivard, cochon d'eau.
Chevrillard, petit chevreuil.
Colin-Maillard, jeu, *cæcati ludus.*
Coquart, vieux mot, *garrulus.*
Corbillard, coche d'eau, *rheda fluvialis.*
Cornard, injure, *cuculus, curuca.*
* Couard, poltron, *ignavus.*
Criard, *clamoſus.*
Cuiard, *pæderaſtes.*
Cuiſſart, *femorale ferreum*
Dard, *telum.*
Demiquart, *ſemiquadrans.*
Départ, *diſceſſus.*
eau de Départ, eau forte, *aqua ſeparatoria.*

Subst. & adj. masc.

Droſſart, c'eſt le nom qu'on donne en Hollande aux chefs de la Juſtice.
Ebuard, gros coin de bois dur.
Ecart, à l'Ecart, *ſeceſſus.*
Ecart de cartes, *luſorii folii rejectus.*
Egard, *ratio, reſpectus.*
à l'Egard, eu égard, *habita ratione.*
* Egrillard, *feſtivus.*
Epaulard, grand poiſſon de mer, *orca.*
Epinard, herbe, *ſpinaria.*
Etendard, *labarum.*
à l'Etendard, ſon de trompette, *ad vexillum.*
Fard, *fucus, ſtibium.*
Feuillard, terme de Blâſon.
Fingard, vieux mot, rétif.
Flambard, petit météore qui paroît ſur mer.
frere Frapart, *frater laïcus.*
Frétillard, *inquietus.*
Frocard, Moine, *monachus cucullatus.*
Fuyard, *fugitivus.*
Gadouard, *foricarum purgator.*
Gaillard, *hilaris.*
Goguenard, *irriſor.*
Goliard, *joculator.*
Grenouillard (peuple Grenouillard) *Ranæ.*
Guignard, oiſeau, *avis vocatrix.*
Hagard, *ferox.*
Hangard, remiſe de carroſſe, *rhedæ locus.*
Hanouard, *ſalis Bajulus.*
Hanſart, eſpéce de ſerpe.

substantifs & adj. masc.

* Hart, corde, *funis.*
à peine de la Hart, *sub pœna capitali.*
Hazard, *casus.* fortune, *-na.* sort, *sors.* péril, *-iculum.*
par Hazard, *fortè.*
jeu de Hazard, *alcatorius ludus.*
Hedard, vieux mot, sorte de cheval.
Hicard, oiseau de riviére.
Houslart, chevalier Hongrois, *eques Hungarus.*
Jacard, nom que les Malabares donnent à un animal que les Portugais appellent Adive.
Jasard, vieux mot, *blatero.*
Javard, mal des chevaux, *morbus equinus.*
Jumart, *onotaurus.*
Langart ou Langard, vieux mot, *linguosus.*
Lard, *laridum.*
Léopard, *-us.*
Lézard, *stellio.*
Liard, *teruncius.*
Mignard, *delicatus.*
Montagnard, *montanus.*
Mouchard, *versipellis coryceus.*
Mouflard, *vultuosus.*
Nard, parfum, *-us.*
* Nazillard, qui parle du nez, *nasiloquus.*
cheval Oreillard, *equus auratus.*
Paillard, *luxuriosus.*
Pansart, *cui pinguis aqualiculus extat sesquipede.*
saint Pansart, *pour* Mardi-gras, mot comique, *genialis dies.*

substantifs & adj. masc.

* Papelard, *hypocrita.*
Part, portion, côté, tenant d'une part, *pars.*
Part, de la part d'un tel, *nomine talis.*
à part, *seorsum.*
d'une part, *ex una parte.*
d'autre part, *aliunde.*
de quelque part, *alicunde.*
la plûpart, *plerique.*
de part en part, *transversatim.*
Il part, *discedit.*
Patart ou Patard, *obolus.*
* vieux Penard, injure, *delirus vetulus.*
Pendard, *furcifer.*
* Petard, *insititium tormentum.*
* Piaulard, pleureur, *plorator, facilis in lacrymas.*
Pillard, *prædo.*
Placard, *libellus publicè affixus.*
Plantard, *talea, saligna populea.*
Pleurard, terme ironique, *lacrymosus.*
Plumard, panache, *crista plumatilis.*
Poignard, *pugio.*
* Poupart, *venustus.*
Poupart, poisson testacée.
Puisard, *puteus profundus.*
Quart, *quadrans.*
faire le Quart, terme de mer, *stationem inire.*
Quillard, terme de jeu.
Quoquart, glorieux sans sujet, *thraso.*
Raillard, *cavillator.*
Regard, *aspectus.*

Substantifs & adj. masc.

Regard de fontaine, *prospectus.*
Rempart, *vallum.*
Renard, *vulpes.*
Renard, fig. fin, *cautus.*
Retard, *mora.*
* Richard, vieux mot, pour dire Riche, *dives.*
Richard, nom propre, *Ricardus.*
Ringard, sorte de barre de fer.
Ronsard, fameux Poëte lyrique François, *Ronsardus.*
Sacard, *peste necatorum sepultor.*
Saoulard, *helluo.*
Sard, vieux mot, *campus.*
Songeart, *cogitabundus.*
Sotard, vieux mot, *stultus.*
Soudart, vieux mot, soldat, *miles.*
Tabard, sorte d'habit.
Tard, -*us.* adverbe, *tardè.*
Tollard, vieux mot, *carnifex.*
Toquart, *pileatus.*
Tranchelard, couteau, *laridi sector.*
Traquenart, *equus tollutarius.*
—danse, *saltatio.*
Tribard ou Tribart, bâton que l'on pend au cou d'un chien.
Vieillard, *senex.*
Yard, mesure d'Angleterre, pour les longueurs.

ARDE.

a *Substantifs feminins.*

Arriére-garde, *ultima acies.*
Avant-garde d'armée, *prima acies.*
m Barde, Prêtre Gaulois, *Bardus.*
Barde de cheval, *equi phalera.*
Barde de volaille, *laridi tegumentum.*
Bâtarde, *spuria, notha.*
Bâtarde, canon, *tormentum minus.*
Bombarde, *ignitus bombus.*
Carde, légume, *beta.*
Carde à carder la laine, *lanæ pecten carminatorius.*
Contre-garde, *lorica.*
Corps-de-garde, *statio.*
Coustillarde, *plaga luculenta.*
Echarde, *spina.*
femme Gaillarde, *mulier festiva.*
Gaillarde, *chorea festiva.* Item : Caractère d'Imprimerie.
Garde, *custodia.* conservation, -*io.* défense, -*io*, *præsidium.* protection, -*io*, *clientela.* soin, *cura.* vigilance, -*antia*, *sollicitudo.* dépôt, *depositum.*
m Garde, homme qu'on prend pour garder, *custos.*
m un Garde du Roi, ou de quelque Grand, *satelles.*
m Garde, Officier de Garde, *excubitor.*
m Garde de la Manche, *stipator.* du corps, *prætorianus.* des Sceaux, *regis signorum custos.* des monnoies, *monetarum*, des forêts,

sylvarum. des portes, portier, *janitor.*
la Garde du Roi ou de quelque Prince, *prætoriana cohors.*
v monter en Garde, *excubias inire.* monter la Garde, *stare in statione.* être de garde, *excubare.*
Garde d'épée, *gladii scutula.* de sanglier, *apri dentes falcati.*
fruit de Garde, *fructus serotinus.*
être en Garde, se méfier, *cavere.*
Garde, terme de Relieur.
* Guimbarde, injure, *vecors.*
—chariot à quatre roues, *plaustrum.*
Hallebarde, *hasta securiclata.*
* Hallebarde, fig. grande femme, *mulier procera.*
Harde, habits : il ne se dit qu'au pluriel, *vestes.*
Mansarde, toit à la Mansarde, *tectum Mansardinum.*
Mégarde, *incogitantia.*
par Mégarde, adv. *imprudenter.*
Moutarde, *sinapi.*
vendeur de Moutarde, *sinapipola.*
on en va à la Moutarde, *res est trita.*
Nazarde, *strictus acutusque articulus.*
Outarde, oiseau, *otis.*
Péricarde, membrane qui entoure le cœur, *pericardium.*

substantifs féminins.

Poissarde, terme injurieux, *squallida.*
Poularde, *pulla altilis.*
Sarde, *-dus.*
Sarde, ville, *-dis.*
Sauvegarde, protection, *clientela, tutelare diploma.*
Surgarde, *extra numerum custos.*

substantifs féminins.

Plus les féminins des noms en ard : camarade, canarde, *commilito, sima.*

Plus quelques temps & quelques personnes des verbes en arder : hazarde.

ARDRE.

* Ardre, brûler, *ardere.*

ARE. & ARRE.

La plûpart de ces mots sont tantôt longs & tantôt brefs, mais plûtôt longs que brefs.

m Abdiare, Royaume d'Asie, *Abdiara.*
m Antavare, peuple d'Afrique, *Antavar.*
m Arrhe, au pluriel, *-rha.*
a Avare, *-rus.*
m B. carre, terme de Musique.
f Bagare, *tumultus.*
a Barbare, *-rus.* cruel, *crudelis.* inhumain, *-anus.*
Barre, jeu, au pluriel, *paalstricus cursus.*
f Barre, *vectis.* de bois, *asser.* de fer, *ferreus longurius.* de porte, *ferreus janua*

Substantifs masculins & féminins.

vectis. de l'audience, *ostiaria curiæ repagula.* de porte de ville, *septum.* terme d'armoiries, *tænia.* terme d'agriculture, *talea.* de queue d'oiseau, terme de vénerie, *pullæ tæniæ.* terme de marine, amas de sable, *arenariæ salebræ.* timon du gouvernail, *clavi manubrium.* de hune, *carchesii tignum.* d'arcasse, ou liste de hourdy, *tabulati ad puppim trabs extrema.* ligne pour effacer, *linea deleteria.* pour remarquer, *linea descripta.* jetter la barre, *vectem projicere.*

Barre, mesure pour les étoffes.

a Bizarre, *variegatus.*

Bizarre, fâcheux, *morosus.*

Bulgare, au pluriel, peuple, *Bulgari.*

Calemare, poisson de mer, *loligo.*

Camare, espéce de caneçon.

* Carre, tenir sa carre, *locum tenere.*

Caracare, nation barbare du Paraguay.

Cochemare, *lienis oppressio nocturna.*

Contrebarre, terme de Blâson.

Cromenare, *salutatio Japonica.*

Ecarre, *quadratura.*

Fanfare, *tubarum sonitus.*

* Foare, paille, *stramen.*

Gabare, bateau plat & large, *cymba.*

v Substantifs masculins & féminins.

Gare, *cave, cavete.*

Guittare, *cythara.*

Icare, fils de Dédale, *Icarus.*

* Ignare, *-rus.*

Lare, au pluriel, Dieux domestiques, *Lares.*

Mare, *lacus.*

Navarre, Royaume, *-ra.*

Marbre de Pare, *marmor Parium.*

Phare, fanal, *-us.*

Pindare, Poëte Grec, *Pindarus.*

Rare, *-rus.*

a la Sarre, riviére...

Simarre, *palla.*

Tantarare, son d'une trompette.

Tarare, montagne, *-rus.*

Tare, défectuosité, *vitium.* déchet, *intertrimentum.*

Tartare, peuple, *-rus.*

Tartare, Enfer...

Ténare, *tænarus.*

Thiare, *-ra.*

* Tintamare, *tumultus.*

Vivipare, terme de Naturaliste, *viviparus.*

Zonare, Historien Grec, *Zonarus.*

Plus divers noms & diverses personnes des verbes en arer *&* arrer : déclare, chamarre.

ARGE.

Barge, *acervus.*

Charge, fardeau, *onus.* pesanteur de fardeau, *pondus.* charge de cheval,

Substantifs féminins.

equi ſarcina. charge, devoir, obligation, dignité, *-tas.* commiſſion, *munus.* magiſtrature, *-atus.* charge, accuſation, *-io.* crimes contenus en l'accuſation, *criminationes.* charge, courſe ſur l'ennemi, *in hoſtes incurſio.* ſonner la charge, aller à la charge, *incurſionem canere, facere.*

a à la Charge, *eâ lege ut.*

Charge, terme de Maréchal, *onus.*

en ſa charge, *in ejus cuſtodia.*

à charge, *moleſtus.*

Décharge d'un fardeau, *depoſitio.* d'un crime, *liberatio.* de caution d'un bateau, *mercium è navi expoſitio.*

Décharge, quittance, *apocha.* d'artillerie, *tormentorum emiſſio.* de fontaine, *fontis receptaculum.*

a Large, *latus, a, um.*

a * Large, *-gus.* libéral, *-lis.*

Litharge, *argenti plumbo miſti ſpuma.*

Marge, *margo.*

Recharge, *iteratum juſſum, iterata commendatio.*

Surcharge, *novum onus.*

Targe, *ſcutulum.*

Plus divers temps & diverſes perſ. du verbe charger, *& de ſes compoſés :* charge.

ARGNE.

Epargne, *parcimonia.*

Subſt. fémin.

Epargne, tréſor du Roi, *ærarium regium.*

Tréſorier de l'Epargne, *ærarii regii tribunus.*

Epargne, terme d'Orſévrerie, *anaglyphum.*

v Epargne, *ſumptui parco.*

Hargne, *rixa.*

ARGUE.

f. Argue, ſorte de bâtiment.

f Boutargue, œufs de poiſſons ſalés, *ova piſcium condita.*

v Cargue, *plico vela.*

m vent Largue, *ventus ſecundus.*

faire Largue, *uti vento ſecundo.*

f Nargue, *inſultatio.*

v ſe Targue, *ſe jactat.*

ARLE.

Arle, ville, *Arelatum.*

a d'Arle, *Arelatenſis.*

m Charles, nom propre, *Carolus.*

v Déparle, *loqui deſino.*

v Parle, *loquor.*

ARME.

Alarme, *ad arma conclamatio.* Epouvante, *trepidatio.* tumulte, *-tus.* terreur, *-ror.* effroi, *pavor.* conſternation, *-tio.* fauſſe alarme, *inanis ad arma conclamatio.* donner l'alarme, *ad arma clamare.* ſonner l'alarme, *claſſicum* *canere.* prendre l'alarme, *animo consternari.*

Substantifs masculins & fémin.

Arme, *armatura.*
Arme, au pluriel, *arma.*
fait d'Armes, *gestum bellicum.*
Arme offensive, *-iva.*
—défensive...
Arme, armoiries, *stemmata.*
* Carme, vers, *carmen.*
Carme, Religieux, *Carmelita.*
Carme de Trictrac, au pluriel, *quaterni numeri.*
Champ d'armes, *area.*
Charme, arbre, *carpinus.*
Charme, sortilége, *fascinum.*
Charme, appas, *illecebra.*
Cotte d'armes, *sagum militare.*
Gendarme, *cataphractus miles.*
Gendarme, terme de Lapidaire, *granum, palea.*
v il se Gendarme, *irascitur.*
Héraut d'armes, *caduceator.*
Larme, *lacryma.*
Larme d'ambre, *lacryma ambari.*
Parme, ville, *-ma.*
a de Parme, *Parmensis.*
Vacarme, *tumultus.*

VERBES.

verb. au prés.

Alarme, *ad arma excito.*
Arme, *armo.*
Charme, *fascino, allicio, blanditiis irretio.*
Désarme, *exarmo.*

ARNE.

v Acharne, *illicio.*
f Arne, fleuve d'Italie, *Arnia.*
f Carne, *angulus.*
v Décharne, *carne nudo.*
v s'incarne, *carnem humanam assumo.*
f Lucarne, *fenestella in ipso tecto.*
f Marne à marner les terres, *marga.*
f Marne, riviére, *Matrona.*
v Marne, *margâ stercoro, margam inspergo.*

ARPE.

Substantifs féminins.

Carpe, *cyprinus.*
Contrescarpe, *declivis crepido.*
Echarpe de cavalier, *fascia.* de femme, *fascia mulie-bris.*
en Echarpe, *in obliquum.*
Escarpe, *lorica interior.*
v Escarpe, *loricâ munio.*
Harpe, *cithara.*
jouer de la Harpe, *citharâ canere.*
joueur de Harpe, *citharædus.*
joueuse de Harpe, *citharistria.*
* jouer de la Harpe, dérober, *furari.*
v Harpe, *unguibus abripio.*
Scarpe, riviére, *-pus.*

ARQUE.

m Alabarque, *-catus.*

Substantifs masculins & feminins.

Alytarque, Pontife d'Antioche, *Alytarcha.*
Anasarque, terme de Médecine, *anasarca.*
Aristarque, nom d'homme, *Aristarchus.*
Arques, ville du Pays de Caux, *Arca.*
Asiarque, Pontife de l'Asie Proconsulaire, *Asiarchus.*
Axarque, *-cha.*
Barque, *cymba.*
Cénobiarque, *cœnobiarcha.*
Contremarque, *adversa nota.*
Gymnasiarque, *-archa.*
a Héréfiarque, *hæresiarcha.*
Marque, *nota.*
Monarque, *-cha.*
Oedémosarque, espéce de tumeur, *œdemosarca.*
Pagarque, Baillif de village.
Parque, *-ca.*
Pétrarque, Poëte Italien, *Petrarca.*
Plutarque, Auteur Grec, *Plutarchus.*
Remarque, *annotatio.*
Xystarque, Officier des Gymnases, *Xystarcha.*

Plus divers temps & diverses personnes des verbes en arquer : parque.

ARRE. *voyez* ARE.

ARS.

a Ars, vieux mot, *ustus.*
m avoir des Egards, *rationem habere.*

Substantifs masculins.

Epars, *sparsus.*
Epinards, *spinaria.*
Gars, *masculus.*
Jars, oiseau, *anser.*
Mars, Dieu de la guerre, *Mars, Mavors.*
Mars, planéte, *Mars.*
Mars *ou* fer, terme de chymie, *ferrum.*
Mars, mois, *Martius.*

Plus les pluriels des rimes en ar, art *&* ard : petars, placars, brocars.

ARSE. *voyez* ARCE.

ART. *voyez* ARD.

ARTE.

Substantifs feminins.

Carte, carton, *carta.*
Carte à jouer, *carta lusoria.*
Carte géographique, *tabula geographica.* cosmographique, *-ica, &c.*
Charte, *pour* chartre, papiers, *charta.*
Fiévre-quarte, *quartana.*
Marte, beléte, *martes.*
Marte Zibeline, *mustela zibelina.*
robe de Marte, *vestis ex marte.*
Marthe, nom de femme, *Martha.*
Quarte de vin, *sextarius.*
Quarte, terme de jeu, *quarta.*
* Quarte, quatriéme, *quarta.*
Pancarte, *programma.*
v Parte, de Partir, *proficiscatur.*

m Parthe, peuple, *-tha.*
Sparte *ou* Lacédémone, ville, *Lacedæmon.*
Tarte, *scriblita.* de pommes, poires, &c. *salgamaria.* de crême, de fromage, &c. *lactea placenta.* d'herbe, *herbarium pepanum.* grasse, *pinguis.*
Plus divers temps & diverses personnes des verbes en arter : écarte.

ARTRE.

subst. fém.
Chartre, prison, *carcer.*
Chartre, au pluriel, papiers, titres, *tabulæ, chartæ.*
Chartre, ville, il faut une *s* à la fin, *Carnutes.*
a de Chartre, *Carnutensis.*
Chartre, maladie, *tabes.*
être en Chartre, *contabescere.*
Dartre, *lichen.*
Martre, *voyez* Marte.
m Mont-martre, *mons Martyrum.*
m Tartre de vin, *tartarus.* crû, *crudus.*
crême de Tartre, *cremor tartaris.*
Sel de Tartre, *sal nitrosum è vino.*

AS.

subst. masc.
Abdias, Auteur fabuleux.
Adonias, nom propre.
Agésilas, Roi de Sparte, *Agesilaüs.*
Altercas, *altercatio.*
Amas, monceau, *acervus, cumulus.* de diverses choses, *copia, congeries.* d'humeurs, *humorum collectio.* d'ordures, *colluvies.* tas, *congeries.* multitude, *-do.* d'hommes, *hominum collectio.* de soldats, *militum coactio.* de bois, *strues.* de terre, *agger.* d'argent, *pecuniæ accumulatio.* faire amas, *colligere.*

substantifs masculins.
Ambézas, le deux d'un dé ou d'une Carte, *duplio, tesseræ duellæ.* de Trictrac, *tesserarum binæ.*
Ananas, fruit, *nux picea Indica.*
Appas, *illicium.*
Arcas, fils de Jupiter & de Calyston.
As, piéce de monnoie ancienne, *as.* petit point du jeu d'astragale, *chius.* du jeu de dés, *tesseræ monas.* du jeu de cartes, *chartæ lusoriæ monas.*
As, du verbe Avoir, *habes.*
Atlas, Roi de Mauritanie.
Atlas, montagne.
Atlas, livre de cartes géographiques, *atlas major.*
du Bartas, Poëte François, *Bartarius.*
a Bas, *demissus.* abject, *-us.* vil, *-lis.* petit, *inferior, imus.* baissé, *depressus.* profond, *altus.* ravalé, *ignobilis.* humilié, *humilis.*
mettre Bas, *deponere.*
mettre son fruit Bas, *fœtificare.*

Substantifs masculins.

discours Bas, *oratio abjecta.* style bas, *stylus demissus, infimus.*
Bas *ou* bât d'un cheval, *clitella.*
cheval de Bas, *equus ad clitellas.*
Bas de chausse, *tibialia.*
Bias, un des sept Sages.
Branlebas, terme de Marine, *præparatio ad pugnam.*
Bras, *brachium.*
petit Bras, *brachiolum.*
garni de Bras, *brachiatus.*
a de Bras, *brachialis.*
Bras de chaise, *sella brachium.* de charette, *temo.* de riviére, *fluminis ramus.* de mer, détroit, *fretum, sinus.* de saint George, *ou* détroit de Gallipoli, *Hellespontus.*
Bras de cheval, *equi tibia superior.* de chévre, *agospasti crura anteriora.* de la vergue, *antennæ funes versorii.*
Bras, puissance, *potentia.* protection, *-io.* force, *vis.* secours, *adjutorium.*
à tour de Bras, *alternis brachiis.*
à force de Bras, *multorum nisu.*
chaise à Bras, *sella brachiata.*
Bras Ecclésiastique, *potestas Ecclesiastica.* séculier, *civilis.*
Brouas, vieux mot, *nebula.*
* Brouillas, *nebula.*
Cadenas, au pluriel, *exemptilis sera.*

Substantifs masculins.

Cadenas, gêne, *catena.*
Cadenas, couvert du Grand Seigneur, *mensa instructus obseratus.*
Canelas, dragée, *tragema striatum.*
Canevas, *tela cannabina.*
Caravanseras, hôtellerie d'Orient.
Carondas, Jurisconsulte.
Cas, ce qui arrive, *casus.* fortune, *-na.* accident, *-ens.* estime, *existimatio.*
faire cas, *æstimare.*
en ce Cas, *in hoc casu.*
en tout Cas, *utcumque erit.*
Cas de conscience, *casus conscientiæ.*
Cas des noms, terme de Grammaire, *casus.*
a Cas, vieux mot, *fractus.*
Cervelas, *botellus.*
Chas, ancienne fortification, *munitio.*
Chasselas, raisin, *racemus minor.*
Choucas *ou* Chucas, oiseau.
Clas, *campanarum sonus.*
Colas, nom qu'on donne aux corbeaux nourris dans la maison.
Compas, *circinus.* à fausse équerre, *oblongis cruribus.* brisé, *cruribus plicatilibus.* de route, de mer, *pyxis nautica.* de Cordonnier, *calcearii.* à quatre pointes, *cruribus mutatoriis.* de Tonnelier, *doliarius.* de Tourneur, *cruribus in orbem complicatis.* de proportion, *diabetes proportionis.*

arrondir le Compas, *circinare.*
mesurer au Compas, *circino metiri.*
Compte-pas, pour mesurer les lieux, *pedometrum.*
Contre-bas, *versùs, deorsùm.*
Cordilias, *levidensa.*
Cossas, *pour* cosse.
Coutelas, *acinaces.*
Damas, ville, *Damascus.*
de Damas, *Damascenus.*
Damas, étoffe, *pannus Damascenus.*
prune de Damas, *prunus Damascenus.*
acier de Damas, *chalybs Damascenus.*
raisin de Damas, *racemus Damascenus.*
Ducas, Famille Impériale.
prendre ses Ebats, se divertir, *genio indulgere.*
Embarras, *intricatio.* empêchement, *impedimentum.* difficulté, *-tas.* des affaires, *rerum implicatio.*
qui est dans l'Embarras, *negotiis distentus.*
tirer d'Embarras, *expedire.*
Enbas, *deorsùm.*
Entrechas, *ou* Entrechat, *capriola intreciata.*
Entrelas, *interjectus.*
Entrepas, allure de cheval, *tollutorium.*
Epaminondas, Thébain.
Ezéchias, nom propre.
* Faguenas, mauvaise odeur, *fœtor.*
Fatras, *quisquilia.*
Fier-à-bras, fanfaron, *thraso.*

Frimats, *gelida nebula.*
Galetas, *sub tegula.*
Galimathias, *verborum sonitus inanis.*
Ganzas, monnoie du Pégu.
Gorgias, vieux mot, *crassus.*
Gorgias, vieux mot, tour de gorge.
Gras, *pinguis.*
fort Gras, *prapinguis.*
Bœuf gras, *bos saginatus.*
devenir gras, *pinguescere.*
terroir gras, *solum pingue.*
Jeudi gras, *hilariorum primus dies.* Mardi gras, *genialium ultimus dies.* jours gras, *bacchanalia.* gras de jambe, *sura.* gras, pour dire Sale, *sordidus.* gras au figuré, pour dire Heureux, riche, *beatus, opulentus.* gras, libre, mot gras, *procax, obscanus.* parler gras, *balbutire.*
Haras, *equaria.*
Haut-à-bas, porte-balle.
Hélas! interjection, *ah!*
Hipocras, *vinum aromatites.*
en chausse d'Hipocras, *ad modum collatorii sacci.*
Hylas, berger.
Jas, premier réservoir des marais salans.
Jonas, Prophéte.
Judas, nom propre.
Las! interjection, *ah!*
Las, lassé, *defessus.* de travail, *labore fractus.* de chemin, *de via fessus.* d'attendre, *expectando fessus.* fatigué, *-gatus.*
Lacs, piége, *laquei.*
Lepas, coquillage.

Substantifs masculins.

Lilas, arbre, *ligustrum.*
Marsias, Satyre.
Mas, *ou* mât de navire, *malus.* le grand & gros mas, *decumanus.* de devant, de beaupré, *anticus.* de mizaine, *medianus.* d'artimon, *artemo.* le pied du mas, *mali crus imum.* le milieu, *trachelus.* le haut, *carchesium.* la hune, *corbis.* la quille, *stercobata.* mas de hune, *carchesii.* de perroquet, *superior.* de fourche, *inferiore antennâ munitus.*
mettre le Mas, mâter, *navem malo instruere.*
Mas, piéces de bois, qui servent à tenir les tentes & pavillons, *tentorii orthostata.*
Matelas, *culcita xylinâ bombyce, gossipii lanugine, vel tomento farta.*
qui fait des Matelas, *culcitarius.*
Matras, *ampulla fundo rotundo cum colli longitudine.*
Mécénas, *ou* Mécéne, favori d'Auguste.
Ménélas, Roi de Sparte, *Menelaüs.*
Midas, Roi de Phrygie.
Nicias, Peintre Grec.
Nicolas, nom propre, *-aüs.*
Pallas, *ou* Minerve, Déesse.
Pancréas, *-as.*
Pas, particule, *non.* point, *minimè.* pas, *passus.* dégré, *gradus.* démarche, *incessus.*
au petit Pas, *lento pede.*
qui va le pas, *gradarius.*
Pas-à-pas, *pedetentim.*
Pas d'une porte, *limen.*
mauvais Pas, danger, *periculum.*
passer le Pas, mourir, *obire.*
Pas-de-clerc, *error, allucinatio.*
suivre Pas-à-pas, *vestigia sequi.*
le Pas, le dessus, *locus honoratior.*
Passage, détroit, *angustiæ, fauces.*
Pas de quelque danse que ce soit, *passus.*
Pas de Carrousel, *propugnaculum.* pas d'armes, *hastatorum ludicra decursio.* ouvrir le pas, *ludicri certaminis equestris initium facere.*
Pas, *gressus.* droit, *rectus.* grave, *-vis.* ouvert, *apertus.* faux, *fallens.* glissant, *lubricus.* grand, *plenus.* petit, *pressus.* hâté, *incitatus.* doux, *mollis.* bon, *mediocris.* mauvais, *difficilis.* géométrique, *-icus.*
Patras, ville, *Patræ.*
de Patras, *Patrensis.*
Phidias, Sculpteur.
Phocas, Empereur.
Pinchina, étoffe, *pannus villosus.*
Plâtras, *rudera.*
* Pourchas, *inquisitio.*
Quartas, monnoie d'Espagne.
Quatas, mesure en Portugal pour les liquides.

substantifs masculins.

Ramas, *collectio.* Recueil, *excerptum.*
Ras, étoffe, *pannus rasus.*
velours Ras, *heteromallum rasum.*
Ras, tondu, *rasus.*
mort aux Rats, *aconitum.*
Rebras, vieux mot, *ala, ora.*
Repas, *refectio.* durant le repas, *inter mensam.* après le repas, *cibo sumpto.* prendre son repas, *vesci.*
Sabrenas, Cordonnier, *sutor.*
—sas, tamis, tamis, *incerniculum.*
—bluteau, *cribrum.*
tourner le Sas, *cribrum vertere.*
Scotitas, surnom de Jupiter.
* Soulas, *solatium.*
Tafetas, *pannus sericus levidensus.*
Tas, amas de choses rangées, *strues, ordinata congeries.*
de choses confuses, *acervus, cumulus.*
Tas, au figuré, pour dire grand nombre, multitude, *turma, multitudo.*
Tas, enclume d'Orféyre, de Monnoyeur, *incus rotunda.*
Tas de charge dans une voûte, *ou* arc doubleau, terme d'Architecture, *incumba.*
Par tas, *acervatim.*
mettre en Tas, *coacervare.*
Thomas, nom propre.

substantifs masculins.

Trépas, *obitus.*
Vaugelas, excellent Traducteur François, *Vaugelasius.*
Verglas, *pruinosa glacies.*
Xiphias, constellation.
Marie de Zaïas, Espagnole sçavante.

Plus le pluriel des noms en at *&* a : Soldats, *milites.*
Quinolas, *Quinola.*

Plus la deuxiéme personne du prétérit des verbes en er : armas.

Plus les secondes personnes des futurs de tous les verbes : aimeras, viendras, connoîtras, mettras, iras, *&c.*

ASCHE. *voyez* ACHE.

ASCLE. *voyez* ACLE.

ASE. *voyez* ACE.

ASLE. *voyez* ALE. long.

ASME. où l'S ne se prononce pas, *voyez* AME.

ASME. où l'S se prononce.

Cataplasme, *-ma.*
Enthousiasme, *divinus afflatus.*
Erasme, Auteur, *-mus.*
Pléonasme . . .
Sarcasme, raillerie . . .

ASNE. *voyez* ANE. long.

ASPE. dont l'S ne se prononce pas, *voyez* APE.

ASPE. où l'S se prononce.

Hydaspe, fleuve, *-pis*

le Jaſpe, *-pis.*
v Jaſpe, *colorem jaſpideum alicui rei inducere.*

ASPRE. *voyez* APRE.

ASQUE. dont l'S ne ſe prononce pas, *voyez* AQUE.

ASQUE. où l'S ſe prononce.

f Baſque de pourpoint, de juſte-au-corps, *thoracis plagula.*
m Baſque, laquais, *pediſſequus.*
m Baſque, qui eſt de Biſcaye, *Cantaber, Vaſco maritimus.*
tambour de Baſque, *crotalum.*
a Bergamaſque, *Bergemenſis.*
f Bourraſque, *procella.*
m Caſque, *galea.*
a Fantaſque, *moroſus.*
Fiaſque, *ou* bouteille, *lagena.*
a Flaſque, *flaccidus.*
f faire Fraſque, *ludifico.*
m Maſque de femme, *paropis.* à ſe déguiſer, *larva.*
m Maſque, perſonne traveſtie, *larvatus.*
f * Maſque, injure, *fœda, turpis.*
v Maſque, *larvo.*
v ſe Maſque, ſe traveſtit, *perſonam induit.*

ASSE. *voyez* ACE.

AST. où l'S ne ſe prononce pas, & où le T ne ſe ſent guère. On écrit *ât* au lieu d'*aſt*, voyez AS.

ſubſtantifs maſculins.

Appât, *illecebra.*
Bât de mulet, *clitella.*
Dégât, *vaſtatio.*
Mât, *malus.*
Plus divers temps des verbes en er : aimât.

ASTE. où l'S ne ſe prononce point, *voyez* ATE. long.

ASTE. où l'S ſe prononce.

m Antipaſte, terme de proſodie latine, *antipaſtus.*
Baſte, terme de jeu, *ſatis.*
f Caſte, Tribu des Idolâtres des Indes Orientales.
m Céraſte, au pluriel, peuples de l'île de Chypre.
a Chaſte, *caſtus.*
Contraſte, *conteſtatio.* terme de peinture, *variatio.* terme de danſe, *contrapoſitio.*

ſubſt. maſc.

Eccléſiaſte, *-es.*
Encomiaſte, Panégyriſte.
Enthouſiaſte, *divino ſpiritu afflatus.*
Faſte, *-us, ſuperbia*
Faſte, au pluriel, pour dire Annales, *faſti.*
Gymnaſte, officier du gymnaſe, *gymnaſtes.*
Iconoclaſte, briſeur d'images, *Iconoclaſtes.*
Métaphraſte, *-es.*
a Néfaſte, mot formé du latin, *nefaſtus.*
Pancratiaſte, *-es.*
Paraphraſte . . .

ſubſtantifs & adjectifs maſculins.

Pédéraſte, Sodomite, *Pæderaſtes.*
Scholiaſte, commentateur, *ſchaliaſtes.*
Vaſte, *-tus, amplus.*

ASTRE. où l'S ne ſe prononce point, *voyez* ATRE.

ASTRE. où l'S ſe prononce.

Aſtre, *-rum, ſidus.*
Cadaſtre, regiſtre des biens ſujets à la taille réelle, *regiſtrum tributarium.*
Caſtre, ville, *Caſtrena.*
de Caſtre, *Caſtrenſis.*
Déſaſtre, *infelicitas.* calamité, *-tas.*
—infortune, *-nium.* miſère, *-ria.*
Kiaſtre, terme de Chirurgie, *Kiaſter.*
f Piaſtre, monnoie, *-tra.*
Pilaſtre, *paraſtata:*
Zoroaſtre, Philoſophe Perſan, *Zoroaſter.*

AT.

Ablégat, *Legati Vicarius.*
Achat, *emptio.*
Aiglat, *pullus aquilæ.*
Altercat, *altercatio.*
Antiquariat, *antiquitatis ſcientia.*
Apoſtat, *-a.*
Apparat, *-us.*
Archidiaconat . . .
Archiépiſcopat . . .
Aſſaſſinat, *cædes.*
Aſſignat, terme de Juriſprudence, *conſtitutio.*

ſubſtantifs maſc.

Attentat, *facinus audax.*
Avocat, *advocatus.*
Auvernat, vin d'Orléans, *vinum Aurelianenſe.*
Baccalauréat, *-us.*
Bonnat, *territorium.*
v Barbat, cheval ramaſſé, *equus brevis.*
Bat, *vapulo.*
Bat, monnoie d'argent d'Allemagne.
Béat, *-us, felix.*
Cabat, *fiſcena.*
Cadenat, ſerrure, *catenaria ſera.*
Calfat de navire, *commiſſurarum obturatio.*
Califat, dignité de Califе, *Califatus.*
Camerlingat, dignité de Rome, *Camerlingatus.*
Candidat, *-us.*
Cannelat, *caſia ſaccharo condita.*
Canonicat, *-us.*
Carat, terme d'Orfévrerie, *obyſa.*
Cardinalat, *-us.*
Cathécuménat, *cathecumenorum ordo.*
Célibat, *-us.*
Certificat, *teſtimonium ſcriptum.*
Cervelat, *botulus.*
Chat, *felis, catus.*
œil de Chat, pierre précieuſe, *leucophthalmus.*
œil de Chat, fleur, *antirrhinon.*
vin de la Ciotat, *vinum civitatis.*
Ciotat, mot Provençal, *civitas.*

ſubſtantifs maſculins.

Citronat, *limonium.*
Climat, *clima.*
Combat, *certamen.*
v Combat, *certat.*
Commiſſariat, bureau des Commiſſaires, *collegium Commiſſariorum.*
Comtat, *Comitatus.*
Concordat, *pacta conventa.*
Conſulat, *-us.*
Contrat, *-ctus.*
Crachat, *ſputum.*
Créat d'Académie, *equeſtris palæſtræ vicarius.*
Débat, *contentio.*
v Débat, *pugnat.*
Décanat, dignité de Doyen, *Decani munus.*
Délicat, *-us.*
Diaconat . . .
Diſparat, terme de Logique, *diſpar.*
Doctorat, *-us.*
Dogat, dignité de Doge, *Dogatus.*
Ducat, *-um.*
double Ducat, *duplio.*
Ebat, *animi relaxatio.*
s'Ebat, *genio indulget.*
Eclat, ſplendeur, *-dor.*
Eclat de pierre, de boïs, *fragmen.* de tonnerre, *fulguris.* de riſée, &c. *fragor.*
Economat, *adminiſtratio.*
Electorat, *-us.*
Entrechat, terme de danſe, *intercaſus.*
Epiſcopat, *-us.*
Eſcarbillat, terme populaire, *feſtivus.*
Eſperlucat, terme populaire, *cautus.*

ſubſtantifs maſculins.

* Eſtropiat, *mancus.*
Etat, *ſtatus.* qualité d'une choſe, *habitus.* condition de vie, *vitæ inſtitutum.* qualité d'habits, *veſtitûs ratio.* diſpoſition, *-tio.* ordre, rang, *ordo.* compte pas écrit, *rationum præſcriptio.*
Etat, Royaume, Souveraineté, *Status, Regnum, Ditio.*
Conſeiller d'Etat, *Regi à ſanctioribus conſiliis.*
Sécretaire d'Etat, *Regi à ſecretis.*
Miniſtre d'Etat, *Regni adminiſter.*
Qui eſt en état, qui eſt prêt, *comparatus.* qui eſt entier, *integer.*
Faire état, former un deſſein, *decernere, conſilium facere.* Se promettre, ſe perſuader, *ſibi perſuadere, ſibi pollicere.*
Faire état, eſtimer, *magni facere, æſtimare.*
Exarquat de Ravenne, *exarchatus.*
Fat, *-uus.*
Forçat, *remex condemnatus.*
Format, terme de Libraire, la forme d'un livre, *forma.*
Gardianat, *ou* Gardiennat, *præfectura.*
Généralat, *ſumma Prætura*
Goliath, géant.
Goujat, *calo, cacula militaris.*
Grabat, *-um.*
Grandat, dignité.

substantifs masculins.

Grat, vieux mot, *-us.*
Grenat, pierre précieuse, *carbunculus.*
Hanafat, vieux mot, *gothus mellis.*
Immédiat, *proximus.*
Incarnat, *roseus.*
Infortiat, partie du Digeste, *infortiatum.*
Ingrat, *-us.*
* Interrogat...
vallée de Josaphat, *vallis Josaphat.*
Jurat, *-us.*
a Lauréat...
Légat...
Louvat, *lupæ catulus.*
Magistrat, *-us.*
Magnificat, terme de Bréviaire.
Mandarinat, *-us.*
Mandat, terme de Chancellerie Apostolique, *mandatum.*
* Margajat, injure, *pusio.*
Marquisat, *Marchionatus.*
Mat, terme de jeu d'échecs & de tarots, *ad incitas adactio.*
Echet & Mat, *periisti.*
or Mat, *aurum rude.*
Méplat, *semiplanus.*
Miélat, sorte d'exhalaison.
Ministériat, *-us.*
Mithridat, drogue, *-um.*
Mulat, terme de Relation, *hybris.*
Murat *ou* Murad, Sultan des Turcs, *Muratus.*
Muscat, raisin, *uva apiana.*
Muscat, vin, *vinum ex uvis apianis.*
rosier Muscat, *rosarium muscatum.*
Nacarat, couleur, *aureus color.*
Nobilissimat, dignité de Nobilissime.
Nonnat, petit poisson, *quasi nondum natus.*
Notariat, *tabellionatus.*
Noviciat, *novitiorum domus.*
Noviciat, apprentissage, *tyrocinium.*
Oblat, *ou* Moine lai, *-us.*
Odorat, *-us.*
Oeconomat, *administratio, curatio.*
Orgeat, *potus hordearius.*
Oxycrat, *posca.*
Papat, *-us.*
Passulat, miel préparé avec des raisins de Damas.
Pastorat, *Pastoris officium.*
Patrat, *ou* pere Patrat, *pater patratus.*
Patriarcat, *-chatus.*
Patriciat, *patritii dignitas.*
Péculat, *-us.*
Perfectissimat, *perfectissimi dignitas.*
Personnat, *-us.*
Pissat, *urina.*
Plagiat, sorte de larcin, *plagium.*
Plat, *planus.* égal, uni, *æquus.* aplani, *depressus.* aplati, *attenuatus.* mince, *tenuis.* bas, *humilis.* vulgaire, *-aris.* trivial, *-lis.* couché de plat, *stratus.*
Plat, donner du plat de la langue, *fucum facere.*
Plat de la main, *vola.* d'une épée, *planum ensis.*

substantifs masculins.

Plat, dépense de bouche, *obsonium.*
Plat, vaisselle de table, *discus, paropsis.*
Plat de balance, *lanx.*
Tout-à-plat, *planè.*
Style plat, *stylus tenuis.*
Pontificat, *-us.*
* en son Pontificat, en habit de cérémonie, *in Pontificibus.*
Potentat, *Princeps potentissimus.*
Préachat, payement fait d'une marchandise avant qu'on l'ait reçûe, *praemptio.*
Préceptorat, qualité de Précepteur, *praeceptoris status.*
Presbytérat, *presbyteratus.*
Primat, *Primas.*
Primicériat, *-us.*
Priorat . . .
Proconsulat, *-us.*
Professorat . . .
Provincialat, *-alis dignitas.*
Prytanat, dignité de Prytane.
Pugilat, l'un des combats des Athlétes.
Quadrat, terme d'Imprimerie, *Typi informes.*
Quadrat, *lunæ quadratus aspectus.*
Quartonat, mesure d'arpentage.
Rabat, collet, *amictus lineus collo circumductus.*
Rabat, terme des jeux de longue paume & de quilles, *pila remissio.*
v Rabat, *retundo.*

subst. masculins.

Rachat, *redemptio.*
Rachat, terme de jeu de longue paume, *redemptura.*
Rat, *mus.*
petit Rat, *musculus.*
* prendre un Rat, *falli.*
Rectorat, *Rectoris munus.*
Résultat, *comitiorum*, ou *colloquiorum summa.*
sucre-Rosat, *saccharum rosatum.*
vinaigre Rosat, *acetum rosatum.*
Caillo-Rosat, poire, *pyrum rosatum.*
Sabbat des Juifs, *-um.*
Sabbat des Sorciers, *Magorum conventus.*
Sabbat, bruit, *strepitus.*
Scélérat, *-us.*
Secrétariat, *scribæ*, ou *amanuensis munus.*
Sénat, *-us.*
Seringat, espéce de fleur.
Soldat, *miles.*
Soudiaconat, *subdiaconatus.*
Stathoudérat, *rei militaris & maritimæ apud Batavos Præfectura.*
Stellionat, *-us.*
Syndicat . . .
Tabourat, instrument Turc, *taburatum.*
Transeat, on fait sonner le *t*, terme de l'Ecole & de Palais.
Tribunat, *-us.*
Triennat, l'espace de trois ans, *triennium.*
Triumvirat, *-us.*
Veniat, terme de Palais.

substantifs masculins.

Verrat, pourceau mâle, *verres.*
Vicariat, *-us.*
Vicelégat...
Victoriat, terme d'Antiq.
Vidomnat, qualité de Vidomne.
Visirat *ou* Viziriat.
Vivat, exclamation : on fait sonner le *t.*

ATE.

substantifs masculins & feminins.

m Acrobate, danseur de corde de l'Antiquité, *Acrobates.*
subst. feminins.
Agathe, pierre précieuse, *achates.*
Annate, *annuum vectigal vacantis Beneficii Ecclesiastici.*
Antidate, *dies antiquior adscripta alicui instrumento* vel *epistolæ.*
Antiphate, corail noir, *-atus.*
Antiprostate, terme d'Anatomie, *antiprostata.*
Aromate, parfum, *aromata.*
m Automate, machine, *automatum opus.*
Barate à battre le beurre, *cadus butyrarius.*
Batte à Tapissier, dont ils se servent pour écharpir la la bourre & la laine.
m Biothanate, celui qui est mort d'une mort violente, *biothanatus.*
Casemate, terme de fortification, *ima crypta ad latera propugnaculorum.*
Cate, espéce de Trochisque *ou* tablette des Indiens.
Chatte, *felis.*
Chatte, espéce de petit bâtiment de mer.
Collégiate, *voyez* Collégiale.
Contredate, *contradata.*
Copiate, vieux mot, *vespillo.*
Coupe-patte, terme de Boulanger.
Cravate, peuple, *Croata.*
Cravate, linge qu'on met au cou, *focale collo circumvolutum.*
Croate, peuple, *Corbas.*
Cul-de-jatte, *gabatarius.*
Date de lettre, *dies adscripta.*
Datte, fruit, *dactylus.*
Dinocrate, Architecte Macédonien.
Disparate, inégalité d'esprit, *insulsitas.*
Ecarlate, *coccineus color.*
Encombomate, terme d'Antiquaire.
Euphrate, fleuve, *-es.*
Frégate, insecte de mer.
Frégate, *leve navigium.*
Gagate, sorte de pierre, *gagates.*
Gratte, vieux mot, *ictus.*
Harpocrate, fils d'Isis, *-es.*
Hécate, *ou* Proserpine, *-te.*
Hippocrate, excellent Médecin, *Hippocrates.*
Hyperbate, *-ton.*
a Jate, *gabata.*
Ingrate, *-ta.* terre ingrate, *terra sterilis.*
v semer en terre Ingrate, pour dire Servir des ingrats, *ingratis & indignis benefacere.*

Substantifs masculins & féminins.

Isocrate, Orat. Grec, *-es.*
Latte, *ambrix.*
Mithridate, antidote, *-tum.*
vendeur de Mithridate, *circumforaneus.*
Mithridate, Roi de Pont, *Mithridates.*
Monochromate, terme de Peinture, d'une seule couleur.
Nate, *torea.*
Omoplate, *-ta,* ou paleron, partie de l'épaule, *scoptulum opertum.*
Opiate, *-tum.*
Ouate, espéce de coton fin comme de la soie, *bombycina.*
Oeil & batte, terme de Poissonnier.
* Patte, *pes.*
* Patte, pour dire la main, *manus.*
Dieu Pénate, ne se dit qu'au pluriel, *Dii penates.*
Phérécrate, Poëte Grec, *-es.*
Pirate, Corsaire, *-ta.*
a Platte, *plana.*
Polymathe, *-thus.*
Post-date, date falsifiée, *dies falsò scripta.*
Prostrate, au pluriel, *-ta.*
Rate, *splen, lien.*
Rime platte, *similis exitus planus.*
Sarmate, *ou* Polonois, *-ta. Polonus.*
Savate, *detritus calceus.*
Socrate, Philosophe Grec, *Socrates.*
Sostrate, nom d'homme, *Sostrates.*

Substantifs masculins.

Stigmate, au pluriel, glorieux stigmates, *stigmata gloriosa.*
Stylobalate, pied d'estal, *stylobalates.*
Vulgate, version, *-ta.*
Vulgate de la Bible.
Plus divers temps & pers. des verbes en ater : dilate, &c.
Plus les féminins des adjectifs en at : délicate.

ATE. long.

v Substantifs féminins.

Bâte d'une boëte de montre, *major circulus.*
il a Hâte, *festinat.*
à la Hâte, *festinanter.*
Pâte, *massa.*
Pâte de confitures, *massa fructum melle* vel *saccharo conditorum.*
Pâte à décrasser, *massa detersoria.*
Saumâte, vieux mot, *subsalsus.*
Plus divers temps & diverses personnes des verbes en âter : gâter.
Plus pour rimer au pluriel les prétérits des verbes en er : limâtes, tombâtes, &c.

ATRE. bref.

Quatre, *quatuor.*
* Faire le diable à quatre, *tumultuari.*

VERBES.

Abattre, *diruere,* renverser,

verbes à l'infinitif.

evertere. mettre en bas, *dimittere*. jetter, *demittere*. faire tomber, *decutere*. accabler, *prosternere*. affoiblir, *infirmare*. débiliter, *-tare*. atténuer, *extenuare*. réprimer, *coërcere*. rompre, *infringere*.

Battre, *cadere*. fraper, *percutere*. fouéter, *verberare*. pousser, *quatere*. avec un marteau, *malleo tundere*.

Battre le fer, *ferrum cudere*. le bled, *triturare*. la campagne, *agros excurrere*. la caisse, le tambour, *tympanum pulsare*. la monnoie, *nummos cudere*. l'estrade, *vias incidere*. la marche, *incessum tympano canere*.

Battre des œufs, *ova macerare*.

Battre les oreilles, répéter, *auribus inculcare*. importuner, *aures obtundere*.

Battre des mains, *manibus*. des aîles, *alis plaudere*.

Battre le pavé, perdre son temps, *divagari*.

Combattre, *certare*.

Débattre, *contendere*.

se Débattre, *disceptare*.

—disputer, *-tare*.

s'Ebattre, *genio indulgere*.

Rabattre, abaisser, *dejicere*.

Rabattre, terme de jeu de paume & de quilles, *repercutere*.

Rabattre, déduire, *deducere*. diminuer de prix, *minuere pretium*.

Rabattre la fumée, les coups, *fumum, ictus reprimere*.

subst. & adj. masc. & femin. v

ATRE. long. ou ASTRE. * dont l'S ne se prononce point.

Acariâtre, *obstinatus*.

Albâtre, *albastrites*.

Amphithéâtre, *-trum*.

Artolâtre, hérétique, *-tra*.

Atre, foyer, *focus*.

Bellâtre, *pulchellus*.

Blanchâtre, *subalbus*.

Bleuâtre, *subcæruleus*.

Châtre, *castro*.

Douçâtre, *subdulcis*.

Ecolâtre, dignité Ecclésiastique, *Scholaster*.

Emplâtre, *emplastrum*.

Emplâtre, au fig. personne infirme, *infirmus*.

Filhâtre, *privignus*.

Folâtre, *lascivus, scurra*.

* Gentillâtre, *pseudonobilis*.

Grisâtre, *subleucophæus*.

Jaunâtre, *subflavus*.

Iconolâtre, *qui veneratur imagines*.

Idolâtre, *-tra*.

Marâtre, *noverca*.

Mulâtre, fils d'un homme & d'une femme Négre, ou tout au contraire, *hybrida*.

Noirâtre, *subniger*.

Olivâtre, *oleaginus color*.

Opiniâtre, *pertinax*.

Pâtre, *pecuarius*.

Parâtre, vieux mot, *vitricus*.

Plâtre, *gypsum*.

m Plâtre, fig. fard, *fucus.*
a Rougeâtre, *subruber.*
a Rouſſâtre, *subrufus.*
Saumâtre, *guſtu ſubſalinus.*
m Théâtre, *-trum.*
a Verdâtre, *subviridis.*

Voyez les autres verbes en atrer.

A U.

ſubſtantifs maſculins.

Agneau, *agnus.*

Aideau, morceau de bois à l'uſage des Charretiers.

Aloyau, piéce de bœuf qui ſe coupe le long des vertébres, *bubula coſta.*

Anneau, bague, *annulus.* garni de pierreries, *gemmatus.* à porter au doigt, *digitalis.* à mettre aux oreilles, *auricularis.* à cacheter, *ſignatorius.* boëte d'anneau, *pala.* anneau, gros morceau de fer en rond, dans lequel on paſſe les cables qui arrêtent les bateaux, *anchora oculus.*

Apeau, *avis illex*, *avearia decipula.*

Arbriſſeau, *arbuſtum.*

Arganeau, *annulus craſſior*, vel *catenula.*

Arceau, terme d'Architecture, *arcus.*

Attereau, terme de Traiteur.

A vau-l'eau, *ſecundùm flumen, infeliciter.*

Babau, fantôme imaginaire, dont les Nourrices de Languedoc ſe ſervent pour faire peur aux petits enfans, *larva umbratilis.*

Baleineau, *balena vitulus.*

Bandeau, *vitta.*

Banquereau, petit banc de mer.

Barbeau, poiſſon, *-bus.*

Bardeau, *ſcandula.*

Barreau, grille de fer, *cratis ferrea.*

Barreau, parquet d'audience, *clauſtra forenſia.*

Barreau, lieu d'audience au Palais, *judiciarium forum.*

Barreau d'Avocats, *Advocatorum repagula.*

Bâtardeau de riviére, *ſeptum in flumine tranſverſum.*

Bateau, *navicula.*

Bau & maître bau, partie du navire, *trabs navis major.*

Beau, *bellus*, *pulcher.* d'un teint agréable, *formoſus*, *ſpecioſus.* ſéant, *decorus.*

Tout beau, *deſine*, *ſuſtine*, *quæſo.*

Beau, terme de jeu, je l'ai beau, *ludus mihi arridet.*

Vous me le donnez beau, facile, *anſam mihi præbes.*

Bécaſſeau, *ruſticula minor.*

Bedeau, *bidellus.*

Belleau, Poëte François, *Bellaqueus.*

Berceau, *cunabula.*

Berceau, figuré, l'enfance, *infantia.*

Bizeau, taillant de ciſeaux, *acies angulata.* de miroir, *ſpeculi.* de pain, *lingula panis.*

Blaireau, *meles*, *taxus.*

Substantifs masculins.

Blanc-Manteau, Religieux, *Pallio albo indutus.*
Bléreau, le même que Blaireau.
Bluteau, *farinæ incerniculum.* —tamis, *cribrum.*
Bluteau, les Corroyeurs appellent ainsi un paquet de laine pour essuyer les cuirs.
Boileau, *aquæ potor.*
Boileau, Poëte François.
Boisseau, *modius.*
Bordereau, *catalogus.*
Botteau de foin, *fasciculus fœni.*
Bouleau, arbre, *betula.*
Bourreau, *tortor.*
Bourreau, injure, *carnifex.*
Bouveau, *Juvencus.*
Boyau, *intestinum.*
Brigandeau, *latrunculus.*
Burgau, limaçon, *cochlea.*
Bureau, étoffe, *pannus rudior.*
Bureau de gens d'affaires, *conclave publicanorum.* des Comptes, *rationum.* des Aydes, *vectigalium.* des Trésoriers Généraux, *Quæstorum.*
Bureau, espéce de bas d'armoire à plusieurs tiroirs, *capsularium.*
Bureau, le procès est sur le bureau, *venit in deliberationem litis.*
Cableau, *funis minor.*
Cadeau, régal, *epulæ.*
Carpeau, *cyprinus minor.*
Carreau à carreler, *later.*
Carreau de jardin, *areola.*
Carreau, fer de tailleur d'habits, *ferrum sartorium.*

Substantifs mascul.

Carreau, gros brochet, *lucius major.*
Carreau, peinture de cartes, *pagella quadris depicta.*
Carreau d'arbalêtre, *sagitta quadrata.*
Carreau de foudre, *fulmen.*
Carreau, coussin, *pulvinar.*
Franc du Carreau, jeu, *quadrarius lusus.*
Casse-museau, *pugnus in nasum.*
Casseau, termes d'Imprimerie, la moitié de la casse.
Caveau, *cavea, crypta.*
Caulacau, terme des Nicolaïtes.
Cerceau, *circulus.*
Cerneau, *juglandium nuclei.*
Cerveau, *cerebrum.*
Chaîneau, *catenula.*
Chalumeau, *fistula.*
Chameau, *camelus.*
Chanteau, piéce en forme d'ongle, *angulatum segmentum.*
Chanteau de pain béni, *panis benedicti frustum.*
Chapeau, *pileus.* de feutre, *è coactis lanis.* de castor, *-eus.* de loutre *ou* vigogne, *lutreus.* de mercure, *alatus.* de fleurs, *florea corolla.*
Chapiteau, *capitellum.*
Chaponneau, *caponellus.*
Château, forteresse, *castrum.* maison d'un Prince, *basilica.*
Chaudeau, *jusculum.*
Cheveteau, piéce de bois d'un moulin.

Substantifs masculins.

Chevreau, *capreolus.*
Chinfreneau, *capitis percussio.*
Chopineau, *urceolus.*
Chrêmeau, *fascia.*
Ciconneau, *ciconiæ pullus.*
Ciseau de tailleur, *forfex.* de maçon, *fabrile scalprum.*
Claveau, terme d'Architecture.
Claveau, maladie de bêtail, *clavola, pusula.*
Coltereau, au pluriel, *prædones.*
Copeau, *assula.*
Coquardeau, vieux mot, *stultus.*
Corbeau, *corvus.*
Corbeau de fer, de pierre ou de bois, qui sert à soûtenir, *fulcimen.*
Cordeau, *funiculus.*
Cornuau, mauvais poisson, qui monte la Loire.
Côteau, *collis.*
Couleur-d'eau, *aqueus color.*
Coupeau, sommet d'une montagne, *montis cacumen.*
Couteau, *culter.* petit couteau, *cultellus.* en forme de couteau, *cultratus.* de couteau, *cultrarius.* à scie, *serratus.* à pied, *pedatus.* à feu, *inurens.* de bois, *detersoria lamiua.*
Couteau, petite épée, *ensiculus.*
Couteau de miel, *radius mellis.*
Cremau, *cremale.*

Substantifs masculins.

Crenau, *summi muri pinna.*
Cuveau, *labellum.*
Damoiseau, *comptulus.*
Damoiseau, pour dire Seigneur, *Dominus.*
Diableteau, pour Diablotin.
Dindonneau, *pullus galli Indici.*
Doubleau.
Dragonneau, *vermiculus aliquam dragonis speciem exhibens.*
Drapeau, linge, *linteum.*
Drapeau, Enseigne, *vexillum.*

f Eau, *aqua.* chaude, *calida.* froide, *frigida.* glacée, *glaciata.* salée, *salsa.* douce, *dulcis.* vive, *viva.* bénite, *lustralis.* croupie, *reses.* ferrée, *ferrata.* de roche, *saxosa.* claire, *limpida.* trouble, *turbida.* forte, *-is.* d'Ange, *odoraria.* de vie, *vitalis.* de forges, *metallica.* de fleur, &c. *naptha.* de fontaine, *fontana.* de riviére, *fluviatilis.* de mer, *marina.* de lac, *lacustris.* de puits, *puteana.* de pluie, *pluvialis, &c.* artificielle, *fictitia.* distillée, *stillatitia.* de noix, *nucea.* de fenouillet, *ex marathro.* de plantain, *plantaginacea, &c.*
Eau, urine, *lotium.*
Eau, lustre de perles, diamant, &c. *limpidus nitor.*
Faire eau, terme de marine, *aquam contrahere.* pisser, *meïere.*

Subst. masc.

Eau, ſueur, *ſudor.*
Eau entre cuir & chair, *intercus.*
de nature d'Eau, *aquoſus.* qui appartient à l'eau, *aquarius.* mêlé d'eau, *aquatus.* proviſion d'eau, *aquatio.*
Eau, faire venir l'eau à la bouche, donner envie, eſpérance, &c. *deſiderium excitare.*
aller par Eau, *navigare.*
Eau, jus, ſuc, *ſuccus.*
gros d'Eau, haute marée, *cumulus aquarum.*
Echeveau, terme d'Anatomie.
Echeveau de fil, *convoluti fili ſpira.*
Echeveau, cheveux, *capilli concinnati.*
Ecriteau, *ſcheda, titulus.*
Efourceau, machine qui ſert à traîner des fardeaux.
Enclumeau, *incus minima.*
Enfanteau, vieux mot, *infantulus.*
Enfaiteau, *imbrex.*
Eſcabeau, *ſcabellum.*
Etau de Boucher, *pluteus venatilius.*
Etourdeau, jeune chapon, *caponellus.*
Etourneau, *ſturnus.*
Etouteau, terme d'Horlogerie, ſorte de cheville.
Faiſandeau, jeune faiſan, *faſianulus.*
Faiſceau, *faſciculus.*
Faiſceau, marque des Magiſtrats Romains, *faſces.*

ſubſtantifs maſculins.

Farcereau, vieux mot, *ludio.*
Fardeau, *onus.*
Fauconneau, *falco bellicus.*
Faux-fourreau, *umbratilis vagina interior.*
Filardeau, petit Brocheton
Flambeau, *fax.*
Flambeau, chandelier, *candelabrum.*
Fléau, *flagellum.*
Fléau d'une balance, *ſcapus.*
Fléau, perſécuteur, *-tor.*
Fourneau, *caminus, fornacula.*
Fourreau, *vagina.*
Fouteau, arbre, *fagus.*
Frere-chapeau, ſecond vers plus foible que le premier.
Fricandeau, *ferculum quoddam.*
Friponneau, diminutif de Fripon.
Fronteau, *frontale.*
Fuſeau, *fuſus.*
Gâteau, *ſcriblita, libum.*
Gentilhommeau, *homo novæ nobilitatis.*
Gluau, *viſcata ungula.*
Gobeau, vieux mot, gobelet, *cyathus.*
Godeau, Poëte François, *Godavius.*
Godelureau, *amaſius.*
pâté de Godiveau, *vitulinum artocreas.*
Grateau, inſtrument de Doreur.
Gruau, *polenta.*
Grumeau, *grumus.*
Grumeau de ſang, *gutta ſanguinis.*

substantifs masculins.

Hameau, *agrestis viculus.*
Hardeau, *belluo.*
Haveneau, *reticulum.*
* Hobereau, petit Gentilhomme, *nobiliculus.*
Hobereau, oiseau de proie, *pyrargus.*
Homeau, vieux mot, *homuncio.*
* Houseau, botte, *ocrea.*
Houseau, plante, *aquifolium parvum.*
Hoyau *ou* bêche, *bisulcus ligo.*
Huyau, *curruca.*
Jamboneau, *petasunculus.*
Joncreau, *in ludo rudis.*
* Jouvenceau, *juvenculus.*
Joyau, *gemma.*
Isabeau, nom propre, *Isabella.*
Jumeau, *geminus.*
La Crau en Provence, *lapides Campi.*
Lambeau, *segmen.*
Lambeau, terme de Maçon, *lemniscus tesserarius.*
Landerneau, ville de la Basse Bretagne.
Lapreau, *cuniculus.*
* Larroneau, *latrunculus.*
Liévreteau, petit de liévre, *pullus leporis.*
Linteau, *limen.*
Lionceau, *leonculus.*
Liteau, *cubile lupi.*
Loqueteau, *pessulus clatorius.*
Louveteau, jeune loup, *lupulus, lupi catulus.* coin qu'on met au trou d'une louve pour faire tenir le fer, *lupi helciarii cuneus.*

substantifs masculins.

Luseau, châsse de Saints.
Manceau, *Cœmanus.*
Maniveau d'Eperlans, *manipulus eperlanorum.*
Manteau, *pallium.* de femme, *peplum.* long, *talare.* court, *breve.* petit, *palliolum.* traînant, *cyclas.* royal, *trabea.* de cuir de pélerin, *penula scortea.* capuchon, *bardocucullus.* de Général d'armée, *paludamentum.* de cheminée, *camini cortina.*
Manteau, terme de Blâson, *lacerna tesseraria.* terme de Fauconnerie, *accipitris chlamydes.*
Rire sous son Manteau, *in sinu ridere.*
* Manteau de Religion, prétexte, apparence, *pietatis species.*
Maquereau, *leno.*
Maquereau, poisson, *scomba.*
Marceau, *Marcellus.*
Marmenteau, *sylva incædua.*
Marteau, *malleus.* à frapper & marquer, *marculus.* petit marteau, *malleolus.* de marteau, *malleolaris.* battu au marteau, *malleatus.* qui travaille au marteau, *malleator.*
Marteau d'armes, *malleus militaris.*
Mâtineau, petit mâtin.
Meneau, terme d'Architecture.
Mereau, excroissance de

substantifs masculins.

chair à la gorge des cochons.
Mereau, *calculus supputationis.*
Moineau, *passer.*
Monceau, *cumulus.*
Moquoiseau, sorte de cerise.
Morceau, *frustum.*
* Moreau, *nigellus.*
Morte-eau, basse marée, *aqua refluens.*
Museau, *rostrum.*
cache-Museau, masque, *larva.*
cache-Museau, *talitrum.*
Nape-d'eau, *aqua textilis.*
Naveau, *nappa, napus.*
Nazeau, *naris.*
Niveau, *amussis.*
Nouveau, *novus.*
Oiseau, *avis.* d'augure, *auguralis.* de bon augure, *præpes.* de mauvais augure, *sinistra.* de chasse, *anceps.* de proie, *prædatrix.* de chant, *canora.* de nuit, *nocturna.* d'eau, *aquatilis.* goulu, *vorax.* de table, bon à manger, *mensaria & escaria.*
Oripeau, *aurichalcum.*
Ormeau, *ulmus.*
Palesteau ou Palisseau, vieux mot, *limbus, lacinia.*
Passeau, *palus.*
Pau, ville, *Palum.*
à de Pau, *Palinus.*
Panneau de vitre, *vitrea fenestra.*
Panneau, filet de chasse, *cassis.*
donner dans le Panneau, *induci in laqueis.*

substantifs masculins.

Panneau, jeune Paon, *pavunculus.*
Pannonceau, écusson d'armes, *tessera, parma.*
Pannonceau, girouette aux armes du Seigneur, *tesseraria pinna.*
Passereau, *passer.*
Pastoureau, *pastorculus.*
f Peau vivante, *cutis.* morte, *pellis.* tendre, *pellicula.* épaisse, *tergus.* de quelque fruit, *pellicula.* endurcie, *callus.* de quelque animal avec son poil, *villosum corium.* de Castor, *pellis fibrina.* de Loutre, *glirina.* de Renard, *vulpina.* d'Ours, *ursina.* d'hermine, *mustela alba,* &c. de maroquin, *hircina.* de mouton, *vervecina.* de truie, *suilla.* de parchemin, *membrana.*
Perdreau, *perdicula.*
Pétau, docte Jésuite, *Petavius.*
* Pié-de-veau, *abjecta salutatio.*
Pigeonneau, *columbellus.*
Pileau, manger des Turcs, *pilavium.*
Pinceau, *penicillum.*
Pinceau, fig. pour dire Peintre, *pictor.*
Pipeau, *decipula.*
Plateau, *discus.*
Plumasseau, *fasciculus è plumis.*
Poëtereau, *poëtaste.*
Poireau, mal, *verruca.*
Poireau, vieux mot, pendant d'oreilles.

Substantifs masculins.

Pommeau, *capulo ensis.*
Ponceau, couleur de feu, *ruber color.*
ruban Ponceau, *vitta rubra.*
Porreau ou Poireau, légume, *porrum capitatum.*
Portereau, *portuta.*
Porte-drapeau, *signifer.*
Porte-flambeau, guéridon, *columella.*
Porte-manteau, *chlamydophorus.*
Porteur-d'eau, *aquæ bajulus.*
f Poule-d'eau, *fulicula fluvialis.*
Poteau, *postis.* où l'on attache les criminels, *capitalis cippus.* terme d'Architecture, *orthostrata.*
Pourceau, *sus.*
a de Pourceau, *porcinus, suillus.*
Préau, *pratillum.*
le Préau de la Conciergerie, *carceris ambulacrum.*
Pruneau, *prunum.*
* Puceau, *impubes.*
Quaquetreau, *loquax.*
Racleur de boyau, méchant joueur de violon, *ingratus & injucundus fidicen.*
Radeau, *ratis.*
Rainceau, vieux mot, *ramulus.*
Rameau, *ramus.*
Ramereau, *palumbi pullus.*
Râteau, *rastrum.*
Renardeau, *vulpecula.*
Renouveau, printemps, *ver.*
Réseau, *reticulum.*
Rideau, *supparium.*
Ris-de-veau, *vitulinus arculus.*

Substantifs masculins.

Rondeau, espéce de Poëme, *rythmus reciprocus.*
Rond-d'eau, grand bassin d'eau, *labrum.*
Rouleau de bois, *spira.* d'écriture, *volumen.* à raser la mesure de bled, *rutrum.* coquillage.
Roseau, *arundo.*
Rousseau, *rufus.*
Ruisseau, petite riviére, *rivus.* d'une rue, *rivulus.*
Satteau, espéce de chaloupe.
Sautereau, *locusta.*
Sceau à cachet, *sigillum.* plaque de cire, *sigillatura.* garder le sceau, *publicæ signaturæ præesse.*
Mettre le Sceau, *obsignare.* achever une affaire, *rem conficere.*
Lettre du grand & petit Sceau, *majoris aut minoris sigilli diplomata.*
Sceau à mettre l'eau, *scitula.*
Serdeau, Officier chez les Princes, *Minister mensa Regia.*
Serdeau, *apotheca mensaria.*
Serpenteau, *anguiculus.* feu d'artifice, *anguiculus pyraustieus.*
Simbleau, *funis circuli delineatorius.*
Soliveau, *lignum.*
Souriceau, *musculus.*
Soursommeau, espéce de panier.
Sureau, arbre, *sambucus.*
Surpeau, *summa cuticula.*
Tableau, *tabella.*

Substantifs masculins.

Taïau, terme de chasse, *vox venatoris.*
Tapereau, petard.
Tassau, *incus.*
Taureau, *taurus.*
Taureau, signe du Zodiaque, *taurus.*
Tombeau, *tumulus.*
vain Tombeau, *inane sepulchrum, cœnotaphium.*
Tombereau, *sarracum.*
Tonneau, *dolium.* douve de tonneau, *doliaris assis.* le fond, *fundum.* jable de tonneau, *incisura.* bondon de tonneau, *obturamentum dolii.* trou du bondon, *ostiolum.* bouchon, *obturamentum.*
Tourangeau, *Turonensis.*
Tourteau, *panis spira.* —terme de blâson, *scutarius globulus.*
Traîneau, *traha.*
Tresseau, souche que les paysans mettent la veille de Noël.
Treteau, *pedamentum.*
Trezeau, terme de Moissonneur.
Trouble-eau, instrument de pêcheur.
Troupeau, *grex.* de gros bêtail, *armentum.* par troupeau, *gregatim.*
Trousseau de clefs, *fascis clavium.*
Trousseau de mariage, *fasciculus nuptialis.*
Trumeau *ou* Tremeau.
Tuillau, *laterculus.*
Tuyau, *tubus.*

Substantifs masculins.

Tyranneau, *tyrannulus.*
Vaisseau, *vas.*
petit Vaisseau, *vasculum.*
Vaisseau, navire, *navis.*
Vaisseau, veine, *vena.*
Vanneau, oiseau, *vannus.*
Veau, *vitulus.*
* Veau, injure, *insulsus.*
Verdaut, *subacidus.*
Vermisseau, *vermiculus.*
Verseur d'eau *ou* Verseau, signe du Zodiaque, *aquarius.*
Vipéreau, *viperula.*
Volereau, pe leur, *latrunculus.*

AUBE.

Aube du jour, *aurora.*
Aube de Prêtre, *alba.*
Aube, riviére, *Albula.*
Daube, terme de cuisine, *caro larido confixa.*
* Daube, frappe, *percutio.*

AUCE. *voyez* OSSE. dont la pénultiéme est longue.

AUCHE.

Débauche au jeu, *alea.* au vin, *helluatio.* aux femmes, *libido, stuprum.*
Ebauche de tableau, *tabella adumbratio.*
Fauche, *fœnisecium.*
Gauche, *sinistra.*
Gauche, mal adroit, *dexteritatis expers.*

VERBES.

Chevauche, terme d'Ecuyer, *equito.*

Débauche, *depravo.*
Ebauche, *delineo.*
Fauche, *fœnum demeto.*

AUD. *voyez* AUT.

AUDE.

ſubſtantifs féminins.

Baguenaude, fruit, *ſolanum veſicarium.*
* Béquenaude, injure, *nugatrix.*
* Billebaude, *confuſio.*
Chiquenaude, *talitrum.*
Emeraude, pierre précieuſe, *ſmaragdus.*
Fraude, *fraus.*
Gringuenaude, *reliquiæ.*
Laude, au pluriel, les Laudes, *laudes.*
Main-chaude, ſorte de jeu.
Maraude, la Maraude, *latrocinium.*
Plaude, ſorte de Souquenille.

Plus les féminins des noms en aud : badaude, *ſtulta.*

Plus les temps & les perſonnes des verbes en auder : Ravaude, *veteramentariam profiteor.*

AVE.

La plûpart ſont longs.

ſubſtantifs & adjectifs maſculins & féminins.

Aggrave & Réaggrave, terme des Excommunications, *aggravatio.*
Anguſticlave, habillement de dignité chez les Romains, *anguſtus clavus.*
Architrave, terme d'Architecture, *epiſtylium.*
Batave, *ou* Hollandois, *-vus.*
Bave, *ſalivoſus humor.*
Betterave, *beta rubra.*
Brave, bien vêtu, *cultus.* vaillant, *ſtrenuus.* qui excelle, *eximius.*
Burgrave, *-vus.*
Calatrave, ville d'Eſpagne dans la Caſtille Neuve.
Caſſave, racine dont on fait du pain, *caſſava.*
Cave, *cavea.*
Cave, eſpéce de coffre, *cella.*
veine Cave, *vena cava.*
Concave, *-vus.*
Conclave, *-ve.*
Drave, riviére, *-vus.*
Enclave, limite, *fines.*
—de terre, *ſoli procurſio.*
Entrave, au pluriel, *ferreæ pedicæ.*
Epave, choſe perdue, *caduci & perditi juris res.* profit caſuel, *bona adeſpota.*
Eſclave, *ſervus.*
Grave, peſant, *gravis.*
Grave, ſérieux, *vir gravis.*
vin de Grave, *vinum Gravitanum.*
Guſtave, nom propre, *-vius.*
* Have, *horridus, macilentus.*
Landgrave, *-vus.*
Laticlave, habillement des Romains, *latus clavus.*
Margrave, *-vus.*
Morave, riviére...
Octave d'un Saint, *-va.*
Octave, terme de Muſique, *diapaſon.*
Rave, *raphanus.*

Réaggrave, *iterata aggravatio.*
m Rhingrave, *-vus.*
f Save, riviére, *Savus.*
a Suave, de bonne odeur, *suavis.*

Plus divers temps des verbes en aver : lave.

AUFE.

verbes.

Chaufe, *calefacio.*
Echaufe, *calefacio.*
Réchaufe, *recalefacio.*

AUFRE.

f Gaufre, rayon de miel, *favus mellis.* pâtisserie, *collyra.*
v Caufre une étoffe, *pannum calamistro.*

AUGE.

f Auge, *alveus.* d'étable, de créche, *præsepe.*
Bauge de sanglier, *apri volutabrum.*
f Jauge, *stereometria.*
v Jauge de vin, *vini modum exploro.*
f Sauge, *salvia.*

Voyez les rimes en OGE.

AULE. *voyez* OLE. long.

AUME. *voyez* OME. long.

AUNE. *voyez* ONE. long.

AUPE.

f Gaupe, mal propre, *sordida.*
f Taupe, *talpa.*
v Taupe, terme de jeu & de débauche, *annuo.*

AURE. *voyez* ORE.

AVRE. par V. consonne.

m Cadavre, *cadaver.*
m Havre, *Portus.*
v Havre, *vulnero.*

AUS. *voyez* AUX.

AUSE. *voyez* OZE.

AUSSE. *voyez* OSSE. long

AUT. & AUD.

substantifs & adjectifs masculins.

Arnauld, Théologien François, *Arnaldus.*
Artichaut, *cinara.*
Assaut, d'Assaillir, *insultus, aggressus.*
Assaut, *oppugnatio.*
Badaut, *ineptus.*
Bégault, *stupidus.*
Bertaud, Poëte François, *Bertaldus.*
Bertaud, *castratus.*
Boursaut, Poëte François.
Brifaut, nom d'un chien de chasse.
* Caut, *cautus.*
Chaud, *calidus.*
il y fait Chaud, dangereux, *periculosum est.*
Clabaud, injure, *clamosus.*
Combaud, Poëte François, *Cambaldus.*
Coupaut, *ligneum segmen.*

Substantifs & adjectifs masculins.

Courtaud, chien, *canis cursor.*
Courtaud de boutique, *tabernarius administer.*
Courtaut, cheval, *brevioris corporaturæ equus.*
Crapaut, *bufo.*
Crapaut, injure, *sordidus.*
Défaut, *defectus.* absence, *-tia.* omission, *-io.* faute, *mendum.* vice, *vitium.*
Défaut, terme de Palais, *vadimonii desertio.*
Défaut de la Lune, *eclipsis lunæ.*
Echafaud, *tabulatum.*
Faut, de Faloir, *oportet.*
Faut, de Faillir, *deficit.*
un faire le Faut, *necessum.*
Fer chaud, maladie, *ferrum calidum.*
Fiarnaud, novice dans l'Ordre de Malthe.
Gerfaut, oiseau, *asalon.*
Gouffaut, terme de Fauconnerie, oiseau court & bas assis.
Grimaud, *imperitus.*
Grippe-minaud, nom de chat.
Haut, *altus.* élevé en dignité, *clarus, illustris.*
Haut, endroit relevé, *summum.* d'une maison, *culmen.* d'une montagne, *vertex.*
Haut, adv. *altè.*
en Haut, *sursum.*
d'Enhaut, *supernè.*
Haut, faste, *superbia.* le porter haut, *fastuosè se efferre.*

Substantifs & adjectifs masculins.

Hérault, *fecialis.*
Lescaut, fleuve, *Scaldis.*
Levraut, *lepusculus.*
Lourdaut, *bardus, hebes.*
Maraud, *impurus, mastigias.*
Marguilleraut, petit Marguiller.
Marjaut, *venustus, alacer.*
Massicaut, droit sur la vente des vins à Rouen.
Mauricaut, *nigellus.*
Michaut, terme d'Imprimerie, *somnolentus.*
Miraut, nom de chien.
Monaut, qui n'a qu'une oreille.
Nigaud, *inconcinnus.*
Noiraud, *subniger.*
Palaut, villageois grossier.
Pataud, jeune chien qui a de grosses pattes.
Penaud, *pudore suffusus.*
Perrault, Poëte François, *Perraldus.*
Petaud, la Cour du Roi Petaud.
Pilaut.
Pitaud, *rusticus.*
Platriaut, vieux mot, plat, *catinus.*
Plume-nigaud, *stultorum spoliator.*
v Prévaut, de Prévaloir, *prævalet.*
Quartaut de vin, *quartarius.*
Quinaut, Poëte François, *Quinaldus.*
Quinaut, vieux singe, *ou* Marmot très-laid.
Quinaud, honteux, *pudibundus, probrosus.*

substantifs & adjectifs masculins.

Quintaut, quantité de gerbes.
Réchaud, *ignitabulum.*
Ribaud, *adulter, ganeo.*
Rohaut, Philosophe, *Roháldus.*
Rougeaut, *subruber.*
* Rustaud, *rusticus.*
Saligaut, terme populaire, *sordidus.*
Saoulaud, *gulosus.*
Saule, vieux mot, pour Sauve.
Saut, *saltus.*
de plein Saut, *uno impetu.*
Serpaut, *ou* Serpot, trousseau des filles quand on les marie.
Soubresaut, *periculosus saltus.*
Sourdaut, *surdaster.*
Sursaut, *subitanea excitatio.*
Surtaut, *gravior taxatio.*
Taraud, *fistula major & gravis.*
Tayaut, *clamor venatoris.*
Touillaud, *ad libidinem pronus.*
Tressaut, *exultatio.*
Trigaut, *dolosus.*
v Vaut, *valet.*
Voyez les rimes en ôt.

AUTE. *voyez* OTE.

AUTRE. *voyez* OTRE.

AUVE. & OVE.

f Alcove, *alcoba.*
a Chauve, *calvus.*
a Fauve, *fulvus.*
f Guimauve, *althæa.*
f Mauve, *malva.*
m Paul Jove, *Paulus Jovius.*
f Quinquenove, jeu de dés, *quinquenoveni.*
v Sauve, *salvo.*
f vie Sauve, *vita salva.*

AUVRE. & OVRE.

a Hannovre, ville, *Hannovia.*
a Pauvre, *pauper.*

AUX. & AUS.

substantifs masculins.

Apparaux *ou* aggreis de navire, *armamenta navis.*
Arts libéraux, *liberales artes.*
Cabillaux, faction qui s'éleva en Hollande en 1350.
Campseaux, cap, passage & havre d'Acadie.
Chaux à bâtir, *calx.*
Choraux, enfans de Chœur, *pueri chori.*
Déneraux, terme de monnoie, *archetypi nummi.*
Deniers dotaux, *pecunia dotalis.*
Deschaux, Carmes Deschaux, *Carmelitæ discalceati.*
Despréaux, Satyr. François, *Desprealdus.*
Eskimaux, peuple de l'Asie Septentrionale.
Faulx à faucher, *falx.*
Faux, qui n'est pas vrai, *falsus.* qui n'est pas bon, *falsus, adulterinus.*

substantifs masculins.

v Faux, de Faillir, *deficio.*
Féminaux, *mulieribus dediti.*
Gémeaux, signe du Zodiaque, *Gemini.*
Généraux, *generales.*
Matériaux, *materies.*
Meaux, *Meldæ.*
a de Meaux, *Meldensis.*
Monts & Vaux, *montes & valles.*
fendeur de Naseaux, *thraso.*
Nominaux, secte de Philosophes, *Nominales.*
habits Nuptiaux, *vestes nuptiales.*
Penaux, vieux mot, *sarcinula.*
v Prévaux, de Prévaloir, *prævaleo.*
Pseaume Pénitentiaux, *Psalmi Pœnitentiales.*
Quadrisacramentaux, sorte d'Hérétiques.
Signaux de navire, *signa.*
Solaux, vieux mot, soleil, *sol.*
Surtaux, *gravior taxatio.*
Taux, taxe, *taxatio, æstimatio.*
Tousiaux, vieux mot, *amasius.*
Truaux, filets de Pêcheurs, *retia.*
Vaux, de Valoir, *valeo.*
Veaux, *vituli.*
Végétaux, *vegeta semina.*
Vitaux, esprits Vitaux, *vitales spiritus.*
Vocaux, qui ont le droit de suffrage, *vocales.*

Voyez le pluriel d'une partie des noms en al & ail : chevaux, *equi.* travaux, *labores.*

Plus le pluriel des noms en aud, aut, & au : ribauds, *libidinosi.* hauts, *alti.* veaux, *vituli.* boyaux, *intestina.*

Voyez les rimes en OS.

AUZE. *voyez* OZE.

AX.

substantifs masculins.

Ajax, de la fable.
Borax, minéral, *chrysolica metallica.*
Hipponax, Poëte Grec.
Pertinax, Empereur.
Storax, gomme odoriférente, *storax.*
Syphax, Roi de Numidie.
Thorax *ou* poitrine, *pectus.*

AXE.

substant. fem.

Araxe, fleuve, *-xus.*
Axe, aissieu, *axis.*
Parallaxe, *-axis.*
Saxe, pays, *Saxonia.*
Surtaxe, *gravior taxatio.*
Syntaxe, *-xis.*
Taxe, *taxatio.*
v Taxe, *taxo, æstimo.*
v Taxe, fig. accuse, *accuso.*

AYE. *voyez* AIE.

AZE. & ASE.

m Anastase, nom propre, *-ius.*
f Antipéristase, *-sis.*
f Antiphrase . . .
f Antonomase, fig. de Rhétorique, *antonomasia.*

Substantifs masculins & féminins.

* Aſe, injure, *aſinus.*
Baſe, *baſis.*
Caſe, terme de trictracs, *duo ſcrupi in eâdem linea.*
Caſe, maiſon, *caſa.*
Cataſtaſe, terme de Médecine, conſtitution, état, *cataſtaſis.*
Caucaſe, montagne, *-ſus.*
Chryſopraze, pierre précieuſe, *chryſoprazus.*
Embaſe, terme d'Horlogerie.
Emphaſe, *-aſis.*
Epicraſe, amélioration d'humeurs, *epicraſis.*
Epitaſe, *-aſis.*
Gaze, étoffe, *perlucidum textum.*
Gymnaſe, *-ſium.*
Haze, fémelle d'un liévre, *lepus femina.*
Hypoſtaſe, *-aſis.*
Idiocraſe...
Métaſtaſe, changement d'une maladie en une autre, *metaſtaſis.*
Mydriaſe, *-aſis.*
Occaſe, terme d'Aſtronomie, *dyticus.*
Paraphraſe *-aſis.*
Paronomaſe, *-ſia.*

Substantifs masculins & féminins.

Pégaſe, *-ſus.*
Périphraſe, *-aſis.*
Phaſe, fleuve, *Phaſis.*
Phaſe, terme d'Aſtrologie, *phaſis.*
les Phaſes de la lune, *phaſes lunæ.*
Phraſe, *-ſis.*
Protaſe, première partie d'un Poëme Dramatique.
* Raquedenaze, avare, *avarus.*
Raſe, *raſa.*
Satyriaſe, *luxuriandi continuus appetitus.*
Surcaſe, terme de Trictrac.
Topaſe, pierre précieuſe, *topaſius.*
Vaſe, limon, *lutum.*
Vaſe à boire, &c. *vas.*
Thyaſe, terme de Mythologie, *thyaſus.*

VERBES.

Ecraſe, *obtero.*
Embraſe, *incendo.*
Jaſe, *garrio.*
Raſe, *rado.*
Voyez les autres verbes en azer *ou* aſer.

B.

BA.

Galamba, bois odoriférent, *calambanum lignum.*

Subſt. maſc.

Calba, Empereur.
Juba, Roi de Mauritanie, *Juba.*
Quera-iba, arbre du Breſil.
Saba, pays, *Saba.*

m la Reine de Saba, *Regina Saba.*
m Simarouba, arbre d'Amérique.

VERBES.

verbes au prétérit indéfini.

Absorba, *absorpsit.*
Courba, *curvavit.*
Déroba, *furatus est.*
Desembourba, *luto eduxit.*
Embourba, *luto immersit.*
Enjamba, *distendit crura.*
Flamba, *flammas emisit, ad ignem purificavit.*
Fourba, *fefellit.*
Goba, *sorbuit.*
Plomba, *plumbo munivit.*
Radouba, *resarcivit.*
Regimba, *recalcitravit.*
Retomba, *recidit.*
Succomba, *succubuit.*
Tomba, *cecidit.*
Voyez les autres verbes en ber, *qui font au prétérit* ba.

BAC. *voyez* AC.

BAI. *voyez* AI. *&* EI.

BAL. *voyez* AL.

BAN. *voyez* AN.

BANT. *voyez* ANT.

BAR. *voyez* AR.

BAS. *voyez* AS.

BAT. *voyez* AT.

BAU. *voyez* AU.

1

BE.

substantifs masc.

B, seconde lettre de l'Alphabet.
Abbé, *Abbas.* séculier, *sæcularis.* régulier, *-laris.* Commandataire, *-arius.* —crossé & mitré, *pedo mitrâque ornatus.*
Escalier dérobé, *scala occulta.*
a Embarbé, qui a de la barbe.
Haut enjambé, *altis cruribus.*
a * Flambé, perdu, *perditus.*
Gobé, mot bas, *edulium.*
f Hébé, Déesse de la Jeunesse.
Jubé d'Eglise, *ambo.*
venir à Jubé, *acquiescere.*
Karabé, ambre, *electrum.*
f huile de Karabé, *electrinum oleum.*
sel de Karabé, *sal karabeum.*
f Niobé, Reine de Thébes.
Niobé, fille de Phoroné.
Phébé Dominé.
Phœbé, mystère.
f Thisbé, amante de Pyrame.

VERBES.

verb. au prét. & part.

Absorbé, *absorptus.*
Chalybé, *chalybatus.*
Conglobé, *-batus.*
Courbé, *curvatus.*
Daubé, *percussus.*
Dérobé, *surreptus.*
Embourbé, *luto immersus.*
Flambé, *flammæ admotus.*
Fourbé, *fraudatus.*

verb. au prét. & particip.

* Gobé, *abſorptus.*
Imbibé, *imbutus.*
Perturbé, *-batus.*
Plombé, *plumbo illitus.*
Prohibé, *-bitus.*
Radoubé, *refertus, inſtauratus.*
Regimbé, *recalcitravit.*
Retombé, *recidit.*
Succombé, *ſuccubuit.*
Tombé, *cecidit.*
Voyez les autres verbes en ber, *qui ſont* bé *au prétér.* &c.

BEAU. *voyez* AU.

BÉE.

f Alphéſibée, terme de Mythologie, *alpheſiboea.*
a Amébée, terme de Poëſie, *amebaus.*
ſubſt. fém. à la dérobée, *furtim.*
Enjambée, *quantum ſpatii diſtenta crura complectuntur.*
Flambée, coquillage marin.
Gerbée, *in faſciculum collectio.*
m Machabée, *-baus.*
m Mélibée, paſteur . . .
Voyez les participes féminins des verbes en ber : tombée, &c.

BEL. *voyez* EL.

BENT. *voyez* ANT.

BER.

v Abſorber, *-bere.*

verbes à l'infinitif.

Adouber, *rimas ſarcire.*
Arramber *ou* accrocher, terme de mer, *navem inuncare.*
Cacaber : on ſe ſert de ce mot pour exprimer le cri de la perdrix.
Courber, *curvare.*
ſe Courber, *inflecti.*
Dauber, *percutere.*
Dauber, faire cuire une viande à la daube.
Dérober, *furari.*
Deſembourber, *è luto trahere.*
Ebarber, *barbam demere, tondere.* Item : terme de Fondeur de caractère d'Imprimerie.
Embourber, *luto inficere.*
Engerber, *in faſcem colligere.*
Englober, *jungere.*
Enherber, vieux mot, Empoiſonner, *alicui miſcere toxicum.*
Enjamber, *crura diſtendere.*
Flamber, *flammas emittere, flamma admovere.*
Fourber, *fraudare.*
Gerber, terme d'Artillerie, *jaculari.*
Gober, *ſorbere.*
Herber, mettre aux herbes, *ad herbas ducere.*
Hober, vieux mot, *ſurgere.*
Imbiber, *liquore intingere.*
Jober, terme populaire, *cavillari.*
Plomber, terme de Dentiſte, *plumbo munire.*
Prohiber, *inhibere.*

verbes à l'infinitif.

Radouber, *resarcire.*
Rajamber, enjamber de nouveau.
Recourber, *recurvare.*
Regimber, *calcitrare.*
Retomber, *recidere.*
Succomber, *succumbere.*
—être opprimé, *opprimi.*
Syllaber, *syllabas efferre.*
Tomber, *cadere.* en faute, *delinquere.* en quelque accident, *incidere.*

BET. *voyez* ET.

BEU. *voyez* BU.

BI.

m. Alibi, terme de Palais.
m Biribi, sorte de jeu.
v. Fourbi, participe, *politus.*
Moussembi, herbe potagère de l'Amérique.
m Oby, fleuve, *Obius.*
m Rabbi, Docteur Juif.
v Subi, participe, *subactus.*
Zimbi, coquillage qui sert de monnoie dans quelques endroits de la côte d'Afrique.

BIE.

m Amphibie, qui vit dans l'eau & sur la terre.
f Arabie, grande presqu'île de l'Asie.
f Fontarabie, ville d'Espagne, *Fontarabia.*
v Fourbie, *polita.*
f Libye, pays, *Libya.*

subst. fémin.

Lubie, *ridiculus animi impetus.*
Macrobie, qui a vécu un nombre d'années extraordinaire.
Tobie, Juif, *-as.*
Rubie, monnoie d'Alger.
Zénobie, Reine, *-ia.*

BIN. *voyez* IN.

BIR. *voyez* IR.

BIS. *voyez* IS.

BIT. *voyez* IT.

BLI. *voyez* LI.

BLIR. *voyez* IR.

BLIS. *voyez* IS.

BO. *voyez* O.

BOIS. *voyez* OIS.

BOL. *voyez* OL.

BON.

Barbon, *barbatus.*
Bon, *-us.* excellent, *praeclarus.* ferme, *firmus.* constant, *-ans.* propre, *aptus.* commode, *-dus.* simple, *-plex.* assûré, *tutus.* passable, *probabilis.* agréable, *gratus.*
Tenir bon, *perstare.* persévérer, *-rare.*
Faire bon, *spondere.*

Substantifs & adjectifs masculins.

Trouver bon, *probare.*
A quoi bon? *quorsum?*
Tout de bon, *seriò.*
Bon *ou* Bond, *saltus.*
Au premier bond, *primò impetu.*
Faire faux-bond, *pudorem violare.*
Bonbon, terme d'enfant, *crustula.*
Bourbon, *Borbonium.*
Maison de Bourbon, *Domus Augusta Borboniorum.*
Bubon *ou* poulain, maladie Vénérienne, *anthrax.*
Charbon, *carbo.*
Charbon, apostume, *anthrax.*
Furibond, *-bundus.*
Jambon, *perna.*
Moribond, *-bundus.*
Voyez les rimes en ont, *où le* d *& le* t *ne se sentent pas, comme* vagabond.

BOR. *voyez* OR.

BOS. *voyez* OS.

BOT. *voyez* OT.

BOU. *voyez* OU.

BRER. *voyez* RER.

BU. *voyez* BEU.

Barbu, *barbatus.*
Bu, *bibitus, epotus.*
Cabu, *capitatus.*
Chou-cabu, *brassica.*
v Embu, tableau Embu, *imbuta tabella.*
a Fourbu, *in ipso æstu adaquatus.*
a Herbu, *herbosus.*
v Imbu, *-tus.*
Rasibu, *ou* Rasibus, *tenùs, omninò.*

C.

Subst. masc. & féminins.

Barca, Royaume & ville d'Afrique.
la Crusca, Académie des beaux esprits Italiens.
Falaca, supplice qu'on fait souffrir aux Chrétiens dans le Royaume d'Alger.
Inca, du Pérou.
Marisca, petite excroissance charnue qui vient au fondement.
f Rebecca, femme d'Isaac.
Salca, *falcæ oleum.*
f Souica, terme de bassette, *statim.*
m Xaca, chef de Secte.
Voyez les rimes QUA.
CA. prononcez ça, *voyez* SA.

CAL. *ou* KAL. *voyez* AL.

CAN. *ou* KAN. *voyez* AN.

CANT. & CENT. *voyez* ANT.

CANT. & QUANT. *voyez* ANT.

CAR. *voyez* AR.

CAS. *voyez* AS.

CAT. & SAT. *voyez* AT.

CÉ *voyez* SSÉ.

CEAU. *voyez* AU.

CÉE. *voyez* SÉE.

CENT, *voyez* ANT.

CER. *voyez* SER.

CET. & SET. *voyez* ET.

CEU. & SEU. *voyez* U.

CEUX. & SEUX. *voyez* EUX.

CHA.

Bacha, Turc.

VERBES.

verb. au prét. ind.

Accoucha, *peperit.*
Accrocha, *uncino ſuſpendit, hamo conſtrinxit.*
Afficha, *affixit.*
Approcha, *appropinquavit.*
Arracha, *arripuit.*

verbes au prétérit indéfini.

Attacha, *alligavit.*
Boucha, *obturavit.*
Brocha, *intexit.*
Broncha, *titubavit.*
Cacha, *abſcondit.*
Chercha, *quæſivit.*
Coucha, *cubavit.*
Débaucha, *vitiavit.*
Déboucha, *exobturavit.*
Décocha, *vibravit.*
Défricha, *agrum incultum coluit.*
Délâcha, *emiſit.*
Dénicha, *è nido traxit.*
Dépêcha, *expedivit.*
Détacha, *ſolvit.*
Ebaucha, *adumbravit.*
Ecorcha, *excoriavit.*
Effaroucha, *efferavit.*
Embaucha, *erudivit.*
Embrocha, *verubus fixit.*
Empêcha, *impedivit.*
Eplucha, *mundavit, enucleavit.*
Eſcarmoucha, *velitatus eſt.*
Etancha, *obturavit.*
Fâcha, *moleſtiâ affecit.*
Ficha, *fixit.*
Hacha, *concîdit.*
Lâcha, *demiſit.*
Lécha, *linxit.*
Marcha, *ambulavit.*
Moucha, *emunxit.*
Nicha, *nidificavit.*
Pécha, *peccavit.*
Pêcha, *piſcatus eſt.*
Prêcha, *prædicavit.*
Rapprocha, *propiùs admovit.*
Rechercha, *requiſivit.*
Relâcha, *relaxavit.*
Reprocha, *exprobravit.*
Retrancha, *reſecavit.*

verb. au prét. ind.

Revancha, *vindicavit.*
Sécha, *ſiccavit.*
Toucha, *tetigit.*
Trancha, *ſcidit*, *expedivit.*
Trebucha, *titubavit.*
Tricha, *tricatus eſt*, *fallaciter luſit.*
Voyez le prétérit des autres verbes en cher.

CHAT. *voyez* AT.

CHAIT. *voyez* AIT.

CHANT. *voyez* ANT.

CHÉ.

ſubſtantifs & adj. maſc.

Archevêché, *Archiepiſcopatus.*
Archiduché, *-ducatus.*
Débauché, *ganeo.*
Débouché, moyen, expédient, *via*, *ratio.*
Duché, *Ducatus.*
Entiché, *corruptus.*
Evêché, *Epiſcopatus.*
Gage touché, *ludus quo pignora exiguntur.*
Guilloché, rangé artiſtement.
Marché, *pactum.* traité d'achat, *licitatio.* marché arrêté, *tractata emptio.* prix du marché, *emptionis pretium.*
Marché, ceux qui vendent & achétent, *mercatus.*
Achat & vente au marché, *nundinatio.*
Marché, lieu public où ſe vendent les denrées, *forum.*

ſubſt. & adj. maſc.

Marché aux bœufs, *boarium.* aux veaux, *vitularium.* aux cochons, *ſuile.* aux volailles, *oviarium.* aux chevaux, *equarium.* au bled, *frumentarium.* au vin, *vinarium.* aux herbes, *olitorium*, &c.
Miché, ſot, *ſtultus.*
Oeillet panaché, *ocellus variis coloribus.*
Péché, *peccatum.* mortel, *-tale.* véniel, *-ale.* originel, *-ale.* actuel, *-ale.*
Oeuf poché, terme de cuiſine, *ovum frixum.*
f Pſyché de la Fable.

VERBES.

verbes au participe maſculin.

Accroché, *unco adſtrictus.*
Affiché, *affixus.*
Approché, *admotus.*
Arraché, *ereptus.*
Attaché, *affixus.*
Bouché, *obtuſus.*
Branché, vieux mot, Perché, *inſidens.*
Broché, *intextus.*
Caché, *abſconditus.*
Cherché, *quaſitus.*
Coché, terme de Peintre, *cavatus.*
Couché, *cubatus.*
Débauché, *vitiatus.*
Débouché, *exobturatus.*
Décoché, *emiſſus.*
Découché, *è lecto pulſus.*
Défriché, *cultus*, *extricatus*, *ſubactus.*
Délâché, *relaxatus.*
Déniché, *nido extractus.*

Dépêché,

verbes au participe masculin.

Dépêché, *expeditus.*
Détaché, *solutus.*
Ebauché, *adumbratus.*
Ecaché, *fractus.*
Ecorché, *excoriatus.*
Effarouché, *efferatus.*
Embouché, *præmonitus.*
Embroché, *veru transfixus.*
Empêché, *impeditus.*
* Endimanché, *festivis vestibus ornatus.*
Epluché, *purgatus.*
Escarmouché, *procursatione divexatus.*
Etanché, *cohibitus, suppressus, depulsus.*
Fâché, *iratus.*
Fauché, *demessus, succisus.*
Fiché, *fixus.*
Haché, *dissectus.*
Juché, *assidens.*
Lâché, *laxatus.*
Mâché, *mansus.*
Marché, *pedibus calcatus.*
Mouché, *emunctus.*
Niché, *nidulans.*
Perché, *insidens.*
Prêché, *prædicatus.*
Racroché, *unco iterum suspensus.*
Rapproché, *propiùs admotus.*
Rebouché, *retusus.*
Recherché, *requisitus.*
Relâché, *relaxatus.*
Reproché, *exprobratus.*
Retouché, *iterum tactus, retractatus, elimatus.*
Retranché, *resectus.*
Revanché, *vindicatus.*
Séché, *siccatus.*
Taché, *maculatus.*
Touché, *tactus.*

v Tranché, *sectus.*

Plus divers temps & diverses personnes des autres verbes en cher.

CHEE.

substantifs & adjectifs féminins.

Accouchée, *puerpera.*
Archée, terme de Chymie, *ignis Chymistarum.*
Béchée, *buccella.*
Bouchée, *buccella.* fermée, *obturata.*
Brochée de viande, *quantum carnis veru capere potest.*
Chevauchée d'Officiers, *præfectorum equestris excursio.*
Couchée, *mansio.*
la Couchée, *cubatio.*
Déhanchée, *coxa laxata.*
Fauchée de prés, *fœnisectium.*
Jonchée de lait, *scirpeæ corbulæ lactis plenitudo.*
Nichée, *pullatio.* multitude, *-do.*
Tulipe panachée, *tulipa variis distincta* vel *picta coloribus.*
Ruchée, *alveare.*
Tranchée, fossé, *fossa vallo munita.*
—maladie, *tormina.*

Plus les participes féminins des verbes en cher.

CHER.

v Ancher, terme de Musique, *lingulis instruere.*
m Archer, tireur d'arc, *sagittarius.*

substantifs masculins.

Archer, charge, *lictor.*
Bucher, *pyra.*
Clocher, *campanile.*
Cocher, *auriga.*
Coucher, *cubitus.*
Coucher du soleil, *solis occasus.*
Gaucher, *scævola.*
Nocher, vieux mot, *navarcha.*
Pêcher, arbre, *malus Persica.*
m fleurs de Pêcher, *flores Persici mali.*
Plancher, *tabulatum.*
Porcher, *suarius.*
Rocher, *rupes.*
Vacher, *bubulcus.*
Ucher, vieux mot, Huissier, *ostiarius.*

VERBES.

verbes à l'infinitif.

s'Aboucher, *colloqui.*
Accoucher, *parturire.*
Accrocher, *inuncare.*
—pendre au croc, *unco detinere.*
Accrocher un procès, *liti moram inferre.*
s'Accrocher, *inhærere.*
Afficher, *affigere.*
Allécher, *allicere.*
s'Amouracher, *insanis amoribus irretiri.*
Apercher, terme d'Oiseleur, *insidere.*
Approcher, *appropinquare, admovere.*
Arracher, *evellere.*
Assécher, terme de Marine, *exsiccari.*

verbes à l'infinitif.

Attacher, *affigere.*
—appliquer, *applicare.* lier, *ligare.*
s'Attacher au combat, *animari ad pugnam.* à une personne, *alicui adhærere.* à une opinion, *amplecti opinionem.*
Attoucher, vieux mot, *sanguine conjungi.*
Bavocher, terme de Doreur en détrempe.
Bêcher la terre, *ligone terram fodere.*
Boucher, *obturare.*
Brâcher, crier de toute sa force, *ululare.*
Brancher, il se dit d'un oiseau, *assidere.* pendre à un arbre, *ex arbore pendere.*
Brancher, *interlucare.*
Brocher, *intexere.*
Brocher d'or & de soie, *bombycino aurum intexere.*
Brocher, faire, *ou* écrire grossiérement à la hâte, *negligenter facere, scribere, &c.*
Brocher, enfoncer les éperons, *calcaria duriùs admovere.*
Brocher un livre, *filo libri folia compingere.*
Broncher, faillir, *offendere.*
—faire un faux pas, *labi.*
—chanceler, *titubare.*
Cacher, *abscondere.* tenir caché, *celare.* dissimuler, *dissimulare.*
Chercher, *quærere.* avec soin,

verbes à l'infinitif.

perquirere. à la piste, *investigare.* une chose cachée, *absconditum scrutari.* la vérité, *veritatem indagare.* de la loüange, *laudem venari.* ses intérêts, *servire suis commodis.* des détours, *diverticula flexionesque quærere.*

Chevaucher, terme d'Ecuyer, *equitare.*

Clocher, *claudicare.*

Coquelucher, *cucullo morbo laborare.*

Coucher, *cubare.* à part, *secubare.* dehors, *foris pernoctare.* à la belle étoile, *sub dio pernoctare.* le visage dessous, *cubare in faciem.* sur le ventre, *supinus cubare.* se coucher, se mettre au lit, *lectum petere.* s'étendre à terre tout de son long, *humi procumbere.*

Coucher, jetter, étendre par terre, *prosternere.* à terre la vigne pour la provigner, *vineam in terram prosternere.* coucher, mettre par écrit, *scriptis mandare.* bien écrire, *concinnè scribere.* de l'argent sur une carte, *in folium lusorium pecuniam deponere.* en joüe, viser, *tela in aliquem dirigere.*

Cracher, *spuere.*

Débaucher, *corrumpere.*

Déboucher, *exobturare.*

Débucher, *migrare è sylva.*

Décocher, *immittere.*

verbes à l'infinitif.

Décocher une fléche, *sagittam emittere.*

Découcher, *excubare.*

Décrocher, *unco expedire.*

Défricher, *agrum incultum arare.*

Déhancher, *coxas dimovere.* se Déhancher.

Déharnacher, *instructu suo equum exuere.*

Déjucher, *non ampliùs insidere.*

Démâcher, rendre, *restituere.*

Démancher, *manubrium eximere.*

Démarcher, *quiescere.*

Dénicher des oiseaux, *ex nido detrahere.*

Dénicher, déplacer, *è loco dimovere.*

Dépêcher, envoyer, *expedire.* tuer, *occidere.*

Desaffourcher, *anchoras tollere.*

Desancher, *tibiam lingulâ eximere.*

Desharnacher, *equi ornatum tollere.*

Dessécher, *exsiccare.*

Détacher, *solvere.* séparer, *-are.* se détacher d'une personne, *ab alicujus consuetudine discedere.* du monde, *mundo renuntiare.*

Détrancher, vieux mot, *dissecare.*

Ebaucher, *delineare.*

Ebrécher, *labefacere.*

Ecacher, *obterere.*

Ecorcher, *deglubere.*

verbes à l'infinitif.

Ecorcher une Langue, la mal parler, *linguam balbutire.*
Effaroucher, *efferare.*
Elocher, vieux mot, *commovere.*
Embaucher, *in operam inducere.*
Emboucher un cheval, *equo lupatum indere.* un Messager, *tabellarium præmonere.* un canon, *os tormenti obstruere.*
Embrocher, *transfigere.*
Embucher, *in lutum se condere.*
Emmancher, *manubrium aptare.*
Emoucher, *emungere.*
Empêcher, *impedire.* défendre, *prohibere.* occuper, *detinere.* s'empêcher, s'abstenir, *abstinere.* empocher, *in perulam injicere.* s'endimancher, se parer, *festivis vestibus se ornare.*
Enfourcher, *equo inhærere.*
Enharnacher, *equum ornatu suo insternere.*
Ensacher, *in saccum inserere.*
Enticher, *aliquantulum corrumpere.*
Entrevêcher, *impedire se*
Epancher, *effundere.*
Epinocher, terme populaire, *lambere.*
Eplucher, *seligere.* examiner, *discutere.*
Escarmoucher, *leviter præliari.*
Etancher, *obturare.* les larmes, *sedare lacrymas.* la soif, *sitim explere.* le sang, *sanguinem sistere.*

verbes à l'infinitif.

Fâcher, *irritare.*
se Fâcher, *irasci.*
Faucher, *falce demetere.*
Ficher, *figere.*
Flécher, terme d'Agriculture, *pullulare.*
Fourcher un chemin, *bivium prameare.*
Fourcher, dire un mot pour un autre, *loquendo vacillare.*
Gâcher du plâtre, *gypsum macerare.*
Hacher, *concidere.*
Hacher, terme de Peintre, *incidere.*
Harnacher, *equum insternere.*
Hocher, *caput movere.*
Hucher, vieux mot, *accersere.*
Joncher, *sternere.*
Jucher, *insidere.*
Lâcher, débander, *laxare.* laisser aller, *dimittere.* prise, céder, *desistere.* le ventre, *alvum provocare.* le pied, *fugere.* la bride, *habenas remittere.* la parole, *loqui.* l'aiguillette, *meïere.*
Locher, vieux mot, pour Elocher, *ex loco movere.*
Mâcher, *mandere.*
Marcher, *ambulare.* devant, *præcedere.* derriére, *sequi.* contre l'ennemi, *in hostem invadere.* en arriére, *retrocedere.* en avant, *pro-*

verbes à l'infinitif.

gredi. mettre le pied sur, *pede calcare.* faire chemin, *iter facere.* aller son train, *institutum tenere.*

Marcher de pair avec, *æquiparare.*

Mécher, terme de Marchand de vin.

Moucher, *emungere.*

Nicher, *nidificare.*

Panacher, *plumas adsciscere.*

Pécher, faire mal, *peccare.*

Pêcher du poisson, *piscari.*

Pencher, *propendere, proclinari.*

Pencher, incliner, *inclinatione voluntatis ferri.*

Percher : il se dit d'un oiseau, *arbori insidere.*

se Percher, fig. se placer ridiculement, *ridiculè locum occupare.*

Pimprelocher, coëffer d'une maniére bisarre.

Pinocher, *rodere.*

Pocher, *exculpere.* l'œil à quelqu'un, *alicui oculum illidere.* un trait de plume, *calami ductum in latitudinem amplificare.* des œufs, *ova frigere.*

Prêcher, *prædicare.*

Racrocher, *rursùs unco astringere.*

Ramer, *remigare.*

Rapprocher, *rursus appropinquare* ou *admovere.*

Rebrêcher, vieux mot, *reprehendere.*

Rechercher, *requirere.* en mariage, *connubium petere.*

verbes à l'infinitif.

se Recoucher, *iterum cubare.*

Redépêcher, dépêcher une seconde fois, *rursus expedire.*

Relâcher, *relaxare.*

Relâcher, terme de marine, *in portum itinere infecto redire.*

se Relâcher, se négliger, *negligentiùs agere.*

se Relâcher de ses intérêts, *de jure suo cedere.*

Remâcher, *remandere.*

Rempocher, remettre dans la poche.

Reprocher un bienfait, *exprobrare beneficium.* des témoins, *testes refellere.*

Retoucher un tableau, *tabellam retractare.*

Retrancher un camp, *castra intervallo & fossâ munire.* son train, *famulos remittere.* les terres, *terras resecare.*

Revancher, *vindicare.*

Sécher, *siccare.* maigrir, *tabescere.*

Tâcher, *conari.*

Tacher, *maculare.*

Teincher, vieux mot, pour Toucher, *tangere.*

Torcher, *tergere.*

Toucher, frapper, *percutere.*

—atteindre, *attingere.*

Toucher un point dans un discours, *rem attingere.*

Toucher de l'or, *aurum explorare.*

Trancher, *scindere.* couper, *cædere.*

verbes à l'infinitif.

Trancher du grand, *nimis plus sibi arrogare.* s'en faire à croire, *sibi nimium assumere.*
Trebucher, *titubare.*
Tricher, *fallere.*
* Trucher, gueuser, *mendicare.*

CHET. *voyez* ET.

CHEUX. *voyez* EUX.

CHI.

un Affranchi, *libertus.*
Affranchi, *liberatus.*
—exempt, *immunis, expers.*
Letchi, excellent fruit de la Chine.
Odalchi, terme de Relat. *miles Janissarius.*
Odobachi, Officier Turc.

VERBES.

verb. à l'impératif.

Affranchi, *libera.*
Blanchi, *dealba.*
Enrichi, *dita.*
Fléchi, *flecte.*
Franchi, *transili.*
Rafraîchi, *refrigera.*
Plus divers temps & diverses personnes des autres verbes en chir.

CHIE.

f Ambracie, ancienne ville de l'Epire, *Ambracia.*
f Anarchie, quand nul ne gouverne, *anarchia.*

substantifs feminins.

Gigantomachie, combat de Géans, *gigantomachia.*
Hachie, vieux mot, *pœna.*
Hiérarchie, différence de dégrés dans le ministère Ecclésiastique, *hierarchia.*
Logomachie, dispute de mots, *logomachia.*
m Malachie, Prophéte, *-as.*
Monarchie, gouvernement d'un seul, *Monarchia.*
Monomachie, *-chia.*
Myomancie, *-cia.*
Myrmécie, espéce de verrue, *formicaria verruca.*
Naumachie, exercice des Romains pour représenter une armée navale, *naumachia.*
Oligarchie, gouvernement de peu de personnes, *oligarchia.*
Oplomachie, combat de gladiateurs, *oplomachia.*
Pétéchie.
Valachie, pays, *-chia.*

VERBES.

participes feminins.

Affranchie, *liberata.*
Blanchie, *dealbata.*
Chie, au présent, *caca.*
Enrichie, *ditata.*
Fléchie, *flexa.*
Rafraîchie, *refrigerata.*
Voyez les participes feminins des autres verbes en chir.

CIER. *voyez* IER.

CHIER. *voyez* IER.

CHIR. *voyez* IR.

CHIT. *voyez* IT.

CHEU. *voyez* CHU.

CHON.

substantifs masculins.

Barbichon.
Berrichon, *Bituricensis.*
Bichon, petit barbet, *crispatus catellus.*
Bouchon de taverne, *tabernæ foribus appensa hedera.*
—de bouteille, *ampullæ obturamentum*, &c.
petite Bouchon : se dit d'une fille, *parvula pumilio.* *f*
Cabochon, terme de Lapidaire, *eminens umbo.*
Cabochon, ornement qui fait partie de la coëffure des Dames.
à Califourchon, *furcatim.*
Capuchon, *cucullus.*
Capuchon, terme d'Anatomie, muscle.
Cochon, *sus.*
Cochon, au fig. gras, *obæsus.*
Coqueluchon, *cucullus.*
Cornichon, *corniculum.*
Fanchon, diminutif de Françoise.
Fichon, *parva ficula.*
Folichon, *facetus.*
Fourchon, *furca cuspis.*
Greluchon, jeune étourdi.
Manchon, *pellita manica.*
Michon, nom propre d'homme pour Michel.
Michon, terme populaire : Il a du Michon, *habet nummos.*
Mouchon de chandelle.
Ricochon, *monetalis coctor tyro.*
Tire-bouchon, vis de fer ou d'acier.
Torchon, *penicillum.*

subst. masculins.

CHU. & CHEU.

a Branchu, *frondosus.*
v Chu, *lapsus.*
v Déchu, *delapsus.*
a Echu, *lapsus.*
m Fichu, mouchoir de cou de femme, *strophium.*
m Jean-fichu, injure, *insulsus.*
a Fourchu, *furcatus.*

CI. *voyez* SI.

CIE. *voyez* SIE.

ÇIN. *voyez* IN.

CION. *voyez* ION.

CIR. *voyez* IR.

CIS. *voyez* IS.

CIT. *voyez* IT.

CO. *voyez* O.

CON.

subst. masc.

Balcon, *prodium meniarum.*
Basilicon, onguent.
Boucon, poison, *toxicum.*
donner le Boucon, empoisonner, *venenum miscere.*
Catholicon, *-cum.*

Substantifs masculins.

Catholicon d'Espagne, ouvrage satyrique, *opus satyricum.*
Faucon, oiseau, *falco.*
Flacon, *lagena.*
Floccon, *floccus.*
Gascon, *Vasco.*
Hélicon, montagne, *-on.*
Lexicon, Dictionnaire...
Mâcon, ville, *Matiscona.*
a de Mâcon, *Matisconensis.*
Matacon, noisette dont on fait le pain à Madagascar.
Mont-faucon, gibet, *Mons falconius.*
Nicon, fameux athléte.
Tarrascon, ville, *-co.*
de Tarascon, *-conensis.*
a Tricon, terme de jeu, *trinas.*
Verecond, vieux mot, *verecundus.*
Zaccon, prunier étranger.

C,ON. qui se prononce comme SON. *voyez* ON.

COR. *voyez* OR.

COU. *voyez* OU.

CRER. *voyez* RER.

CTION. *voyez* ION.

CU. qui se prononce comme EU.

m Acu, terme de chasse, *ad insidias adductus.*

Substantifs & adjectifs masculins.

Clos cu, dernier né, *natu ultimus, opsigonus.*
Cocu, oiseau, *cuculus.*
Cocu, injure, *curruca.*
Convaincu, *convictus.*
Coupecu, terme de jeu, à coupecu, *supplantatio.*
Cu, *anus, podex.*
Cu de bouteille, *lagenæ pars inferior.* cul d'un sac, *sacci fundus.* d'artichaud, *cinaræ fundus.* cul de sac, *angiportum.* être à cul, *ad extrema redigi.*
Ecu, bouclier, *scutum.* de forme ronde, *clypeus.* en croissant, *pelta.* étroit & long, *aurile.*
Ecu, armoiries, *scutarium symbolum.*
Ecu, monnoie, *nummus.* d'or, *aureus.* d'argent, *argenteus.*
Gratecu, fruit de rosier, *cynorrhodon.*
Jean-cu, injure, *stolidus.*
Invaincu, *invictus.*
Pousse-cu, Archer, *accensus.*
Q, lettre de l'Alphabet.
Quart d'écu, *nummi quadrans.*
v Survécu, *superstes sum.*
Torche-cu, *anitergium.*
Vaincu, *victus.*
v Vécu, *vixi.*

D.

DA.

m AGenda, table de poche.

f * Albreda, injure, *procera mulier.*

grande Albreda, *virago.*

Aſſa-fœtida, *ſtercus Diaboli.*

Breda, ville des Pays-Bas, *Breda.*

Bredi-breda, *nihil ad rem.*

f Calenda, danſe en uſage parmi les Eſpagnols de l'Amérique.

m Canada, Pays.

* Dà, *pour* Dea, *etiam.*

m Dada, terme d'enfant, *equus.*

Ida, montagne.

Juda, Tribu Juive.

Léda, mort d'Héléne.

f Lérida, ville d'Eſpagne, *Ilerda.*

* Par mananda, vieux ferment, *mehercle.*

Mérida, ville d'Eſpagne, *Emerita Auguſta.*

Ouidà, *ità verò.*

Sagda, pierre précieuſe.

VERBES.

Verbes au prét. ind.

Accommoda, *-vit.*

Accorda, pacifia, *conciliavit, conceſſit.*

Achalanda, *emptores allexit.*

Aida, *adjuvit.*

Amenda, *emendavit.*

Appréhenda, *timuit.*

Verbes au prétérit indéfini.

Banda, *tetendit.*

Barricada, *munitionibus obſepſit.*

Bombarda, *igniariâ glande impetiit.*

Borda, *circumdedit.*

Brida, *frænavit.*

Brocarda, *dicteriis impetiit.*

Broda, *acu pinxit.*

Céda, *ceſſit.*

Clabauda, *allatravit.*

Commanda, *imperavit.*

Conſolida, *-vit.*

—affermit, *firmavit.*

Contremanda, *aliud ac juſſum fuerat mandavit.*

Darda, *vibravit.*

Débanda, *relaxavit.*

Débonda, *objectaculum amovit.*

Déborda, *exundavit.*

Débrida, *frænos detraxit.*

Décéda, *-ceſſit.*

Dégrada, *exauctoravit.*

Demanda, *poſtulavit.*

Dépoſſéda, *à poſſeſſione amovit.*

Deſſouda, *ferruminatum diſſolvit.*

Echafauda, *tabulatum extruxit.*

Echauda, *calidâ perfudit.*

Eluda, *eluſit.*

Eſcalada, *ſcalis invaſit.*

Evada, *-aſit.*

Excéda, *exceſſit, modum tranſiit.*

Exhéréda, *-vit.*

verbes au prétérit indéfini.

Fonda, *fundavit.*
Frauda, *fraudavit.*
Fronda, *funda lapides jecit*
Garda, *custodivit.*
Gourmanda, *indigniùs accepit.*
Gronda, *increpavit.*
Guida, *duxit*
Hazarda, *in discrimen adduxit.*
Incommoda, *molestiam attulit.*
Inonda, *inundavit.*
Intercéda, *deprecatus est.*
Intimida, *terruit.*
Lapida, *lapidibus obruit.*
Larda, *larido fixit.*
Liquida, *expedivit, expendit.*
Manda, *nuntiavit.*
Marchanda, *mercatus est, mercis pretium percontatus est, cunctatus est.*
Palissada, *palis munivit.*
Persuada, *-asit.*
Pétarda, *pylocaustris impetiit.*
Plaida, *litigavit.*
Posséda, *possedit, habuit.*
Précéda, *præcessit.*
Présida, *præfuit.*
Procéda, *-cessit.*
Ravauda, *veteramentariam exercuit.*
Regarda, *intuitus est.*
Réprima, *repressit, objurgavit.*
Résida, *commoratus est.*
Ressouda, *referruminavit.*
Rétrograda, *-gressus est.*
Roda, *discurrit.*
Seconda, Favorisa, *favit.*
Aida, *adjuvit.*

verb. au pré. ind.

Sonda, *exploravit.*
Souda, *ferruminavit.*
Succéda, *-cessit.*
Vilipenda, *contempsit.*
Vuida, *evacuavit.*

Voyez le prétérit des autres verbes en der.

DAI. *voyez* AI.

DAL. *voyez* AL.

DAU. *voyez* AU.

DANT. *voyez* ANT.

DAR. DARD. & DART. *voyez* AR. ARD. & ART.

DAS. *voyez* AS.

DAT. *voyez* AT.

DAU. *voyez* AU.

DÉ.

substantifs & adjectifs masculins.

Accommodé, *aptatus.* Item *nullâ re indigens.*
Accordé, fiancé, *sponsus.*
Achalandé, *dicitur de eo quem frequenter adeunt emptores.*
Affidé, *fidus.*
Amandé, lait d'amande, *lac amygdalinum.*
Bridé, *frænatus.*
Bridé, fig. pour dire Pris. Il est bridé, *captus est.*
Caudé, terme de Blâson, *caudatus.*
Concordé, vieux mot, *concessus.*

substantifs & adjectifs masculins.

* Cordé, *perditus.*
D, lettre de l'Alphabet.
Dé à coudre, *digitale.*
Dé à jouer, *tessera.*
flatter le Dé, *ambiguè loqui.*
Débordé, *inundans.*
Débordé, fig. débauché, *voluptatibus deditus.*
* Dégingandé, délabré, *lacer.*
Dévergondé, *impudens.*
Echaudé, pâtisserie, *depostitium crustulum.*
Faudé, t. de man. de lainage.
Fraudé, de la cire fraudée.
* Guedé, pour dire Saoul, *saturus.*
Lodé, vieux mot, *lotus.*
Orge mondé, *hordeum mundatum.*
Camelot ondé, *pannus undulatus.*
Obsédé, *obsessus.*
Outrecuidé, *audax.*
Pléniprébendé, Chanoine qui joüit de tous les revenus de sa prébende.
Ponandé, terme de compte, *ponenda.*
Possédé du Démon, *à Dæmone obsessus.*
Prébendé, qui a une Prébende, *Præbendarius.*
Procédé, *agendi ratio.*
Soudé, de Soudure, *ferruminatus.*
un compte Soudé, ou plutôt Soldé, *computatio soluta.*

VERBES.

verbes au prétérit & participe masculins.

Abordé, *appulsus.*
Accommodé, *adaptatus.*
Accordé, *compositus.*
Achalandé, *ab emptoribus frequentatus.*
Aidé, *adjutus.*
Amandé, *correctus.*
Bandé, *intentus.*
Bardé, *phaleratus.*
Bardé, *larido tectus.*
Barricadé, *munitionibus obseptus.*
Bombardé, *bombis ignitis eversus.*
Bordé, *limbo circumdatus.*
Bridé, *frænatus.*
Brocardé, *dicteriis mordacibus impetitus.*
Brodé, *Phrygio opere factus.*
Cardé, *carminatus.*
Cédé, *concessus.*
Commandé, *jussus.*
Consolidé, *firmatus.*
Contremandé, *renuntiatus.*
Cordé, *in struem compositus.*
Dardé, *jaculatus.*
Débandé, *laxatus.*
Débordé, *restagnans.*
Débridé, *fræno solutus.*
Décédé, *mortuus.*
Décidé, *ratus.*
Dégradé, *exauctoratus.*
Demandé, *postulatus.*
Dépossédé, *ex possessione ejectus.*
Désaccordé, *inconcinnus.*
Dessoudé, *exferruminatus.*
Dissuadé, *-asus.*
Echafaudé, *tabulato instructus.*
Echaudé, *calidâ perfusus.*
Eludé, *clusus.*
Escaladé, *scansus.*

verbes au prét. & part. masculins.

Evadé, *evasus.*
Evidé, *perforatus.*
Excédé, *excessit.*
Exhérédé, *-datus.*
Fardé, *fucatus.*
Fondé, *fundatus.*
Fraudé, *-datus.*
Frondé, *impugnatus.*
Gardé, *servatus.*
Gourmandé, *indigniùs acceptus.*
Grondé, *objurgatus.*
Guidé, *ductus.*
Guindé, *elevatus, elatus.*
Hazardé, *periculo expositus.*
Incommodé, *incommodo affectus.*
Inondé, *inundatus.*
Intercédé, *deprecatus est.*
Intimidé, *terrefactus.*
Lapidé, *lapidibus impetitus.*
Lardé, *larido fixus.*
Liquidé, *ad amussim enucleatus.*
Mandé, *accersitus.*
Marchandé, *mercatus.*
Palissadé, *vallis munitus.*
Persuadé, *-asus.*
Pétardé, *pylocaustro subrutus.*
Placardé, *affixus.*
Plaidé, *litigatus, oratus.*
Poignardé, *pugione percussus.*
Possédé, *possessus.*
Précédé, *antecessus.*
Prédécédé, *præmortuus.*
Préludé, *prælusus.*
Présidé, *præsedit.*
Procédé, *ortus.*
Regardé, *observatus.*
Renardé, terme de Parfumeur.

verbes au prét. & part. masculins.

Réprimandé, *objurgatus.*
Résidé, *commoratus.*
Ressoudé, *iterum ferruminatus.*
Ridé, *rugatus.*
Rodé, *circumcurrit.*
Secondé, *adjutus.*
Sondé, *exploratus.*
Soudé, *ferruminatus.*
Succédé, *successit.*
Tailladé, *plagis cæsus.*
Tardé, *retardatus.*
Vilipendé, *contemptus.*
Vuidé, *evacuatus.*

Voyez les divers temps & diverses personnes des autres verbes en der.

DEAU. *voyez* AU.

DÉE.

substantifs féminins.

Abordée, *pour* Abord, d'Aborder, *statim.*
Accordée, *sponsa.*
Asmodée, Démon., *-eus.*
Bandée, *vindemiæ denuntiatio.*
Bordée de canon, *tormentorum explosio.*
Bordée de navire, *navis tormentorum explosio.*
Bordée, fig. grande tirade de phrase, *verborum eluvies.*
a Cardée, *lana carminata.*
Chaldée, pays, *Chaldæa.*
Coudée, *cubitus.*
Débridée, prix qu'on paye pour un cheval.
a * Dégingandée, *inconcinna.*

subst. femin.

femme Fardée, *mulier fucata.*
Glandée, *glandium collectio.*
Idée, *-ea.*
Médée, magicienne...
m Odée, *odeum.*
Ondée, *imber.*
Soudée, vieux mot, payement, *solutio.*
Verdée de Florence, vin excellent, *vinum Florentinum.*

Plus les participes féminins des verbes en der : Gardée.

DEL. *voyez* EL.

DENT. *voyez* ANT.

DER.

verbes à l'infinitif.

Abonder, *abundare.*
Aborder, *appellere.* d'un lieu, *locum adire.* approcher, *accedere.*
Abscéder, *abire in abscessum.*
Accéder, terme de négoce, *subscribere.*
s'Accagnarder, *ignaviæ se tradere.*
Accommoder, *-are.* agencer, *ordinare.* une chose avec une autre, *adaptare.* pacifier, *-ficare.* bien *ou* mal traiter, *benè aut malè excipere.*
s'Accommoder de, usurper, *usurpare.*
s'Accommoder au temps, &c. *tempori cedere.* à l'humeur de quelqu'un, *ad aliquem se fingere.*

verbes à l'infinitif.

Accorder, donner, *concedere.* transiger, *-gere.* promettre, *despondere.* mettre d'accord, *conciliare.* consentir, *annuere.*
Accorder un procès, *litem componere.*
Accorder un instrument, un luth, *ad concentum citharam aptare.*
s'Accorder, *convenire.*
Accouder, *cubito inniti.*
Achalander, *emptores allicere.*
Affriander, *pellicere.*
Aider, *adjuvare.*
Aider à la lettre, *supplère.*
Amender, *emendare.* se corriger, *resipiscere.* dédommager, *damnum compensare.* se porter mieux, *meliùs se habere.*
Amender la terre, *stercoratione terram refovere.*
Amignarder, *blandiri.*
Appréhender, *-ere.* saisir, *capere.* craindre, *reformidare.* entendre, *concipere.*
Badauder, *ineptire.*
* Baguenauder, *nugari.*
Bander une balle, *glandem intendere.* un pistolet, *sclopi rotam tendere.* une plaie, *fasciis involvere.*
se Bander, *adversari.*
Barder, *tegere.* la volaille, *larido cooperire.* armer de bardes, de cottes de maille, *loricare.*
Barricader, *munitionibus obsepire.*
Bertauder, *inæqualiter tondere.*

verbe à l'infinitif.

Bombarder, *bombis ignitis evertere.*

Border, *marginare.* un fossé, faire un bord; *crepidine fossam circumdare.* une juppe, *vestis oram limbo cingere.* un chemin de soldats, *viam militibus cingere.* les armoiries, *terminare.*

Bouder, gronder, *turgere alicui.*

Brider, *frænare.*

Brigander, *furari.*

Brocarder*, *dictis mordacibus perstringere.*

Broder, *Phrygianum opus facere.*

* Cagnarder, devenir paresseux, *deses esse.* mendier, *mendicare.*

s'Acagnarder, *inertiâ hebescere.*

* Caimander, gueuser, *mendicare.*

Canarder, *glande catapultariâ prosternere.*

Carder, *carminare.*

Céder, *-dere.*

Clabauder, *allatrare.*

Commander, *præcipere.* régir, *imperare.* enjoindre, *injungere.* dominer, *dominari.*

Commander une armée, *exercitui præesse.*

se Commander, *animo moderari.*

Collauder, vieux mot, *collaudare.*

Concéder, *-ere.* avoüer, *fateri.*

verbes à l'infinitif.

Consolider, *firmare.*

Contremander, *mandatum revocare.*

Contre-regarder, *adversa tueri.*

Corder du bois, *struem ligni in mensuram componere.*

Corder, se dit d'une rave.

Corroder, *-ere.*

Courtauder, couper par la queue.

Cuider, vieux mot, *cogitare.*

Darder, *jaculari.*

Débander, *relaxare.* détendre, *remittere.*

Débander l'esprit, un arc, &c. *animum & arcum relaxare.*

se Débander, terme de guerre, *à signis discedere.*

Débarder un cheval, *loricam equo detrahere.* un vaisseau, *merces è navi exponere.* un train de bois, *ligna in terra exponere.*

Débillarder, terme de Charpentier, *rescindere.*

Débonder, *operculum eximere.* une écluse, *cataractam eximere.*

débonder en larmes, *effundere lacrymas.*

Déborder : se dit d'une riviére, *exundare.*

Débrider, *equo fræna detrahere.* au fig. *silere*, *deproperare.*

Décéder, *mori.*

Déchalander, *emptores avertere.*

Décider, *judicare*, *dirimere.*

verbes à l'infinitif.

ſe Décider, *ſtatuere.*
Décorder, *funem retexere.*
Dégrader, *de gradu dejicere.* un Gentilhomme, *ex ordine nobilium amovere.* un Prêtre, *ſacerdotem exaugurare.* un ſoldat, *militem exauctorare.* une maiſon, *domum diruere.* une forêt, *ſylvam cædere.*
Demander, *petere.* interroger, *-gare.* gueuſer, *ſtipem erogare.*
Dépoſſéder, *è poſſeſſione expellere.*
Dérader, *à vadoſa maris orâ avellere.*
Déſaccorder, *ſymphoniam diſſolvere.*
Deſſouder, *exferruminare.*
Dévergonder, *vitium virgini inferre.*
Devider, *filum in orbes glomerare.*
Dilapider, *dilapidare.*
Diſcorder, *diſſonare.*
Diſſuader, *-ere.*
Ebertauder, tondre une étoffe de laine, *pannum tondere.*
Echafauder, *tabulatum conſtruere.*
Echauder, *calidâ perfundere.*
Elider, *elidere.*
s'Elider, *elidi.*
Eluder, *declinare, vitare.*
Emender, terme de Palais, *emendare.*
Emonder, *amputare.*
Emonder un arbre, *arborem putare.*

verbes à l'infinitif.

Engarder, vieux mot, *prohibere.*
Enquadrupéder, *inter quadrupedes referre.*
Enquinauder, *fallere.*
Entrelarder, *larido per intervalla figere.*
Eſcalader, *ſcalis admotis impetere.*
Eſgarder, v. m. conſidérer une perſonne, *contemplari.*
Eſſourdir, *ſurditatem inducere.*
Eſtafilader, *cædere.*
Eſtocader, *cuſpide vibrato petere.*
Eſtrapader, *in troclea patibulum tollere.*
Evader, *-ere.*
Evuider, *evacuare.*
Excéder, *-ere.* Item, terme de Phyſique, *ejectare.*
Excéder, terme de Palais, *excedere.*
Exhéréder, *-dare.*
Exuder, *ou* Exſuder, terme de Médecine, *exſudare.*
Faiſander, *ferinam carnem macerare.*
Farder, *fuco induere.*
Féconder, *fœcundare.*
Fonder une maiſon, *dotare, domum fundare.*
Fonder un Couvent, *Monaſterium fundare.*
ſe Fonder en raiſon, *ratione niti.*
Frauder, *-are.*
Fronder le Gouvernement, *adminiſtrationem carpere.* une opinion, *opinionem impugnare.*

verbes à l'infinitif.

Galvauder, vieux mot, *infectari.*
Gambader, *sublata in orbem crura jactare.*
Garder, *servare.* défendre, *-dere.* tenir en sa protection, *custodire.* observer, *observare.*
Garder la chambre, la maison, *à publico se abstinere.* le silence, *silere.* les loix, *leges servare.* sa promesse, *promissum tenere.* le mulet, *expectare.* la porte, *excubare.* les moutons, &c. *oves, &c. pascere.*
se Garder, s'abstenir, *abstinere.* se donner de garde, *cavere.*
En donner à garder, *alicui imponere.*
Goguenarder, *scurrari.*
Gourmander, *indigniùs accipere.*
Grimauder, *puerulos docère*
Gronder, faire du bruit, *mutire, mussare.*
Gronder, murmurer, faire mauvaise mine, *murmurare, asperiùs increpare.*
Guêder, vieux mot, *saturare.*
Guider, *ducere.*
Guinder, *attollere.*
Harder, vieux mot, Troquer, *mutare.*
Hasarder, *periculo exponere.* tenter, *periculum adire.* tout, *ad extrema venire.*
Hollander, *calamum leviter ustulare.*
Homicider, vieux mot, *homicidium perpetrare.*

verbes à l'infinitif.

Jargauder, vieux mot, *blaterare.*
Incommoder, *-are.* nuire, *nocere.*
Inféoder, *clientelam attribuere.*
Inonder, *inundare.*
Intercéder, *-ere.* prier, *deprecari.*
Intimider, *terrere.*
Invalider, rendre nul, *annullare.*
Lapider, *lapidibus obruere.*
Larder, *laridò figere.*
Liquider, *accuratè perpendere.*
Mander, *-are.*
Marander, goûter, *merendari.*
Marauder, aller en maraude, *latrocinari.*
Marchander, *mercari.*
Marchander, hésiter, *hæsitare.*
Mignarder, *blandiùs tractare.*
Mirauder, regarder avec attention.
* Nazarder, *naso verba proferre.*
Oeillader, *avidiùs oculos conjicere.*
Outrecuider, *de se optimè sentire.*
Paillarder, *scortari.*
Palissader, *vallo munire.*
Panader, se carer, *superbè incedere.*
Pelauder, *male mulctare.*
Persuader, *-ere.*
Pétarder, *pylocaustro admoto subruere.*

Placarder,

verbes à l'infinitif.

Placarder, *affigere.*
Plaider, *litigare.*
Poignarder; *pugione confodere.*
Pommader, *unguento odorato illinere.*
Posséder, *-ere.*
Précéder, *antecedere.*
Prédécéder, *prior mori.*
Préluder, *proludere.*
Présider, *præesse.*
Procéder, *-ere.*
Procéder, terme de Palais, *litem promovere*, vel *agitare.*
Quemander, vieux mot, *mendicare.*
Raccommoder, *reconcinnare.*
se Raccommoder, *reconciliari.*
Rachalander, *emptores revocare.*
Ramender, *pretium minuere.*
Ravauder, *ineptire.* rabiller, *reconcinnare.*
Rebander, *iterum tendere.*
Rebarder, vieux mot, chanter une reprise, *cantum resumere.*
Rebroder, *iterum Phrygiano more pingere.*
Recéder, *-ere.*
Recommander, *commendare.* au Prône, *publicare.*
se Recommander à quelqu'un, le saluer, *salutem dare.*
Redder, vieux mot, *somniare.*
Regarder, *aspicere.*

verbes à l'infinitif.

Reguinder, *sursùm attollere.*
Reincruder, terme de Philos. hermét. *crudum reddere.*
Renarder, *vulpinâ fraude uti.*
Réprimander, *reprehendere.*
Rescinder un contrat, *pactum rescindere.*
Résider, *-ere.*
Ressouder, *referruminare.*
Retarder, *morari.*
Rétrograder, *-gradi.*
Retruder, terme de Palais, remettre en prison.
Revalider, rendre valide, *firmum reddere.*
Rider, *rugare.*
Sabrenauder, faire mal quelque chose.
Seconder, *juvare.*
Solder, *solvere.*
Sonder, *experiri.* tenter, *tentare.*
Sonder, terme de Chirurgie, *vulneris altitudinem indagare.*
Souder, *ferruminare.*
Succéder à quelqu'un, *alicui succedere.*
Succéder, réussir, *prosperè agere.*
Supercéder, terme de Palais, surseoir, *supercedere.*
Survuider, *superfluum vacuare.*
Taillader, *concidere.*
Taluter ou Taluder, *acclivem reddere.*
Tarauder, *cochleatim perforare.*

verbes à l'infinitif.

Tarder, *-are.*
Transſuder, ſe filtrer, *-are.*
Truander, *ſtipem erogare.*
Valider, terme de Palais, *validum efficere.*
Viander, terme de Vénerie, *veſci.*
Vilipender, *contemnere.*
Vreder, terme populaire, *divagari.*
Vuider, *evacuare.*

DET. *voyez* ET.

DEU. *voyez* EU.

DI.

ſubſtantifs & adjectifs maſculins.

Aſſourdi, *obſtupefactus.*
* tout-Brandi, *totaliter.*
Cadi, Officier Turc, *-us.*
Cadedi, *ou* Cadedis, jurement Gaſcon.
Claudi, dimin. de Claude, *Claudiolus.*
ſucre Candi, *ſaccharum Candeum.*
Ebaudi, vieux mot, *hilaris.*
Etourdi, *ſtolidè vehemens.*
—troublé, *attonitus.*
Gaſſendi, Philoſophe François, *Gaſſendius.*
Hardi, Poëte François, *Hardius.*
Hardi, courageux, *ſtrenuus,* téméraire, *audax.*
Jeniſer-Effendi, Charge parmi les Janiſſaires.
Jeudi, *dies Jovis.*
Kimdi, *veſperæ Turcarum.*
Landi, foire de ſaint Denis, *Juſtitium Sandionyſianum.*

ſubſtantifs & adjectifs maſculins.

Lundi, *dies Lunæ.*
Mardi, *dies Martis.*
Mercredi, *dies Mercurii.*
Midi, *meridies.*
avant & après Midi, *ante & poſt meridianum tempus.*
après Midi, *pomeridianis horis.*
Midi, partie du monde, *auſtralis regio.*
vent de Midi, *auſter.*
Rebaudi, vieux mot, *hilaris.*
Samedi, *dies Saturni.*
Sandi, jurement.
Vendredi, *dies Veneris.*

VERBES.

verbes au participe maſculins.

Abâtardi, *depravatus.*
Affadi, *fatuus, inſulſus.*
Agrandi, *auctus, amplificatus.*
Applaudi, *quod plauſu proſecuti ſunt homines.*
Arrondi, *rotundatus.*
Attiédi, *tepefactus.*
Dégourdi, *ſolutus torpore.*
Engourdi, *ignaviâ torpens.*
Enlaidi, *deformatus.*
Etourdi, *ſtupefactus.*
Grandi, *major factus.*
* Ragaillardi, *refectus.*
Refroidi, *refrigeratus.*
Reverdi, *qui revirуit.*
Tiédi, *tepidus.*
Verdi, *qui viruit.*

Plus divers temps & diverſes perſonnes des autres verbes en dir.

Plus quelques mots du verbe dire, *& de ſes composés.*

v Contredi, *refragare.*
v Di, *dic.*
v Interdi, *interdic.*

DIE.

Acadie, province de l'Amérique Septentrionale.
Arcadie, pays, *-ia.*
m rossignol d'Arcadie, âne, *asinus.*
Arthrodie, terme d'Anatomie, *arthrodia.*
Callipédie, l'art de faire de beaux enfans, *callipædia.*
Candie, île, *Creta.*
Comédie, *comœdia.*
Custodie, terme de Religieux.
v Die, *pour* Dise.
Encyclopédie, *encyclopædia.*
Etudie, vieux mot, *studium.*
à l'Etourdie, adv. *temerè.*
à Hardie, *audax.*
Hilarodie, vieux mot, *-ia.*
m Incendie, *-ium.*
Inédie, diéte, *inedia.*
Lombardie, pays, *Longobardia.*
a de Lombardie, *Longobardus.*
Lydie, pays, *-ia.*
Maladie, *morbus.*
Mélodie, *melos.*
Normandie, *Normannia*, *Neustria.*
Numidie, pays, *-ia.*
Palinodie, rétractation...
Parodie...
Perfidie...
Picardie...
à de Picardie, *Picardus.*

substantifs féminins.

Prosodie, terme de Grammaire, *prosodia.*
Psalmodie, chant d'Eglise.
Rapsodie, ramas.
Recoirdie, vieux mot, chanson à apprendre par cœur.
Récréandie, vieux mot, récréation, *animi relaxatio.*
Ribaudie, *scortatio.*
Tragédie, *tragœdia.*
Tragicomédie, *-comœdia.*
Voidie, vieux mot, vûe, *visus.*

substantifs féminins.

Plus divers temps des verbes en dire : die, médie.

Plus divers temps & diverses pers. des verbes en dier : congédie.

Plus les participes féminins des verbes en dir : grandie, *aucta.*

DIN. *voyez* IN.

DIR. *voyez* IR.

DIS. *voyez* IS.

DIT. *voyez* IT.

DO. *voyez* O.

DOL. *voyez* OL.

DON.

Abandon, *derelictio.*
à l'Abandon, *negligenter.*
Amydon, *amylus.*
Bedon, *obesus.*
Bondon, *dolii operculum.*
Bourdon de pélerin, *viato-*

subst. masculins.

substantifs masc. *rum baculum.* grosse mouche, *vespa.* tuyau de cornemuse, *utriculi major tubus.* insecte, *crabro.* bruit d'abeille, *susurrus.*

Bourdon d'orgue, *tubus suavioris & depressioris soni.*

v planter le Bourdon, s'arrêter, *stare, sedem stabilem constituere.*

Brandon, *tæda.*

Bridon, *frænum.*

Calamédon, terme de Chirurgie, *fractura.*

Cardon, *carduus sativus.*

Caulédon, sorte de fracture, *cauledon.*

Céladon, couleur, *color thalassinus.*

Chardon, *carduus.*

Château-Landon, petite ville de France, *Castrum Landonis.*

Claudon, nom de femme.

Commendon, *-ius.*

Cordon, *torulus.* de chapeau, *cingulum.* de saint François, *Franciscanum.* ruban, *tænia.* d'Architecture, de Blâson, &c. *vitta, corona.*

Cordon bleu, *ou* Chevalier du Saint Esprit, *torquatus Eques.*

Croquelardon, *parasitus.*

Cupidon, *-do.*

Didon, Reine de Carthage, *Dido.*

Don, *ou* Tanaïs, fleuve.

Don, mot Espagnol dont on qualifie en Espagne les gens de naissance, & de certains Moines en France, comme les Bénédictins, & les Bernardins, *Domnus.*

f grosse Dondon, personne grasse, *obæsa puella.*

substantifs masculins. Edredon, duvet de certains oiseaux du Nord.

Espadon, *machæra prævalida.*

Faux-bourdon de Musique, *rudior concentus.*

Fredon, terme de jeu, *tria* vel *quatuor folia lusoria.*

Fredon de la voix, *tremula modulatio.*

Gardon, poisson, *gardo.*

Girardon, Sculpteur, *-ius.*

Goddon, vieux mot, homme riche, *dives.*

Guerdon, vieux mot, *merces.*

Guéridon, *columella.*

Guidon, étendart, *equestre vexillum.*

Guidon, celui qui porte l'étendart, *vexillarius eques.*

Guidon, terme de filou, petit point d'équerre qu'ils mettent sur la tranche d'une carte.

Laomédon.

Lardon, *laridi segmen.*

Lardon, espéce de Gazette d'Hollande.

Lardon, brocard, *dicterium.*

Lourpidon, vieille, *anus deformis.*

Macandon, arbre conifère du Malabar.

Myrmidon, *pusillus.*

Pardon, *venia.* rémission, *-io.* pardon, *ignosce.*

substantifs masculins.

Pardon, fête des Juifs.
Pardon, son de cloche, *tintinnabulorum sonus ad preces.*
Pardon, indulgence. Il ne se dit qu'au pluriel, *indulgentia.*
Pradon, Poëte François.
Rigodon, danse, *rigualdiniana chorea.*
Sarpedon, Roi de Libye.
Sidon, ville.
Sourdon, coquillage, *cochlea.*
Tendon, *tendo.*

DOR. *voyez* OR.

DOS. *voyez* OS.

DOT. *voyez* OT.

DOU. *voyez* OU.

DU. & DEU.

a Ardu, vieux mot, *-uus.*
a Assidu . . .
m Capendu, pomme, *malum curtipendulum.*
v Dû, du verbe Devoir, *debitus.*
a Dodu, *plenus.*
a Entendu, oüi, *auditus.* intelligent, *-ens.* versé, *peritus.* faire l'entendu, *vanam eruditionem ostentare.* bien entendu, *scitus, perfectus, elegans.*
a Eperdu, *consternatus.* étonné, *attonitus.*
Inattendu, *non expectatus.*

substantifs & adjectifs masculins.

Indéfendu, *indefensus.*
Inétendu, *inextensus.*
Individu, *-um.*
Indu, heure indue, *intempestivè.*
Invendu, *non venditus.*
Mal-entendu, *malè auditus, imperitus.* malfait, *malè dispositus.*
Portendu, vieux mot, *expositus oculis.*
Résidu, *-um.*

VERBES.

verbes au participe passif.

Défendu, *prohibitus.*
Dépendu, *demissus.*
Descendu, *qui descendit, demissus.*
Détendu, *detensus.*
Entendu, *auditus.*
Etendu, *extensus.*
Fendu, *fissus.*
Fondu, *fusus.*
Mordu, *morsus.*
Pendu, *appensus.*
Perdu, *perditus.*
Pondu, *partus.*
Prétendu, *prætensus.*
Refondu, *refusus.*
Rendu, *redditus.*
Répandu, *sparsus.*
Répondu, *cui responsum dedimus.*
Survendu, *cariùs venditus.*
Suspendu, *suspensus.*
Tendu, *tensus.*
Tondu, *tonsus.*
Vendu, *venditus.*

Plus divers temps & diverses pers. des autres verbes en andre *&* endre, ondre *&* ordre.

E.

EA. diſſyl.

DEa, *pour* Da, *etiam.* Lea *ou* Lia, femme de Jacob.
Rhea, Veſtale.

VERBES.

verb. au prét. ind.

Agréa, *probavit.*
Créa, *creavit.*
Deſagréa, *improbavit.*
Maugréa, *execratus eſt.*
Procréa, *-vit.*
Récréa, *oblectavit.*
Voyez les autres verbes en éer.

EAL, *voyez* AL.

EANT. *voyez* ANT.

EAU. *voyez* AU.

EB.

Avreng-zeb, nom prop. *-us.*
Oreb, montagne.

EBE.

Ebe, vieux mot, reflux de la marée, *æſtus maris.*
Euſèbe, nom propre, *-bius.*
Thèbe, ville, *Thebæ.*

EBLE.

a Féble, *pour* Foible, *debilis.*

m Féble, *pour* Foible, défaut, *vitium.*

ſubſtantifs & adjectifs maſculins & feminins.

Hiéble, herbe, *ebulus.*
Tiéble, *apiarium.*

EBRE.

Algébre, *-bra.*
Célébre, *-bris.*
Célébre, verb. *-bro.*
Ebre, fleuve, *Iberus.*
Funébre, *-bris.*
Oraiſon Funébre, *oratio funebris.*
Ténébre, au pluriel, *-bræ.*
leçons de Ténébres, *matutinæ preces.*
Vertébre, *-bra.*

EC.

ſubſtantifs & adjectifs maſculins.

Anamalech, Dieu des Samaritains.
Aſpect, *-us.*
Avant-bec *ou* éperon, angle de la pierre d'un Pont, *anteris.*
Avec, prépoſition, *cum.*
Bec, *roſtrum.* bouche, *os.* caquet, *garruloſitas.* de grue, *preſſior.* de lampe, *lingula.* levier de fer, *lingulatus vectis ferreus.* de vaiſſeau, *roſtra.*
Bec-jaune, au fig. imprudent, *-ens*, *tyro.*
faire le Bec, fig. *aliquem præmonere.*

substantifs & adjectifs masculins.

mener par le Bec, *nutu suo ducere.*
prendre par le Bec, par famine, *fame oppugnare.*
qui a Bec, *rostratus.*
Blanc-bec, *juvenis imberbis & experientiâ carens.*
Caudebec, ville, *Calidobecum.*
Caudebec, chapeau, *pileus Calidobecinus.*
Echec, porte, & terme de jeu d'échecs, *damnum.*
Erec, province d'Asie.
Grec, *Græcus.* sçavant, *doctus.*
Martin-sec, poire, *pyrum lapidosum.*
Pec, *halex recèns sale aspersus.*
Raisin sec, *uva passa.*
Rebec, violon, *parvus barbitus.*
Rebec, *fidicula.*
Respect, *observantia.*
Romestec, terme familier, toute liqueur qu'on sert à la fin d'un repas.
Salamalec, salut des Turcs, *salamalecum.*
Sec, *siccus.* pauvre, *inops.* maigre, *macilentus.* peu courtois en paroles, *austeri sermonis.*
Van-Bek, Peintre, *-ius.*
Vent Grec, *Iapyx.*
Y Grec, lettre de l'Alphabet.

ECE. *voyez* ESSE.

ECHE. long. *ou* ESCHE.

Avant-pêche, fruit, *Persicum præcox.*

substantifs & adjectifs masculins & feminins.

Bêche, *ligo.* C'est aussi le nom d'un insecte.
Blêche, *ou* Fourbe, *fraudulentus.*
Chevêche, oiseau, *stryx.*
Dépêche, lettre, *littera.*
Dépêche, voilà une belle dépêche, *expeditio.*
Fraîche, *recens.*
nouvelles Fraîches, *recens nuntium.*
Grièche, *gravamen.*
Lebêche, *ou* Garbin, vent de Sudouest, *brumalis Astricus.*
Lêche, *placula.*
Pêche, pêcherie, *piscatura.* it. *Persicum malum.*
Piegrièche, oiseau, *collubrio.*
Piegrièche, au fig. pour dire Aigre, *morosus.*
Pimbêche, *mulier iners.*
Prêche, prédication, *concio.*
Revêche, étoffe, *pannus ex lana crispatus.*
Revêche, de mauvaise humeur, *morosus.*

verbes au présent.

VERBES.

* Allêche, *allicio.*
Bêche, *terram fodio.*
Empêche, *impedio.*
Léche, *lambo.*
Pêche, *piscor.*
Pèche, (bref) *pecco.*
Prêche, *prædico.*

ECHE. bref.

Bréche, *ruina.* d'un couteau, *dens.* faire bréche à l'honneur, *famam lædere.*

subſtantifs féminins.

Caléche, *pilentum.*
Créche, *præſepe.*
Flamméche, *ſcintilla.*
la Fléche, ville, *Flexia.*
Fléche, *ſagitta.* de carroſſe, *rhedæ temo.*
Fléche, terme de jeu de Trictrac & d'Agriculture.
Méche, *ellychnium.*
découvrir la Méche, *opertum divulgare.*
Roſe-ſéche, couleur, *ex roſeo pallens color.*
Séche, poiſſon, *ſepia.*
a Séche, maigre, *macra.*

ECLE.

m Siécle, *ſæculum.*
m Thécle, nom propre, *-cla.*

ECQUE. *voyez* EQUE.

ECRE.

m Nécre, fleuve, *Nicer.*
m vin de Nécre, *vinum Nicerанum.*

ECS.

subſt. maſc.

Avant-becs, *anteres.*
Becs, *roſtra.*
Echecs, *damna.*
Grecs, *Græci.*
Rebecs, *p*[illegible]*rbitii.*
a Secs, *ſicci.*
Avec ces mots peuvent rimer :
Aſpects, *-tus.*
Reſpects...

ECT.

a Abject, *-us.*

ſubſt. & adject. maſc.

Aſpect, *-us.*
Circonſpect...
Correct...
Direct...
Indirect...
Infect, *fœtidus, putidus.*
Suſpect, *-tus.*
Reſpect...

ECTE.

ſubſt. & adj. maſc. & fém.

Abjecte, *-ta.*
Architecte, *-tus.*
Circonſpecte, *-ta.*
Correcte, *emendata.*
Dialecte, *-tus.*
Directe, *-ta.*
Indirecte...
Infecte, *fœtida, putida.*
Inſecte, *-tum.*
Lecte, vieux mot, *delectus.*
Pandecte, au pluriel, *-ta.*
Suſpecte, *-ta.*

VERBES.

verbes au préſent.

Affecte, *affecto, deſtino, addico.*
Délecte, *-to.*
Humecte...
Infecte, *tetro odore inficio.*
Objecte, *objicio, oppono.*
Reſpecte, *veneror.*
Voyez les autres verbes en ecter.

ECTRE.

Electre, nom propre, *-tra.*
Spectre, *larva umbratilis.*

ED.

Lamed, lettre Hébraïque.

EDE.

substantifs masculins.

f Andromède, fille de Céphée, Roi d'Ethiopie, *Andromede.*
Archiméde, Mathématicien, *Archimedes.*
Béde, Docteur, *-da.*
Bipéde, *bipes.*
Calprenéde, Auteur François, *Calprenedus.*
Cadripéde, *cadripes.*
Dioméde, Roi de Thrace, *Diomedes.*
Ganyméde, Echanson de Jupiter, *Ganymedes.*
Interméde, *-dium.*
Méde, peuple, *-dus.*
Nicoméde, Roi de Bithynie, *Nicomedes.*
Palaméde, Roi d'Eubée, *Palamedes.*
Quadrupéde, bête à quatre pieds, *quadrupes.*
Reméde, *-dium.*
f Suéde, Royaume, *Suecia.*
Tancréde, nom propre, *Tancredus.*
a Tiéde, *tepidus.*
f Toléde, ville, *Toletum.*

VERBES.

verbes au présent.

Céde, *-do.*
Décéde, *morior.*
Dépofféde, *è possessione pello.*
Excéde, *excedo.*
Intercéde, *deprecor.*
Posséde, *possideo.*
Précéde, *antecedo.*
Succéde, *succedo.*

Voyez les autres verbes en éder.

EDRE.

substantifs masculins.

Aigre de cédre, *acer cedrinus.*
Cédre, arbre, *-drus.*
Dom Pédre, nom propre, *domnus Pedrus.*
Phédre, Poëte Latin, *Phadrus.*
Phédre, femme de Théfée, *Phadra.*

E'E'.

verb. au partic. masc.

Agréé, *gratus.*
Créé, *creatus.*
Desagréé, *improbatus.*
Maugréé, *abominandus.*
Procréé, *procreatus.*
Récréé, *oblectatus.*

Voyez les autres verbes en éer.

E'ER.

verbes à l'infinitif.

Agréer, *gratum habere.*
Bléer, *frumento agrum conserere.*
Créer, *creare.* des offices, &c. *munia creare.*
Desagréer, *improbare.*
Embléer, *impedire.*
Maugréer, *execrari.*
Procréer, *-are.*
Récréer, réjoüir, *oblectare.*
Réer, vieux mot, Raser, *tondere.*
Suppléer, *supplere.*

Substantifs & adjectifs masculins & feminins.

EF. *ou* EPH.

Aleph, lettre Hébraïque.
Arriére-fief, *prædium clientelare.*
Bref, court, *brevis.*
Bref du Pape, *ou* Brevet, *breve, diploma.*
Brief, vieux mot, pour dire Court, *brevis.*
Chef, tête, *caput.* le premier, *princeps.* d'une armée, *dux.* Capitaine d'un Régiment, *tribunus.* d'une compagnie d'Infanterie, *centurio.* de Cavalerie, *equestris alæ præfectus.* de famille, *paterfamilias.*
Chef, article, *articulus.*
Clef, on prononce clé : de serrure, *clavis.* de voûte, *tholus.* forteresse, frontiére, *regni claustra.*
Clef d'une histoire, *clavis historiæ.*
sous la Clef, *cautè asservatus.*
Couvre-chef, *rica.*
Derechef, adv. *iterùm.*
Essief, vieux mot, *exemptum.*
Fief, *prædium beneficiarium.*
Grief, terme de Palais, *damnum.*
Grief, grand, énorme, *enormis.*
Joseph, nom propre, *-us.*
* Méchef, *delictum.*
Méchef, vieux mot, malheur, *infortunium.*
Nef, navire, *navis.*

Substantifs masculins.

f Nef d'Eglise, *pronaus.*
Noef, vieux mot, pour Neuf, *novem.*
Relief, terme de fief, *actio restitutoria.*
Relief d'appel, terme de Palais, *ineundæ provocationis diploma.*
Relief, terme de Sculpteur, *eminentia.*
Soëf, vieux mot, *suavis.*

EFE. & EFFE.

f F, lettre de l'Alphabet.
f Grêfe, terme de Jardin. *surculus.*
une bonne Grêfe, *fertilis surculus.*
v il Grêfe, terme de Jardin. *inserit.*
m Greffe, terme de Palais, *forense tabularium.*
Synaléphe, *contractus syllabarum.*

EFLE.

f Nefle, *mespilum.*
m Trefle, herbe, *trifolium.*
m Trefle, peint aux Cartes, *trifolii figura folio lusorio impressa.*

EGE. & EIGE.

m Barrége, bains d'eaux minérales, *Baregium.*
m Collége, *-gium.* des Cardinaux, *Cardinalium.* des Sécretaires du Roi, *Amanuensium Regiorum.*

substantifs & adjectifs masculins & féminins.

Le Corrége, Peintre, *-gius.*
Cortége, *honorificus comitatus.*
Liége, arbre, *suber.*
Liége, écorce, *suberis cortex.*
Liége, pays, *Leodium.*
de Liége, *Leodiensis.*
Manége, *hippodromus, equitandi disciplina.*
Neige, *nix.*
Perce-neige, fleur, *anemone.*
Piége, *laqueus.*
* Piége, *præs.*
Sacrilége, *-gium.*
Sacrilége, *-gus.*
Siége à s'asseoir, *sedes.*
Siége de ville, *obsidio.*
Siége, Présidial, *Præsidialis Curia.*

VERBES.

verbes au présent.

Abbrége, *abbrevio.*
Allége, *allevo.*
Assiége, *obsideo.*
Desassiége, *obsidionem solvo.*
Neige, *ningit.*
Protége, *-go.*
Rengrége, *exaspero.*
Voyez les autres verbes en éger.

EGLE. EIGLE. & AIGLE.

Aigle, oiseau, m. & f. *aquila.*
m pierre d'Aigle, *lapis aquilinus.* ou *aëtites.*
m bois d'Aigle, *lignum aquilinum.*

v Dérégle, *corrumpo.*
subst. masc. Espiégle, *nebulo.*
Régle à régler, *regula.* précepte, *norma.* Ordonnance, Loi, *Lex, Edictum.* maxime, *sententia.*
Régle de Religieux, *regula.*
v Régle, *dirigo.*
Seigle, *ou* Ségle, *secale.*

EGME.

m Apophthegme, *-ma.*
m Flegme, *-ma.* crachat, pituite, *pituita.*
m Flegme, fig. patience, *patientia.*

EGNE. EIGNE. & AIGNE.

substantifs & adjectifs masculins & féminins.

Breheigne, stérile, *sterilis.*
Chataigne, *castanea.* marron, *balanus.*
Douegne, vieille Gouvernante, *matrona.*
Ecraigne.
Empeigne de soulier, *calcei obstragulum.*
Enseigne, marque, *tessera.* indice, *-cium.* d'une maison, *insigne.* drapeau de guerre, *vexillum.*
Enseigne, Officier d'armée, *signifer.*
Enseigne, bague de plusieurs diamans, *adamantium insigne.*
Interregne, *-gnum.*
Peigne, *pecten.*
Peigne, coquillage, *pecten.*
donner un coup de Peigne à un ouvrage, *opus aliquod retexere.*

f Raine, vieux mot, *Regina.*
m Regne, *-gnum.*
f Sardaigne, île, *Sardinia.*
f Teigne, maladie, *porrigo.* ver qui mange les habits, *tinea.*

VERBES.

verbes au présent.

Baigne, *abluo.*
Ceigne, *cingam.*
Contraigne, *cogam.*
Craigne, *timeam, metuam.*
Daigne, *dignor.*
Dédaigne, *dedignor.*
Dépeigne, *depingam.*
Déteigne, *decolorem.*
Enceigne, *cingam.*
Enfreigne, *infringam.*
Enseigne, *doceo.*
Eteigne, *extinguam.*
Feigne, *fingam.*
Peigne, *pecto.*
Peigne de Peindre, *pingam.*
Plaigne, *querar.*
Regne, *-no.*
Seigne, *sanguinem emitto.*
Teigne, *tingam.*
Voyez les autres verbes en aigner, egner, aindre, *&* eindre.

EGRE. *voyez* AIGRE.

EGS.

Legs de testament, *legatum.*

EGUE.

m Bégue, *balbus.*
f Collégue, *-ga.*
m Dom Diégue, nom Espagnol, *Domnus Diegus* vel *Jacobus.*
f * Grégue, *femoralia.*
f Norvégue, *ou* Norvége, Royaume, *Norvegia.*

VERBES.

verb. au prés.

Allégue, *-go.*
Délége...
Légue...
Relégue...
Subdélégue...

EI. dissyl.

v Désobéi, *non obedi.*
v Obéi, *obedi.*

EIE.

v Désobéie, *cui obedientia non præstatur.*
v Obéie, *cui præstatur obedientia.*

EIGE. *voyez* EGE.

EIGNE. *voyez* EGNE.

EIL.

subst. & adject. masc.

Appareil, *apparatus.* d'une plaie, *vulneris.*
Conseil, *consilium.* avis, *mens.* persuasion, *suasio.*
Conseil d'Etat, *publici statûs consilium.* privé, *sanctius consilium.*
le grand Conseil, *amplior Senatus.*

Substantifs & adjectifs masculins.

le Conseil assemblé, *convocatum consilium.*
Negoeil, poisson de mer, *melanurus.*
Nompareil, *impar.*
Orteil, *pedis digitus.*
Pareil, *æqualis, par.*
Réveil, *suscitabulum.*
Soleil, *sol.*
Sommeil, *somnus.*
Vermeil, *roseus.*
Vieil, le vieil homme, *vetus homo.*

EIL. qui se prononce comme EUIL. *voyez* EUIL.

EILLA. *voyez* LA.

EILLE.

Substantifs masculins & feminins.

Abeille, *apis.*
Bouteille, *ampulla.*
Bouteille, ampoulle d'eau, *bulla.*
Corbeille, *corbis.*
Corneille, *cornicula.*
Corneille, Poëte Tragique François, *Cornelius.*
Claque-oreille, *petasus oris dependentibus.*
Cure-oreille, *auriscalpium.*
Groseille, fruit, *grossularia.*
Merveille, *mirum.*
les sept Merveilles, au pluriel, *septem mirabilia.*
Nompareille, *impar.* ruban fort étroit, *strictissima tænia.* dragée, *minutissimi globuli saccharo tincti.*
Oeille, vieux mot, de l'huile, *oleum.*

Substantifs feminins.

Oreille, pour dire l'ouie, *auditus.*
petite Oreille, *auricula.*
parties de l'Oreille, *auris partes.* le bout, *lobus.* le haut, *alta.* le bord, *helix.* le trou, *alveolus.* le vuide extérieur, *concha.*
qui a l'Oreille, qui est en faveur, *gratiosus.*
dire à l'Oreille, *insusurrare.*
pendant d'Oreille, *inauris.*
avoir bonne Oreille, terme de Musique, *acutas aures habere.*
faire la sourde Oreille, *surdus videri.*
Ozeille, herbe, *oxylapathum.*
Pareille, *parilis.*
la Pareille, *talis.*
Salsepareille, plante, *salsaparilla.*
Surveille, *antevigilia.*
Seille, vieux mot, *situlus.*
Teille, écorce déliée d'un brin de chanvre.
Treille, *pergula, vinearum juga.*
le jus de la Treille, le vin, *jus Bacchicum.*
Veille, soirée, *vigilia.*
à la Veille, *propè.*
Veille, besogne de nuit, *lucubratio.*
Veille, fig. étude, le fruit de ses Veilles, *laboris merces.*
Vermeille, *rubicunda.*
Vermeille, *granatus lapis.*
Vieille, *vetula.*
Vieille sempiternelle, injure, *anus acherontica.*

plume Vieille, *anûs spoliator.*
Vuide-bouteille, petit appartement.

VERBES.

verb. au prés.

Appareille, *æquo, adorno.*
Conseille, *consilio juvo.*
Eveille, *evigilo.*
Sommeille, *dormito.*
Veille, *vigilo.*

EILLÉ. *voyez* LE.

EIN. *voyez* AIN.

EINDRE. *voyez* INDRE.

EINT. *voyez* AINT.

EINTE. *voyez* AINTE.

EIR. dissyl.

v Désobéir, *non obedire.*
v. Obéir, *obedire.*

EIS. dissyl.

m Béis, Poëte François.
f Briséis, amante d'Achille.
v Désobéis, *non obedio.*
v Obéis, *obedio.*

EIT.

v Désobéit, *non obedit.*
v Obéit, *obedit.*

EIZE. *voyez* AIZE.

E L.

m Abel, fils d'Adam.

subst. & adj. masc.

Actuel, *-alis.*
Additionel...
* Anel, anneau, *annulus.*
Annuel, *annuus.*
Annuel pour un mort, *anniversarium.*
Antipestilentiel, *alexilocmus.*
Apinel; espéce de racine.
Appel, terme de Palais, *nomenclatio.*
Appel, défi, *provocatio.*
Arc-en-Ciel, *iris.*
Archipel, mer pleine d'îles, *Archipelagus.*
Arrâtel, poids de Portugal.
Artériel, terme de Médecine, *arterialis.*
Artificiel, *factitius.* fait avec artifice, *arte factus.* contrefait, *ementitus.*
Ascensionnel, terme d'Astronomie.
Autel, *ara, altare.*
petit Autel, crédence, *ara minor.*
le maître Autel, *altare primarium.*
devant d'Autel, *frontale.*
servir à l'Autel, *sacra facere.*
Babel, tour.
Bordel, *lupanar.*
Cacrel blanc, poisson, *smaris.*
Cancel, *ou* Chancel, l'endroit du Chœur d'une Eglise qui est le plus proche du grand Autel.
Carduel, pays d'Asie.
Carrousel, *equestre ludicrum.*
Casuel, *-alis.* fortuit, *-us.* incertain, *-tus.*
Célestiel, vieux mot, *cœlestis.*

Substantifs & adjectifs masculins.

Charnel, *carnalis.*
Châtel, vieux mot, Château, *castellum.*
Cheptel ou Chaptel des bestiaux, *pecorum locatio.*
Ciel de lit, *umbella.*
Ciel, *cœlum.* qui est au ciel, *cœlestis.* Habitans du ciel, *cœlites.* choses du ciel, *cœlestia.* qui est sous le ciel, *subdialis.*
Clopinel, *ou* Jean de Meun, Poëte François, *Clopinelus.*
Coéternel, *coæternus.*
Colonel, *Chiliarchus*, *Tribunus militum.*
Concordantiel, *concordantias complectens.*
Conditionnel, *-alis.*
Consubstantiel...
Continuel, *continuus.*
Contractuel, *pactitius.*
Contre-scel, *sigillum sigillo subsidiarium.*
Conventionnel, *-alis.* de pacte, *pactitius.*
Conventuel, *-alis.* de couvent, *cœnobiticus.*
Coromandel, *-lum.*
Corporel, *corporeus.*
Correctionel, *ad correctionem pertinens.*
Criminel, *reus.* de crime, *criminosus.* scélérat, *-us.* capital, *-alis.*
Cruel, *crudelis.*
un Damoisel, *nobilis.*
Daniel, Prophéte.
Dégel, *glaciei* ou *nivis solutio.*
Don mutuel, *donum mutuum.*

Substantifs & adjectifs masculins.

Droit annuel, *annuum jus.*
Duel, *-lum.*
Essentiel, *-alis.* propre à la nature, *naturæ proprium.*
l'Essentiel, le principal d'une chose, *summa res.* nécessaire, *-arius.* qui est de l'essence de, *ex rei essentia.*
Estrangel, terme de Grammaire Syriaque.
Eternel, *æternus.*
Eventuel, terme de Jurisprudence, *quod potest evenire.*
Excrémentiel, *excrementitius.*
Exponentiel, terme d'Algébre, *exponentialis.*
Ezéchiel, Prophéte.
Fiel, *fel.*
Fils naturel, *filius naturalis.*
Flamangel, vieux mot, trompeur de filles.
Formel, *-alis.* exprès, *expressus.* précis, *certus.* texte formel du droit, *concepta legis verba.* quoi de plus formel? *quid expressius?*
Fraternel, *-nus.*
Fiardel, réforme de Chanoines réguliers.
Gabriel, Archange.
Gamaliel, Juif.
Graduel, *-ale.*
Hôtel, Palais, *palatium.* maison de Prince, *basilica.*
Hôtel-Dieu, *Nosocomium.*
Hôtel de Ville, *basilica civilis concilii.*
Hydromel, boisson, *-um.*
Jésabel, nom propre.

substantifs & adjectifs masculins.

Immortel *-alis.*
Impersonnel . . .
Intentionnel . . .
Individuel . . .
Jouvencel, vieux mot, pour dire Jouvenceau.
Ismaël, nom propre.
Israël, nom propre.
Isuel, vieux mot, *alacer.*
Jurisdictionnel, qui a Jurisdiction.
Lambel, terme de Blâson, *limbus tesserarius.*
Lieutenant Colonel, *Tribuni Legatus.*
Lieutenant Criminel, *capitalis Judex.*
Lixiviel, *lixiviosus.*
Machiavel, Auteur Italien, *Machiavellus.*
Maître d'Hôtel, *præfectus annonarius.*
Maître des Requêtes de l'Hôtel, *libellorum supplicum Regiæ Magister.*
Manuel, *-ale.*
Manuel, pour Emmanuel.
Martel, vieux mot, *malleolus.*
Matériel, *-alis.* corporel, *-alis.* grossier, *rudis.* terrestre, *-tris.* impoli, *-tus.* stupide, *-dus.* esprit matériel, *ingenium hebes.* tardif, *tardum.*
Maternel, *-nus.*
Ménestrel, vieux mot, *scurra.*
Mérel, vieux mot, sorte de jeu, *nota.*
Miel, *mel.*
Michel, *Michaël.*

substantifs & adjectifs masculins.

Ordre de Saint Michel, *Ordo sancti Michaëlis.*
Minerie de sel, *salis fodina.*
Ministériel, terme de Théologie.
Missel, *missale.*
Mont-Carmel, *mons Carmelus.*
Mont-Gibel, *ou* Etna, montagne, *Ætna mons.*
Mortel, *-talis.*
péché Mortel, *peccatum mortale.*
Muel, vieux mot, *perpendiculum.*
Mutuel, *-tuus.* réciproque, *-ocus.*
Naturel, *-alis.* point mêlé, *nativus.* ingénu, *-uus.* simple, *-plex.* sincère, *-rus.* bon, *candidus.*
le Naturel, l'inclination, *indoles.*
Noël, *Natalis Domini.* Cantique, *natalium Christi canticum.*
Obédientiel, *-alis.*
Originel . . .
péché Originel, *peccatum originale.*
Orinel, vieux mot, pour Ormeau, *ormulus.*
Otel, vieux adv. *tantumdem.*
Pantagruel, *-us.*
Pastel, herbe, *glastum.*
Pastel, *isras.* dessein au crayon, *gypso dilutus color.*
donner le Pastel, *imaginem colorum massâ delineare.*
Paternel, *-nus.*

Pénitentiel,

Substant. & adject. masculins.

Pénitentiel, *-alis.*
Personnel, *proprius.*
Pestilentiel, *-lens.*
Platel, vieux mot, un plat, *patella.*
Pluriel, *pluralis numerus.*
Poncel, vieux mot, *ponticulus.*
Ponctuel, *accuratus.* exact, *impensè diligens.* habituel, *-alis.* d'habitude, *usu contractus.*
Potentiel, terme Dogmatique, *potentialis.*
Prévôt de l'Hôtel, *Regiæ Præpositus.*
Proportionnel, *-alis.*
Quarrel, pour Carreau, *Item :* espéce de boulet des Anciens.
Quel, pronom, *qualis.*
Rachel, nom propre.
Raphaël, Archange.
Raphaël, Peintre célébre.
Rationel, terme de Géométrie, *proportionalis.*
Réel, *-alis.*
Samuel, Prophéte.
Satyrel, vieux mot, *-ricus.*
Scalpel, *-lum.* instrument de Chirurgie, *cultellus.*
Scel *ou* Sceau, *sigillum.*
Sel, *sal.* naturel, *nativum.* artificiel, *factitium.* minéral, *fossile.* menu, *tritum.* gros, *populare.*
grenier à Sel, *horreum salarium.*
Sempiternel, *-nus.*
Sensuel, *-alis.*
—voluptueux, *libidinosus.*
Solemnel, *-nis.* célebre, *-bris.*

Substantifs & adjectifs masculins.

jour Solemnel, *dies solemnis.*
Spirituel, *-alis.* ingénieux, *-osus.* dévot, *-us.* incorporel, *-alis.* pieux, *pius.* subtil, *-is.*
Substantiel, *-alis.* qui a du suc, *succulentus.* nourrissant, *nutritius.* qui concerne la substance, *ad substantiam pertinens.* qui a la même substance, *substantiæ ejusdem particeps.*
Superficiel, *-alis.* à fleur de terre, *superficiarius.* extérieur, *-ior.* léger, *levis.*
Surnaturel, *supernaturalis.*
Tel, *talis.* si grand, *tantus.*
Temporel, *-alis.*
Textuel, qui est dans le Texte.
Tour de Babel, injure, *crassa & alta mulier.*
Transcendentel, terme de Philosophie.
péché Véniel, *peccatum veniale.*
Virtuel, *-alis.*
Visuel, *-alis.* ou *visivus.*
Universel, *-alis.* général, *-ale.* en représentant, *in repræsentando.* en signifiant, *in significando.* en produisant, *in causando.* en existant, *in essendo* en attribuant, *in prædicando.* qui sçait tout, *omnisciens.* esprit universel, *omnium rerum peritus.* héritier universel, *hæres ex asse.*

En Logique, le genre, l'es-

péce, la différence, le propre, l'accident commun, sont chacun un terme universel.
Zorobabel, Juif.

ELCE. *voyez* ELSE.

ELE. long. *ou* ESLE.

substantifs & adj. fém.

Frêle, *fragilis.* imbécille, *-lus.* caduc, *-us.* infirme, *-mus.*
Grêle, pluie, gelée, *grando.* de fléches, *imber telorum.* de mousquetades, *plumbea procella.* mince, *gracilis.*
Mêle, herbe, *nigella*
Pêle-mêle, adv. *confusè.*
Pêle de serrure, *pessulus.*
Poële, *ou* poile, lieu chaud, *hypocaustum.* dais, *umbella.*
Poële à frire, *sartago.*

VERBES.

verbes au présent.

Beêle, *balo.*
Démêle, *extrico.*
Fêle, *in fissûras tenuissimas concîdo.*
Grêle, *grandinat.*
Mêle, *misceo.*
Scelle, *sigillo munio.*

ELE. bref. *voyez* ELLE.

ELFE.

m Guelphe, nom de Faction, *Guelphius.*
f Melphe, ville, *Melphum.*
a de Melphe, *Melphensis.*

ELLE.

substantifs féminins.

Aisselle, *axilla.*
* Allumelle, *lamella.*
* Ancelle, *ancilla.*
Andelle, riviére du Vexin, *Andella.*
Andrapodocapéle, espéce de Trafiquant, *Andrapodocapelus.*
Apelle, fameux Peintre, *Apelles.*
Antiparalléle, terme de Géométrie, *antiparallelus.*
Arondelle, *ou* Hirondelle, *hirundo.*
Arondelle, terme de Marine, Brigantin, *liburnum.*
Asphodéle, herbe, *-lus.*
Bacelle, terme de Province, *puella.*
Bagatelle, *nugæ.*
Bancelle, *scabellum.*
Bartavelle, espéce de Perdrix rouge.
Belle, *pulchra.*
Bigotelle, *ou* Bigotère, piéce d'étoffe ou de cuir, dont on se servoit autrefois, pour tenir la moustache relevée.
Boutte-selle, son de trompette, *signum equitibus equorum conscendendorum.*
Brelle, petite riviére qui sépare la Normandie d'avec la Picardie, *Brisela.*
Bretelle de hotte, *bajulorum lorum.*

substantifs féminins.

Brocatelle, *Attalicum textile.*
Broncocéle, *ou* plûtôt Bronchocéle, terme de Chirurgie, *Bronchocele.*
Bubonocelle, *-ele.*
Cacozéle, vieux mot, *studium inconsultum.*
Campanelle, *campanula.*
Canelle, *cinnamomum.*
Canelle de cuve, *fistula.*
Caravelle, navire, *auriti veli cercurus.*
Cartelle, porte-feuille, *gerifolium.*
—inscription autour des Armes, *chartula.*
Cautéle, *cautela.*
Canamelle, canne à sucre.
Caramelle, *coctum saccharum.*
Celle, pronom, *ea, illa.*
Cervelle, *cerebrum.*
Chalemelle, vieux mot, *tibia, calamus.*
Chanterelle d'instrument, *fides gracilior.*
—d'oiseau, *illex.*
Chanterelle, mauvaise Musicienne, *ingrata psaltria.*
Chanterelle, certaine bouteille de verre fort mince.
Chapelle d'Eglise, *capella.* d'alembic, *vaporarii operculum.*
Charnelle, *carnalis.*
Citronelle, herbe fine & odoriférente : c'est aussi une liqueur.
Citadelle, *arx.*
Columbelle, vieux mot, *columbula.*

substantifs féminins.

Colonelle, *prima centuria.*
Compostelle, ville, *-la.*
* Cordelle, *funiculus.* Item : *societas.*
Coupelle, *vasculum in quo aurum* vel *argentum excoquitur.*
Courcelle, petite cour.
Cresselle, *crepitaculum ligneum.*
Cresserelle, oiseau, *querquedula.*
Curatelle, *tutela.*
Cybéle, mere des Dieux, *Cybele.*
Dantelle, *denticula, tænia.*
Dardanelle, au pluriel, *-la.*
Demoiselle, *virgo nobilis.* suivante, *pedisequa.*
Demoiselle de Numidie, oiseau, *scops.*
Donzelle, *domina.*
—en mauvaise part, *meretrix diobolaris.*
Demoiselle, instrument de Paveur, *fistuca.*
Echelle, *scala.*
Echelle, ville de Commerce du Levant, *Scala.*
après lui il faut tirer l'Echelle, *non habet parem.*
Ecrouelle, maladie, au pluriel, *scrophula.*
Ecuelle, *scutella.*
Elle, pronom, *illa.*
Epiplocéle, sorte de hernie, *epiplocele.*
Erésipelle, *-las.*
Escabelle, *scabellum.*
* Escarcelle, *carcella.*
Eréles, au plur. vieux mot, coupeaux.

Substantifs fémin.

Etincelle, *scintilla.*
Felle *ou* Feste, longue verge dont se servent les Verriers.
Femelle, *fœmina.*
Fenestrelle, *fenestella.*
Ficelle, *funiculus.*
a Fidelle, *-lis.*
Fiducielle, terme d'Horlogerie, la ligne Fiducielle.
Filoselle, grosse soie, *sericum crassius.*
Filozelle, étoffe, *sericum Patavinum.*
Fiscelle, petit panier, *fiscella.*
Flanelle, au plur. terme de Manufacture de Glace.
Fontanelle, petit ulcère pratiqué par le Chirurgien en différens endroits du corps, pour prévenir une maladie.
Fontanelle, en Italien, *fontanella.* petite Fontaine.
Fricarelle, mot obscène.
Gabelle, *salarium tributum.*
Gamelle, *camella.* manger à la Gamelle, terme de Mer, *edere ex camella.*
Gargamelle, gosier, gorge.
Gonelle, vieux mot.
Gratelle, *scabies.*
Gravelle, *calculus.*
Grêle, terme d'Oculiste, *tumor albicans & durus in palpebra.*
Hardelle, vieux mot, *turba.*
* Haridelle, *equus strigosus.*
Hydrocéle, *-le.*
Hystérocéle, terme de Méd. espéce de descente, *hysterocele.*

Substantifs fémin.

Jargonelle, poire, *pyrum autumnale longiusculum.*
Javelle, *manipulus.*
Idioméle, *-lon.*
Jeannelle, *Joanna.*
Immortelle, fleur, *amaranthus.*
a Infidéle, *-lis.*
m Jodelle, Poëte François, *-lus.*
Jouvencelle, *adolescentula.*
Isabelle, couleur, *color mellitus subalbidus.*
Jumelle, *soror gemina.*
Jumelle, piéce d'Artillerie.
Kyrielle, *Litania.* Item : terme de Poësie Françoise.
L, lettre de l'Alphabet.
Laquelle, *quæ.*
m Libelle, *-lus.* diffamatoire, *famosus.* lettre d'ajournement, *vadimonii libellus.* écrit médisant, *scriptum maledicum.* satyre, *famosum epigramma.*
Lingarelle, espéce de Scapulaire des Chanoines de la Cathédrale du Puy.
Mademoiselle, *Domina.*
Mameselle, *pour* Mademoiselle.
Mammelle, *mamma.*
Manivelle, *versorium.*
Manselle, féminin de Manseau, *Cœnomanensis* ou *Cœnomana.*
Maquerelle, *lena.*
m Marc-Auréle, Empereur, *Marcus Aurelius.*
Mardelle de puits, *margo putei.*
Margelle, *ou* Mardelle, *putei margo.*

subst. fem.

Martinelle, cloche des Lombards.
Merelle, jeu, *scrupi.*
Mirabelle, prune, *-lum.*
m Modéle, *-dulus.* exemplaire, *-plar.*
Moële, *ou* Mouelle, *medulla.*
Mortadelle, saucisson de Bologne, *botella major, crassior Lucanica.*
Moselle, riviére, *Mosella.*
Nacelle, *navicula.*
Nielle, brouillard qui gâte les bleds, *rubigo.*
Nouvelle, *nova.*
Nouvelle, ce qui se passe, *nuntium.* bruit commun, *rumor.*
Ombelle, parasol, *umbella.*
Ombelle, terme de Blâson, *umbella.*
m Paralléle, *-lum.*
Parcelle, *particula.*
Parentéle, *parentela.*
Pastourelle, Bergere.
Perrelle, terre qu'on nous apporte de Saint Flour en Auvergne.
Perronelle, *Petronilla.* Item : ridicule.
Pernelle, le même que Perronelle.
Philoméle, rossignol, *philomela.*
Pianelle, chaussure, *levis calceolus.*
Pimprenelle, herbe, *pimpinella.*
Pneumatocéle, fausse hernie du scrotum, *pneumatocele.*

f Poutrelle, petite poutre, *parva trabs.*
m Praxitéle, Sculpteur célébre, *Praxiteles.*

substantifs féminins.

Prunelle, fruit, *prunum agreste.*
Prunelle de l'œil, *pupilla.*
Pucelle, *virgo, puella.*
Pucelle, poisson, *paramia.*
Quelle, *qualis.*
Quinquenelle, vieux mot, *induciæ quinquennales.*
Querelle, *rixa.*
a Rebelle, *-lis.* qui se rebelle, *rebellator.*
Révérentielle, terme de Palais, *metus reverentialis.*
Ridelle de charette, *equula.*
Ritournelle, sorte de vers, *versus intercalaris.*
la Rochelle, ville, *Rupella.*
a de la Rochelle, *Rupelleus, Rupellensis.*
Rondelle, *parma.*
Rouelle, *rotula.*
Ruelle de lit, *intra lectum & parietem spatium.*
—petite rue, *viculus.*
Salvatelle, veine, *-la.*
Sarcelle, oiseau, *querquedula.*
Sauterelle, *locusta.*
Semelle, *solea.*
Senelle, espéce de prune.
Sequelle, *sequela.*
Soutanelle, *vestis brevior.*
Spargelle, plante, *genistella.*
Tapatelle, *sextum crineum.*
Tarterelle, *pour* Crecelle.
Tavelle, *stimulus.*
Tiremoëlle, sorte d'instrument.

substantifs féminins.

Tonnelle, allée couverte, *ambulatio tecta.* filet, *rete quo capiuntur perdices.*
Tourelle, *turricula.*
Tournelle, Chambre du Parlement, *quæstionum curia.*
Tourterelle, *turtur*
Trapelle, souriciére, *muscipula.*
Truelle, *trulla.*
Tutelle, *tutela.*
Vaisselle, *vasa.*
Varicocéle, tumeur du scrotum.
Venelle, terme populaire, *viculus* : enfiler la Venelle.
Vergadelle, merluche.
Vervelle, *pessuli fibula.*
Vielle, instrument dont on joue, *rotata sambuca.*
Villanelle, vieux Poëte François, *Villanellus.* sorte de danse.
Voyelle, *vocalis.*
m Zéle, *-lus.*

Plus les féminins des noms en el : mortelle, *mortalis.*

VERBES.

verbes au présent.

Appelle, *-lo.*
Attelle, *conjungo.*
Céle, *celo.*
Chancéle, *titubo.*
Chapelle, *crustas distingo.*
Cizéle, *cælo.*
Décéle, *prodo.*
Démantéle, *diruo.*
Détéle, *disjungo.*
Ecartéle, *disseco.*
Emmielle, *melle condio.*
Ensorcéle, *fascino.*
Epelle, *litteras appello.*
Etincelle, *scintillo.*
Géle, *gelat.*
Harcelle, *provoco.*
Interpelle, *-lo.*
Martéle, *malleo contundo.*
Pélé, *glabro, denudo.*
se Rebelle, *rebello.*
Recéle, *occulto.*
Renouvelle, *renovo.*
Révéle, *-lo.*
Selle, *ephippio instruo.*

Voyez les autres verbes en eler *&* eller.

ELME.

m Anselme, nom propre, *Anselmus.*
m feu saint Elme, *Castor & Pollux.*

ELQUE.

Quelque, *aliquis.*

ELSE. & ELCE.

m Paracelse, Médecin, *-sus.*

ELTE.

m Celte, peuple, au pluriel, *Celtæ.*
Svelte, terme de Peint. agile & de taille dégagée, *staturâ concinnâ.*

EM.

Bethléem, ville.

Hem, interjection, *hem.*
Jérusalem, *Ierosolyma.*
Item.
Requiem, Messe de Requiem, *Missa pro defunctis.*
Sichem, ville.

EMBE. *voyez* AMBE.

EMBLE. *voyez* AMBLE.

EMBRE. *voyez* AMBRE.

EME. long. ESME. & AIME.

substantifs & adjectifs masculins & feminins.

Abstême, *-mius.*
Anathême, excomm. *-ma.*
Angoulême, ville, *Inculisma.*
d'Angoulême, *Inculismensis.*
Apéchême, *-ma.*
Apostême...
Baptême, *Baptisma.*
Barosanéme, *machina vento ponderando idonea.*
Birême, terme de Marine ancienne, *biremis.*
Blasphême, *-mia.* de cœur, *cordis.* de bouche, *oris.* médiat, *-ata.* immédiat, *-ata.* excommunicatif, *-iva.* d'imprécation, *-iva.* qui deshonore, *dehonestativa.*
Blasphême, *-mo.*
Blême, *pallidus.*
Bohême, Royaume de Bohême, *Bohemia.*
* Bohême, pour dire Filou, *latro, fur.*

substantifs & adject. masculins & fém.

Brême, poisson, *-ma.*
Carême, *quadragesima.*
Cinquiéme, *quintus.*
Crême, *cremor*
saint Crême, *chrisma.*
Crême, quintessence, *spuma concretior.*
Deuxiéme, *secundus.*
Diadême, *-ma.*
Dilêmme, argument...
Emblême, m. & f. *-ma.*
Enéorême, substance légère qui nage au milieu de l'urine, *nubecula.*
Enrhymême, *-ma.*
Epichérême...
Extrême, *-mus.*
Huitiéme, *octavus.*
Huitiéme, impôt sur le vin, *pars octava.*
Indéfinitiême, terme de Géométrie, *indefinitus.*
Lemme, *-ma.*
Même, pronom, *ipse.*
Même, adv. *etiam.*
Même, semblable, *similis.*
Moi-même, *egomet.*
à Même, boire à Même, *in ipso poculo bibere.*
quand Même: *etiamsi.*
tout de Même, *perinde.*
voire-Même, *quia.*
vû Même, *cùm.*
Milliéme, *-lesimus.*
Nicodême, *-mus.*
Pénultiéme, *-imus.*
Poëme, *-ma.* épique, *-icum.* dramatique, *-icum.*
Polyphême, géant, *-mus.*
Problême, *-ma.*
Quantiéme, *quotus.*
Quatriéme, *quartus.*

Substantifs & adjectifs masculins & feminins.

Quatriême, nom d'un droit imposé en Normandie sur le vin & sur le cidre.
Quarantiême, *quadragesima pars.*
Sel gemme, *sal gemma.*
Sême, vieux mot, *sextus.*
Sême, maladie de cheval.
Sixiême, *sextus*, &c.
Stratagême, *-ma.*
Suprême, *-mus.*
Systême, *-ma.*
Tantiême, c'est la même chose que Quantiême.
Tenême, *tenesmus.*
Thelême, Abbaye fondée par Gargantua.
Thême d'Ecolier, *-ma.*
Thême, *ou* texte de Prédicateur, *textus.*
Thême céleste, terme d'Astrologie, *thema astrologicum.*
Théorême, *-ma.*
Trirême, *triremis.*
Troisiême, *tertius.*

EME. bref.

v Aime, *amo.*
m Apozême, *-ma.*
f M, lettre de l'Alphabet.
v Séme, *semino.*

EMME. *voyez* AME. long.

EMPE. *voyez* AMPE.

EMPLE. *voyez* AMPLE.

AMS. & EMS.

m Passe-temps, *oblectamentum.*

subst. masculins.

Printemps, *ver.*
les Quatre Temps, *quatuor tempora.*
un Roger bon temps, *festivus, iners comessator.*
Temps, *tempus.*
v hausser le Tems, boire, *pergræcari.*
injure du Temps, *temporis inclementia.*

Voyez les mots en amp *&* ent, *dont le pluriel fait* ams *&* ens; chans, contens.

EMPTE.

a Exempte, *-ta.*
v il Exempte, *eximit.*

Le p *ne se prononce point: voyez* ente.

EN.

l'Abdomen, *-men.*
Aden, ville, *Adenum.*
Amaséen, qui est de la ville d'Amasée, *Amasæus.*
Amen.
Ammonéen, terme d'Antiquaire, *-næus.*
Anazarbéen, *-beus.*
Caldéen, *-dæus.*
Cyclamen, fleur, *-minus.*
Jardin d'Eden, Paradis Terrestre, *paradisus terrestris.*
Esséen *ou* Essénien, Juif, *Essenus.*
Examen.
Hymen, mariage.

ENCE. & ENSE. *voyez* ANCE. & ANSE.

END. *voyez* AND.

ENDE. *voyez* ANDE.

ENDRE. *voyez* ANDRE.

ENFLE.

v Enfle, *inflo.*
v Desenfle, *tumorem discutio.*
v Renfle, *iterùm inflo.*

ENE. & ENNE. bref.

substantifs & adjectifs masculins & féminins.

Abyléne, contrée de Syrie, *Abylena.*
Alcméne, femme d'Amphitryon, *Alemena.*
Amphisbéne, serpent à deux têtes, *amphisbena.*
Andrienne, espéce de robe, *vestis muliebris.*
Antenne de navire, *-na.*
Antienne, *antiphona.*
Antisthéne, Philosophe, *-es.*
Bermudienne, plante, *-ana.*
Borysthéne, fleuve, *-es.*
Callisthéne, Philosophe, *-es.*
Calvairienne, Religieuse, *Calvariana.*
Cantacuzéne, Empereur, *Cantacuzenes.*
Carenne, terme de Marine, *carina.*
mer Caspienne, *mare Caspium.*
Catécuméne, *-nus.*
la Céne, *cœna.*
Cévéne, au plur. *cemmenius tractus.*
Comnéne, famille Impériale d'Orient, *Comnenus.*
Coüenne, *suilla cutis.*
Courte-haleine, maladie.
Damascéne, *-nus.*
Démosthène, Orateur Grec, *Demosthenes.*
Diogène, Philos. cyn. *-es.*
Ebéne, *-nus.*
Egyptienne, sorte d'étoffe.
Energuméne ou Possédé, *energumenus.*
Epagoméne, terme de Chronol. *epagomenus.*
Erétriènne, terre Erétrienne, *terra Eretria.*
Etrenne, au plur. *strena, xenia.*
Etrenne, premiére vente, *auspicata venditio.*
en bonne Etrenne, *auspicatò.*
Euphratésienne, Province de Syrie, *Euphratesiana.*
Garenne, *leporarium.*
Gène, ville, avec une *s* à la fin, *Genua.*
point de Gène, *tænia linea opere.*
Goméne, terme de Marine, *rudens.*
eau Grégorienne, terme de Droit Canon, c'est une eau bénite avec laquelle on purifie les Eglises polluées.
Guacatene, plante de la nouvelle Espagne.
Hélene, femme de Ménélas, Roi de Sparte, *Helena.*
Hermogène, Auteur Grec, *Hermogenes.*

subst. & adj. masc. & fémin.

Hétérogène, *-eus.*
Hippocrene fontaine du Parnasse, *hippocrene.*
Homogène, *-eus.*
Hyène, animal, *hyena.*
Iene, ville de Thuringe, *Iena.*
Indienne, toile Indienne, *tela Indica.* robe de chambre d'Indienne, *ex India vestis cubicularia.*
Période Julienne, *Periodus Juliana.*
Mécène, *ou* Mécénas, illustre Romain, protecteur des Gens de Lettres, *Macenas.*
Melpomène, Muse, *-ne.*
ligne Méridienne, *linea meridionalis.*
fable Milésienne, se dit au plur. *fabula milesiana.*
Milonienne, oraison de Cicéron, *Miloniana.*
Modéne, ville, *-na.*
de Modéne, *Modenensis.*
Mordienne, à la grosse Mordienne, *grosso modo.*
N, lettre de l'Alphabet.
Obscéne, sale, *-nus.*
Palsanguienne, sorte de jurement burlesque.
Paralipoméne, au plur. *-na.*
Parisienne, terme d'Imprimerie, *minutissimi caracteres.*
Parguienne, jurement burlesque.
Phaléne, papillon nocturne.
Phénoméne, *apparitio.*
Platéne, vieux mot, *planeta, stella.*

subst. & adj. masc. & fém.

Polyméne, *-na.*
Protogéne, *-es.*
Fiévre Quotidienne, *febris quotidiana.*
Quenne, vieux mot, *amphora.*
Renne, animal, *hippolaphus.*
Ribon-ribéne, *quovis pretio.*
Saphéne, terme d'Anatomie.
Scaléne, terme de Géométrie, *scalenus.*
Scéne de Poëme dramatique, *scena.*
Scéne, *ou* Théâtre, ensanglanter la Scéne, *scenam cruentare.*
Séne, vieux mot, assemblée d'Eglise, *Synodus.* Item: Tocsin, *signum.*
Sexagéne, terme d'Arithm. Astronom.
Siléne, nourricier de Bacchus, *Silenus.*
Siréne, monstre, demi femme & demi poisson, *siren.*
Varenne, la Varenne du Louvre, *lupara planities.*
Versenne, sillon, *sulcus.*
Vice-Reine, *qua Regina vices implet.*
Vienne, ville, *Vienna.*
de Vienne, *Viennensis.*
Voyez les féminins des noms en ain, ein, ien: certaine, pleine, chienne.

VERBES.

Abstienne, *abstineat.*

verbes au présent.

Aliéne, *-no.*
Améne, *adduco.*
Appartienne, *pertineat.*
Comprenne, *concipiat.*
Contienne, *contineat.*
Contrevienne, *violet.*
Convienne, *conveniat.*
Détienne, *detineat.*
Egréne, *grana excutio.*
Emméne, *educo.*
Engréne, *in fundibulum immitto.*
Entretienne, *colloquar.*
Etréne, *ſtrenas do.*
Gréne, *in ſemen exeo.*
Intervienne, *interveniat.*
Maintienne, *tutetur.*
Méne, *duco.*
Moyenne, *compono.*
Obtienne, *obtineat.*
Parvienne, *perveniat.*
Péne, *vexo.*
Prenne, *capiat.*
Proméne, *ambulo.*
Provienne, *proveniat.*
Raméne, *reduco.*
Refréne, *-no.*
Reprenne, *arguo.*
Soûtienne, *ſuſtineat.*
Souvienne, *recordetur.*
Survienne, *ſubveniat.*
Tienne, *teneat.*
Vienne, *veniat.*

Voyez les autres verbes en ener *&* nir.

ENE. long. & AINE.

f Alêne, *ſubula.*
f Arêne, *-na.*
f Aréne d'amphithéâtre...
f Cadéne, *catena.*

ſubſtantifs maſculins & fémin.

Chêne, *quercus.*
Ciroéne, terme de Chirurgie, *unguen cerâ mixtum.*
Couéne de lard, *laridi cutis.*
Fêne, fruit de hêtre, *fagi fructus.*
Frêne, arbre, *fraxinus.*
de Frêne, adj. *fraxineus.*
Gêne, *tortura.*
Gêne, verb. *coarcto.*
Pêne de ſerrure, *peſſulus.*
Rêne, au plur. d'un cheval, *habenæ.* au fig. de l'Empire, *Imperii gubernacula.*
Troêne, arbre, *liguſtrum.*

ENRE. qui ſe prononce ANRE.

ſubſt. & adj. maſcul.

Genre, *genus.* ſorte, *modus.* maniére, *ſpecies.* métier, *ars.* nature, *-ra.*
Genre des noms, terme de Grammaire, *nominum genus.* maſculin, *-um.* féminin, *-um.* neutre, *-trum.* douteux, *dubium.* commun, *-ne.*
Genre des verbes, *verborum genus.* actif, *-ivum.* paſſif, *-ivum.* déponent, *-nens.* neutre, *-trum.* neutre paſſif, *neutro-paſſivum.* commun, *-ne.* ſubſtantif, *-ivum.* imperſonnel, *-nale.* défectif, *-ivum.* irrégulier, *anomalum.* tranſitif, *-ivum.* non-tranſitif, *intranſitivum.* acquiſitif, *-ivum.* électif, *-ivum.* méditatif, *-ivum.* inchoatif, *-ivum.* déſidératif, *-ivum.*

Substantifs & adject. masculins.

Genre, terme de Rhétorique, délibératif, *-ivum.* démonstratif, *-ivum.* judiciaire, *judiciale.*
Genre, terme de Logique, supérieur, *-ius.* moyen, *intermedium.* subalterne, *-num.* Logique, *-icum.* Métaphysique, *-icum.* suprême, *-mum.* très-souverain, *generalissimum.* éloigné, *remotum.* prochain, *proximum.* dernier, ou plus bas, *infimum.*
Genre, terme de Musique, diatonique, *-icum.* chromatique, *-icum.* enharmonique, *-icum.*
Genre, terme d'Algébre, logistique, *-icum.* spécieux, *-iosum.*
Genre humain, tous les hommes, *genus humanum.*
de même Genre, *congener.*
de divers Genre, *multigenus.*
Genre, *genus.* de maladie, *morbi.* de remède, *remedii.* de péché, *peccati, &c.*

ENS. dont l'E est ouvert.

m Chaldéens, *-dæi*
m Syriens, *Syri.*

Voyez les rimes en ains.

ENS. qui se prononce ENS. *voyez* ANS.

ENSE. *voyez* ANSE.

ENT. par E ouvert.

VERBES.

Verbes au présent.

Abstient, *abstinet.*
Appartient, *pertinet.*
Contient. *continet.*
Contrevient, *violat.*
Convient, *convenit.*
Détient, *detinet.*
Disconvient, *dissentit.*
Entretient, *colloquitur.*
Intervient, *intervenit.*
Maintient, *tuetur.*
Obtient, *obtinet.*
Parvient, *pervenit.*
Provient, *provenit.*
Soûtient, *sustinet.*
Souvient, *recordatur.*
Survient, *supervenit.*
Tient, *tenet.*
Vient, *venit.*

Voyez les autres composés des verbes venir & tenir.

ENT. par E féminin.

Cette terminaison se trouve presque dans tous les verbes : comme aiment, aimerent, aimoïent, aimeroient, aimassent, &c.

ENTE. *voyez* ANTE.

ENTRE. *voyez* ANTRE.

EON. dissyl.

Actéon de la Fable.
Anacréon, Poëte Grec.
Caméléon, animal, *-leo.*
Gédéon, Prince des Juifs.
Léon, nom propre, *Leo.*
Pantaléon, nom propre, *-leo.*
Panthéon de Rome.
Siméon, Prophéte.

Timoléon, nom propre, *-leo.*
Xylosteon, espéce d'arbrisseau.

EON. monos. *voyez* GEON. qui se prononce comme ION.

EP.

Alep, ville, *-um.*
a d'Alep, *Alepensis.*
Cep, liens, au plur. *compedes.*
Julep, reméde, *-us.*
Salep, herbe de Turquie.
Sep de vigne, *vineæ stirps.*

(*subst. masc.*)

EPE. & ESPE.

Crêpe, *pannus bombycinus.*
a Crêpe, crêpu, *crispatus.*
Guêpe, *vespa.*

EPRE. bref.

f Lépre, maladie, *lepra.* ladrerie, *elephantia.* maligne & incurable, *elephantiasis.*
atteint de Lépre, *elephanticus.*
plein de Lépre, *leprosus.*
malade de Lépre, *leprâ infectus.*

EPRE. *ou* ESPRE.

Vêpre, le soir, *vespera.* sur le Vêpre, *ad vesperam.*
f Vêpre, priéres, il se dit au pluriel, *vesperæ.*

EPS.

m Ceps, liens; *compedes.*
m Juleps, *julepi.*
m Seps de vigne, *vineæ stirpes.*

EPT.

m Sept, le P ne se prononce point, *septem.*

EPTE.

m Adepte, terme de Chymie, *adeptus.*
v Accepte, *-to.*
v Excepte, *excipio.*
a Inepte, *-tus.*
v Intercepte, *intercipio.*
n Précepte, *præceptum.*

EPTRE.

m Sceptre, *-trum.*
m Spectre...

EQUE. bref. & ECQUE.

(*subst. & adj. masc. & fém.*)

Aréque, espéce de palmier, *areca.*
Avecque, *cum.*
Bibliothéque, *-ca.*
Cercopithéque, espéce de singe.
Extrinséque, *-ecus.*
Grecque, *Græca.*
à la Grecque, terme de Relieur.
Hypothéque, *-ca.*
Hypothéque, boisson, *ex succo cerasorum caryophil-*

là & casiâ compositum.

v *subst. & adj. masc. & fem.*

Hypothéque, *fundum oppignero.*

Intrinséque, *-ecus.*

Méque, ville, *-ca.*

Quinéque, espéce d'étoffe.

Obséque, au plur. *obsequiæ.*

* se Rebéque, *contumaciùs se erigit.*

Sénéque, Philosophe Latin, *Seneca.*

EQUE. long. *ou* ESQUE.

m Archevêque, *Archiepiscopus.*

m Evêque, *Episcopus.*

m Fort-l'Evêque, prison, *carcer Episcopi.*

ER. dont l'R est rude, & qui se prononce comme AIR.

subst. & adj. masculins.

Alfier, enseigne Espagnol, *vexillifer Hispanus.*

Altier, *præferox.*

Amèr, *amarus.*

Amèr, fig. rude, *gravis.*

Antipater, nom propre.

Avant-hier, *nudius tertius.*

Autre-hier, *nudius tertius.*

Belvédèr, plante, *osyris.*

f Basse mer, *ou* basse marée, *maris fluxus.*

Bras de mer, *fretum.*

Cancer *ou* Ecrevisse du Zodiaque.

Cancer, maladie.

Cazlasquer, *Prætor in carceribus Turticis.*

Cher, *carus.*

Cher, qui coûte beaucoup, *carus.*

subst. & adj. masc.

Chevauléger, *eques leviter armatus.*

Clerc, le C ne se sent pas, *clericus.*

pas de Clerc, bévûe, *error.*

Enfer, *infernus.*

Entier, *integer.* cheval entier, *equus integer.* étalon, *admissarius.*

f Esther, Reine de Perse.

Ethèr, la matiére subtile qui est au-dessus de l'air grossier, *æther.*

Faber, poisson de mer.

Fer, métal, *ferrum.* façonné, *ductile.* aigre, *ou* blanc, *fragile.* dormant, *silens.* de cheval, *equi solea.* à sécher le linge, *politum siccativum.*

qui est de Fer, *ferreus.*

Fer, pointe, *mucro.*

Fier, hautain, *petulans.*

Frater, apprentif Chirurg.

Gastèr, l'S & l'R se prononcent fortement, *venter, stomachus.*

f Haute mer, *altum mare.*

Hier, adv. *herì.*

Homme de fer, cruel, *crudelis.*

Hyver, *hyems.*

Jupiter, Dieu.

Jupiter, planéte.

Jupiter, étain des Chymistes, *stannum.*

Kalendèr, Religieux Turc.

Léger, *levis.*

Léger, inconstant, *levis, inconstans.*

Lucifer, astre.

Lucifer, Diable.

substantifs & adject. masculins.

Magister, maître d'école de village.

f Mer, *mare.*

Messer, *pour* Messire, *Dominus.*

Munster, ville, *Monasterium.*

de Munster, *Monasteriensis.*

Niger, fleuve, *niger.*

de l'outre Mer, couleur, *cæruleum defæcatissimum.*

Patèr, le *pater noster*, priére à Dieu.

Patèr, Religieux.

Pet-en-l'air, sorte de vêtement court des femmes, *vestis brevior.*

f Pleine mer, *ou* haute marée, *maris cumulus.*

Plurier, *pour* Pluriel, *pluralis.*

Puster, Dieu des anciens Germains, *Pusterus.*

Scaliger, pere & fils, sçavans critiques.

Soudure de fer, *ferrumen.*

Stathoudèr, *rei militaris & maritimæ apud Batavos Præfectus.*

Taler, monnoie, *nummus argenteus.*

Ver, *vermis.* du corps, *lumbriculus.* de terre, *chrysocolla.* de bois, *ligneus.* à soie, *bombyx.* luisant, *pellucidus.* de vigne, *vinearius.* volant, *volans.*

petit Ver, *vermiculus.*

Verd, *viridis.* couleur, *viridis color.* de pré, *prasinus.* brun, *fuscus.* de mer, *glaucus.* d'azur, *armenius.*

m Verd en matiére de fruit, vin, &c. *acerbus, acidus.* verd, vivant, homme verd, *virens.*

m Verd de mer, *glaucum.*

m Zèr, monnoie des Persans.

Voyez les rimes en air.

ER. dont l'R est plus douce & se sent moins.

verbes à l'infinitif.

Agréer, approuver, *probare.* aimer, *amare.* louer, *laudare.* suivre, *amplecti libenter.* plaire, *placere.*

Créer, *creare.*

Créer des Offices, &c. *Magistratus creare.*

Desagréer, *reprobare.* haïr, *adversari.* desapprouver, *improbare.* déplaire, *displicere.*

Maugréer, *detestari.*

Procréer, *-eare.*

Récréer, *-eare.* réjoüir, *lætificare.*

se Recréer, *animum relaxare.* se rejoüir, *gaudere.*

Voyez les rimes en ber, der, ger, ler, &c.

ERBE.

m Adverbe, *-bium.*

v Engerbe, *in manipulos struo.*

f Gerbe, *manipulus.*

f Herbe, *-ba, -olus.*

Manger son blé en herbe & avant le temps, *ab ineunte anno versuram facere.*

m Malherbe, Poëte François, *Malherbius.*

subst. & adj. masc. & fém.

Malherbe, plante.
Proverbe, *-bium.*
Proverbe, de Salomon, au pluriel, *proverbia, adagia.*
Superbe, *-bus.*
Superbe, la Superbe, *superbia.*
Verbe, *-bum.*
le Verbe, Notre Seigneur, *Verbum Incarnatum.*

ERC.

Clerc, *clericus.*
Clerc, fig. ignorant, *rudis.*
Clerc de Procureur, de Notaire, *scriba.*
Maître Clerc, *primarius scriba.*
dernier Clerc, l'apprentif, *tyro.*
un pas de Clerc, *error.*
Mauclerc, vieux mot, *ignarus.*
Merc, vieux mot, pour Marque, *nota.*

ERCE. & ERSE.

subst. & adj. fém.

Averse, partie Averse, *adversarius.*
Commerce, *-ium.* familiarité, *-itas.*
Controverse, *-ia.*
Converse, Religieuse, *Conversa, sanctimonialis.*
Diverse, *-sa.* question Diverse, *quæstio diversa.*
Herse, instrument de Laboureur, *occa.*
Inverse, *regula trium inversa.*

substantifs & adjectifs masculins & féminins.

Obverse, *expositus.*
vin en Perse, *perforatum vini dolium.*
Perse, pays, *-sis.*
de Perse, *Persa.*
Perse, couleur, *cæruleus color.*
Perse, Poëte Latin, *Persius.*
Perverse, *-sus.* action Perverse, *actio prava.*
Properce, Poëte Latin, *Propertius.*
à la Renverse, *resupinus.*
Terse, Régiment Espagnol, *legio Hispanica.*
Tierce, au pluriel, Heures Canoniales, *tertia Canonica.*
Tierce, terme d'Escrime, *tertia.*
main Tierce, terme de Mesureur.
Fiévre Tierce, *tertiana.*
Tierce de Musique, *ditonus.*
Transverse, terme d'Anatomie.
Traverse, chemin qui va en travers, *semita transversa.* piéce de bois, *transversum lignum.* terme de fortification, *transversa munitio.*
Traverse, malheur, *infortunium.* contrariété, *oppugnatio.* à la traverse, *inconsultò.*
à Verse, il pleut à Verse, *urceatim pluit.*

VERBES.

Berce, *in cunis ventilo.*

verbes au présent.

Bouleverse, *sedibus convello.*
Converse, *-sor.*
Exerce, *-eo.*
Gerce, *tenuibus fissuris discindo.*
Hèrse, *occo.*
Perce, *perforo.*
Renverse, *subverto.*
Traverse, *impugno.*
Verse, *fundo.*
Voyez les autres verbes en créer.

ERCHE.

v Cherche, *quæro.*
f Perche de bois, *pertica.* mesure, *decempeda.* poisson, *perca.*
m le Perche, *Perchium.*
a de Perche, *Perchinus.*
v je me Perche, *perticâ insideo.*
f Recherche de mariage, *procatio.* enquête, *inquisitio.*
v Recherche, *requiro.*

ERCLE.

subst. masculins.

Cercle rond, *circulus.*
demi-Cercle, instrument de Mathématique, *hemicyclus.*
Cercle, assemblée, *consessus.*
Cercle d'hommes armés, *armatorum corona.*
en Cercle, *circulatim.*
Couvercle, *operculum.*

ERD.

v il Perd, *perdit.*
a Verd, *voyez* ERT.

ERDE.

f Merde, *-da.*
v Perde, *perdat, amittat.*
v Reperde, *reperdat.*

ERDRE.

v Perdre, *perdere.* sa cause, *causâ cadere.* son temps, *tempus terere.* son argent au jeu, *adversâ aleâ ludere.* son crédit, son droit, *autoritate excidere.* ses parens, ses amis, *parentibus, amicis privari.* sa fortune, *secundâ fortunâ non uti.* la vie, *vitâ carere.*
Perdre, corrompre, *perdere.* gâter, *maculare.* mal employer, *malè consumere.*
se Perdre, *perire.*
Reperdre, *-dere.*

ERE.

substantifs & adj. masc. & fémin.

Abdère, nom de ville, *Abdera.*
Archimonastère, chef d'Ordre, *Archimonasterium.*
Aristère, Sécretaire, *aristerus.*
Atmosphère, la partie de l'air la plus proche de la terre, *atmospharium.*
Baccifère, terme de Botanique, *baccifer.*
Bandouliére, *balteus.*
Bergère, *pastrix.*
Bonne-chère, débauche, *helluatio.*

substantifs & adjectifs masculins & féminins.

Bouchère, *lanii uxor.*
Boulangère, *pistrix.*
Bruyère, *erice.*
Cabestère, terme de Relat.
Cavalerie légère, *levis armatura equitatus.*
Cerbère, chien d'Enfer, *Cerberus.*
Chère, traitement, *receptus.* petite chère, *parcimonia.* bonne chère, *lautitia.* faire bonne chère, *lautè vivere.* bonne chère, bonne mine, *hilaris vultus.* triste chère, *vultus austerus.*
Chère amie, *cara amica.*
Chylifère, terme d'Anatomie, *chyliferus.*
Colère, *ira.*
Colère, *iracundus.*
Cratère, *pour* coupe, *crater.*
Dent Oeilliére, *ocularis dens.*
Embarcadère, lieu où les Espagnols font leur embarquement sur les côtes de l'Amérique.
Enchère, *auctio.*
Ephémère, sorte de mouche qu'on ne voit qu'au jour.
Ere, *ou* Epoque, *æra.*
Erre, vieux mot, *vis.*
Etrangère, *externa.*
feu de Reverbère, *ignis repercussus.*
folle Enchère, *pœna.*
Fougère, *filix.*
Fourmiliére, *formicarum cubile.*
* Fourmiliére, multitude, *multitudo.*
Funère, vieux mot, pleureuse.

substantifs & adject. masculins & féminins.

Galère, *triremis.*
Harangère, *harengorum mulier propola.* femme qui injurie, *mulier maledictis lacessens.*
cheval Haubère, *subcinericius equus.*
Hémisphère, *-sphærium.*
Hère, jeu, *lusus herilis.*
pauvre Hère, *indigens.*
Horlogère, *automataria.*
Jachère.
Ibère, *ou* Espagnol, *Iberus.*
Ictère, *-icus.*
Impropère, vieux mot, *improperium*, il est aussi adj. & signifie deshonorant.
Impubère, *impuber.*
Isère, riviére, *Isara.*
Jugère, ancienne mesure de terre, *juger.*
Lactifère, *-ferus.*
Lanifère, *-gerus.*
Légère, *levis.*
Létifère, *letifer.*
Lingère, *lintearia.*
Loerre, *cibus medicatus.*
Marguilliére, *æditua.*
Matrovère, vieux mot.
Mégère, furie, *furia.*
Ménagère, *rei domesticæ curatrix.*
Mensongère, *mendax.*
Messagère, *nuntia.*
Mortifère, *-fer.*
Naguère, adv. *nuper.*
Néotère, la jeune Déesse, *Neotera.*
Pacifère, *-ferus.*
Panthère, pierre précieuse de la Médie.
Parère, terme de Commerce, *avis.*

Passagère, *instabilis*.
Pestifère, *-fer*.
Planisphère, *-sparium*.
Porchère, *porcaria*.
Porte cochère, *currulis porta*.
Postère, au pluriel, *posteriora*.
Pubère, qui a l'âge de Puberté, *puber*.
Quadrilatère, terme de Géométrie.
Querre, *ou* Quierre, vieux verbe actif, *quærere*.
Rabouilière de lapins, *fovea cunicularia*.
Rorifère, *-ferus*.
Serpillière, *tela rudis*.
Serre, terme de Physique, *expressio*.
Somnifère, *-rus*.
Soporifère, *soporifer*.
Sphère, *sphæra*.
Sudorifère, *-ferus*.
Tibère, Empereur, *Tiberius*.
Trembleterre, *pour* Tremblement de terre.
Turifère, *ou* Turiféraire, *turiferarius*.
Vachère, *vaccaria*, *bubulca*.
pension Viagère, *attributio annua*.
Vitupère, vieux mot, *vituperium*.

Voyez les féminins des noms en iller : conseillére, *consiliaria*.

Adultère, *-rium*.
Adultère, *-ter*.
Agrotère, surnom de Diane, *Agrotera*.

Substantifs & adjectifs masculins & féminins.

Amère, *amara*.
Anatifère, terme de Lithologie, *anatiferus*.
Artère, *arteria*. âpre, *aspera*. venéneuse, *-nosa*. du bras, *brachii*. du coude, *cubiti*. du jarret, *poplitis*. coronaire, *-aria*. céliaque, *cœliaca*. émulgente, *-gens*. de la cuisse, *cruralis*. de l'ilion, *iliaca*. des reins, *lumborum*. spermatique, *-ica*. dilatée, *dilatata*. rétreinte, *constricta*. &c.
Austère, *-rus*.
Baptistère, *-erium*.
Beau-pere, *socer*.
Belle-mere, *socrus*.
Caractère, lettre, *character*. charme, magie, *veneficium*. maniére d'agir : c'est son caractère : *agendi ratio*.
Cautère, *-erium*.
Chimère, *-æra*.
Clystère, *-erium*.
Commere, *commater*.
Compere, *compater*.
Confrere, *confrater*.
Cythère, île, *Cythara*.
Déesse de Cythère, Vénus, *Cytharea Dea*.
Ephémère, d'un jour, *ephemeris*.
Frere, *frater*. de pere, *consanguineus*. de mere, *uterinus*. de pere, & de mere, *germanus*. de pere, *patruus*. de la mere, *avunculus*. du mari, *ou* beau-frere, *levir*. de la femme,

Substantifs & adjectifs masculins & fémin.

conjugis frater. de lait, *collactaneus.* jumeau, *geminus*, *gemellus.*
un Frere, un jeune Moine, *Frater.*
faux Frere, *pseudofrater.*
Grand'mere, *avia.*
Grand-pere, *avus.*
Guère, adv. *parùm.* rarement, *raró.*
Homère, Poëte Grec, *Homerus.*
l'Isère, riviére, *Isara.*
Magistère, terme de Chymie.
Mal de Mere, *morbus hystericus.*
pie-Mere & dure-Mere, terme de Chirurgie, *pia & dura mater.*
Mere, *mater.* de famille, *materfamiliâs.* du côté de la mere, *matrinus.*
Mere, dignité de Religieuse, *Mater.*
Mésentère, *-erium.*
Ministère...
Misère, *-ria.*
Monastère, *-erium.*
Panthère, *-ra.*
Pere, *pater.* de famille, *paterfamiliâs.*
Pere du grand-pere, *atavus.* du côté du pere, *patrimus* ou *paternus.*
Pere, dignité de Religieux, *Pater.*
Presbytère, *-rium.*
Prospère, *-rus.*
Sévère...
Sévère, Empereur, *-rus.*
Vipère, *-ra.*

n Viscère, au pluriel, *viscera.*
m Ulcère, *ulcus.*
m Urétère, *urinæ meatus.*
Plus les fém. des noms en er.

VERBES.

verbes au présent.

Adhère, *-æreo.*
Altère, *immuto*, *depravo*, *sitim accendo.*
Confère, *-ro.*
Considère...
Défère...
Dégénère...
Délibère...
Désespère, *despero.*
Diffère, *-ro.*
Digère...
Espère, *spero.*
Infère, *-ro.*
s'Ingère, *sese ingerit.*
Macère, *-ro.*
Modère, *tempero*, *moderor.*
Opère, *-ror.*
Persévère, *-ro.*
Préfère, *antepono.*
Prospère, *succedo.*
Réfère, *-ro.*
Régénère...
Réitère...
Révère, *revereor.*
Tempère, *-ro.*
Tolère...
Transfère...
Ulcère, *-ror.*

Voyez les autres verbes en erer.

Voyez aussi les rimes en iére, erre *&* aire.

ERF.

Cerf, *cervus.*

f Corne de Cerf, herbe, *coronopus*.
m Nerf, *nervus*.
a * Serf, esclave, *servus*. acheté, *emptitius*. né de pere & mere esclaves, *verna*. affranchi, *libertus*. né de parens affranchis, *libertinus*.

Ces mots, excepté Serf, *se peuvent rimer avec ceux en* ER. *rude*.

ERGE.

subst. fém. Alberge, fruit, *Persicum duracinum*.
Asperge, *asparagus*.
Auberge, *diversorium*.
Berge, voiture, *vectura*.
m Cierge, *cereus*.
a Cire vierge, *cera pura*.
Concierge, *custos*.
* Flamberge, épée, *machera*.
v se Goberge, *irridet*.
v Héberge, *diversor*.
a Huile vierge, *oleum purum*.
Ramberge, vaisseau, *exploratoria navis*.
Serge, *rasi densique texti pannus*.
v Submerge, *submergo*.
Verge, *virga*. fouet, *flagrum*. mesure, *geometricus radius*. bague, *annulus*.
Verge de l'homme, *penis*. bout de la Verge, *glans*.
Verge de Magicien, *virga magica*.
Vierge, la Sainte Vierge, *Beata Virgo*.
a Vierge, pucelle, *virgo*.
f —religieuse, *sacra virgo*.
f homme Vierge, *vir virgo*.
f Vierge, signe du Zodiaque, *virgo*.

ERGNE.

f Auvergne, pays, *Arvernia*.
a d'Auvergne, *Arvernus*.
f Hergne, *ou* Hernie, *-ia*.

ERGUE.

m Exergue de Médaille, *numismatis pars aversa*.
m Rouergue, *Ruthenum*.
a de Rouergue, *Ruthenensis*.
f Vergue de navire, *antenna*.

ERLE.

m Merle, oiseau, *merula*.
f Perle, *unio*.
m gris de Perle, couleur, *leucophaus*.

ERME.

a Angiosperme, terme de Botanique, *angiospermus*.
f Berme, *ou* relais du fossé, *fossæ declivitas*.
Canterme, sorte de maléfice ancien.
m Epiderme, *ou* Peau, *-ma*.
f Ferme, métairie, *villa*.
a Ferme, *firmus*. stable, *-bilis*. fixe, *fixus*, *constans*. opiniâtre, *pervicax*.
de pied Ferme, *fixo gradu*.
f Ferme, *locatio*.

Substantifs & adjectifs masculins.

prendre à Ferme, *conducere.*
bail à Ferme, *locationis codex.*
bailler à Ferme, *locare.*
Ferme, jeu, *locatio.*
Ferme, la partie de la décoration qui ferme le fond du Théâtre.
Germe, *germen.*
faux-Germe, *pseudogermen.*
Germe, sorte de bâtiment.
Palerme, ville, *Panorma.*
de Palerme, *Panormitanus.*
Sous-ferme, *sublocatio.*
Sperme, *-ma.*
Terme, *-minus.* fin, *finis.* borne, *limes.* temps préfix, *præfinitum tempus.* jour, *dies.* avant terme, *ante tempus.* mi-terme, prendre terme, *diem præfinire.* vendre à terme, *non præsenti pecuniâ vendere.*
Terme, mot, *vox.*
Terme, Dieu de la Fable, *Terminus.*
Terre-ferme, *continens.*
Thermes, au plur. bains des Anciens, *thermæ.*

VERBES.

verb. au prés.

Afferme, *alloco.*
Desenferme, *recludo.*
Enferme, *includo.*
Ferme, *claudo.*
Germe, *germino.*

ERNE.

m l'Averne, enfer, *infernus.*
f Baliverne, *nugæ.*

Substantifs & adjectifs masculins & féminins.

Berne, Canton, *-na.*
de Berne, *Bernensis.*
Berne à berner, *stragulum.*
Caverne, *-na, antrum.*
Cazerne de soldats, *militum cella.*
Cerne, rond, *circulus, circuitus.*
faire le Cerne, terme de Fauconnier, *circumdare.*
Cerne de magie, *circulus magicus.*
Cerne, poisson, *orbis.*
Cîterne, *cisterna.*
Eterne, vieux mot, *æternus.*
Externe, *-nus.*
Galerne, vent, *cæcias.*
Interne, *-nus.*
Lanterne, *laterna.*
Laverne, Déesse des voleurs, *Laverna.*
Lerne, marais, *lerna.*
Lucerne, Canton, *-na.*
de Lucerne, *Lucernensis.*
Luzerne, herbe, *trifolium majus.*
Malgouverne, terme des Chartreux.
Moderne, *recens.* nouveau, *novus.*
Olopherne, nom propre, *Olophernes.*
Pancerne, *eques Polonus.*
Poterne, *posticum.*
Quaderne, *ou* Carme de Trictrac, au pluriel, *quaterni.*
Subalterne, *-nus.*
Taverne, *taberna.*
Terne, sombre, *obscurus.*
Terne du jeu de Trictrac, au pluriel, *terni.*

VERBES.

verbes au présent.

Berne, *irrideo.*
Cerne, *enucleo.*
Concerne, *ad aliquid attineo.*
Décerne, *-no.*
Discerne...
Gouverne, *guberno.*
Hyverne, *hyemo.*
* Lanterne, *ineptè tergiversor.*
Prosterne, *-no.*
Voyez les autres verbes en erner.

ERPE.

f Euterpe, Muse, *-pe.*
f Serpe, *falcula.*

ERQUE.

Dunkerque, ville, *-ca.*
Steinkerque, ajustement de femmes.

ERRE.

substantifs féminins.

Angleterre, Royaume, *Britannia, Anglia.*
a d'Angleterre, *Anglicus*, ou *Britannus.*
Cimeterre, *acinaces.*
Equiere *ou* Equerre, instrument de Mathématique, *amussis.*
Erre, au pluriel, donner des Erres, *arrha.*
Fumeterre, plante, *capnos.*
Guerre, *bellum.* offensive, *-ivum.* défensive, *-ivum.* juste, *-tum.* injuste, *-tum.* faire la Guerre, *bellum gerere.* au fig. reprendre, *redarguere.*

substantifs masculins & féminins

Lierre, *hedera.*
Parterre de jardin, *horti area descripta.*
Parterre, chûte, *casus.*
Perce-pierre, herbe, *adianton.*
Pierre, nom propre, *Petrus.*
Pierre, *lapis.* de taille, *quadratus.* de bloc, *cæmentitius.* d'attente, *projectitius.* à éguiser, *cos.* de touche, *lydius.* à feu, *pyrites.* de gravier, *scrupus.* de tuf, *tophus.* de ponce, *pumex.* précieuse, *gemma.*
de Pierre, *lapideus.*
à la Pierre, *lapidarius.*
la Pierre, mal, *calculus.*
Serre d'oiseau, *falculatus unguis.*
Serre d'orangers, &c. *cellarium.*
avoir bonne Serre, *firmiter stringere.*
tenir en Serre, terme d'Armoiries, *astrictum tenere.*
Tailleur de pierre, *lithotomus.*
Terre, élement, *terra.* pays, *regio.* Seigneurie, *ditio.* marquisat, comté, *satrapia.* prés, vigne, héritage, *prædium.* champ, *ager.* pays natal, *solum.*
la Terre, au fig. le monde, *mundus.*
ouvrage de Terre, *figlinum opus.*

vase de Terre, *testaceum vas.*

m Tonnerre, *tonitru.*

Tonnerre, au fig. homme de grand bruit, *tumultuosus.*

m Tremblement de terre, *terræ motus.*

m Verre, *vitrum.* à boire, *scyphus.*

VERBES.

verb. au present.

Atterre, *prosterno.*

Déferre, *exarmo.*

Desserre, *distringo.*

Déterre, *exhumo.*

Enferre, *in ferrum incido.*

Epierre, *elapido.*

Erre, *-ro.*

Ferre, *ferro munio.*

Serre, *stringo.*

Voyez aussi les rimes en ere *&* iére.

ERS. dont l'E est fermé.

substantifs masculin.

Andouillers de cerf, *cervini cornu surculi.*

Foyers, terme de Théâtre, *foci.*

Messagers, *nuntii.*

Passagers, *viatores.*

Tiers, *tertius.*

Volontiers, adverbe, *libenter.*

Voyez le pluriel des noms en er.

ERS. dont l'E est plus ouvert, & AIRS.

A l'envers, *supinè.*

substantifs & adjectifs masculins.

Au travers, *transversus.*

Cerfs, *cervi.*

Clercs, *clerici.*

Convers, *-us.*

Frere Convers, *rei familiari addictus Religiosus.*

Devers, adv. *versùs.*

Divers, *-us.* mêlé, *varius.*

Divers, plusieurs, *multi.*

Envers, *erga.*

Envers d'étoffe, *panni interior facies.*

Nerfs, *nervi.*

Pers, couleur, *color cæruleus.*

v Perds, de Perdre, *perdo.*

Pervers, *-us.*

Poudre à vers, *semen atanasiæ.*

Revers, *aversa frons.*

v Sers, de Servir, *servio.*

Travers, *transversum.*

Vers, *-us.* pentamétres, *-etri.* hexamétre, *-tri.* ïambiques, *-ici.* trochaïques, *-ici.* lyriques, *-ici.* Coriambiques, *-ici.* Glyconiens, *-ici.* Phaleuques, *-euci.* ou Hendécassyllabes, *-bici.* Sapphiques, *-ici.* Adoniens, *-ici.* Alcaïques, *-ici.* Anapestiques, *-ici.*

Vers, préposition, *-ùs.*

Univers, *-us orbis.*

Plus le pluriel des noms en air *& en* er, *dont l'E est fort ouvert :* clairs, hyvers.

Plus le pluriel des noms en ert : concerts.

ERSE. *voyez* ERCE.

ERT.

Substantifs & adjectifs masculins.

Bois-Robert, Poëte François.
Concert, *concentus.*
Couvert de table, *ferculum.*
Couvert, toit, *tectum.* couverture, *tegmen.* ombrage, *umbra.*
Couvert, *tectus.* caché, *opertus.* plein de, *resperſus.* qui diſſimule, *veterator.*
bien *ou* mal Couvert, (vêtu) *ſplendidè aut malè veſtitus.*
qui a ſon Bonnet *ou* Chapeau ſur la tête, *opertus capite.*
Déconcert, meſintelligence, *diſcordia.*
Découvert, ſans couverture, *apertus.*
à Découvert, en terme de Muſique & d'inſtrument à cordes.
Découvert, *apertus.* trouvé, *inventus.* dénoncé, *delatus.* non muni, *intutus.* clair, *patens* ſans chapeau, *capite aperto.*
à Découvert, *palàm.*
Déſert, *-um*, *eremus.*
Déſert, *-us.*
Deſſert, *bellaria.*
Diſert, *-us.*
un Expert, *uſu peritus.*
Gilbert, Poëte François, *Gilbertus.*
Habert, Poëte François, *Habertus.*
Haubert, fief de Haubert, *primigenia clientela.*
la ſaint Hubert, chaſſe, *Hubaldalia.*
Lambert, Muſicien, *-us.*
airs de Lambert, *Lamberti modulationes.*
Lit verd, *lectus viridis.*
Ouvert, *apertus.* franc, *candidus*, *ingenuus.*
Pivert, *picus.*
Robert, nom propre, *-us.*
Sauce-Robert, *condimentum Robertinum.*
Verd, *viridis.* qui n'eſt pas mûr, *immaturus.* vigoureux, *vividus.*
Vin couvert, *vinum nigrum.*

VERBES.

Verbes au préſent.

Acquert, *-irit.*
Appert, *apparet.*
Conquert, *bello parat.*
Couvert, *cooperuit.*
Découvert, *diſcooperuit.*
Deſſert, *fercula tollit.*
Enquert, *inquirit.*
Offert, *obtulit.*
Perd, *-it.*
Requert, *-irit.*
Sert, *ſervit.*
Souffert, *toleravit.*

ERTE.

Alerte, adv. *alacriter.*
Certe, adv. avec une *s* à la fin, *certè.*
v Concerte, terme de Muſique, *voces ſymphoniæ compono.*
v Concerte une affaire, *rem confero.*
Cotte-verte, *muliebris tunica praſina.*

Couverte, couverture, *tegmen.*
v Déconcerte, *disturbo.*
Découverte, *inventio.*
m Mélicerte de la Fable, *-ta.*
f Offerte du Service Divin, *offertorium.*
Perte, *jactura.* dommage, *damnum.* ruine, *excidium.* mort, *interitus.*
Sauce-verte, *condimentum viride.*
Soufferte, *tolerata.*
Tête verte, fou, *demens.*
Voyez les féminins des participes & les noms en ert.

Substantifs féminins.

ERTRE.

Tertre, petite montagne, *collis.*

ERVE.

Conserve, pâte confite, *salgamen.*
aller de Conserve, terme de mer, *ad mutuam conservationem ire.*
Minerve, *ou* Pallas, *-va.*
Réserve, *sepositio.* prudence, *-tia.* modestie, *-ia.* froideur, *lentor.* modération, *-io.* exception, *-io.*
de Réserve, *sepositus.*
corps de Réserve, *media acies.*
à la Réserve, *præter.*
Verve poëtique, *poëticus animi impetus.*

VERBES.

Conserve, *-vo.*
Enerve, *-vo.*
Observe . . .
Préserve, *servo, defendo.*
Réserve, *-vo.*
Serve, *-viam.*

verb. au prés. subst. & adject. masc. & fém.

ES.

ES. *par* E *masculin qui se prononce comme* EZ.

Assez, adv. *satis.*
Commodités, richesses, *opes, facultates.*
Facultés, richesses, *divitiæ.*
Fez, Royaume, le z doit sonner comme un s, *Fessa.*
de Fez, *Fessanus.*
Forez, contrée de France qui a titre de Comté, *Forisium.*
le Nez, *nasus.*
un caché-Nez, *larva.*
Saint Nez, pierre que les Finlandois adoroient comme un Dieu.
Senez, vieux mot, pour Sensé.
Sonnez *ou* Saunes, terme de trictrac, *trinitus.*
Voyez les noms en E *masculins, dont le pluriel fait* és: fossés, *valla.* bontés, *beneficia.* &c.
Plus divers temps de tous les verbes : aimez, aimerez.
Voyez les rimes en iez, es: ets, *qui se prononcent comme* ais.
Abscès, *abscessus, tumor.*
Accès, abord, *accessus.*
Accès de Fiévre, *febris paroxysmus.*

substantifs masculins.

Aloès, plante, *aloès.*
Après, prépoſition, *poſt.*
* Aſpergès.
Auprès, prépoſition, *propè, juxtà.*
Cameſtrès, terme de Logique.
Célantès, terme de Logique.
f Cérès, Déeſſe.
Congrès, *-greſſus.*
Cyprès, *cypariſſus.*
Décès, *-ceſſus, mors.*
Deſmarets, Poëte François, *Paludanus.*
Entremets, *interjecta cibaria.*
Es, tu es, *tu es.*
Excès, *exceſſus.* terme de Palais, *exceptio.*
Exprès, *deditâ operâ.*
v Faire florès, *floreſcere.*
Gygès, Roi de Lydie.
Hermès, *ou* Triſmégiſte, Philoſophe.
* ad Honorès, expreſſion latine, c'eſt-à-dire, pour garder le *decorum.*
Kermès.
Jeu d'Echecs, *ludus latrunculorum.*
Mançanarès, riviére d'Eſpagne.
Ménès, Roi d'Egypte.
Mets, viande, *cibus.* exquis, *exquiſitus.* friand, *delicatus.*
Mets de table, *cibaria fercula.*
Metz, ville, *Meta.*
a de Mets, *Metenſis.*
Néaclès, Peintre de l'Antiquité.

substantifs masculins.

Ogygès, Roi de la Gréce.
jeu d'Oſſelets, *talorum ludus.*
f donner les Oſſelets, eſpéce de gêne, *baculo manus alligare.*
Palès, Déeſſe des Bergers.
* ad Patrès.
Périclès, Orat. Athénien.
Près, prépoſition, *propè.*
à peu Près, adv. *ferè, circum circa.*
à cela Près, adv. *ſi hoc unum exceperis.*
Procès, *lis, cauſa.*
Profès, *-feſſus.*
Progrès, *-greſſus.*
Regrès dans un bénéfice, *regreſſus.*
Succès, *-ceſſus.*
Thalès, un des ſept Sages de la Gréce.
Très, *valdè, multùm.*
Xerxès, Roi de Perſe.
Ximénès, nom propre.
Zéthès, nom d'un Argonaute.
Zethès, *ou* Zethus, frere d'Amphion.

VERBES.

verbes au préſent.

Admets, *admitto.*
Commets, *committo.*
Démets, *depono.*
Entremets, *intermitto.*
Mets, *pono.*
Omets, *omitto.*
Permets, *permitto.*
Promets, *promitto.*
Soumets, *ſubmitto.*

Voyez les autres verbes en mettre.

Voyez aussi les pluriels des noms en ET. *&* AIT : lacets, *laquei*. traits, *lineæ*, *&c*.

Plus les rimes en AIS. EL. *par* E *féminin*.

Voyez les noms qui se terminent en E *féminin, auquel il faut ajoûter une* S.

Faites le même au temps des verbes qui y sont marqués.

ESE. dont l'E. est ouvert, *voyez* EZE.

ESLE. *voyez* ELE. long.

ESME. *ou* AIME. *voyez* EME. long.

ESME. *ou* EME. *voyez* EME. bref.

EINE. *ou* AINE. *voyez* ENE. long.

ESPE. *voyez* EPE.

ESPRE. *voyez* EPRE.

ESQUE. *voyez* EQUE.

ESQUE. dont l'S se prononce.

a Arabesque, *bicus*. peinture arabesque, *pictura Arabica*.

Barbaresque, *barbaricus*.

Bernesque, *ludicrus*, *scurrilis*.

a Burlesque, jovial, *jocularis*. ridicule, *-lus*. plaisant, *facetus*.

Charlatanesque.

f Fresque, *color udo tectorio inductus*.

v peindre à Fresque, *colores udo tectorio inducere*.

a Gigantesque, *giganteus*. statue Gigantesque, *statua gigantea*.

a Grotesque, capricieux, *pervicax*. chimérique, *vanus*. ridicule, *-ulus*. monstrueux, *portentosus*. figure grotesque, *chimerica effigies*. pensée grotesque, *ludicra cogitatio*. dessein grotesque, *consilium ineptum*. invention grotesque, *commentum absurdum*. homme grotesque, *homo vana & inania comminiscens*. humeur grotesque, *indoles discrepans à communi more*.

Grotesque de tapisserie, *pictura in aulæo chimerica*.

a Moresque, peinture, *pictura Mauritana*. danse, *mimica saltatio Maurica*. femme Maure, *Mauritana*. à la Moresque, *ad morem Maurorum*.

a Pédantesque, *insulsus & ridiculus*.

discours Pédantesque, *insulsi litterati oratio*.

Pictoresque, *ou* Pittoresque.

Presque, adv. *ferè*, *quasi*.

a Romanesque, qui tient du Roman, *fictitius*. extraordinaire, *-arius*. incroyable, *incredibilis*. histoire, *ficta narratio*. style Romanefque, *ftylus narrandi fictitius.*

f Soldatefque, *armati indigenæ milites*: troupe de foldats, *indigenarum cohortes.*

Tudefque, *Teutonicus.* langue Tudefque, *ou* Allemande, *Germanica lingua.* à la Tudefque, *Germanico more.*

ESSE. & ECE.

Ces noms fignifient des qualités ou modifications par des termes ou noms abftraits, & quelques adjectifs féminins qui expriment le fujet avec la qualité habituelle, par des noms concrets.

fubftantifs & adjectifs féminins.

Adreffe, *directio.* moyen, *via, ratio.* par écrit, *infcriptio.* enfeignement, *inftitutio.* commodité, *-itas.* habileté, *-litas.* induftrie, *-ia.* invention, *folertia.* adreffe de perfonnes, *hominum aditus.* d'un lieu, *loci notitia.*

Adreffe, *aftuia.* dextérité, *-tas.*

Aîneffe, *grandior ætas.*

Allégreffe, *alacritas.*

Alteffe, qualité qu'on donne aux Princes, *Celfitudo.*

Aneffe, *afina.* ignorante, *ignara.*

Archiducheffe, *Archiduciffa.*

Atournareffe, vieux mot, *cofmeta.*

Boëffe, *ou* grate-Boëffe, inftrument de Monnoyeur.

fubft. & adj. fem.

* Borgneffe, *cocles.*

Careffe, *blanditiæ.* amitié, *amicitia.*

Chanoineffe, *Canonica.*

Chaffereffe, *venatrix.*

Comteffe, *Comitiffa.*

Contrefineffe, *aftutia aftutiæ oppofita.*

Défendereffe, *rea.*

Délicateffe, *mollities.*

Demandereffe, terme de Palais, *actrix, petitrix.*

Détreffe, *anguftiæ.*

Devinereffe, *divinatrix.*

Diableffe, *cacodæmon.*

Dogeffe, femme de Doge.

* Drôleffe, femme de mauvaife vie, *perdita, profligata mulier.*

Ducheffe, *Duciffa.*

Enchantereffe, *incantatrix.*

Efpéce, *fpecies.* maniére, *ratio.* nature, *-ra.* image, *-go.* forme, *-ma.* fantôme, *phantafma.*

Efpéce, piéce de monnoie, *nummus.*

Effe, efpéce de chandelier, *lychnus.*

Effe d'un aiffieu, *axis.*

Etroiteffe, vieux mot, *anguftia.*

Evêcheffe, femme qui avoit certaines fonctions dans la primitive Eglife.

Feffe, *clunis, natis.*

Fineffe, rufe, *aftutia.*

Foibleffe, *debilitas.* de cœur, *animi abjectio.*

Fortereffe, *arx.*

Galeveffe, petite contrée de

Substantifs & adjectifs feminins.

France, *Calivassinus ager.*
Gentillesse, *lepos.* agrément, *venustas.*
Gentillesse de mœurs, *morum festivitas.*
Gentillesse, petits ouvrages, *elegantis artis opuscula.*
Gonesse, *-essia.*
Gouvernesse, *institutrix.*
Grandesse, dignité d'Espagne, *granditas.*
Gréce, Pays, *Græcia.*
Grossesse, *graviditas.*
Hôtesse, *hospita.*
Hardiesse, *audacia.*
Hautesse, qualité du Grand Seigneur, *Celsitudo.*
Jeunesse, *juventus.*
Ivresse, *ebrietas.*
Ivrognesse, *ebriosa.*
Justesse, *æquitas.*
Karmesses, plur. foires de Hollande & de Flandres.
Ladresse, *leprosa*, *elephantica*, *avara*, *sordida.*
Largesse, *largitas.*
Laisse, *lorum.*
Larronnesse, *fur.*
Lesse, terme Provincial, sonnerie pour les morts.
Libraireſſe, *-aria.*
Liesse, joie, *lætitia.*
Lucréce, Dame Romaine, *Lucretia.*
m Lucréce, Poëte Latin, *Lucretius.*
Lutéce, nom ancien de Paris, *Lutetia.*
Maîtresse, par rapport à un vassal, *domina.* à un valet, *hera.* à un disciple, *magister.* à un amant, *amasia.*

Substantifs & adjectifs feminins.

Maladresse, malhabileté, *solertiæ defectus.*
Messe, *Sacrum, Missa.* grande ou haute, *solemnis.* basse, *privata.* de paroisse, *parochialis.* de Requiem, *pro defunctis.* pontificale, *-alis.*
après la Messe, *à Sacro.* dire la Messe, *Sacrum facere.*
Misomesse, huguenot, *hæreticus.*
Moinesse, *Monialis.*
Mollesse, *mollities*
Mulatesse, femme de Mulâtre.
Niéce, *neptis.*
Noblesse, *Nobilitas.* l'ordre des Nobles, *Nobilium ordo.* générosité, *-tas.* excellence, *-tia.*
Nuesse, terme de Jurisprudence féodale, *beneficiarium prædium.*
Paisse, ou Passe, vieux mot, *Passer.*
Pairesse, femme d'un Pair, *Paris Franciæ uxor.*
Paresse, *pigritia.* lâcheté, *ignavia.* fainéantise, *desidia.*
Pécheresse, *peccatrix.*
Permesse, fleuve, *-essus.*
Petitesse, *parvitas.*
Piéce de monnoie, *nummus.* de drap, &c. *pannus lineus integer.*
Piéce, *membrum.* partie, *pars.* portion, *-io.* lambeau, *fragmentum.* morceau, *frustum.* qui se met devant le corps d'une fem-

Substantifs & adjectifs féminins.

me, *pectorale mulieris.*
Piéce de procès, *litis instrumenta.*
Piéce, ouvrage d'esprit, *opus ingeniosum.* de poësie, *poëma.*
* faire Piéce, tromper, *fallere.*
tailler en Piéce, au pluriel, défaire, *delere.*
tout d'une Piéce, pour dire roide, engourdi, *rigens.*
Poëtesse, *poëtria.*
Politesse, *urbanitas.*
Presse, vieux mot, *malum Persicum.*
Prestesse, terme de Manége, *celeritas.*
Prêtresse, *Sacerdos.*
Princesse, *Princeps.*
Princesse, femme galante, *meretrix.*
Promesse, *promissio.* verbale, *sponsio.* par écrit, *præscripta cautio.*
faire promesse, *promittere.* tenir sa promesse, *promissum solvere.* s'en dédire, *abnegare.*
homme de Promesse, *bonæ fidei homo.*
Prophéteſſe, *-issa.*
Proüesse, au plur. *heroïca facinora.*
* Recommanderesse, *commendatrix.*
Richesse, *divitiæ.*
Rudesse, *ruditas.*
S, lettre de l'Alphabet.
Sagesse, *sapientia.*
Saoulesse, vieux mot, *satietas.*

Substantifs & adjectifs féminins.

Sauvagesse, *Sylvestris mulier.*
* Scélératesse, insigne méchanceté, *scelestissimum facinus.*
Sécheresse, *siccitas.*
* Simplesse, vieux mot, *simplicitas.*
Siresse, femme d'un Sire, *Domina.*
Souplesse, *agilitas.*
tours de Souplesse, *corporis membrorum flexio agilis.*
Soutillesse, vieux mot, *subtilitas.*
Suissesse, *Helvetita mulier.*
Tendresse, *teneritas.*
Tigresse, *tigris.* cruelle, *crudelis.*
Tresse de cheveux, *cirri decussatim implexi.*
Tristesse, *tristitia.*
Vengeresse, *ultrix.*
Vesce, graine, *vicia.*
Vesse, *ventris flatus.*
Vicomtesse, *vicecomitissa.*
Vieillesse, *vetustas.* d'âge, *senectus.*
Vîtesse, *celeritas.*

VERBES.

Verbes au prés. & à l'imp.

Acquiesce, *acquiesco.*
Adresse, *mitto.*
Blesse, *vulnero.*
Caresse, *adulor.*
Dépéce, *in frusta scindo.*
Dresse, *instruo.*
Fesse, *virgis cado.*
Redresse, *corrigo.*
Transgresse, *-gredior.*
Voyez les autres verbes en esser.

ESSE. long, qui ſe prononce comme AISSE.

ſubſt. fém.

Abbeſſe, *Abbatiſſa.*
Compreſſe, *penicillum.*
Leſſe, *ou* Laiſſe, corde, cordon, *lorum*, *habenæ.*
Leſſe de Lévriers, *lorum quo vertagi tenentur.*
Preſſe, foule, *turba.*
Preſſe d'Imprimerie, &c. *prælum.*
mettre ſous la Preſſe, preſſer, *prælo ſubjicere.* imprimer, *typis mandare.*
livre ſous la Preſſe, *typis excuſus liber.*
Profeſſe, *-eſſa.*

VERBES.

verbes au préſ. & à l'imp.

Ceſſe, *ceſſo.*
Confeſſe, *confiteor.*
ſe Confeſſe, *confitetur.*
Empreſſe, *urgeo.*
Oppreſſe, *opprimo.*
Preſſe, *premo.*
Profeſſe, *profiteor.*

Voyez les autres verbes en eſſer, *qui ſe prononcent & qui riment avec ceux en* aiſſer : baiſſe.

Voyez auſſi les rimes en aiſſe.

EST. *ou* AIST. *voyez* ET. long, qui ſe prononce comme AIT.

EST. où l'S ſe prononce.

ſubſtantifs maſculins.

m Breſt, ville, *Briſtum.*
de Breſt, *Briſtenſis.*
Eſt, vent, *Eurus.*
Leſt de navire, *ſaburra.*
Oueſt, vent, *Zephyrus.*
Loi du Zeſt, en Angleterre, *Lex Anglicana.*
Zeſt, néant, *nihil.*

ZEST. *voyez* ZESTE.

ESTE. où l'S ne ſe prononce pas, *voyez* ETE.

ESTE. dont l'S ſe prononce.

ſubſt. & adject. maſc. & fém.

Agreſte, *-tis.*
Almageſte, *almageſte Ptolemæi.*
Armoneſte, habile dans la ſcience du Blâſon.
Baron de Feneſte, *Baro Feneſtenſis.*
bleu Céleſte, *cæruleus color.*
Céleſte, *cœleſtis.*
Ceſte de combat, *-tus.*
Conteſte, vieux mot, *controverſia.*
Digeſte, *-ta*, *pandectæ.*
Funeſte, *-tus.*
Geſte ...
Geſte, au plur. exploits, faits, *geſta.*
Immodeſte, *-tus.*
Inceſte ...
Indigeſte ...
Leſte, diſpos, *alacer.* poli, *-tus.* propre, *elegans.*
* Malepeſte! exclamation, *mala peſtis!*
Manifeſte, *-tus.* évident, *-dens.*
un Manifeſte, *-tum.*

substantifs & adjectifs masculins & féminins.

Modeste, *-tus.*
Oreste, ami de Pylade, *Orestes.*
Peste, maladie, *pestis.* personne qui gâte les autres, *pestis, lues.*
Preste, adv. *citò.* adjectif, *celer.*
Reste, demeurant, *reliquum.* reste des autres, *cætera.* de table, &c. *reliquiæ.*
jouer de son reste, *extrema tentare.*
Sel polycreste, *sal polycrestum.*
Sieste, faire la Sieste, la Méridianne.
Soubreveste, partie de l'habillement des Mousquetaires.
Veste, *-is.*
Zeste, en se moquant, *quid inde ?*
Zeste d'orange, *mali aurei frustulum.*
Zeste à poudre, *pulviculus.*
Voyez divers temps & diverses perf. des verbes en ester : conteste.

VERBES.

verbes au prés. & à l'imp.

Atteste, *-tor.*
Conteste, *rixor.*
Déteste, *-tor.*
Empeste, *peste inficio.*
Manifeste, *-to.*
* Moleste...
Peste, *malè precor.*
Proteste, *testificor.*
Reste, *-to.*

v Teste, *-tor.*
Voyez les autres verbes en ester.

ESTRE. dont l'S ne se prononce point, voyez ÊTRE.

ESTRE. dont l'S se prononce.

substantifs & adject. masculins & fem.

Bourg-mestre, *Consul.*
Clytemnestre, femme d'Agamemnon, *Clytemnestra.*
Hypermnestre, fille de Danaüs, *Hypermnestra.*
Limestre, serge de Roüen, *pannus tenuior limestrinus.*
* Menestre, *ou* Soupe, *jusculum.*
Orchestre, lieu près du Théâtre, *orchestrum.*
Palestre, *Palæstra.*
Pédestre, *-tris.*
Quartier-mestre, *militarium hospitum designator.*
Semestre, *-tris.*
* Senestre, *sinistra.*
Séquestre, *-trum.*
Séquestre, *sequester.*
v Séquestre, *sequestro.*
en Séquestre, *depositus.*
Statue équestre, ou à cheval, *equestris statua.*
Trimestre, *spatium trium mensium.*
Terrestre, *-tris.*
Vague-mestre, qui a soin des bagages, *qui curat impedimenta.*

ET. *ou* EST. AIT. *ou* AIST. long, où l'S ne se prononce point.

subst. & adj. masc. & fémin.

Apprêt, *apparatus.*
Argent en prêt, *pecunia credita.*
Arrêt, jugement, *sententia.*
Arrêt, rétention de quelque chose, *detentio.* retardement, *mora.* convention, *-io.* jugement du Parlement, *Senatûs decretum.* délibération, *-io.*
Arrêt, tout ce qui arrête, *retinaculum.*
mis en Arrêt, *in carcerem conjectus.*
mettre une lance en Arrêt, *hastam injectâ morâ sustinere.*
Benêt, *bardus.*
Forêt, *sylva.* de haute futaie, *materiaria.* taillis, *cadua.*
Genêt, *genista.*
Intérêt, *commodum.* utilité, *-tas.* prêt, *præstatio.* rente, *impendium.* usure, *fœnus.*
c'est mon Intérêt, *meâ interest.*
attaché à son Intérêt, *cupidus.*
Perce-forêt, chasseur déterminé.
Prêt, appareillé, *apparatus.* préparé, *paratus.* prompt, *-us.*
Prêt, chose prêtée, *commodum.* emprunt, *mutuum.*
Prêt, avance d'argent, *mutua pecunia.*
Protêt de lettre de change, *in chirographum missarium protestatio.*
Têt, crâne, *calvaria.* morceau de poterie cassée, *testula.*

subst. & adj. masc. & fém.

VERBES.

verbes au présent.

Est, *est.*
Complaît, *complacet.*
Déplaît, *displicet.*
Naît, *nascitur.*
Paît, *pascit.*
Plaît, *placet.*
Tait, *tacet.*

ET. & AIT.

Ils se prononcent de même en ce lieu.

Les mots suivans sont des substantifs qui signifient des instrumens, des espéces, & quelques adjectifs masculins.

substantifs & adject. masculins.

Achmet, Sultan, *-us.*
Affiquet, *mundus muliebris.*
* Aguet, *insidia.*
il y va d'Aguet, *in insidiis est.*
Aigret, *subacidus.*
Ait, d'Avoir, verb. *habeat.*
Alphabet, *-um.*
Anet, Bourg de France, *Anetum.*
Annelet, *annulus.*
Aplets, au plur. Rets *ou* Filets, *retia.*
Archelet, petit arc.

subst. & adj. masculins.

Archet de berceau, *hemicyclus cunarum.* de violon, *plectrum.*

* Argoulet, *levioris armaturæ eques.*

Arlet, espéce de cumin.

Armet, *galea.*

Attifet, vieux mot, *comptus.*

Attrait, appas, *illicium.*

Auget, *alveolus.*

Bagnolet, coëffe de femme.

Bajazet, Sultan, *-us.*

Balet, on écrit Balai, *scopa.*

Ballet, danse, *chorea.*

Banderet, *præfectus copiarum.*

Banneret, *vexilli prærogativa donans.*

Banquet, *epulum.* qui se fait aux obséques, *parentalia.* de nôces, *epulæ.* du lendemain, *repotia.* magnifique, *dapilis cœna.* déréglé, *comessatio.*

Baquet, *cadus.*

Baquet, Jurisconsulte François, *Baquetus.*

Barbet, *canis cirratus.*

Barbuquet, *pustula.*

Barillet, *modiolus.*

Bariquet, *parvus cadus.*

Basset, espéce de chien, *canis vestigator.*

Bassinet, petit bassin, *lacuncula.* d'une arme à feu, *alveolus.* de gland, *glandis concha.* du heaume, *galeæ alveolus.* casque léger, *cassis, galea.* plante, *ranunculus.*

Baudet, injure, *asellus.* lit d'armée, *lectus viatorius.*

Bavolet, *strophium.*

subst. & adj. mascul.

au Berniquet, *aliquem ridiculè agere.*

Beth, *ou* Bed, livres sacrés des Indiens.

Bidet, *equus, mannus.*

Bienfait, *benefactum.*

Bien-fait, *lepidus, pulchrâ specie.*

Bignet, *ou* Beignet, *artolaganum.*

Bilboquet, *machina lignea cum duabus lancibus.*

Billet, *schedula.*

Binet, faire Binet, *tubulo insititio candelam affigere.*

Biquet, *hædulus.*

Bistoquet.

Bizet, *palumbus.* Item, sorte d'étoffe.

Blochet, terme de Charpentier.

Bluet, fleur, *cyanus.*

Bochet, seconde décoction des bois sudorifiques.

Bonnet, *pileolus.*

Bonnet, terme de filoux au jeu : c'est la somme qu'ils gagnent.

Bosquet, *sylvula.*

Boulet, *globus.* de canon, *ferreus.* de cheval, *nodus.*

Bouquet de fleurs, *sertum.* de bois, *sylvula.*

Bourriquet, *parvus asinus.*

Bourlet, *corticillus.*

Bourlet de chaise percée, *cesticillus.* pour porter sur l'épaule, *epomis.* de coëffure de femme, *cesticillus muliebris.* collier de cheval, *helcium.*

Brasselet, *brachiale.*
Brechet, *pectus.*
Brevet, *breve.* Item : terme de Teinturier, sorte de décoction.
Briquet, instrument d'acier dont on frappe un caillou pour en tirer du feu.
Briquet, chien de chasse, *canis venaticus.*
Brochet, *lucius.*
Brouet, bouillon des jeunes mariés, *jus lacte, saccharo & ovis conditum.*
Brunet, *subniger.*
Bufet, armoire, *armarium.* à mettre les verres, *abacus.* à mettre la vaisselle d'argent, *abacus argenteus.*
Buissonet, petit buisson, *dumus.*
Cadet, *natu minor.* jeune Gentilhomme destiné à la guerre, *juvenis eques.*
Cabaret, herbe, *agrestis nardus.* taverne, *caupona.* petite table à servir du caffé, &c. *mensula.*
Cabinet, *conclave.* de livre, *museum.* de meubles précieux, *pretiosa gaza.* de jardin, *hortensis exhedra.*
Cabasset, *cassis.*
Cabroüet, charrette, *plaustrum.*
Cachet, *sigillum.*
Lettre de Cachet, *Regium diploma.*
Camouflet, *fumus in os dormientis inspiratus.* Item : terme de guerre, feu qu'on envoie d'une Place attaquée.

Canet, le petit d'une canne.
Canivet.
Caquet, *garrulitas.*
Caret, écaille de tortue, *testudinis putamen.*
Carrelet, *acus quadrata.* Item : filet pour prendre le poisson, & instrument de Chirurgie.
Carret, une des trois espéces de tortues.
Carret, *funiculus.*
Cervelet, *cerebellum.*
Cet, pronom, *hic.*
Chalumet, petit bout d'ivoire, où l'on emboëtoit les pipes à fumer.
Chapelet, *corolla precaria.* de marrons, *balanorum corona.* de postillon, *gemina habena ephippii globulo appensa.* de fleurs, *sertum.* petit trepied, *suppostitius tripes.*
Chardonneret, *carduelis.*
Châtelet, petit château, *castellum.* Présidial de Paris & d'Orléans, *Castellana Curia.* prison, *carcer.*
Chauderet, un des moules dont se servent les Batteurs d'or.
Chenet, *focarius canteriolus.*
Chevalet, supplice, *equulus.* de Peintre, &c. *pictoris canterius.*
Chevet, *cervical.*
* Chiquet à Chiquet, *parcatim.*
Clairet, *dilutior.* vin clairet, *vinum purpureum.*

Cliquet, *crepitaculum.*
Cochet, petit coq, *gallulus gallinaceus.*
Cochonet, jeu, *porcelli ludus.*
Coffret, *arcula.*
Collet d'habit, *collare.* de pourpoint, *colli tegmen.* de bufle, *bubalinus thorax.* de veau, *vituli collum.*
Collet, rabat, *linteus colli amictus.*
Collet, col, gosier, *collum, fauces.* tenir au collet, *fauces premere.* mettre la main sur le collet, *apprehendere.* prêter le collet, tenir tête, *resistere.* prendre au collet, *invadere.*
Colletet, Poëte Franç. *-us.*
Complet, *-us, absolutus.*
Concret, terme de Chymie: il se dit d'une chose fixée, *concretus.*
Coque-plumet, homme qui porte des plumes sur son chapeau.
Coquet, esquif, *scapha.*
Coquet, *amasius.*
Corcelet, *inferior thorax.* cuirasse, *lorica.*
Cordonnet, *contextus è filo funiculus.*
Cornet à encre, *atramentarium.* à ventouse, *cornea cucurbita.* cornet de papier, *chartaceus cucullus.* de pâtisserie, *crustulæ mellitæ cucullus.* à jouer, *fritillus.*
Cornuet, sorte de pâtisserie.

Corset, *levis thorax.*
Cotret, *caudicarius fasciculus.*
Coupe-jarret, *sicarius.*
Couperet, *instrumentum laniatorium.*
Couplet, *strophe.*
Courcaillet, terme de chasse, *coturnicis illex.*
Coussinet, *pulvillus.*
Cramponnet, *ansa.*
Creuset, *fictile, catillus.*
Criquet, cheval de peu de valeur, *mannulus.*
Crochet, *uncinus.* à crocheter, *hamatus.* à porter, *dossuarius.* fait à crochet, *uncinatus.*
Croquet, *mellitum crustulum.*
Cueilleret, terme de Pratique.
Daguet, *clàm.*
* Dameret, *procus.*
Débet de compte, *debiti & soluti reliquiæ.*
Déchet, *ou* Déchoit, *decidit.*
Déchet, diminution, *-io.* corruption, *vitium.* perte, *jactura.* terme de Monnoyeur, *intertrimentum.*
Décret, *-um.*
Dieutelet, petit Dieu.
Discret, *-us, prudens.*
Doublet, terme de jeu, *geminatus.* fausse pierre, *gemmens duplio.*
Doucet, *subdulcis.*
Douillet, *delicatus.*
Droguet, étoffe, *pannus lanâ linoque contextus.*
Duret, *subdurus.*

subst. & adj. masc.

Duret, Médecin François, *Duretus.*
Duvet, *culcitra.*
Echarguet, vieux mot, *custos.*
Effet, *effectio.* effectué, *-tus.* issue, *exitus.* événement, *eventus.* qui a effet, *efficax.* qui met en effet, *effector.* qui n'a point d'effet, *irritus.* en effet, *re ipsâ.* sans effet, *frustra.*
Effet, au pluriel, signifie biens en argent, billets, meubles, &c. *bona reipsâ constantia.*
Equilboquet, espéce de calibre pour vérifier les Mortoises.
Estaminet, espéce de cabaret à bierre.
Et, conjonct. *atque.*
Extrait, *excerptum.* copie, *apographum.*
Extrait, tiré, *excerptus.* copié, *exscriptus.* né, issu, *natus, ortus.*
un Fait, *factum.*
& de Fait, *& quidem.*
homme Fait, *vir.*
c'en est Fait, *actum est.*
c'est mon Fait, *meum est.*
sur le Fait, *in flagranti delicto.*
Fardet, vieux mot, *fucus.*
Faret, Auteur Franç. *-us.*
Farfadet, *lemures.*
Faucet de tonneau, *verruculum doliare.* de voix, *vox acuta.*
Fauvet, *mas curruca.*
Ferret, *ferramentum.*

subst. & adj. masc.

Feuillet, *folium.*
Fichet, terme de jeu de Trictrac.
Filet, *filum tenue.* à pêcher, *rete.* de pourceau, *lumbus porcinus.* de cerf, &c. *cervinus.* de la langue, *ancyloglossum.* filet, bride, *frænum tenuius.* cheval au filet, *equus fræno detentus.* être au filet, attendre, *expectare.* filet de vin, de vinaigre, &c. *vini & aceti stilla, &c.* de la vie, *vitæ stamen.*
Filet, épine du dos, *dorsi spina.* terme d'Architecture, *nectrum.*
* Finet, rusé, *callidus.*
Flageolet, *fistula.*
Flamet, oiseau des îles.
Fleuret, *rudis.*
Fleuret, terme de danse.
Fleuret, étoffe, *ou* ruban, mêlé de soie & de fil, *inter sericum & filum media fascia, &c.*
* Fluet, délicat, *gracilis.*
* Folet, *fatuus.*
esprit Folet, *larva.*
poil Folet, *lanugo.*
Foncet, *navigium majus pluviatile.*
Foret, *terebellum.*
Forfait, *scelus.*
Fosset, petit morceau de bois taillé en cône, & qui sert à boucher le trou qu'on fait au-dessus d'un tonneau pour lui donner du vent.
Fouet, *flagrum.*

substantifs & adjectifs masculins.

Friquet, *passerculus.*
Fumet, *nidor.*
vin qui a du Fumet, *vinum vapidum.*
gibier qui a du Fumet, *nidorem emittens venatica.*
Furet, *viverra.*
Galet, jeu, *discus.*
Gantelet, *ferrea manica.*
Genet, cheval, *eques Hispanicus.*
Gibet, *patibulum.*
avoir un coup de Giblet, être fou, *stultescere.*
Gillet, espéce de camisole.
Ginguet, qui a peu de force.
Gobet, prendre au Gobet, terme populaire.
Goblet à boire, *scyphus.* de Charlatan, *acetabula.*
* prendre au Gobet, *sorbere.*
Godet, *samiotum potorium.*
* Gorret, cochon de lait, *porcus lacteus.*
Gourmet de vin, *vini prægustator.*
Gousset de chemise, *indusii stragulum.* bourse, *loculus.*
v sentir le Gousset, puer, *hircescere.*
Grandelet, *grandiusculus.*
Grasset, *pinguiculus.*
* Grasset, *crassulus.*
Grenouillet, *ranula.*
Gueret, *vervactum.*
Guéret, Auteur François, *Gueretus.*
Guéret, ville, *Gueretum.*
Guet, embûches, *insidiæ.* le Guet, la garde, *excubiæ.* le temps de Guet, *vigiliæ.*
faire le Guet, *excubare.*

substantifs & adjectifs masculins.

chevalier du Guet, *vigiliæ tribunus.*
mot du Guet, *tessera.*
archer du Guet, *excubitor.*
Guichet, *ostiolum.*
passer le Guichet, entrer en prison, *in carcerem conjici.*
Guilleret, gaillard, joyeux, *festivus.*
* Guinguet, étroit, *arctus.* verd, *acerbus.*
Hait, de Haïr, *odit.*
Haquet, *carrucula.*
Hareng soret, *harengus infumatus.*
Havet, *uncinus.*
Hochet, *crepitaculum.*
Hoquet, *singultum.*
Houret, chien, *quidam canis venaticus.*
Huchet, petit cor, *buccina.*
Huet, vieux mot, *stolidus.*
Jacaret, crocodile qu'on voit dans l'île Dauphine.
Jalet d'arbalête, *globulus.*
Jannet, monnoie autrefois en usage dans l'Ordre des Chevaliers de Saint Jean de Jérusalem.
Jardinet, *hortulus.*
Jaret, *poples.* de bêtes à quatre pieds, *suffrago.*
Jaunet, fleur, *flos flavus.* Item : piéce d'or.
Jayet, *gagates.*
Jet, *jactus.* en bas, *dejectio.* en dessous, *subjectio.* de pierre, *lapidis.* d'eau, *aquæ.*
Jet d'arbre, *surculus.*

Indiscret, *inconsultus.*
Inquiet . . .
Jodelet, nom . . .
un Jodelet, injure, *ex domino servus.*
Joliet, *bellatulus.*
Jouet, *ludibrium.*
Juillet, mois, *Julius.*
Lacet de femme, *figula.* piége, *decipula.*
Laid, difforme, *deformis.*
Lait, *lac.*
cochon de Lait, *lactens porcellus.*
petit Lait, *serum lactis.*
frere de Lait, *frater collactaneus.* sœur de Lait, *soror collactanea.* blanc de Lait, *lacteus.* premier Lait, *colostrum.*
Laneret, oiseau de proie, *asterius.*
Lansquenet, fantassin Allemand, *Germanus pedes.*
Lansquenet, jeu, *alea ludi species.*
Lavaret, se dit d'un oiseau de leurre ou de proie.
Lazaret, lieu où l'on fait la Quarantaine, *Nosocomium suburbanum.*
Liquet, petite poire.
Livret, *libellus.*
Longuet, *sublongus.*
Loquet, *pessulus versatilis.*
Louchet, bêche, *ligo.*
Louvet, *lupus minor.*
Macaret, *fluctus decumanus Garumna.*
Madrigalet, petit Madrigal.
Mahomet, Sultan, *-us.*
Mahomet, faux Prophéte, *Mahometus.*

Maigrelet, *macilentus.*
Maigret, *macilentus.*
Maillet, *malleus.*
Mairet, Poëte François, *Mairetius.*
Mantelet, *palliolum.* de carrosse, *pluteus.* terme de fortification, *vinea.*
Marmouset, bouche de Satyre jettant de l'eau, *siphon.* homme laid, *deformis.* enfant, *pusio.*
Marjolet, terme populaire, *nobilitatis affectator.*
Martelet, *malleolus.*
Martinet, oiseau, *cypsellus.* chandelier, *ductarium candelabrum.*
Martinet, discipline.
Massoret, Rabin, Auteur de la Massore, *Massoreta.*
Méfait, *malefactum.*
Menuet, danse, *minuta thorea.*
Millet, *millium.*
Miquelet, *miles Pyrenæus.*
Mollet, *molliculus.* frange, *parvula fimbria.* It. gouffre de terre.
Mortalet, boëte d'artillerie, *mortariolum pyrausticum.*
Motet, *canticum.*
Moüet, mesure dans les salines.
Moulinet, *molétrina parva.* de monnoie, *decussati vectes.* jeu d'enfant, *moletrinula.*
faire le Moulinet, *gyrare in orbem.*
Mousquet, *sclopus.*
Muet, *mutus.*

substantifs & adjectifs masculins.

Muguet, herbe & fleur, *ephemeron.*
Muguet, jeune homme paré, *comptulus.* galant, *amasius.*
Mulet, *mulus.*
* garder le Mulet, *præstolari.*
Muscadet, qui a le goût de Muscat, *apiatum vinum.*
Naquet, vieux mot, valet de jeu de paume.
Navet, *napus.*
Nazareth, ville.
Net, *nitidus.*
Niquet, vieux mot, familier, *familiaris.*
Nichet, œuf pour faire pondre les poules.
Noguet, grand panier d'osier.
Nolet, vieux mot, pour dire Noël.
Objet, *-ectum.* matériel, *-iale.* formel, *-ale.* d'attribution, *-onis.* total, *-ale.* partial, *-ale.* qui égale, *adæquatum.* qui n'égale pas, *non adæquatum.*
Oeillet, fleur, *ocellus.* d'habit, *vestis oculus.*
Oignonet, espéce de poire.
Onglet, *unguiculus.*
Orgeolet, *hordeolum.*
Osselet, jeu, *talus.*
Ourlet, *limbus.*
cheval de Pacolet, *equus velocissimus.*
vin Paillet, *vinum helveum.*
Palet, jeu, *discus.*
Paltoquet, qui a l'air paysan,

substantifs & adjectifs masculins.

Paquet, *fascis.* petit paquet, *fasciculus.* gros paquet, *sarcina.* donner le paquet, congédier, *dimittere.*
avoir son Paquet, fig. *quod sufficit habere.*
Parapet, *peribolus.*
Parfait, *perfectus.*
Parquet d'Audience, *cancelli forenses.* audience où est le parquet, *judiciaria exhedra.* parquet d'une chambre parquetée, *tabulatum.*
Pauvret, *pauperculus.*
Pentagoüet, riviére de l'Amérique.
Pernet, vieux mot, pour Baronnet, *Baronettus.*
Perroquet, oiseau, *psittacus.* celui qui ne dit que ce qu'il entend dire, *audita tantùm repetens.* mât de navire, *magni mali appendix altera.* espéce de chaise pliante, *sedes plicatilis.*
Pet, *crepitus.*
Piquet, *paxillus.*
Piquet, jeu, *spicatus lusus.*
planter le Piquet, fig. s'établir, *alicubi sedes ponere.*
Pistolet, *brevissimi modi sclopetus.*
Placet, chaise, *sedecula.* de procès, *libellus supplex.*
Plomet, vieux mot, *perpendiculum.*
Plumet, *pluma ad ornatum pileo composita.*
Poignet, *pugnus.*
Potron-jacquet, terme bas,

pour dire le point du jour.

Pouget, Sculpteur, *-us.*

Poulet, *pullus.*

Poulet, billet d'amour, *amatoria littera.*

Préfet, *præfectus.*

* Prestolet, *indoctus pædagogus.*

Projet, dessein, *delineatio.* tracé sur un plan, *descriptio.* formé, *consilium.*

Propet, dimin. de Propre, au lieu de Propret.

Quarrelet, aiguille, *acus longior.* poisson, *scomber.*

Quignet, pour Coin, vieux mot.

* Quolibet, *salsum dicterium.*

Ravet, insecte volatil de l'Amérique.

v Rechiet, retomba, *recidit.*

Récollet, Religieux, *-ectus.*

Reflet de lumiére, *reflexus.*

Réglet, *lineis interjecta lamina.*

Regret, *desiderium.* déplaisir, *dolor.* repentir, *pœnitentia.*

à Regret, *ægrè.*

Rejet, *arboris stolo.*

Replet, *obesus, plenus.*

Retrait lignager, *redhibitio gentilitia.*

Retrait, privé, *forica.*

Richelet, Auteur du premier Dictionnaire tout françois, *Richeletus.*

Ricochet, jeu d'enfans, *epostracismus.*

Rivet, *crepido, ora.*

Robinet de fontaine, *epistomium.*

Rochet d'Evêque, *ou* d'Abbé, *supparium.*

Roitelet, oiseau, *regulus.*

* Rôlet, il est au bout de son rôlet, *ad incitas redactus est.*

Rondelet, *subrotundus, cantilena circularis.*

Roquet de manteau, *palliolum.*

Roquet, quadrupéde des îles de l'Amérique.

Rossignolet, *lusciniola.*

Rouet à filer, *girgillus.* d'arquebuse, *sclopeti rotula.*

* être au Rouet, ne sçavoir que dire, *intricari.*

Rouget, *rubellio.*

Rousselet, poire, *pyrum rufulum.*

Sadinet, dimin. de Sade.

Sansonnet, *sturnus.* Item : poisson de mer.

Saslet.

Saupiquet, *acuti saporis condimentum.*

Savouret, *os medullatum.*

v il Sçait, *scit.*

Scultet, Baillif, *Ballivius.*

Secret, *-um.* d'une science, *artis arcanum.*

Secret, *-us.* caché, *occultus.*

Sentelet, petit Sentier, *parva semita.*

Sept, *septem.*

Serpolet, *serpillum.*

* Seulet, seul, *solus.*

Siflet, *ou* Chiflet, son, *sibilus.* chalumeau, *fistula.* au fig. le gosier, *jugulum.*

subst. & adj. masc.

couper le chiflet, *jugulare.*
Signet, *foliotropium.*
Sinet, *carthatropium.*
Sobriquet, *missum in aliquem ridiculum.*
Sommet de montagne, *cacumen.*
Sonnet, Poëme de 14 vers, *tetradecastica.*
Sorbet, boisson des Turcs, *sorbetum.*
Souflet, *follis.*
Souflet, coup, *alapa.*
Souhait, *optatum.*
A Souhait, *optatò.*
Chose à Souhait, *res secundæ*
Stylet, petit poignard, *sica, pugiunculus.*
Sujet, *subditus.* vassal, *vassalis.* obligé, *obnoxius.* enclin, *proclivis.*
Sujet, argument, *argumentum.* matiére, *materia.* occasion, *ansa.*
Suret, dimin. de Sûr, *acidulus.*
Surjet, *surculus.*
Tabouret, *sedecula.*
Tacet, terme de Musique, *musicorum pars tacens.*
* tenir le Tacet, ne dire mot, *conticere.*
Tantet, Tantinet, terme populaire.
Terset, terme de Poësie, *tristichon.*
Théodoret, Hist. Ecclésiast. *Theodoretus.*
Tiercelet, mâle d'oiseau de proie, *accipiter mas.*
Tintoret, Peintre, *-us.*

subst. & adj. masc.

Tinet, *cupulæ vectis.*
Tiret, *verborum fibula.*
Tocquet, *pileolus.*
Tonnelet, habit antique, *torus.*
Torquet, vieux mot, *verborum fallacia.*
Toupet, *cirrus.*
Tournefeuillet, *chartotropium.*
Touret, *orbiculus.*
Tourniquet, *verticulum.*
Trajet, *trajectus.* passage, *transitus.* intervalle, *-lum.*
Traquet, piége, *laqueus.*
Trait, tiré des mammelles, *mulsus.*
Jet, *jactus.* dard, *jaculum.* trait d'arbalêtre, *balistæ ictus.* de pinceau, *penicilli ductus.* de plume, *calami ductus.* de visage, *lineamentum oris.*
Trait, action, mot, *factum, dictum.* trait d'histoire, action notable, *singulare facinus.* durée, *spatium.* étendue, *tractus.* intervalle, *-lum.* corde, *restis.* lesse, *habena.*
Trait de vin, *vini haustus.* trait, tiré hors, *eductus.* argent trait, *argentum ductile.*
Tranchet, *scalpium.*
Trebuchet à peser, *nummaria trutina.* piége à prendre des oiseaux, *decipulum.*
Triboulet, vieux mot, *stultus.*
Trinquet de navire, *surrectus ad proram malus.*

Substantifs & adjectifs masculins.

Triolet, terme de jeu, *trias.* sorte de chanson en forme de balade, *in se ipsum recurrens carmen Gallicum.*
Valet, *famulus.* de chambre, *camerarius.* de pied, *pedissequus.* de cuisine, *coquinarius.* d'écurie, *equitarius.* d'étable, *stabularius.*
office de Valet, *famulatus.*
faire le bon Valet, *alicui obsequi.*
Valet d'une porte, *ligneus janua clater.*
Varlet, vieux mot, *famulus.*
Verdelet, *subacidus.*
Verset, *versus.*
Violet, couleur, *violaceus, jantinus.*
faire du feu Violet, *jactare inania.*
Volet, *abaculus.*
Vouet, Peintre, *-us.*
Uscet, vieux mot, Porte, *janua.*
Ytet, vieux mot, *talis.*
Zoucet, sorte de plongeon.

Plus la troisiéme personne du verbe faire, *& de ses composés,* il fait, *facit.*

VERBES.

verbes au présen.

Admet, *admittit.*
Commet, *committit.*
Démet, *deponit.*
Distrait, *distrahit.*
Entremet, *interponit.*
Extrait, *extrahit.*
Met, *ponit.*

verbes au présent.

Omet, *omittit.*
Permet, *permittit.*
Promet, *promitit.*
Rentrait, *planâ & latente fut ura ju*
Soumet, *submittit.*
Soustrait, *subtrahit.*
Trait, *trahit.*

Voyez les autres verbes en être *& en* raire.

ETE. & ETTE. bref.

Les mots de cette terminaison sont pour la plûpart des diminutifs féminins des noms d'instrumens, d'espéces, & quelques adjectifs féminins.

subst. & adj. fém.

Agonothéte, qui présidoit aux jeux publics, *Agonotheta.*
Aigréte, oiseau, *ardeola.* à mettre sur la tête, *crista ardeola.*
Aiguillette, *ligamen.*
* courir l'Aiguillette, *libidines sectari.*
* nouer l'Aiguillette, *maritum fascinare.*
Allouette, *alauda.*
Allumette, *festuca sulphurata.*
Amassette, *cornu pigmentis legendis.*
* Amouréte, *levis amor.*
Ampouléte, *ampulla.*
Amulette, *-letum.*
* Amuséte, *nuga, mora.*
Anachoréte, *-ta.*
Andouilléte, *hillula.*
Annette, *Anna.*
Archipoéte, *-ta.*

substantifs & adj. fémin.

Ariette, *musica cantiuncula propria.*
Assiette, situation, *situs.* position, *-io.*
Assiette de table, *quadra.* assiette de deniers, *tributorum per capita descriptio.*
Athléte, *-ta.*
à l'Aveugléte, adv. *caco modo.*
Aumeléte, *ou* Ameléte, *ovorum intrita.*
Axipéte, terme de Géométrie, *axipeta.*
Baguette, *virga.*
Bachelette, *puella.*
Bagnolette, coëffe.
Bandelette, *fasciola.*
Bannette, *canistrum quoddam.*
Banquette, terme de fortification, *suppedaneum.* it. *scamnum vile.*
Barbéte, colleréte de Religieuse, *pectorale amictorium.*
Barquette, sorte de petite armoire.
Barréte, bonnet, *birretum.*
Basséte, jeu, *species ludi foliorum lusoriorum.*
Bavéte, *fascia pectoralis.*
v être à la Bavéte, *nondum ex ephebis excessisse.*
Bayonéte, *sica.*
Beléte, animal, *mustela.*
Bergeréte, sorte de vin, *œnomeli.*
Bergeronette, oiseau, *cinclus, motacilla.* it. *puella gregis custos.*

substantifs & adj. fémi.

Billette, Religieux, *Item :* instrument des Tondeurs de drap.
Birette, Bonnet, *biretum.*
Bisette, petite dentelle.
Blanquéte, vin, *vinum album.*
Blanquéte, poire, *pyrum album.*
Blanquéte, sorte de mets.
Blette, plante, *blitum.*
Bluéte, *scintilla.*
Bonnette, fortification, *è fossâ excurrens summula minor.*
Bonnete, voile, *velum inferius.*
Bossette d'une bride de cheval, *umbo equini lupati.*
Bouffette, *floccus.*
Bougéte, *bulga.*
Boulette, *globulus.*
Bourset, vieux mot, *marsupiolum.*
Braguéte, *ou* Braie, *braccarum pars anterior.*
Brebiette, vieux mot, *ovicula.*
Brayéte, *femoralia.* d'une balance, *librile.*
* Bréte, épée, *ensis.*
Brochéte de bois, *verruculum ligneum.*
Broquéte, clou, *clavulus.*
Brouéte, *manu volubili vehiculum.*
Brunéte, *nigella.* fleur & herbe, *Austriaca.* sorte de chanson, *agrestis cantiuncula.*
* Buchéte, *cremium.* de paille, *festuca.*

substantifs & adjectifs feminins.

Bunette, petit oiseau.
Burére, *urceolus.*
Buvéte, vin de dépense, lieu où l'on boit, *popina.*
* Cachette, *latibulum.*
en Cachette, *abditè.*
Cadenette, *catenula.*
Cahuette, *casa.*
Caillette, partie du corps, *scrotum.* de lait, *coagulum.*
Campanette, fleur de Narcisse.
* Camuséte, *subsima.*
Canette, sorte de jeu.
Canette, *anatiuncula.*
Capétes, au plur. Boursiers du Collége de Montaigu.
Carpéte, *cyprinulus.* Item: ancien nom de la chappe des Carmes.
Caserette, moule de fromage.
Cassette, *capsula.*
Cassoléte, *acerra odoraria.*
Castagnéte, *cruma, atis.*
Ceinturette, *parvum cingulum.*
Centripéte, terme de Physique, *centripeta.*
Cete, *-tum.* Port de Cete, *Cetensis portus.*
Chaînette, *catenula.*
Chambrette, *cellula.*
Chansonnette, *cantiuncula.*
* Chaperonnéte, *minor calantica.*
Chardonéte, herbe, *chamalos, niger.* Item: assaisonnement fait avec le cardon d'Espagne.
Charrette, *carruca.*

subst. & adj. femin.

Chaufrette, *ignitabulum.*
Chausséte, *linteum tibiale.*
Chemiséte, *interior thorax.*
Chevréte, chenet, *focarius. canteriolus.* poisson, *cancerculus marinus.*
Chevrette, terme de Chirurgie, bandage, *capistrum.*
Chopinéte, *cotylula.*
Chouette, *noctua.*
Ciboulétte, *cæpula.*
Civéte, animal, *felis odorata.* senteur, *felis odorata pulvis.*
* Cliquéte à joüer, *crepitaculum.* de ladre, *crepitaculum leprosi.*
eau Clairéte, boisson, *aqua rubella.*
Cliquette, *machina quædam sono edendo apta.*
Colleréte, *collare.*
Cornéte, *-ta.*
Coquéte, *amatoriis blandimentis dedita.*
Cordelette, *funiculus.*
Cornette de femme, *linea calyptra frontalis.*
Cornette de Docteur, *doctoralis.* de cerf, *cervi cornula.*
Cornette de Cavalerie, *equestre vexillum.*
Cornette, Officier, *vexillifer equestris.*
Corvéte, bâtiment de mer.
Côteléte, *costula.*
Couchette, *lectulus.*
Coudrette.
Coüette, *culcitra plumea.*
Courbette, terme de Mané-

subst. & adj. fém.

ge, *crurum ex arte glomeratio.*
Courvéte, *lembus.*
Cousinette, *ou* Cousinotte, espéce de pomme.
Cuvéte, *lacusculus.*
Clavéte, *cuneus.*
* Cligne-mussète, *clausis oculis lusio.*
Croisette, *crux minor.*
Croutelette, *crustula.*
Cueillette, *collecta.*
Damarquette, espéce d'étoffe.
Dariolette, *crustula.*
Dette, *æs alienum.*
Diabette, maladie des bêtes.
Diéte, *diæta.* abstinence, *-tia.*
Diéte, *-ta.* les Etats d'Allemagne, de Pologne, &c. *Comitia generalia.*
Dinette, petit Dîner.
Disette, *inopia.*
Docéte, nom d'hérétiques anciens.
Doucéte, herbe, *raponticum.*
Doucéte, adj. *subdulcis.*
Douilléte, *mollicula.*
Dunéte de navire, *navis tabulatum superius.*
Echauguette, *specula.*
Echelette, *scala brevior.*
Echette, vieux mot, *successus.*
Ecolette, terme d'Orph. *in orbem diminutio.*
Ecouvette, vieux mot, *scopa.*
v Empiéte, *sedem do.*
Emplette, *mercium emptio.*
Epaulette, *humerale.*

substantifs & adject. féminins.

Epinette, *fidiculare organorum.*
jouer de l'Epinette, fig. rapiner, *prædari.*
Epithéte, *-ton.*
Epoussette, *scopula.*
Escarpolette, *oscillum funis suspensum.*
Escopéte, *aduncata catapulta.*
Espagnolette, ratine fine.
Estafette, *cursor binis ductoribus comitatus.*
Etincelette, *scintillula.*
Etiquette, *epigraphe.*
à Facéte, terme de Lapidaire, *multiplici facie.*
Fauvéte, *curruca.*
Faux-prophéte, *pseudo-propheta.*
Femmelette, *muliercula.*
Ferrette, vieux mot, pour épée, *ensis.*
Feuillette de vin, *cotyla.*
Fillette, *filiola, puellula.*
Fiquette, par ma Fiquette, jurement burlesque, *per fidem.*
Flammette, couleur, *color flammeus.*
Fleuréte, *flosculus.*
Folléte, *insana.*
Follette, fichu à la mode.
Fossette, *fossula.*
* Fossette, jeu, *fossulæ ludus.*
Fourchéte, terme d'Horloger, *furcula.*
Fraiséte, *focale corrugatum.*
Galéte, *libum.*
Garcéte de chevaux, *pilorum involucrum.*
Gargoulette, pot à l'eau.

substantifs & adjectifs feminins.

Gaulette, petite Gaule, *virga.*
Gazéte, *nuntii publici.*
Genevrette, infusion de graine de geniévre dans de l'eau.
Gimblette, pâtisserie, *crustula.*
Girouéte, *bracteola versatilis.*
Gloriette, maison de plaisance auprès de Bruxelles.
Godinette, vieux mot, maîtresse, *amasia.*
Goguenette, *nugæ.*
* Goguéte, gaieté, *hilaritas.*
Gorgeréte, *mamillare.*
Goualette, navire de l'Amérique.
Gourméte, *lupati adstrictoria catenula.* Item : chaînette qui tient au mors du cheval.
Goutelette, *guttula.*
Grainette, fruit du Lycium.
Grassette, *pinguicula.*
à la Gribouilléte, *negligenter.*
Griséte, *cinerei coloris pannus.*
Guére, *lignum obliquum.*
Guillemette, *fatua.*
Guinguette, *taberna ignobilis.*
Guinguette, jeu de cartes, sorte de tabatiére.
Héliocométe, *-etes.*
Herbette, *herbecula.*
Historiette, *historiuncula.*
Hoguette, *fauces portûs.*

subst. & adj. fem.

Houlette, *pedum.*
Jaquéte, *sagulum breve.*
* Jaquéte, nom, *Jacobea.*
Jambette, espéce de pelleterie.
Jambette, croc en jambe.
Jambette, sorte de couteau.
Jeunette, *juvencula.*
m Interpréte, *interpres.*
Joliéte, *bellula.*
Lacunette, terme de fortification.
Lancéte, *scalpellum.*
Larmette, *lacrymula.*
Lavéte, *linteum quo vasa terguntur.*
Layéte, *capsula.*
Levréte, *vertagus fæmina.*
Libette, petit insecte.
Logéte, *casula.*
Lorochette, instrument pour empêcher de loucher.
Loquette, *frustulum.*
Luéte, *epiglottis.*
Lunette, *conspicillum.* d'approche, *Batavicum.* de cheval, *oculares offucia equina.*
Maçuette, vieux mot, *clava.*
Magdelonette.
Maisonnete, *domuncula.*
Malaguette, *piper oblongum.*
Mallette, *sarcinula.*
Manchette, *linteola fimbria.*
Marinette, vieux mot, *lapis magneticus.*
Marionéte, *oscillum.*
Marquette, droit.
Massoréte, Bible Massoréte, corrigée par la Massore, *Massoreta.*

Massoréte,

Substantifs & adjectifs féminins.

Massoréte, *ou* Massoret, Rabbin, Auteur de la Massore, *Massoreta*.
Mauviéte, oiseau, *alauda*.
Mazéte, cheval, *strigosus equus*. injure, *inconcinnus*.
Miéte, *mica*.
Mignonette, sorte de dentelle & de poivre blanc.
Minette, *ou* Minon, *felicula*.
Mocquette, terme populaire, *irrisio*.
Moinette, *monialis*.
Moléte d'éperon, *calcaris orbiculatus*, *stimulis armatus*. à broyer des couleurs, *molecula*. ride au visage, *ruga*. herbe, *verbascum album*.
Montagnette, *monticulus*.
Moquéte, étoffe, *pannus villosus multicolor*.
Mouchéte, au plur. *emunctoria*.
Mouillette, *panis longior offula*.
Muéte, *muta*.
Muséte, instrument, *uter symphoniacus*.
joueur de Musette, *utricularius*.
Naquette, Marchande lingère en détail.
Navéte, *napi semen*.
Navéte de Tisserain, *textoris radius*.
Nicette, jeune fille simple, *ineptula*.
Noguette, nom donné par dérision aux Lingères.

Substantifs & adjectifs féminins.

Noisette, *avellana*.
Nonnéte, *monialis*.
Oreilléte.
* Oubliéte, prison perpétuelle, *perpetuus carcer*.
Orcanette, *anchusa*.
Pailléte, *bracteola*.
Paléte de Peintre, *palmula*. à jouer, *lusoria*. de l'épaule, *patella*. de sang, *parva scutella*.
Paquerette, plante.
Paquette, nom propre de femme.
Pauléte, droit annuel, *sexagesima pro pretii dignitate pars quotannis Regi solvenda*.
Penette, nom propre de femme, diminutif d'Espérance.
Percerette, vrille, *terebrillum*.
à la Pierrette, jeu, *ludus lapillaris*.
Pincette, *volsella*.
Pipette, petite pipe.
Piquéte, méchant vin, *vappa*, *posca*.
Pirouéte, jeu, *lusorium verticillum*. terme de danse, *gyrus in orbem*.
Planchette, petite planche, *asserculus*.
Planéte, *-ta*.
Plaquette, petite Plaquette, monnoie qui n'est ni de cuivre ni d'argent.
Pochette, *perula*.
m Poëte, *-ta*.
Poudrette, sorte de jeu.
Pommette, *globuli*.

m substantifs & adjectifs feminins.

Poulette, *pulastra.*
Poussette, jeu d'enfans.
Prophéte, *-ta.*
Proxénéte...
Psallette, maison du Maître des enfans de chœur.
Purette, poudre magnétique.
Quenouillete, *parva colus.*
Quignette, *ou* Quinette, sorte de camelot.
Quaserette, vieux mot, *calathus vimineus.*
à la Rangette, *ordine.*
Raquéte, *palmula reticularis.*
Rascette, *ou* Rasette, terme de Chiromancie.
Recette, *telonium.* de médecine, *medicamentum.*
Reginglette, sorte de piége pour attraper les oiseaux.
Régléte d'Imprimerie, *lineis intertecta laminula.*
Reine Giléte, *fictitia Regina.*
pomme de Renéte, *malum reneticum.*
Repléte, *obesa.*
Robbette, *lanea subucula.*
Roitelette, *Regalioli femina.*
Rondeléte, *rotundula.*
Roquéte, herbe, *eruca.*
Roséte, cuivre rouge, *æs rubrum.* à régler le papier, *purpurissum.* ouvrage en forme de rose, *intertexta sartura.*
Rossignolette, femelle de Rossignol.
Rouette, vimère.
Roulette, sorte de jeu.

substantifs & adjectifs feminins.

Roulette, *rotula.*
Royette, vieux mot, *potestas.*
Rubete, vieux mot, fort, vigoureux.
Rubete, espéce de poison, *rubeta.*
Ruellette, second dimin. de Ruet.
Saffrette, *cupida, lasciva.*
Sagette, vieux mot, fléche, *sagitta.*
Salléte, *aulula.*
Sapinette, terme de mer, *carenæ sordes.*
Sariéte, herbe, *satureia.*
Selléte d'un criminel, *sellula.*
Sergete, *monachorum ex panno indusium.*
Serpéte, *facula.*
Serviete, *mantile.*
Seulette, diminutif de Seule, *sola, unica.*
Seurette, *soror juvencula.*
Sonnette, *cymbalum.*
Sornéte, au plur. *nugæ.*
Soubréte, *ancilla.*
Spinette (rubis) *carbunculus colore igneo.*
Suette, vieux mot, pour Choüette, *noctua.*
Suzette, diminutif de Suzanne.
Tabléte, *abacus.* de livres, *librorum loculamenta.*
Tabléte, au plur. *agenda, codicilli.*
Tablete, terme de Médecine, *pastillus medicatus.*
Tacéte d'armes, *induciæ.*
Targéte, *fenestrarum sera.*

substantifs & adject. feminins.

Tartelette, *parvula scriblita.*
Tassette, *exigua patera.*
il Tette, *ubera sugit.*
Tendrette, *tenera.*
Tenette, instrument de Chirurgie, *volsella.*
Tiennette, pour Etiennette.
Tinéte, *capula lignea.*
Toiléte de Marchand, *vendibilium pannorum involucrum.*
Toiléte, deshabillé, *mundi muliebris involucrum.*
plier la Toiléte, voler & s'enfuir, *furari & fugere.*
Toinette, *Antonia.*
Torquette, *piscium fasciculus.*
Tournette, *verticillum.*
Tripette, il ne vaut pas Tripette, *nullius omnino est pretii.*
Trompette, *tuba.*
un Trompéte, *tubicen.*
Vacquette, terme populaire, *pera.*
Vedéte, *equestris speculator.*
Vedéte, Echauguette, *specula.*
Vergette, *scopula vestiaria.*
Vignete d'Imprimerie, *topium symbolarium.*
Villéte, *villula.*
Vinaigréte, *acetaria.*
Violéte, fleur, *viola.*

Voyez les féminins des noms en et : discret, *-us.* discréte, *-ta.* &c.

VERBES.

verbes au présent & à l'impérat.

Achéte, *emo.*
Admette, *admittam.*
Cachéte, *signo.*
Commette, *committam.*
Crochete, *uncino, effringo.*
Déjete, *dejicio.*
Démette, *os luxem, abdicem.*
Empiéte, *invado.*
Endéte, *ǽs alienum cogo, ære alieno obstringo.*
Entremette, *meam autoritatem interponam, me admisceam.*
Feuillete, *evolvo.*
Guéte, *observo.*
Jéte, *jacio.*
Interpréte, *-tor.*
Mette, *ponam.*
* Muguéte, *capto.*
Omette, *omittam.*
Permette, *permittam.*
Projéte, *meditor, cogito.*
Répéte, *-to.*
Soumette, *submittam.*

Voyez les autres verbes en eter, etter, & ettre.

ETE. long. *ou* ESTE. qui se prononce comme AITE.

substantifs feminins.

Aprête de pain, *panis longior offula.*
Arbalête, *balista.*
Arrête de poisson, *spina.* toit, *retinaculum.* bœuf, *ononis.* terme de Maçonnerie, *stria.*
Bête, *bestia.* sauvage, *fera.* farouche, *bellua.* noire, terme de Venerie, *aper.* de somme, *dorsuarium jumentum.*

substantifs feminins.

petite Bête, *bestiola.*
a Bête, ignorant, *ignarus*, *indoctus.*
Bête, injure, *bardus.*
Bête, jeu, *subeundi ludi alea.*
Boëte, *pyxis.*
Casse-tête, vin malfaisant, *vinum nocivum.*
Conquête, *bello parta.*
Crête, *crista.* de coq, *crista galli.* herbe, *patis.* crête de chevaux, *crista capillorum.* de morillon, *hastis.* de muraille, *muri vertex.*
a Deshonnête, *turpis.*
Enquête, *inquisitio.*
contre-Enquête, Enquête opposée à celle de la partie adverse.
m Faîte, haut, *fastigium.*
Fête, *festus dies.*
a Honnête, *honestus.*
* Malbête, *nequam.*
a Mal-honnête, *inhonestus.*
Quête, *conquisitio.*
Requête, *postulatio.* Item : terme de chasse, *nova feræ indagatio.*
Serre-tête.
Tempête, *tempestas.*
Tête, *caput.* le devant, *sinciput.* le derriére, *occiput.* le dessus, *vertex.*
grosse Tête, *capito.*
Tête, au fig. pour dire une personne, *caput.*
par Tête, *viritim.*
Tête, opinion, fantaisie, *arbitrium*, *sensûs.*
homme de Tête, *vir cordatus.*

subst. & adject. fem.

qui a de la Tête, opiniâtre, *pertinax.*
dur de Tête, *stupidus.*
Tête d'une armée, *exercitûs frons.* d'un anneau, *annuli palla.* d'un livre, *libri caput.*
qui a Tête, *capitatus.* qui en a deux ou trois, *biceps*, *triceps.*
rompre la Tête, *cuipiam obtundere.*
laver la Tête, *graviter objurgare.* mettre en tête, *suadere.* faire tête, *resistere.*
Tête à tête, *coràm*, *facie ad faciem.*
Trouble-Fête, *perturbator.*
Tue tête, qui fait un bruit épouventable.

Plus divers temps & diverses personnes des verbes en êter : arrête.

VERBES.

Apprête, *apparo.*
Arrête, *retineo.*
Conquête, *bello paro.*
Entête, *cerebrum turbo.*
Quête, *quæro.*
Tempête, *tumultuor.*

Voyez les autres verbes en êter *ou* ester.

ETRE. & ETTRE. bref.

Ces noms sont pour la plûpart des noms d'instrumens ou de parties.

Anémométre, machine de

papéterie, *anemometrum.*
Antigéométre, *-tra.*
Aréométre, instrument propre à peser des liqueurs spiritueuses, *areometrum.*
Barométre, *-trum.*
m Commettre, donner commission, *committere.* donner en charge, *mandare.*
v se Commettre, s'exposer, *se exponere.*
v Commettre deux personnes ensemble, *seminare discordiam.*
v Commettre un crime, *crimen perpetrare.*
m Diamétre, *-ter.*
v Démettre, *deponere.* de sa place, *extrahere.* se démettre, se quitter, *abdicare.*
Dépromettre (se) *desperare.*
Dimétre, terme de Poësie.
v Entremettre, *interponere.*
s'Entremettre, *se interponere.*
Géométre, *-ter.*
Glossopétre, Pétrification, *glossopetra.*
Goêtre, *hernia gutturis.*
Graphométre, *-trum.*
Hexamétre, *-ter.*
Holométre, *-trum.*
Hygrométre ...
Ichthyopêtre, il se dit des pierres sur lesquelles on voit l'empreinte d'un poisson.
v Impêtre, *-tro.*

substantifs masc.

Lettre, *littera.* caractère, *caracter.* belle lettre, *pictus caracter.* façon d'écriture, *manus.*
petite Lettre, *litterula.*
Lettre de crédit, *littera commendatitia.* de change, *usuraria schedula.* Lettre missive, *epistola.* contrelettre, *contraria epistola.*
à Lettre vûe, *visâ litterâ.*
Lettre, au pluriel, signifie les sciences, *litteræ.*
m homme de Lettres, *vir litteratus.*

substantifs féminins.

m Mécométre, *-trum.*
Métre, vieux mot, *metrum.*
Métrométre, machine.
Mettre, *ponere.* sur, *imponere.* devant les yeux, *proponere.* dessus, *supponere.* dessous, *subjicere.* bas, *deponere.* au bas, accabler, *conficere.* dehors, *ejicere.* dedans, *inserere.* en bataille, *aciem struere.* à bord, *ad terram applicare.* en évidence, *exponere.* au jour, *in lucem edere.* au hazard, *periculo exponere.* mettre à fin, *perficere.* en main, *tradere.* à nud, *denudare.* à sec, *exsiccare.* appliquer, *admovere.* mettre en peine, *molestiam afferre.* hors de peine, *molestiâ liberare.* en vers, *versibus conscribere.* par terre, *diruere.* en vente, *venale proponere.* en terre, enfouir, *defodere.* en ter-

verbes à l'infinitif.

verbes à l'infinitif.

re, enterrer, *sepulturæ mandare*. le feu, *incendere*. à part, *secernere*. sa vie en danger, *vitam exponere*. à couvert, *operire, secernere*. en ordre, *ordinare*. l'épée à la main, *ensem distringere*. à la raison, *emendare*. à l'aumône, *ad mendicitatem redigere*. la main à l'œuvre, *operam dare*. le pain à la main, *sustentare, opibus juvare*. mettre bien, *conciliare*. mettre mal, *maledicere, accusare*. mettre, vêtir, *inducere*. mettre, terme de monnoie, *nummum inducere*. au net, *perpolire*. en avant, *proferre*. en vûe, *in conspectum dare*. à intérêt, *fœnori occupare*.

se Mettre à, *ad aliquid intendere*. en colère, *irasci*. en chemin, *viam ingredi*. en mer, *navem conscendere*. en tête, *suadere se*. en rond, *orbem facere*. à la fenêtre, *per fenestram prospicere*. d'un parti, *favere alicui*. à pleurer, *plorare*.

m Odométre, *-trum*.

v Omettre sans dessein, *omittere*. avec dessein, *prætermittere*.

m Pantométre, *-trum*.

m Pentamétre, *-ter*.

v Pénétre, *-tro*.

v Permettre, *permittere*. accorder, *cedere*. souffrir, *indulgere*.

a Piétre, *vilis*.

v Prómettre, *promittere*. cautionner, *fide jubere*. se charger, *in se recipere*.

se Promettre, *sibi persuadere*. beaucoup, *magna sperare*. l'un à l'autre, *spondere*.

Psychométre, *-trum*.

Radiométre . . .

v Remettre, *reponere*. rétablir, *restituere*. rappeller, *revocare*. rafraîchir, *reficere*. l'esprit, *turbatam animam sanare*. céder de son droit, *juri suo cedere*. pardonner, *ignoscere*. différer, *procrastinare*.

se Remettre, *sibi redire*. à l'étude, *studia repetere*. s'en remetrre à, *alicui deferre*.

v Soûmettre, *submittere*.

se Soûmettre, *subjicere se*. à la peine, *pœnam subire*.

m Thermométre, *-trum*.

v Tramettre, vieux verbe, *mittere*.

Transmettre, *-mittere*.

ETRE. ou ESTRE. long. qui se prononce comme AITRE.

subst. & adj. masc.

Ancêtre, au plur. *majores*.

Archiprêtre, *Archipresbyter*.

Bien-être, *sors hominis cui nihil deest*.

Blanc-être, terme d'exploitation de bois.

Champêtre, *campestris*.

Chevêtre, *capistrum*.

Chevêtre, vieux mot, *jugum.*
Contre-maître, celui qui dans une Manufacture est préposé pour avoir la vûe sur tous les ouvriers.
v Dépêtre, *extrico.*
v Enchevêtre, *capistro.*
Etre, terme de Philosophie, *ens*, *esse*; *existentia.*
Etre positif, *ens positivum.* vrai, *verum.* complet, *-um.* spirituel, *-ale.* corporel, *-ale.* réel, *reale.* absolu, *-tum.* relatif, *-ivum.* simple, *-lex.* composé, *-situm.* &c.
v donner l'Etre, *dare esse.*
f Fenêtre, *fenestra.*
Guêtre, *pero.*
Hêtre, arbre, *fagus.*
Non-être, *existentiâ carens.*
Odométre, instrument de méchanique, *odometrum.*
Pantométre, *-trum.*
Paramétre, *latus rectum.*
Peut-être, adv. *fortè.*
Petit-maître, *juvenis Dominus.*
Prêtre, *Presbyter.*
Reître, Cavalier Allemand, *eques Germanus.*
Salpêtre, *sal petræ.*
Salpêtre, fig. poudre à canon, *pulvis catapultarius.*
v Surnaître, *supernasci.*
Voyez les rimes en aitre.

subst. & adj. masc.

ETS. *voyez* ES. qui se prononce comme AIS.

EU. diphthongue.

substantifs & adjectifs masculin.

Adieu, *vale.*
dernier Adieu, *extremum vale.*
Alleu, *vectigalis fundus.*
Arriére-neveu, *pronepos.*
Aveu, *confessio.*
Bleu, *cæruleus.*
Boutte-feu, *incendiarius.*
Camayeu, *achates quo figuræ videntur ingenitæ.*
Cheveu, *capillus.*
Concreu, v. m. *fruges terræ.*
Cordon-bleu, *Eques torquatus.*
Croix de Pardieu, *litterarum elementa.*
Desaveu, *negatio.*
Dieu, *Deus.*
de Dieu, *Divinus.*
demi-Dieu, *Heros.*
denier à Dieu, *arrha.*
Enjeu, *quidquid in ludo deponitur.*
Epieu, *venabulum.*
Essieu, *axis.*
Fesse-Matthieu, usurier, *fœnerator.*
f Fête-Dieu, *Corporis Christi festus dies.*
Feu, *ignis.*
petit Feu, *igniculus.*
Feu, au pluriel, pour dire Familles, *familiæ.*
Feu, défunt, *defunctus.*
Feu de joie, *festus ignis.* volage, *ignis fatuus.* volage, dartres, *lichen.*
v passer au Feu, *igne probari.*
v jetter son Feu, *impetum effundere.*

substantifs & adjectifs masculins.

en Feu, *ignitus.*
Fieu, pour Fils, *filius.*
Filles-Dieu, *Filiæ Dei.*
Franc-alleu, *optimâ conditione fundus.*
Hébreu, *Hebræus.*
Heu, interject. *hèm heu!*
Heu, petit bâtiment de mer, *orca.*
Hôtel-Dieu, *Nosocomium.*
Jeu, parole, *ou* action pour rire, *jocus.* risée, mocquerie, *ludibrium.* exercice de récréation, *ludus.* des échecs, *scruporum.* d'astragales, *talorum.* de cartes, *lusoriarum pagellarum scapus.* de paume, *sphæristerium.* de mail, *stadium tudiculare.* l'action du jeu, *lusus.* le lieu où l'on joue, *palæstra.* jeu de hazard, *alea.* jeu, chaque coup, *lusio.* faire beau jeu, *uti occasione.* mettre en jeu, *proponere.* à jeu ouvert, *aperto ludo.* couvrir son jeu, *fingere se.* à deux de jeu, *in ludo pares.*
Lance à feu, *ignita hasta.*
Lieu, *locus.* commodité, *opportunitas.* en temps & lieu, *tempore & loco.* au lieu, *cùm, pro.* en quelque lieu, *uspiam.* de même lieu, *ex eodem loco.* en même lieu, *ibidem.* en premier lieu, *primò.* sur le lieu, *coràm.* vers quelque lieu, *aliquorsùm.* avoir lieu, *vigere.* donner lieu, *ansam dare.* tenir lieu, *loco esse.*
Matiére à feu, *igniarium.*
Mettre le feu, *inflammare.*
Matthieu, *Matthæus.*
Milieu, *medium.*
Morbieu.
Morbleu, *me hercle.*
Moyeu d'œuf, *vitellus.* d'une roue, *modiolus.*
Neveu, *nepos.*
Nœud, *nodus.*
Palsembleu, sorte de jurement, *per Dei sanguinem.*
Parbleu, adv. *hercle.*
Peu, adv. *parùm.*
f Pierre à feu, *pyrites.*
Pieu, *palus.*
Preu, vieux mot, pour Profit, *lucrum.*
Preu, vieux mot, homme de bien, *probus.*
Preut, *ou* Empreut, vieux mot, en premier lieu.
Quedeu, vieux mot, pour ils diront, *dicent.*
Richelieu, ville, *Ricolotium.*
de Richelieu, *Ricolotius.*
Sambieu, jurement.
Têtebleu, & Tudieu, jurement burlesque.
Verveu, filet à pêcher, *everriculum.*
f Ville-Dieu, *ou* Desjardins, nom d'une Dame Françoise qui a bien écrit en vers & en prose, *de Villa-Dei.*
Vœu, *votum.*

EU. qui se prononce comme U. *voyez* U.

EUBLE.

v Démeuble, *supellectili spolio.*
m Garde-meuble, *supellectilis cella.*
m Garde-meuble, *supellectilis custos.*
m Immeuble, *res non movens.*
m Meuble, *supellex.*
v Meuble, *instruo, orno supellectilibus.*

EVE. long. & AIVE.

v Endêve, *furo.*
f Genève, ville, *Geneva.*
a de Genève, *Genevensis.*
m Glaive, *gladius.*
v Rêve, *somnio.*
f Séve des arbres, *vernus humor.*

EVE. bref.

a Bréve, *brevis.*
Cléve, ville, *Clivia.*
a de Cléve, *Cliviensis.*
m Eléve, disciple, *-pulus.*
subst. fém.
Eve, femme d'Adam, *Eva.*
Féve, *faba.*
Geneviéve, *Genovesa.*
Gréve, *glarea.* rivage, *ripa.* de la jambe, *sura.*
Gréve, place de Paris, *ripa sequana.*
a Griéve, *gravis.*
Léve du jeu de Mail, *pila versatilis instrumentum.*

Lodéve, ville, *Luteva.*
Semi-bréve, terme de Musique, *semi brevis.*
Tréve, *induciæ.* relâche, *intermissio.*

VERBES.

verbes au présent.
Achéve, *perficio.*
Créve, *crepo.*
Eléve, *attollo.*
Enléve, *rapio.*
Léve, *levo.*
Parachéve, *perficio.*
Souléve, *sublevo.*

Voyez les autres verbes en ever.

EUE. diphthongue.

substantifs & adjectifs féminins.
Banlieue, *ditionis fines.*
Bleue, *cærulea.*
demi-Lieue, *semi-leuca.*
Lieue, *leuca.*
Queue, *cauda.* d'un habit, *syrma.* de l'armée, *postremum agmen.* d'un fruit, *pediculus.* de vin, *culei sesquiquadrans.*
Queue de lettres du Sceau, *cauda.* simple & double Queue, terme de Chancellerie, *cauda simplex & duplex.*

EUF.

subst. masc.
l'An neuf, *annus novus.*
Arrête-bœuf, plante.
Bœuf, *bos.* sauvage, *bubalus.*
Brébeuf, Poëte François, *Brebovius.*

substantifs masculins.

f Chair de bœuf, *bovina.*
f Coque d'œuf, *testa.*
Elbeuf, drap.
Eteuf, *pila.*
Germe d'œuf, *ovi umbilicus.*
Gros bœuf, *stupidus.*
Mœuf, terme de Grammaire, *modus.*
Neuf, nouveau, *novus.*
—nombre, *novem.*
Oeil de bœuf, fenêtre, *fenestra ovata.* plante, *buphthalmus.*
Oeuf, *ovum.* couvé, *incubatum.* niais, *illicium.* sans coque, *præcox.* à la coque, *suâ testâ incoctum.* poché, *extra testam elixum.* sans germe, *irritum.* mollet, *sorbile.*
Pique-bœuf, *bubulcus.*
Pont-neuf, sorte de chanson.
Treuve, *ou* Treuf, vieux mot, *inventio.*
a Veuf, *viduus.*

EUGLE.

a Aveugle, *cæcus.*

VERBES.

verb. au prés.

Aveugle, *excæco.*
Beugle, *mugio.*
Desaveugle, *oculos revelo.*
Meugle, *mugio.*

EUIL.

m Battant l'œil, coëffure de femme.
m Bouvreuil, espéce d'oiseau.

substantifs masculin.

Cerfeuil, *carephyllum.*
Chevrefeuil, arbre, *caprifolium.*
Chevreuil, *caprea.*
Deuil, *luctus.* tristesse, *mœror.* habit noir, pour porter le deuil, *lugubris amictus.* plein de deuil, *luctuosus.* portant deuil, *pullatus.* ceux qui portent le deuil, *pullatorum manus.*
Double deuil, *ou* double deux, terme de trictrac, *bini.*
Ecureuil, *sciurus.*
Fauteuil, *sella brachiata.*
Linceuil, *linteum.*
Rezeuil, *reticulum subtilius.*
Seuil, *limen.*

Les mots qui suivent riment avec les précédens.

Accueil, *comitas, acceptio.* bon, *amica.* mauvais, *frigida.*
Cercueil, *feretrum.*
Ecueil, *scopulus.*
Oeil, *oculus.* de travers, *pravus.* bon, *æquus.* mauvais, *iniquus.* louche, *strabo.* petit, *ocellus.* doux, *blandus.* chassieux, *lippus.*
Oeil, bouton, bourgeon, terme de jardin, *gemma.*
Oeil, éclat, *splendor.*
clin d'Oeil, *ictus oculi.*
Orgueil, *superbia.*
Recueil, *collectio.*

EUILLE.

v Accueille, *excipio.*
v Cueille, *lego.*

f Feuille, *folium*. d'arbre, *frons*. de vigne, *pampinus*. de papier, *folium chartaceum*. d'or, *bractea*.
m Porte-feuille, *scrinium*.
v Recueille, *colligo*.

EUL.

substantifs & adjectifs mascul.

Ayeul, *avus*.
Baiteul, *ossium loco suo motorum restitutor*.
Bisayeul, *proavus*.
Epagneul, *canis patulis auribus & cirris*.
Filleul, *filiolus*.
Glayeul, plante, *gladiolus*.
Seul, *solus*.
Tilleul, arbre, *tilium*.
Trisayeul, *atavus*.

EULE. bref.

substantifs & adjectifs féminins.

Ayeule, *avia*.
* Bégueule, injure, *garrula, stulta*.
Bisayeule, *proavia*.
Epagneule, chienne, *canis patulis auribus & cirris*.
Filleule, *filiola*.
Gueule, *rictus*. grande, *hiatus*. de four, *furnariæ fauces*. au fig. *immanis rictus*. gourmandise, *gula*. provision de gueule, *esculenta annona*.
* fort en Gueule, *deblaterator*.
m Gueule, terme de Blâson, le rouge., *coccus*.
il Gueule, *deblaterat*.
Pet-en-gueule, sorte de jeu.

f Rieule, vieux mot, *regula*.
a Seule, *sola*.
f Trisayeule, *atavia*.

EULE.

f Meule, *mola*. de foin, *fœni strues*. de cerf, *cervi matrix cornu*.
f Pâte Veule, pour molle, *massa mollis*.

EUME.

Neume, terme de plain-chant, *neuma*.

EUNE. & EUSNE.

v Déjeûne, (long) *jento*.
a Jeune, *juvenis*. enfant, *puellulus*. fille, *puellula*. garçon, *adolescens*. homme, *juvenis*. folâtre, *petulans*. plus jeune, *natu minor*.
m Jeûne, (long) *jejunium*. naturel, *-ale*. médicinal, *-ale*. philosophique, *-icum*. moral, *-ale*. spirituel, *-ale*. de pénitence, *pœnitentiale*. Ecclésiastique, *-icum*.
v Jeûne, (long) *jejuno*.
Villeune, vieux mot, pour Vieillesse.

EUPLE.

m Peuple, *populus*. populace, *plebs*. nation, *gens*. du peuple, *plebeius*. qui plaît au peuple, *popularis*.

v Peuple, *incolas induco.*

EUQUE.

Octateuque, *-cus.*
Pentateuque, *ou* les cinq livres de Moyse, *pentateucus.*
m Phaleuque, *ou* Phaléque, *Phaleuci versus.*

EUR.

Les noms en eur *sont des substantifs masculins. Ils signifient pour la plûpart le sujet avec la qualité habituelle, la dignité, la profession, l'état & vacation. Il y en a quelques-uns qui marquent d'une maniere abstraite la qualité ou modification. Ils sont pour la plûpart terminés en latin en* or.

Substantifs & adjectifs masculins.

Abbateur de bois, *ligni eversor.*
Abbatis, terme de Carriers, *lapides loco moti.*
Abboyeur, *latrator.*
Abbréviateur, *-ator.*
Abducteur, terme d'Anatomie, *abductor.*
Abuseur, *veterator.*
Accélérateur, terme d'Anatomie, *accelerator.*
Accoucheur, *qui levat partu mulierem.*
Acheteur, *emptor.*
Acquéreur : on dit communément qu'il y a plus de fous acquéreurs que de fous vendeurs.

Substantifs & adjectifs masculins.

Acteur, *actor.*
Administrateur, *-tor.*
Admirateur, *-mirator.*
Admoniteur, *-tor.*
Adorateur . . .
Adulateur . . .
Afficheur, *proscriptor.*
Affineur, *aurifex.*
Affréteur, terme de mer, *navis conductor.*
Affronteur, *fraudulator.*
Aggresseur, *-essor.*
Aigreur, *acor.*
Aiguiseur, *acuator.*
Allumeur, *qui accendit.*
Amasseur, *congestor.*
Amateur, *-ator.*
Amineur, terme de Gabelle, *mensor.*
Amodiateur, *-tor.*
Ampleur, *amplitudo.*
Ampliateur, terme de Jurisprudence, *ampliator.*
Amplificateur, *-tor.*
Amuseur, *frustrator.*
Annonceur, *nuntius.*
Annotateur, *-ator.*
Antérieur, *-rior.*
Antiversificateur, *-tor.*
Apaiseur, v. m. *pacator.*
Appareilleur, *apparator.*
Appariteur, *-tor.*
Applaudisseur, *applausor.*
Appointeur, *perpensor.*
Approbateur, *-ator.*
Arbitrateur, *-tor.*
Archicœur, *cor generosum.*
Archiligueur, ligueur zélé, *archifactiosus.*
Arçonneur, terme de Manufacture.
f Ardeur, *ardor.*

Substantifs & adjectifs masculins.

Armateur, *-ator.*
Arpailleur, *fodinarum scrutator.*
Arpenteur, *agri mensor.*
Arracheur, *ereptor.*
Artilleur, *qui arma depurgat.*
Assaisonneur, *conditor.*
Assembleur, *coactor.*
Assentateur, vieux mot, *adulator.*
Assesseur, *-essor.*
Assommeur, *mactator.*
Assûreur, *sponsor.*
Attiseur de feu, *ignis excitator.*
Attrapeur, *deceptor.*
Avaleur, *helluo.*
Avant-Coureur, *prodromus.*
Avertisseur, *monitor.*
Avitailleur, *annonarius curator.*
Auditeur, *-tor.*
Auditeur, charge . . .
Augmentateur, *qui addidit.*
Avictuailleur, *qui annonam subministrat.*
Auneur, *ulnâ mensor.*
Auteur, *-tor.* écrivain, *scriptor.*
Bachoteur, Batelier, *navicularius.*
Bâfreur, *helluo.*
Baigneur, *balneator.*
Bailleur d'héritage, *locator.*
Bâilleur, *oscitans.*
Baiseur, *basiator.*
Balayeur, *versor.*
Baliseur, terme des Eaux & Forêts.
Barboteur, *mussitator.*
Barbouilleur, *coinquinator.*

Substantifs & adj. masculins.

Il se dit aussi d'un mauvais écrivain, *malus scriptor.* d'un mauvais peintre, *malus pictor.* d'un brouillon, *perturbator.*
Barguigneur sur le prix, *in licitando cunctator.*
Barguigneur, qui hésite, *hæsitator.*
Basseur, vieux mot, *vilitas.*
Batailleur, *pugnator.*
Bâteleur, *histrio.* charlatan, *fraudulentus*, *palpator.* qui charme, *incantator.*
Bâtisseur, *ædificator.*
Batteur, qui bat, *percussor.* d'or, *bractearius.* de laine, *lanæ textor.* de bled, *frumentarius tritor.* de monnoie, *monetæ cusor.* d'estrade, *excursor.*
Batteur de pavé, *ignavus*, *nebulo.*
Baveur, vieux mot, *loquax.*
Bayeur, celui ou celle qui regarde avec avidité.
* Belliqueur, *bellator.*
Berneur, celui qui berne.
Bienfacteur, *ou* Bienfaiteur, *benefactor.*
Billonneur, *nummorum improbatorum interversor.*
Blancheur, *albor*, *albedo.* de cheveux, *canities.* de conscience, *candor.*
Blanchisseur, *lotor.*
Blasonneur, signifie dans Marot, *maledicus.*
Blasphémateur, *-ator.*
Bobelineur, faiseur de Bobelins.
Bonheur, *prosperitas.*

Subſtantifs & adjectifs maſculins.

Boteleur de foin, *fœni in manipulos collector.*
Boüeur, *purgandæ luto urbis curator.*
Bouzilleur, *incruſtator.*
Brailleur, *clamitator.*
Branleur, *quaſſator.*
Braſſeur de bierre, *cereviſiæ coctor.*
Braſieur, qui remue, *agitator.* qui trame, *machinator.*
Bredouilleur, *muſſitator.*
Brétailleur, *thraſo.*
Breteur, *rudibus digladiator.*
Brigueur, *ambitioſus.*
Briſeur, *ruptor.*
Brocardeur, *acerbus irriſor.*
Brodeur, *Phrygio.*
Broüetteur.
Bruniſſeur, *levigator.*
Bûveur, *potator.*
Cabaleur, *conſpirator.*
Cabrioleur, *agilis in ſublime ſaltator.*
Cageoleur, *garrulus.*
Calculateur, *-ator.*
Calfateur de navire, *rimarum navis expletor.*
Calomniateur, *ſycophanta.*
Candeur, *-dor.* ſincérité, *-tas.*
—franchiſe, *naturæ ingenuitas.*
Captateur, *captator.*
Caqueteur, *loquax.*
Cardeur, *carminator.*
Carillonneur, *argutus campanarum pulſator.*
Carreleur, *qui lateribus loca ſternit.*
Caſſeur, *fractor.*

Subſt. & adject. maſc.

Caſſeur de Raquette, *thraſo.*
Cauſeur, *loquax.*
Cenſeur, dignité Romaine, *cenſor.* qui cenſure, *notator.*
Cenſeur, *cenſor.*
Centuriateur, *-ator.*
Certificateur...
f Chaleur, *calor.* ardeur, *ardor.* impétuoſité, *impetus.* ferveur, *fervor.* affection, *zelus*, *affectus.* chaleur de l'Eté, *æſtus.* de foie, *animi æſtus.*
être en Chaleur, *æſtuare.* il ſe dit des chiens, pour dire être en amour, *canilire.*
ſe mettre en Chaleur, *incaleſcere*, *iraſci.*
f Chandeleur, fête, *purificatæ Deiparæ feſtum.*
Changeur, *collybiſtes.*
Chanteur, *cantor.*
Chargeur, *onerator.*
Charmeur, *præſtigiator.*
Chaſſeur, *venator.*
Châtreur, *caſtrator.*
Chercheur, *quæſitor.*
Chevaucheur, vieux mot, *eques.*
Chicanneur, *litigator.*
Chifreur, *numerator.*
Chœur d'Egliſe, *chorus.*
Chœur de Muſique, *ſymphoniacus chorus.*
enfant de Chœur, *puer ſymphoniacus.*
Chroniqueur, *chronicorum ſcriptor.*
Chucheteur, *ſuſurro.*
Circulateur, Charlatan, *circulator.*

f. subst. & adj. masculins.

Clameur, *clamor.*
Cliqueur, *levator*, vel *aruscator.*
Coadjuteur, *-tor.*
Cœur, *cor.* affection, *studium.* courage, *animus.* de bon cœur, *ex animo.* homme de cœur, *vir cordatus.* sans cœur, *excors.* mauvais cœur, *vecors.* grand cœur, *magnanimus.* bon cœur, *gratus animus.* gros, fier, *ferox.* haut, *altior.* ouvert, *apertus.* par cœur, *memoriter.* mal de cœur, *morbus cardiacus.* sur le cœur, *in animo.* rire en son cœur, *in sinu gaudere.* d'un même cœur, *concordes.* avoir à cœur, *percupere.* décharger son cœur, *latentem animo sensum aperire.*
Cœur, milieu, *umbilicum.* cœur de l'hyver, *media hyems.*
mon petit Cœur, *animula mea.*
Cœur d'un arbre, *ou* fruit, *medulla.*
Cogneur, *tusor.*
Coëfeur, *comitor.*
Colporteur, *circumforaneus prepola.*
Commandeur de Malthe, *Melitæ Commendator.*
Commentateur, *-ator.*
Compartiteur, *-tor.*
Compilateur, *-ator.*
Complimenteur, *aulicæ urbanitatis affectator.*
Composeur, *-sitor.*

f. subst. & adj. masc.

Compositeur, *scriptor.*
Compositeur, celui qui assemble les lettres, *typographus.*
Composteur, instrument de fer qui reçoit les lettres, *typophorum.*
Comporateur, *-ator.*
Compteur, terme d'Horloger, *numerator.*
Compulseur, *-ulsor.*
Conciliateur, *-ator.*
Conducteur, *-tor.*
Confabulateur, *-ator.*
Confesseur, *-essor.*
Confiseur, *conditor.*
Conjectureur, *qui conjecturâ assequitur.*
Conjurateur, *-ator.*
Connoisseur, *cognitor.*
Conscripteur, terme de l'Université de Paris, *conscriptor.*
Conservateur, *-ator.*
Consolateur . . .
Conspirateur . . .
Consulteur, Théologien nommé par le Pape pour examiner un livre.
Contemplateur, *-ator.*
Contempteur, *-tor.*
Conteur, *narrator.* de sornettes, *nugator.*
Continuateur, *-ator.*
Contradicteur, *rixarum amans.*
Contre-cœur, dégoût, *fastidium.* à contre Cœur, *invitò.*
Contre-cœur de cheminée. *fumarii crusta ferrea.*
Contrefaiseur, *qui effingit.*

subst. & adj. masc.

Controlleur, *speculator.* des bâtimens, *ædium inspector.*
Convertisseur, *conversor.*
Conzélateur, un des arcs-boutants d'un parti.
Côopérateur, *-ator.*
Corneur, celui qui corne, c'est aussi une mauvaise bête.
Correcteur, *-tor.* de Collége, *flagellator.* d'Imprimerie, *emendator.*
Corroyeur, *coriarius.*
Corrupteur, *-tor.*
Co-tuteur, terme de Jurisprudence.
Coucheur, *cubitor.*
Co-vendeur, *-ditor.*
f Couleur, *color.* simple, *nativus.* non composée, *non factitius.* gaie, *floridus.* vive, *vividus.* riche, *splendidus.* morne, *surdus.* d'une couleur, *unicolor.* de deux, *bicolor.* de trois, *tricolor.* de plusieurs, *multicolor.* de diverses, *discolor.* d'une même couleur, *concolor.* sans couleur, *decolor.*

Sortes de couleurs.

Couleur d'amaranthe, *color amaranthinus.* d'aurore, *auroræ.* blanche, *albus*, ou *candidus.* de brique, *lateritius.* bleue, *cæruleus.* colombine, *columbinus.* de citron, *citrinus.* de chamois, *rubri-caprinus.* de cerise, *cerasеus.* de feuille morte, *frondis emortuæ.* de flammette, *flammatus.*

subst. & adj. masculins.

de feu, *igneus.* cramoisi, *cramesinus.* gris, *leucophæus.* gris de lin, *violaceus dilutior.* gris de perle, *margaritarius.* gris brun, *ex cinereo nigricans.* gris cendré, *cinereus.* griéche, *varius.* jaune *flavus.* incarnat, *ex rubro albicans.* isabelle, *gilvus.* de la laque, *laccheus.* de chataigne, *castaneus.* de musc, *ferrugineus.* noir, *niger.* noir clair, *atrum dilutius.* noir de fumée, *atrum fuliginosum.* noir de charbon, *atrum carbonarium.* orangé, *aureus.* d'olive, *olivarius.* de pourpre, *purpureus.* de pensée, *flammineus.* de pêcher, *persica.* de gorge de pigeon, *varians.* rouge, *rubeus.* rouge obscur, brun, *rubeus lividus.* rouge éclatant, *coccineus.* rouge, vermillon, *minium.* rouge de sang, *sanguineus.* de rose, *roseus.* de rose séche, *ex roseo pallens.* de soulfre, *sulfureus.* tané, *fulvus.* verd, *viridis.* verd de pré, *prasinus.* verd gai, *viride lætius.* verd brun, *fuscum viride.* verd d'émeraude, *viride smaragdinum.* verd de porreau, *porraceus.* verd d'herbe, *herbaceus.* violet, *violaceus.*
Couleur, apparence, *species.* prétexte, *prætextus.* ornement de Rhétorique, *oratoria pigmenta.*

substantifs & adjectifs masculins.

Coupeur, *sector.* de bourse *zonarius sector.*
Coureur, *cursor.* cheval, *equus cursor.*
Couvreur, *scandularius.*
Cracheur, *sputor.*
Craqueur, *mendax.*
Crayonneur, qui crayonne.
Créateur, *Creator.*
Créve-cœur, *cordolium.*
Criailleur, *clamator.*
Crieur, *præco.*
Crocheteur, *bajulus.*
Croiseur, *decussator.*
Crosseur, *baculo adunco pilam pellens.*
Cultivateur, *cultor.*
Curateur, *-ator.*
Cureur de puits, *puteorum purgator.*
—de retraits, *foricarum purgator.*
Curseur, terme de Mathématique, *cursor.*
Danseur, *saltator.*
Dardeur, *jaculator.*
Daubeur, *joculator.*
Débagouleur, *blatero.*
Débaquèleur, *præfectus subductioni vacuarum navium.*
Débardeur, *lignorum ad littus depositor.*
Débaucheur, *corruptor.*
Débiteur, *-tor.*
Débrideur, *qui absolvit.*
Déchargeur, *exemptor.*
Déchifreur, *occultarum litterarum extricator.*
Décimateur, *-ator.*
Déclamateur . . .
Décorateur, *choragus*, *scenæ instructor.*

substant. & adject. masculins.

Découpeur, *incisor.*
Dédaigneur, *fastidiosus.*
Défaveur, *alienatio.*
Défendeur, *reus.*
Défenseur, *-sor.*
Définiteur, terme de Couvent, *definitor.*
Défrayeur, *sumptuum suppeditator.*
Défricheur, *novator.*
Dégaîneur, prompt à mettre l'épée à la main.
Déglutinateur, musele du pharynx.
Dégraisseur, *illuviei expurgator.*
Délateur, *-ator.*
Délesteur, *saburræ ejiciendæ præfectus.*
Délivreur, *liberator.*
Demandeur, *actor.*
Déniaiseur, *deceptor.*
Dénicheur, *extrusor.*
Dénominateur, terme d'Arithmétique, *denominator.*
Dénonciateur, *delator.*
Déprédateur, *deprædator.*
Deshonneur, *dedecus.* ignominie, *-nia.*
Dessinateur, *delineator.*
Destructeur, *-tor.*
Détacheur, *solutor.*
Détailleur, *qui res sigillatim enumerat.*
Détenteur, terme de Palais, *detentor.*
Déterreur, *exhumator.*
Détracteur, *maledicus.*
Détrôneur, *è solio eversor.*
Detrousseur de passans, *viatorum spoliator.*

Substantifs & adjectifs masculins.

Dévaliseur, *spoliator.*
Dévorateur, *-ator.*
Dialogueur, *verbosus.*
Dictateur, *-ator.*
Diffamateur, *famæ alicujus obtrectator.*
Dilaniateur, terme de Mineur.
Dilatateur, terme d'Anatomie.
Dîmeur, *decimator.*
Dîneur, *pransor.*
Directeur, *-tor.*
Discoureur, *narrator.*
Diseur, *loquens.*
Dispensateur, *-ator.*
Disputeur, *-tator.*
Disséqueur, *secans.*
Dissertateur, *disserens.*
Dissimulateur, *-ator.*
Dissipateur, *decoctor.*
Distillateur, *qui per distillationem succos herbarum extrahit.*
Distributeur, *-tor.*
Diviseur, *-sor.*
Docteur, *-tor.*
Dogmatiseur, *qui aliquod dogma disseminat.*
Dominateur, *-ator.*
Dompteur, *domitor.*
Donateur, *-ator.*
Donneur, *dator.*
Doreur, *deaurator.*
Dormeur, *dormitator.*
f Douceur, *dulcedo.* au goût, *suavitas.* au toucher, *mollities.* naturel doux, *mansuetudo.*
f Douceur de conversation, *comitas.*
f Douleur, *dolor.*

Substantifs & adjectifs masculins.

Dragueur, *rostro arenam colligens.*
Drogueur, vieux mot, *pharmacopola.*
Dupeur, *deceptor.*
Ecailleur, *ostrearius.*
Ecorcheur, *excoriator.*
Ecosseur, *qui corticem tollit.*
Ecouteur, *audiens.*
Ecumeur de mer, *pirata.*
Edificateur, *ædificator.*
Ejaculateur, *-ator.*
Electeur, *-tor.*
Emailleur, *encaustes.*
Embaleur, *sarcinarius.*
Embaucheur, *conductor.*
* Emboiseur, *inescator.*
Embrouilleur, *perturbator, implicator.*
Emmineur de sel, *salis mensor.*
Emoucheur, *qui muscas abigit.*
Emouleur, *samiator.*
Empereur, *Imperator.*
Empoisonneur, *veneficus.*
Emprunteur, *mutuator.*
Emulateur, *æmulator.*
Encenseur, *qui perpetuitate laudum alicui blanditur.*
Enchanteur, *incantator.*
Enchérisseur, *licitator.*
Endormeur, *soporifer.*
Enfileur, *qui acum filo trajicit.*
Enfonceur, *effractor.*
Enfouïsseur, *defossor.*
Enfourneur, *qui panem in furnum immittit.*
Engeoleur, *blandus deceptor.*
Engrosseur, *impregnator.*
Enlumineur, *illuminator.*

Substantifs & adjectifs masculins.

Enquêteur, *inquisitor.*
Enrôleur, *conscriptor.*
Ensacheur, *qui in saccos injicit.*
Enseigneur, vieux mot, *index.*
Entremetteur, *internuntius.*
Entreparleur, au plur. *interlocutores.*
Entreposeur, *interpositor.*
Envahisseur, *invasor.*
Enveloppeur, *obtector.*
Enumérateur, *-ator.*
f Epaisseur, largeur, *latitudo.* grosseur, *crassitudo.*
Epilogueur, *censor.*
Eplucheur, *examinator.*
Epouseur, *sponsor.*
Equateur, *ou* ligne équinoctiale, *æquator.*
Ergoteur, *disceptator.*
f Erreur, *-ror.* de Religion, *hæresis.* de compte, *error.* faute, *erratum.*
Escarmoucheur, *vêles.*
Escrimeur, *gladiator.*
Escroqueur, *ærusc ator.*
Espadeur, au plur. terme de Cordier.
Essayeur de monnoie, *monetæ inspector.*
Estimateur, *æstimator.*
Etaleur, *institor.*
Etalonneur, *ad modulum publicum probator.*
Etendeur, terme de Médecine, *extensor.*
Eventeur, *vulgator.*
Exacteur, *-tor.*
Exagérateur, *mendax.*
Examinateur, *-ator.*
Excepteur, *-tor.*

Substantifs & adjectifs masculins.

Excubiteur, *-tor.*
Exécuteur...
Existimateur, *æstimator.*
Exlecteur, *-tor.*
Explorateur...
Exrecteur...
Extenseur, *-sor.*
Extérieur, *-ior.*
Exterminateur, *-ator.*
Extirpateur d'hérésie...
Fabricateur...
Fabriqueur, Officier dans un Chapître.
Fabulateur, *fabularum artifex.*
Facteur, *-tor.*
Fagoteur, *fascium structor.*
Faiseur, *factor.* le bon faiseur, *ou* le bon ouvrier, *artifex primarius.*
Falsificateur, *falsarius.*
Faneur, *herbæ sectæ versator.*
Farceur, *histrio.*
Farcisseur, *fartor.*
f Faveur, *favor.* courtoisie, *gratia.* autorité, *-tas.* appui, *præsidium.* soûtien, *subsidium.* bienfait, *beneficium.*
à la Faveur, *præsidio.*
en Faveur, *in gratiam.*
Faucheur, *falcator.*
Fauteur, *-tor.*
f Ferveur, *fervor.* chaleur, *calor.* d'esprit, *animi æstus.*
Fesseur, *plagosus.*
* Flagorneur, *susurro.*
Flateur, *adulator.*
Fléchisseur, *flexor.*
f Fleur de quelque plante, *flos.* lustre, *splendor.*

substantifs & adjectifs masculins & féminins.

Fleur, virginité, *virginitatis flos.*
Fleur de l'âge, *juventus.*
bouton de Fleur, *calix.* qui est de fleur, *floridus.* fourni de fleur, *floridus.* entrer en fleur, *efflorescere.* perdre sa fleur, *deflorescere.*
Fleur de farine, *pollen.*
Fleur ; au plur. mois des femmes, *menstrua.*
la Fleur, les prémices, *primitiæ.*
à Fleur, *ad amussim.*
Flueur, terme de Natural. *fluor.*
Fluteur, *fidicen.*
Fondateur, *fundator.*
Fondeur, *fusor.*
Forgeur, *fabricator.*
Fornicateur, *-ator.*
Fossoyeur, *fossor.*
Fouëteur, *fustigator.*
Fouleur, *fullo.*
Fourbisseur, *politor armorum.*
Fourageur, *pabulator.*
Foureur, *pellio.*
f Fraîcheur, froideur, *frigiditas.* nouveauté, *novitas.* fraîcheur de visage, *vultûs amœnitas.*
Fraudeur, *qui fraudem struit.*
f Frayeur, *pavor.* épouvante, *horror.* terreur, *terror.* crainte, *formido.* sans crainte, *intrepidus.*
Fricasseur, *frixor.*
Froideur, *frigiditas.*
Frondeur, *funditor.*
Froteur, *frictor.*
Fumeur, *fumigator.*
Fureteur, *scrutator.*

substantifs & adjectifs masculins.

f Fureur, *furor.*
Gabeleur, *salinarum redemptor.*
Gâcheur, *illinitor.*
Gagneur, *lucrator.*
Gardeur, *servator.*
Gaspilleur, *prodigus.*
Gâteur de papier, *malus pictor.*
Gaudisseur, v. m. *cavillator.*
Gauffreur, *signator.*
Gausseur, *cavillator.*
Générateur, terme de Géometrie, *generator.*
Géniteur, vieux mot, *genitor.*
Genuflecteur, terme d'Histoire Ecclésiastique, *genuflectens.*
Gesticulateur, *-ator.*
Giboyeur, *venator.*
Gladiateur, *macharophorus.*
Glaneur, *spicarum collector.*
Glisseur, *glaciati stadii decursor.*
Gloseur, *glossator.*
Glossateur, *interpres.*
Gobeur, *helluo.*
Goureurs, ceux qui falsifient les drogues.
Gouverneur, *gubernator.*
f Grandeur, *magnitudo.*
Greigneur, vieux mot, *Dominus, Princeps.*
Griveleur, *frudulentus in quæstu faciendo.*
Grondeur, *mussitator.*
Grosseur, *crassitudo.*
Guerdonneur, *agonotheta benefaciens.*
Guérisseur, *sanans.*
Guerroyeur, vieux mot, *bellator.*

substantifs & adjectifs masc.

Guéteur, *speculator.*
Habilleur, *pellio.*
Hableur, *mendax.*
Hannicheur, *ou* Bourrelier, *helciorum opifex.*
Harangueur, *concionator.*
Harnacheur, *equini instructûs opifex.*
Harponneur, *harpagator.*
Hâteur, officier de cuisine, *assaturæ præfectus.*
f Hauteur, *altitudo.*
Heur, vieux mot, *felicitas.*
Hongroyeur, qui apprête les cuirs.
Honneur, *honor.* condition honorable, *dignitas.* respect, *reverentia.* réputation, *fama.* honnêteté, *honestas.* pudeur, *pudicitia.*
point d'Honneur, *honoris prærogativa.*
réparation d'Honneur, *alienæ famæ restitutio.*
à son Honneur, *salvo honore.*
par Honneur, *honoris causâ.*
faire Honneur, être à honneur, *honori esse.* honorer, *venerari.*
homme d'Honneur, *vir honoratus, probus.*
Dame d'Honneur, *domina honoraria.*
fille d'Honneur, *puella honoraria.*
enfant d'Honneur, *puer honorarius.*
f Horreur, *horror.*
v avoir en Horreur, *detestari.* avoir Horreur, *abhorrere.*
Hotteur, *sportuarius.*

m Humeur, celui qui hume, *sorbitor.*
f Humeur, liqueur, *humor.* tempérament, *affectus animi.* complexion, *indoles.* belle humeur, *lepidum ingenium.* bonne humeur, être de bonne humeur, *hilaris animus.* humeur revêche, fâcheuse, *molesta indoles.*

subst. & adj. masc.

Jargonneur, qui se sert d'un langage inintelligible & inusité.
Jaugeur, *stereometres.*
Jeûneur, *jejunator.*
Illuminateur, *-ator.*
Imitateur...
Imposteur, *ou* Calomniateur.
Imprimeur, *Typographus.*
Indicateur, terme d'Anatomie, *indicator.*
Inférieur, *-ior.*
Inflateur, nom qu'on donne par dérision à certains Philosophes.
Informateur, nom qu'on donne en Allemagne aux Précepteurs.
Infracteur, *-tor.*
Ingénieur, *machinator.*
Inoculateur, *-tor.*
Inquisiteur...
Inspecteur...
Instigateur...
Instituteur...
Intercesseur, *-essor.*
Intérieur, *-ior.*
Interlocuteur, *-tor.*
Interpolateur...
Interrogateur...

Substantifs & adj. masc.

Interrupteur, *-tor.*
Intrigueur, *implicator.*
Introducteur, *-tor.*
Inventeur...
Investigateur...
* Jongleur, *blatero.*
Joueur, *lusor, aleator.* acteur, *actor.* de Comédie, *scenicus.* de farce, *pantomimus.* de passe-passe, *præstigiator.*
Joûteur, *hastis jocosè ex equis propugnator.*
Jureur, *jurator.*
Justificateur, terme de Fondeur d'Imprimerie.
Labeur, *labor.*
Laboureur, *agricola.*
f Laideur, *difformitas.*
Languayeur de cochons, *linguarum porcinarum inspector.*
f Langueur, *languor.*
f Largeur, *latitudo.*
Latineur, *litterator.*
Lecteur, *-tor.*
Législateur...
f Lenteur, *lentitudo.* langueur, *languor.* froideur, *frigiditas.* d'esprit, *ingenii tarditas.*
Leur, *suus.*
Libérateur, *-tor.*
Licteur..,
Lieur, *ligator.*
Ligueur, *factiosus.*
f Liqueur, *liquor.*
Littérateur, *-tor.*
f Longueur, *longitudo.*
Louangeur, *laudator.*
Loueur, *locator.*
f Lourdeur, *gravitas.*

f subst. & adj. masc.

f Lueur, *fulgor.*
Lustreur, *sericæ vestis concinnator.*
Luteur, *luctator.*
Mâcheur, *manduco, onis.*
Machinateur, *-tor.*
Machineur, *inventor.*
Majeur, *major.*
Maigreur, *macies.*
Malfaiteur, *malefactor.*
Malheur, *infelicitas.*
Manuducteur, *-tor.*
Mangeur, *manducator.*
Maraudeur, *latro.*
Maraudeur, terme de guerre, *deprædator militaris.*
Marbreur, artisan, *marmorarius.*
Marcheur, *ambulator.*
Marmoteur, *mussitator.*
Marqueur, *notator.*
Massacreur, *mactator.*
Mâteur, *qui malos accommodat.*
Mayeur, Officier de Ville, *Major.*
Médiateur, *-tor.*
Méhaigneur, vieux mot, qui estropie.
Meilleur, *melior.*
Menaceur, *minator.*
Meneur, *ductor.*
Mesureur de bled, *sitometra.* de charbon, *carbonarius mensor.*
Metteur, *qui collocat.*
Millefleurs, au plur. eau de Millefleurs.
Mineur, qui n'a pas 25 ans, *minor ætate.*
Mineur, qui fait une mine, *cuniculator.*

substantifs & adj. masc.

Miniateur, Peintre.
Miseur, vieux mot, pour arbitre, *arbiter*.
Modérateur, *-tor*.
Moissonneur, *messor*.
Moiteur, *mador*.
Momeur, vieux mot, homme d'équité, *æquus*.
Moniteur, *monitor*.
Monnoyeur, *monetarius*.
Monseigneur, *Dominus*.
Monsieur, *Dominus*.
Moqueur, *irrisor*.
Moraliseur, *documentorum moralium plenus*.
Morgueur, *vultu contumaci observator*.
Moteur, *motor*.
Moucheur, *emunctor*.
Mouleur de bois, *caudicum messor*.
Multiplicateur, *-tor*.
Murmurateur...
Nageur, *natator*.
Narrateur, *-tor*.
Navigateur...
Négateurs, au pl. *à fide Christiana deficientes*.
Négociateur, *-tor*.
f Niveteur, *librator*.
Noirceur, *nigror*.
Noircisseurs, au pl. ouvriers qui font l'achevement des noirs.
f Nomenclateur, *-tor*.
Non-valeur, *cassum & inane nomen*.
Novateur, *-tor*.
Numérateur, terme d'Arithmétique, *numerator*.
Observateur, *speculator*.
Occiseur, vieux mot, *occisor*.

substantifs & adject. masculins.

f Odeur, *odor*.
Offenseur, *-sor*.
Opérateur, *-tor*, *qui laxata membra reficit*.
Oppresseur, *-essor*.
Orateur, *-tor*.
Ordonnateur, *instructor*.
Ostentateur, *jactator*.
Ouvreur, vieux mot.
Ouvreur de loges à la Comédie.
Pacificateur, *-tor*.
Pailleur, *palearius propola*.
f Pâleur, *pallor*.
f Pâlisseur, vieux mot, *pallor*.
Parfumeur, *unguentarius*. celui qui le brûle, *suffitor*. qui le vend, *myropola*.
Parieur, *sponsor*.
Parleur, *loquax*. grand parleur, *verbosus*.
Partiteur, *-tor*.
Pasteur, *pastor*. de brebis, *opilio*. de chévre, *caprarius*. à bœufs, *bubulcus*. de gros bétail, *armentarius*.
Patineur, *attrectator*
Paveur, *pavimentorum structor*.
Payeur, *solutor*.
Pêcheur, *piscator*.
Pécheur, *peccator*.
Pédicateur, *pæderastes*.
Peloteur, *pilâ datatim lusor*.
Permuteur, troqueur, *-tator*.
Perquirateur, terme de Banquier.
Persécuteur, *-tor*.
Perturbateur...
Pervertisseur, *corruptor*.
f Pesanteur, *gravitas*. poids,

pondus. indiſpoſition, *gravis affectus.* de tête, *gravedo.*

ſubſt. & ad. m.

Péſe-liqueur, *hygrometrum.*
Peſeur, *ponderator.*
Peteur, *ventre crepitator.*
f Peur, *pavor.* crainte, *timor.* frayeur, *formido.* terreur, *terror.*
v avoir Peur, *metuere.*
faire Peur, *metum incutere.* étonner de peur, *perterrere.* trembler de peur, *perhorreſcere.*
de Peur, *præ metu.*
ſans peur, *audacter.*
Piaffeur, *equus exſultor.*
Pialeur, *clamator.*
Picoreur, *prædator.*
Pilleur, *vorax.*
Pindariſeur, *tinnulus orator.*
Pipeur, *fallax.*
Piqueur, *ſubſeſſor.*
Piſſeur, *mixtor.*
Plaideur, *litigator.*
Pleur, au plur. *ploratus.*
Plieur, *structor.*
Plombateur, qui met le plomb aux Bulles de Rome, *plumbator.*
Plongeur, *urinator.*
Pointeur de canon, *tormenti bellici librator.*
Ponctuateur, *qui punctis notat.*
Porteur, *portator.*
Poſſeſſeur, *-eſſor.*
Poſtérieur, *-ior.*
Poteleur, terme de Finance.
Pourvoyeur, *obſonator.*
Pouſſeur, *pulſator.*
Précepteur, *præceptor.*

ſubſt. & adj. maſc.

Prêcheur, *prædicator.*
Préconiſeur, *laudator.*
Précurſeur, *præcurſor.*
Prédéceſſeur, *prædeceſſor.*
Prédicateur, *ſancti Evangelii præco.*
Preneur, *captator.*
Préſentateur, *præſentator.*
Preſtigiateur, *præſtigiator.*
Préteur, Officier Romain, *prætor.*
Prêteur, qui prête, *commodator.*
Prévaricateur, *prævaricator.*
Prieur, *Prior.*
Primeur, *vinum potabile.*
Priſeur, *æſtimator.*
Proceſſionneur, qui va à la Proceſſion.
Procurateur de Saint Marc à Veniſe, *procurator.*
Procureur, *procurator.*
Producteur, *-tor.*
Profanateur...
Profeſſeur, *-eſſor.*
f Profondeur, *profunditas.*
Prometteur, *promiſſor.*
Promoteur, *-tor.*
Prôneur, *orator ſacer.*
Pronoſtiqueur, *præſignificator.*
Propagateur, *-tor.*
Proſateur, *qui ſolutâ oratione ſcribit.*
Proſcripteur, Magiſtrat de Rome, *proſcriptor.*
Protecteur, *-tor.*
Provéditeur, Officier Vénitien, *proveditor.*
Proviſeur, *-ſor.*
f Puanteur, *fœtor.*
f Pudeur, *pudor.*

subst. & adj. masc.

Puniſſeur, qui châtie, *caſtigator.*
Qualificateur, Officier de l'Inquiſition, *qualificator.*
Quatriémeur, commis pour le quatriéme denier.
Quemandeur, *mendicans.*
Queſteur, Officier de l'ancienne Rome, *Quæſtor.*
Quêteur, *quæſitor.*
Rabroueur, *ferox objurgator.* rude joueur, *virens luſor.*
Raccommodeur, *refector.*
Raccourreur, *interpolator.*
Racleur de boyau, *ineptus tibicen.*
Radeur, au plur. *radores.*
Radoteur, *delirus.*
Raffineur, *exquiſitor.*
Railleur, *irriſor.*
Raiſonneur, *ratiocinator.*
Ramaſſeur, *coactor.*
Rameur, *remex.*
Ramoneur, *camini purgator.*
Ramponneur, vieux mot, fâcheux.
Rancœur, vieux mot, *odium.*
Rançonneur, *durus exactor.*
Rapetaſſeur, *veteramentarius.*
Rapiéreur, vieux mot, porte-rapiére.
Rapporteur, *relator.*
Râteleur, homme de journée qu'on a loué pour rateler des foins.
Raviſſeur, *raptor.*
Réclamateur, terme de Marine.
Receleur, *furtorum conſcius.*
Recommenceur, *qui rursùm incipit.*

subst. & adj. masc.

Réconciliateur, *-tor.*
Recordeur, *teſtis oculatus.*
Recteur, *-tor.*
Recuiteur, *monetalis coctor.*
Rédacteur, *compilator.*
Rédempteur, *-tor.*
Rediſeur, *relator.*
Rééditeur, *-tor.*
Réfléchiſſeur, Auteur d'un livre de réflexions.
Réformateur, *-tor.*
Refuſeur, *qui renuit.*
Régiſſeur, *rector.*
Régiſtrateur, Officier de Chancellerie Romaine, *regiſtrator.*
Relateur, *-tor.*
Relieur, *compactor.*
Remarqueur, *notator.*
Remunérateur, *-tor.*
Renifleur, *qui naris pituitam reſorbet.*
Rentrayeur, *qui latente ſuturâ ſuit.*
Réparateur, *-tor.*
Répétiteur, *ſtudiorum adjutor.*
Repreneur, *reprehenſor.*
Reſtaurateur, *-tor.*
Reſtituteur ...
Revancheur, *vindex.*
Réveilleur, *matutinus excitator.*
Rêveur, *ſomniator.*
Réviſeur, *-ſor.*
Rhéteur, *rhetor.*
Ricaneur, *effusè riſor.*
f Rieur, *irriſor, jocans.*
Rigueur, *rigor.*
Rimailleur, *poëta non bonus.*
Rimaſſeur, *verſificator miſer.*

substantifs & adjectifs masculins & femin.

Rimeur, *poeta rythmicus.*
Rocailleur, *qui saxuli speluncas struit.*
Rogneur, *resector.*
Roideur, *rigiditas.*
Rondeur, *rotunditas.*
Ronfleur, *stertor.*
Rongeur, ver Rongeur, *rodens.*
Roteur, *ructator.*
Rotisseur, *carnium assarum propola.*
Rougeur, *rubor.*
Roupilleur, *somniculosus.*
Rousseur, *color rufus.* marque rousse, *nota rufa.*
Rueur, *projector.*
Rumeur, *rumor.*
Saboteur, *qui ligneas gerit soleas.*
Sacrificateur, *-tor.*
Saleur, *salitor.* au pl. *salissatores.*
Sapeur, vieux mot, *sapor.*
Saveur, *sapor.* goût sans saveur, *insipidus.*
Sauteur, *saltator.*
Sauveur, *Salvator.*
Scarificateur, terme de Chirurgie.
Scelleur, *sigillator.*
Scieur de bois, *serrator.*
Scripteur, *scriba.*
Scrutateur, *-tor.*
Sculpteur...
Séducteur...
Seigneur, à l'égard d'un Vassal, *Dominus.* à l'égard d'un valet, *herus.*
Seigneur de distinction, *Dynasta.* Prince, *Princeps.*
Semonneur, *invitator.*

subst. & adj. masc. f

Sénateur, *-tor.*
Sénieur, *-ior.*
Senteur, fém. *odor.*
Sermonneur, *concionator.*
Serviteur, *servus.* valet, *minister.* amant, *amasius.*
Sieur, *dominus.*
Sifleur, *suggillator.*
Sœur, *soror.* de pere & de mere, *germana.* de pere, *patruelis.* de mere, *uterina.* sœur de pere ou tante, *avita.* de la mere, *matertera.* du mari ou belle sœur, *glos.* de la femme, *uxoris soror.*
Solliciteur, *-tator.*
Songeur, *somniator.*
Sonneur, *tintinnaculus.*
Sorisseur, celui qui fait sorer le hareng.
Souffleteur, *qui palmâ os alicujus pulsat.*
Soufleur, *sufflator.*
Soufleur, poisson, *cetaceus.*
Soûgouverneur, *subgubernator.*
Souhaiteur, *optator.*
f Souleur, *timor subitus.*
Soûprécepteur, *subpraeceptor.*
Soûprieur, *subprior.*
Souscripteur, *subscriptor.*
Soûteneur, *defensor, vel etiam exactor.*
Soyeteur, *pannorum sericorum opifex.*
Spectateur, *-tor.*
f Spéculateur, *-tor.*
Splendeur, *-dor.*
Stateur, surnom de Jupiter, *Stator.*
Suborneur, *corruptor.*

f subst. & adj. masculins.

Succenteur, ſous Chantre, *ſuccentor.*
Succeſſeur, *-eſſor.*
Suceur, *qui ſugit.*
Sueur, *ſudator.*
Sueur, *ſudor.*
Le Sueur, Peintre, *Suerius.*
Supérieur, *-ior.*
Supérieur d'un Couvent, *Monaſterii Superior.*
Supinateur, terme d'Anatomie, *ſupinator.*
Tailleur, *ſartor.*
Tambourineur, *tympaniſta.* valet du Tambourineur, *tympaniſtæ famulus.*
Taneur, *coriarius.*
Tapageur, *qui tumultum concitat.*
Tâteur, *guſtator.*
f Taxateur de dépens, *-tor.*
Temporiſeur, *dilator.*
Teneur, *tenor.*
Teneur de livres de compte, *rationator.*
Teneur, contenu d'un écrit, *argumentum.*
Tentateur, *-tor.*
Tergiverſateur, terme de Palais.
Terraſſeur, ouvrier qui travaille à ourder des planches.
f Terreur, *terror.*
Teſtateur, *-tor.*
f Théſauriſeur, *divitias congerens.*
Tiédeur, *tepor.*
Tierceur, *ad tertiam partem licitator.*
Tiqueur, *equus qui dentibus innititur præſepi.*

subst. & adj. maſcul.

Tirailleur, terme de chaſſe.
Tireur, qui lance, *jaculator.* d'armes à feu, *vibrator, exploſor.* qui allonge, *ductor.* chaſſeur, *venator.*
Tireur d'or, *bracteator.*
Tiſonneur, *titionum motator.*
Tondeur, *tonſor.*
Tordeur, *intorquator.*
Tourneur, *tornator.*
Traditeur, vieux mot, *traditor.*
Traducteur, *interpres.*
Trafiqueur, *negociator.*
Traîne-malheur, miſérable, *infelix.*
Traîneur d'épée, *macharophorus.*
Traiteur, *epulis lautè apparatis acceptor.*
Tranſgreſſeur, *-eſſor.*
Tranſlateur, *-tor.*
Travailleur, *laborator.*
Trembleur, *ou* Quouacre, hér. en Angleterre, *contremens hæreticus.*
Tremeur, vieux mot, *tremor.*
Triacleur.
Tricheur, *fraudator.*
Tricoteur, *reticularius.*
Triomphateur, *triumphator.*
Trompeur, *inſidioſus, loquax.*
Trompeur, *deceptor.*
Troqueur, *permutator.*
Troteur, *concurſator.*
f Trucheur, *mendicus.*
Tueur, *occiſor.*
Tumeur, *tumor.*
Tutayeur, *inurbanè aliquem appellans.*

substantifs & adjectifs masculins.

f Tuteur, *tutor.*
Vainqueur, *victor.*
f Valeur, *-lor.* courage, *animus.* prix, *pretium.*
Vapeur, *vapor.*
Varreur, *testudinum piscator.*
Vasseur, vieux mot, *cliens.*
Vaticinateur, *-tor.*
Veilleur, qui veille, *qui vigilat.*
Vendangeur, *vindemiator.*
Vendeur, *venditor.*
Veneur, *venator.*
grand Veneur, *venatorum præfectus.*
Vengeur, *vindex.*
f Vanteur, *jactator.*
Verbiageur, *loquax.*
Verdeur, *viror.*
Vérificateur, *-ator.*
Verseur, *effusor.* signe du Zodiaque, *aquarius.*
Versificateur, *-tor.*
Versifieur, vieux mot, *carminum scriptor.*
Vétilleur, *nugator.*
Viateur, terme d'Anatomie, *viator.*
Victuailleur, *annonarius nauticus.*
f Viéleur, *sambucen.*
Vigueur, *vigor.*
Violateur, *-tor.*
Visiteur, *visitator.*
Vogueur, *navigator.*
Voleur, *latro, fur.*
Voltigeur, *circumvolitor.*
Voyageur, *viator.*
Usurpateur, *-tor.*
Vuidangeur, *evacuator.*
Zélateur: ce mot est en usage dans quelques Ordres Religieux, *zelator.*
Zéleur, terme en usage parmi les Minimes.

EURE. diphthongue.

substantifs & adjectifs féminins.

Demeure, *mansio.* domicile, *-lium.* habitation, *-io, sedes.* retardement, *commoratio.* délai, *mora.*
Extérieure, *-ior.*
Heure, *hora.*
demi-Heure, *semi-hora.*
d'Heure en Heure, *in horâ.*
à bonne Heure, *maturè.*
Heure & demie, *sesquihora.*
de meilleure Heure, *maturiùs.*
Heure, temps convenable, *tempus opportunum.* à l'heure, *eo tempore.* tout à l'heure, *statim.* à cette heure, *nunc.* sur l'heure, *confestim.* à la bonne heure, *faustè.* à la malheure, *infaustè.* haute heure, *multa dies.*
Heure, au pl. livre de priéres, *Horæ.*
Inférieure, *-ior.*
Intérieure . . .
Majeure, *major.*
Meilleure, *melior.*
Postérieure, *-ior.*
Supérieure d'un Couvent, *Monasterii sanctimonialium Superior.*
Supérieure, *-ior.*

VERBES.

au présent.

Défleure, *defloro.*
Demeure, *maneo.*

v Demeure, arrête, *sisto.*
Meure, *moriar.*
Pleure, *ploro.*

EURE. qui se prononce comme URE. *voyez* URE.

m
v
m
EURRE.

m Beurre, *butyrum.*
Beurre, *butyro ungo.*
v Leurre, *illicium.*
oiseau de Leurre, *illicii plumarii accipiter.*
Leurre, *illicio.*

EVRE. par un V consonne.

Substantifs masculins & féminins.

Biévre, animal, *castor.*
Chévre, *capra.*
petite Chévre, *capella.*
lait de Chévre, *lac caprinum.* de race de chévre, *caprigenus.* barbe de Chévre, *aruncus.*
Chévre, instrument de méchan. *agospastus.*
Fiévre, *febris.* tierce, *tertiana.* quarte, *quartana.* continue, *-nua.* légère, *febricula.*
Géniévre, *juniperus.*
a Lévre, *labium.*
petite Lévre, *labellum.*
Liévre, animal, *lepus.*
Miévre, vieux mot, *protervus.*
v Orfévre, *aurifex.*
la Plévre, membrane, *pleura.*
Sévre, *ablacto.*

Substantifs masculins & fém.

EURS.

Ailleurs, adv. *alibi.*
d'Ailleurs, adv. *aliundè.*
Chapeau de fleurs, *sertum, corolla.*
Choux-fleurs, *brassica cœpiana.*
Couleurs, *colores.* livrées, *tesseræ vestiariæ.*
v Entreparleurs, *interlocutores.*
Freres Mineurs, *Fratres Minores.*
Messieurs, *domini.*
Meurs, *morior.*
Mœurs, *mores.*
Non-valeurs, *cassa & inania nomina.*
Pâles-couleurs, *ictericus morbus.*
Pleurs, *ploratus.*
m Plusieurs, *multi.*
v *Voyez le pluriel des noms en* eur : clameurs, *clamores.*

EURT.

v
* Heurt, choc, *impetus.*
il Meurt, *moritur.*

EURTE.

m
je Heurte, *ferio.* à la porte, *januam ferio, pulso.*
Meurte, *ou* plûtôt Myrthe, *myrthus.*

EURTRE.

v Meurtre, *homicidium.*

verb. au prés.

EUS. *voyez* EUX.

EUSE. *voyez* EUZE.

EUSSE. *voyez* UCE.

EUT. où la diphthongue EU. se prononce.

verbes.

Emeut, *emovet.*
Meut, *movet.*
il Peut, *potest.*
il Pleut, *pluit.*
Veut, *vult.*

EUTE.

Emeute, *tumultus.* sédition, *-io.*
Meute, *canum turba.*

EUTE. *voyez* UTE.

EUTRE.

v Calfeutre, *rimas munio.*
m Feutre, *coactilia*, *subcocta.*
v Feutre, *subcoago.*
m Neutre, *-trum.*
a Neutre, qui ne prend aucun parti, *neutrius partis studiosus.*
m * Pleutre, Gredin, *inops.*

EUVE.

v Emeuve, *emoveat.*
f Epreuve, *specimen.*
f Epreuve d'Imprimerie, *Typici periculi folium.*
f à l'Epreuve, *ad periclitationem.*
m Fleuve, *fluvius.*
v Meuve, *moveat.*
a Neuve, *nova.*
v Pleuve, *pluat.*
f Preuve, *probatio.* indice, *-cium.* marque, *argumentum.*
f Veuve, *vidua.*

EUVRE. *ou* OEUVRE.

m Chef-d'œuvre d'un Artisan, *operis specimen.* d'un Maître, *perita manûs opus.*
f Couleuvre, *coluber.*
Couleuvre, sac des Amériquains pour presser leur Manioc.
m Manœuvre, Maçon, *mercenarius.*
f Manœuvre de navire, *manualia navis opera.*
Oeuvre, *opus.* action, *-io.*
Oeuvre, pour dire ouvrage, est masculin au singulier, & féminin au pluriel.
Oeuvre de Marguilliers, *adituorum subsellium.*
m le grand-Oeuvre, la pierre philosophale, *lapis philosophicus.*

EUX. *ou* EUS.

Ces mots marquent le sujet avec la qualité & plénitude, abondance ou excès. Ils sont pour la plûpart terminés en osus, a, um.

subst. & adj. masc.

Affreux, *horridus.*
Alimenteux, *-tarius.*
Alumineux, *-nosus.*

Amoureux, *amaſius.*
Anfractueux, *interruptus anfractibus.*
* Angoiſſeux, dur, fâcheux, *triſtis.*
Aqueux, *aquoſus.*
* Argenteux, *-toſus.*
Argilleux, *argilloſus.*
Avantageux, *commodus.*
Avantureux, *temerarius.*
Aveux, *confeſſiones.*
Avertineux, *qui vertigine laborat.*
Baragouineux, *qui nec planè nec intelligibiliter loquitur.*
Baveux, *ſalivario lentore fluens.*
Belliqueux, *-icoſus.*
Bilieux, *mordax.*
Bleux, *cærulei.*
Bœufs, *boves.*
Boiteux, *claudus.*
Boueux, *lutoſus.*
Bouleux, cheval trapu, *equus craſſior.*
Bourbeux, *lutoſus.*
Boutadeux, *ingenio præceps.*
Bout-ſaigneux, *colli vitulini pars cruentata.*
Breneux, *ſtercore oblitus.*
Bulbeux, *-boſus.*
Bulbo-caverneux, muſcle, *bulbo-cavernoſus.*
Butyreux, *quod ad butyri naturam accedit.*
Cadavéreux, *cadaver referens odore vel colore.*
Cagneux, *varus.*
Cailleboteux, *calculoſus.*
Calamiteux, *-toſus.*
Calculeux, *-loſus.*
Capiteux, qui fait mal à la tête.

Capricieux, *moroſus.*
Carcinomateux, terme de Médecine, *cancro infectus.*
Cartilagineux, *-noſus.*
Caſéeux, *caſearius.*
Caſtagneux, *mergulus.*
Caterreux, *epiphoris obnoxius.*
Catilleux, vieux mot, Chatouilleux, *titillans.*
Caverneux, *cavernoſus.*
Cauteleux, *callidus.*
Celluleux, terme d'Anatomie, *celluloſus.*
Cendreux, *cineroſus.*
Cérémonieux, *nimius comitatis affectator.*
Cerveau creux, *inſanus.*
Ceux, pronom, *illi.*
Chaloureux, *calidus.*
Chanceux, *felix.*
Chancreux, *carcinoſus.*
Charbonneux, terme de Médecine, *anthracodes.*
Charneux, *carnoſus.*
Chatouilleux, *titilloſus.*
Chêne-le-Pouilleux, petite Ville ou Bourg de Champagne.
Cheveleux, vieux mot, *crinitus.*
Cheveux, *capilli.* tirer par les cheveux, tirer quelque choſe de loin dans un diſcours, &c. *longiùs accerſere.*
Chyleux, *-oſus.*
Clopoteux, terme de Marine, *agitatus.*
Condrieux, ſorte de vin.
Convoiteux, *cupidus.*

subst. & adj. masc.

Cotoneux, *lanuginosus.*
Couenneux, sang Couenneux.
Courageux, *generosus.*
Coûteux, *quod multi constat.*
Crapuleux, *ebrietati deditus.*
Crasseux, *squallosus*
Crayonneux, qui est de la nature de la Craie.
Creux, *cavus.* de la main, *palma.* d'une plaie, *fundum plagæ.* de l'œil, *alveus oculi.*
Creux, profond, *profundus.*
Creux, *incavatus.* vuide, *vacuus.* percé, *perforatus.*
Croustilleux, *lepidus.*
Dangereux, *periculosus.*
Dartreux, *impetiginosus.*
Dédaigneux, *fastidiosus.*
Défectueux, *vitiosus.*
Dépiteux, *stomachosus.*
Desavantageux, *damnosus.*
Desastreux, vieux mot, *infelix.*
Desaveux, *negationes.*
Desireux, *cupidus.*
Dévotieux, *pius.*
Deux, *duo.* Deux ensemble, *ambo.*
Deux à Deux, *bini.*
tous Deux, *uterque.*
l'un des Deux, *alteruter.*
lequel des Deux, *uter amborum.*
l'un ou l'autre des Deux, *utervis.*
Difficultueux, *difficultatibus plenus.*
Disetteux, *inops.*
Disgracieux, *ingratus.*

subst. & adj. masc.

Dispendieux, *-iosus.*
Douceux, *subdulcis.*
Douloureux, *lugendus.*
Douteux, *dubius.*
Drilleux, *pannosus.*
Ecailleux, *squammosus.*
Ecumeux, *spumosus.*
Enjeux, *depositiones.*
Entre-deux, *intermedium.* de muraille, *andron.* à deux, *binas.*
Epineux, *spinosus.*
Eréfipélateux, *-taus.*
Erugineux, *æruginosus.*
Excrémenteux, *excrementis plenus.*
Fâcheux, *molestus.*
Fallacieux, vieux mot, *dolosus.*
Fameux, *famosus.*
Fangeux, *lutosus.*
Farcineux, *scabiosus.*
Farineux, *farinâ obsitus.*
Fastueux, *-tuosus.*
Ferreux, *ferrugineus.*
Feux, *ignes. voyez* Feu.
Fibreux, *fibratus.*
Fiévreux, *febriens, febriculus.*
Filandreux, terme d'Oculiste, cataracte filandreuse.
Flatueux, *flatuosus.*
Foireux, *foriolus.*
Fougueux, *iracundus.*
Frauduleux, *-lentus.*
Froidureux, *alsiosus.*
Fromageux, *casealis.*
Fructueux, *-tuosus.*
Fuligineux, *-nosus.*
Fumeux, *fumosus.*
Gâcheux, *illinitor.*
Galeux, *scabiosus.*

subst. & adj. masc.

Gangreneux, *gangrana vitiatus.*
Généreux, *-osus.*
Glaceux, *glaciatus.*
Glaireux, *glareosus.*
Glanduleux, *-osus.*
Globuleux . . .
Glutineux . . .
Gommeux, *gummosus.*
Gouteux, *arthriticus.*
Grappeux, v. m. *pinguis.*
Grateleux, *impetiginosus.*
Graveleux, *calculosus.*
Grogneux, *grunnitor.*
Grommeleux, *mussator.*
—grondeur, *grunnitor.*
Grumeleux, *-mulosus.*
Gueux, *mendicus.*
Haineux, vieux mot, *inimicus.*
Hargneux, *morosus.*
Hasardeux, *periculosus.*
Herbeux, *herbosus.*
Heureux, *felix, beatus.*
Hideux, *horridus.*
Honteux, *ignominiosus.*
Hoquelleux, *ou* Hocleux, vieux mot, Trompeur.
Huileux, *oleosus.*
Jardineux, terme de Jouaillier.
Ichoreux, *-osus.*
Jeux, *ludi. voyez* Jeu.
Impétueux, *effranatus.*
Impiteux, v. m. *immisericors.*
Incestueux, *-uosus.*
Infructueux, *sterilis.*
Injudicieux, *-iosus.*
Inofficieux . . .
Insidieux . . .
Ireux, v. m. *iracundus.*
Ischio-caverneux, terme d'Anatomie, muscle.

subst. & adj. masc.

Laineux, *lanosus.*
Laiteux, *lactarius.*
Landreux, *lendosus.*
Langoureux, *languidus.*
Lanugineux, *-osus.*
Lentilleux, *lentiginosus.*
Lépreux, *leprosus.*
Lévreux, *labiosus.*
Libidineux, *-nosus.*
Ligamenteux, terme d'Anatomie, *ligamentosus.*
Ligneux, *lignosus.*
Limeux, vieux mot, *limosus.*
Limoneux, *limosus.*
Linceux, au plur. *lintei.*
Liquoreux, qui a de la liqueur.
Lixivieux, *-osus.*
Lumineux, *lucidus.*
Lustreux, qui a beaucoup de lustre.
Majestueux, *augustus.*
Malencontreux, *inconcinnus.*
Malgracieux, *deformis.*
Malheureux, *infelix.*
Marécageux, *paludanus.*
Marmiteux, *miser, indigus.*
Matineux, *matutinus.*
Maupiteux, v. m. *immitis.*
Médicamenteux, *-osus.*
Membraneux . . .
Merdeux, *merdâ infectus.*
Merveilleux, *mirus.*
Mielleux, *melleus.*
Miraculeux, *prodigiosus.*
Moëlleux, *medullatus.*
Monstrueux, *-trosus.*
Montagneux, *montanus.*
Montueux, *-tosus.*

substantifs & adject. masculins.

Morgueux, *fastuosus.*
Morveux, *muscosus.*
Moucheux, *emunctor.*
Mousseux, *muscosus.*
Moyeux, sorte de prunes confites qui viennent de Franche-Comté.
Mucilagineux, *-osus.*
Musculeux . . .
Nactieux, v. m. *delicatulus.*
Nareux, *ou* Nereux, qui vomit facilement.
Nébuleux, *-osus.*
Nécessiteux, *inops.*
Neigeux, *nivosus.*
Nerveux, *-vosus.*
Neveux, *nepotes.*
Neufs, *novi.*
Nidoreux, terme de Médecine, *nidorosus.*
Nitreux, *-osus.*
Nœuds, *nodi.*
Nombreux, *numerosus.*
Nouailleux, *nodosus.*
Noueux, *nodosus.*
Noyeux, v. m. *morosus.*
Oeufs, l's ne se prononce pas, *ova.*
Oiseux, *otiosus.*
Oléagineux, *-osus.*
Ombrageux, *umbrosus.* défiant, *suspiciosus.*
Onéreux, *onerosus.*
Orageux, *procellosus.*
Orgueilleux, *superbus.*
Osseux, terme d'Anatomie, *osseus.*
Outrageux, *contumeliosus.*
Pailleux, *ferreum bracteolatum.*
Paresseux, *piger.*
Pâteux, *glutinosus.*

substantifs & adjectifs masculins.

Péneux, *pœnosus.*
Périlleux, *periculosus.*
Peureux, *timidus.*
Pétreux, le même que Pierreux.
Phlegmoneux, terme de Médecine, *phlegmonosus.*
Pierreux, *petrosus.*
fruit Pierreux, *fructus lapidosus.*
Piteux, *miserandus.*
Pituiteux, *-osus.*
Plantureux, *copiosus.*
Plâtreux, *gypso incrustatus.*
Pointilleux, *vitiligator.*
Poissonneux, *piscosus.*
Pompeux, *magnificus.*
Populeux, vieux mot, *populosus.*
Poreux, *porosus.*
Poudreux, *pulverosus.*
Pouilleux, *pediculosus.*
Présomptueux, *arrogans.*
Preux, *generosus.*
Querelleux, *jurgiosus.*
Queux, vieux mot, *coquus.*
Quinteux, *morosus.*
Raboteux, *asper.*
Rameux, qui jette beaucoup de branches, *ramosus.*
Rateleux, *spleneticus.*
Renteux, *censui annuo obnoxius.*
Respectueux, *reverens.*
Rigoureux, *rigorosus.*
Rioteux, *rixosus.*
Ripeux, *striatus nasus.*
Rogneux, *scabiosus.*
Ruineux, *-nosus.*
Sableux, *sabulo perfusus.*
Sabloneux, *arenosus.*

subst. & adj. masculins.

Salsugineux, *-osus.*
Sanieux, gâté, corrompu, *sanie conspersus.*
Savonneux, *saponaceus.*
Savoureux, *sapidus.*
Scabieux, *-osus.*
Scabreux, *asper.*
Scandaleux, *pessimi exempli.*
Sciencieux, vieux mot, *doctus.*
Scrophuleux, *-osus.*
Scrupuleux...
Semilleux, Remuant.
Sempiterneux, vieux mot, *vetus, senex.*
Séreux, *sero plenus.*
Séveux, *traducendo arborum, vel herbarum succo inserviens.*
Sinueux, *-nuosus.*
Soigneux, *studiosus.*
Solacieux, *amœnus.*
Somptueux, *sumptuosus.*
Songe-creux, *delirus.*
Soporeux, *soporem creans.*
Soyeux, *bombycinus.*
Spiritueux, *-uosus.*
Spongieux, os, *os spongiosum.*
Souffreteux, *ærumnosus.*
Soupçonneux, *superciliosus, suspicax.*
Sourcilleux, *superciliosus.*
Squirreux, *squirrosus humor.*
Substantieux, *succulentus.*
Tartareux, *-osus.*
Tédieux, vieux mot, *tædiosus.*
Teigneux, *porriginosus.*
Tempestueux, vieux mot, *tempestuosus.*

subst. & adj. masculins.

Ténébreux, *-brosus.*
Terreux, *terreus.*
Tilleux, arbre, *tilia.*
Tortueux, *-tuosus.*
Tourbilleux, *turbinosus.*
Tourmenteux, *procellosus.*
Tumultueux, *-tuosus.*
Valeureux, *strenuus.*
Vaniteux, Orgueilleux.
Vaporeux, *-rosus.*
Variqueux, terme de Médecine, *varicosus.*
Vasculeux, rempli de petits vaisseaux.
Vaseux, *limosus.*
Venimeux, *ou* Venéneux, *venenosus.*
Venteux, *-osus.*
Verbeux...
Vergogneux, *verecundus.*
Verreux, *vermicosus.*
Vertigineux, *-osus.*
Vertiqueux...
Vertueux, *virtute præditus.*
Verveux, filets, *retia.*
Vésiculeux, qui ressemble à de petites vessies.
Vétilleux, *contentiosus.*
Veux, de Vouloir, *volo.*
Vigoureux, *vegetus.*
Vineux, *-osus.*
Visqueux, *viscosus.*
Vœux, *vota.*
Volumineux, qui est en plusieurs volumes.
Voluptueux, *-uosus.*
Urineux...
Voyez les rimes en ieux.

EUZE. & EUSE.

Angleuse, *nux lignosa.*

Substantifs & adjectifs feminins.

Anquilleuſe, *fur femina.*
Aparieuſe, qui fait des mariages, *copulatrix.*
Appareilleuſe, maquerelle, *lena.*
Arracheuſe, terme de Chapelier.
Baigneuſe, *balneatrix.*
Blanchiſſeuſe, *lotrix.*
Bobineuſe, femme qui devide du fil ſur des bobines.
Brodeuſe, *Phrygiaria.*
Chanteuſe, *cantatrix.*
Charmeuſe, *mulier illecebroſa.*
Chartreuſe, Couvent de Chartreux *ou* de Chartreuſes, *Carthuſia.*
Chatepleuſe, *curculio.*
Clameuſe, terme de droit Canon, *clamoſa.*
Coiffeuſe, *calanticaria.*
Coureuſe, *meretrix.*
Dent creuſe, *dens cavus.*
Ebouqueuſe, femme qui dans les Manufactures ôte les nœuds, &c. qui ſe trouvent dans l'étoffe.
Eplucheuſe, *mundatrix.*
Emprunteuſe, *quæ mutuum accipit.*
Entrepreneuſe, *redemptrix.*
Fileuſe, *netrix.*
Graſſéyeuſe, *quæ balbutit.*
Grondeuſe, *grunnitrix.*
Gueuſe, *mendica.*
Heureuſe, *beata.*
Laveuſe, *lotrix culinaria.*
Macreuſe, oiſeau de mer, *anaticula marina.*
Meneuſe, femme qui méne les enfans en nourrice.
Meuſe, fleuve, *Moſa.*
Nopeuſe, ouvriére qui énoue les piéces de laine au ſortir du métier.
Pareſſeuſe, *pigra.*
Partie honteuſe, au pl. *pudenda.*
Pleureuſe, *ploratrix.*
Pleureuſe, bande de toile blanche qu'on attache à ſa manche dans le grand deuil.
Précieuſe, *-ioſa.*
une Précieuſe, *ridicula mulier.*
Procureuſe, *procuratrix.*
Quêteuſe, *manticularia.*
Rapponeuſe, v. m. *querula.*
Ravaudeuſe, *ſarcinatrix.*
Rempliſſeuſe, *tæniarum ſarcinatrix.*
Remueuſe, *puſionum vagientium procuratrix.*
Retréciſſeuſe, *quæ ſtringit.*
Revendeuſe, *quæ merces viliùs emptas, cariùs vendit.*
Rieuſe, *jocoſa.*
Scabieuſe, *ſcabioſa.*
Sirupeuſe, matiére Sirupeuſe, *materia tenax.*
Spineuſe, Divinité champêtre, *Spinoſa.*
Tailleuſe, *ſarcinatrix.*
Trucheuſe, *mendica.*
Tubéreuſe, *-roſa.*
Tueuſe, vieux mot, *enſis.*
Viande creuſe, *cibus inanis.*
Vibreuſe, vieux mot, *vox acuta.*
Virgouleuſe, poire, *pyrum vinoſum.*

f Yeuſe, chêne, *ilex.*
Plus les féminins des noms en eux : pareſſeux, *pigri.*
Plus les féminins de quelques adjectifs en eur : faiſeur, baiſeur, &c. faiſeuſe, baiſeuſe, &c.

EX.

m Index, table d'un livre, *index.*
f la Congrégation de l'Index, *congregatio Indicis.*
a Perplex, *-xus.*
Quiex, *ou* Quier, pour Quel, vieux mot : Liquiex, pour Lequel.

EXE.

a Annexe, *-xus.*
v Annexe, *annecto.*
a Circonflexe, *-us.*
a Connexe...
a Convexe...
m miroir Convexe, *ſpeculum convexum.*
a Sexe, *-xus.*
v Vexe, *vexo.*

EXTE.

Biſſexte, *-tus.*
Prétexte, *prætextus*, *ſimulatio.*
Sexte, *-ta.*
Texte, *-tus.*
Texte d'un Sermon.

EXTRE.

a * Adextre, *dexter.*
a Ambidextre, qui ſe ſert de la main gauche comme de la droite, *ambidexter.*
f * Dextre, *dextera.*

EZE. ESE. & EIZE.

ſubſtantifs féminins.

Alèſe, *linteum.*
Antichrèſe, *-eſis.*
Antithèſe...
Apothèſe, terme de Médecine, *apothesis.*
Borghèſe, famille très-conſidérable à Rome.
Carcaiſe, four de Verrerie.
Catachrèſe, *-eſis.*
v Contrepéſe, *pondere æquo.*
Diaphorèſe, évacuation par les pores de la peau, *diaphoreſis.*
Diathèſe, diſpoſition particuliére de l'homme, *diatheſis.*
m Dièſe, *-ſis.*
m Diocèſe, *diœceſis.*
v Empèſe, *amylo imbuo.*
Ephèſe, *-ſus.*
Epicyèſe, ſuperfétation, *epicyeſis.*
Geneſe, *-eſis.*
Geze, angle rentrant entre deux combles, & ſervant de goutiére aux deux.
Hypothèſe, *-eſis.*
m In-ſcize, terme d'Imprimerie.
a Lèſe, *læſus.*
Lèſe-Majeſté.
Magalèſe.
Métathèſe, terme de Médecine, changement de place.

subst. fém.

Némèſe, Divinité de l'Antiquité.
Parénèſe, ouvrage d'exhortations.
Parenthèſe, *-eſis.*
m Péloponnèſe, *-ſus.*
v Péſe, *pondero.*
Proſtaphérèſe, terme d'Aſtronomie.
Seize, *ſexdecim.*

v Soupéſe, *onus ſublevatum expendo.*

ſubſt. fém n.

Syndérèſe, *-ſis.*
Trapèze, fig. de Géométrie, *trapeza.*
Terre glaiſe, *terra glareoſa.*
Thèſe, *-ſis.*
Treize, *tredecim.*
Ville-Vêſe; vieux mot.

Voyez auſſi les rimes en aize.

F.

FA.

m ſubſtantifs maſcul.

Cafa, ville.
Fa, note de Muſique.
Fut Fa, clef de Muſique.
Mouſtafa, nom Turc.
gros Mouſtafa, injure.
Sofa, lit de repos avec un doſſier tout du long, *anaclinterium.*
Sofa, eſtrade, *ſuggeſtum.*

VERBES.

verbes au prét. indéfini.

Agrafa, *inſibulavit.*
Apoſtropha, *compulit.*
Biffa, *delevit.*
Chaufa, *calefecit.*
Dégrafa, *exſibulavit.*
Echaufa, *calefecit.*
Etoufa, *ſuffocavit.*
Greſſa, *inſeruit.*
Parapha, *ſubſcripſit.*
Philoſopha, *-tus eſt.*
Triompha, *triumphavit.*

Voyez les autres verbes en fer.

FAI. *voyez* AI.

FAL. *voyez* AL.

FARD. *voyez* ARD.

FAT. *voyez* AT.

FE.

ſubſtantifs maſculins.

Arriphé, compagne de Diane, *Arriphe.*
Café, eſpéce de féve qui vient du Levant, *faba Ægyptiaca.*
Café, boiſſon, *Ægyptiaca faba decoctio.*
Café, couleur, *color ferrugineus.*
Coiffé, *capite comptus.*
né Coiffé, *beatus.*
bien Etoffé, *materiâ copiosè inſtructus.*
Coquin fieffé, *nebulo.*

VERBES

Agrafé, *inſibulatus.*

verb. au prét. & participe.

Attifé, *comptus.*
Bifé, *deletus.*
Bouffé, enflé, *tumefactus.*
Chaufé, *calefactus.*
Dégrafé, *exfibulatus.*
Ebouriffé, éparpillé, *sparsus.*
Echaufé, *calefactus.*
Etoufé, *suffocatus.*
Gréfé, *insertus.*
Paraphé, *subscriptus.*
Réchaufé, *recalefactus.*
Tiffé, vieux mot, *ornatus.*
Voyez les autres verbes en fer.

FÉE.

f Bouffée, *venti flatus.*
m Céphée, constellation Septentrionale.
f Coquette fieffée, *meretricula.*
m Coriphée, *-phæus.*
f Fée, *incantatrix.*
m Morphée, *-eus.*
m Nymphée, Promontoire d'Epire.
m Orphée, œuf d'Orphée, symbole mystérieux de ce Philosophe.
m Trophée, *trophæum.*
Voyez les participes féminins des verbes en fer.

FENT. & FANT.
voyez ANT.

FER. & PHER.

verbes à l'infinitif.

Agrafer, *infibulare.*
Apostropher, *interpellare.*
Attifer, *caput ornare.*
Bifer, *delere.*
Boufer, *turgere.* enfler, *tumere.* de colère, *irâ efferri.* de rire, *risu disrumpi.*
Brifer, *cibos vorare.*
Chaufer, *calefacere.*
se Chaufer, *calefieri.*
Coiffer, *calanticâ ornare.*
se Coiffer de quelqu'un, *existimatione vel amore alicujus imbuere.* d'une opinion, *opinionem amplecti.*
Débifer, *dilacerare.*
Décoiffer, *calanticâ exuere.*
Dégrafer, *exfibulare.*
Ebouffer, v. m. *disrumpi.*
Echaufer, *calefacere.*
Eclaffer, vieux mot, pour Eclater.
Escafer, v. m. *pede icere.*
Etofer, *ornare.*
Etoufer, *suffocare.*
Exciter, *-are.* s'échaufer, *commoveri.* se fâcher, *irasci.*
Grêfer, *inserere.*
Griffer, *arripere.*
Parapher, *propriâ notâ subscribere.*
Paranympher, louer dans un paranymphe.
Philosopher, *-phari.*
Piafer, *fastu efferri.*
Pouffer de rire.
Rebiffer, vieux mot, *erigere.*
Réchaufer, *recalefacere.*
Riffer, vieux mot, arracher, *eripere.*
Triompher, *triumphare.* faire mieux que d'autres, *eximiâ curæ laude se gerere.*

v Truffer, vieux mot, *irridere.*

FET. & FAIT. *voyez* ET. & ET.

FEU. *voyez* EU.

FEUX. *voyez* EUX.

FI.

v Bouffi, *tumens.*
v Confi, *conditus.*
v Déconfi, *destructus.*
in un Défi, *provocatio.*
Fi, interjection, par ma Fi, *per meam fidem.*
m Pacfi, *ou* Pafi, voiles de navire, *veli species.*
Pilot-bouffi.
m Salcifi, racine, *aruncus.*
m Sophi, *-us.*
v Suffi, *suffectus.*

FIE.

substantifs feminins.

Angéographie, description des poids, *angeographia.*
Angéologie, partie de l'Anatomie, *angeologia.*
Atrophie, chartre, *atrophia.*
Bibliographie, l'art de faire des Catalogues de Livres, *bibliographia.*
Boufie, *tumens.*
Cacotrophie, nutrition dépravée.
Chorégraphie, *-ia.*
Chorographie, description d'une Province, *chorographia.*

substantifs feminins.

Chronographie, *-phia.*
Cosmographie, description du monde.
Cryptographie, *-ia.*
Gastroraphie, l'art de coudre le ventre, *gastroraphia.*
Géographie, description de la terre.
Glyptographie, la connoissance des gravûres, *glyptographia.*
Horographie, *-ia.*
Ichnographie, plan...
Lithographie...
Micrographie...
Naumachie...
Neurographie...
Orphie, poisson de mer.
Orthographie, élévation d'un édifice.
Pédotrophie, *pædotrophia.*
Philosophie, *-phia.*
Polographie...
Polygraphie, différente maniére d'écrire, *polygraphia.*
Runographie, *-phia.*
Scénographie, modéle...
Sciographie...
Sélénographie, description de la Lune...
Sophie, nom d'une Sainte, *Sophia.*
Stéganographie, l'art d'écrire en chiffres...
Topographie, description particuliére des lieux...

VERBES.

Amplifie, *-fico.*
Béatifie...

verbes au présent.

Certifie, *certiorem facio.*
Confie, *confido.*
Crucifie, *-figo.*
Défie, *diffido.*
Diversifie, *vario.*
Edifie, *ædifico.*
Falsifie, *-fico.*
Fie, *fido.*
Fortifie, *corroboro.*
Glorifie, *-fico.*
Gratifie, *-ficor.*
Justifie, *-fico.*
Méfie, *diffido.*
Mortifie, *macero, castigo.*
Pacifie, *-fico.*
Pétrifie, *in lapidem converto.*
Purifie, *-fico.*
Qualifie, *nomen adscribo.*
Sacrifie, *-fico.*
Sanctifie...
Signifie...
Spécifie...
Vérifie, *probo.*
Versifie, *-ficor.*

Voyez les autres verbes en fier.

FIER. *voyez* IER.

FIN. *voyez* IN.

FION. *voyez* ION.

FIR. *voyez* IR.

FIS. *voyez* IS.

FIT. *voyez* IT.

FON.

substantifs & adj. masculins.

Bellérophon, fils de Glaucus.
Boufon, *scurrilis.*
un Boufon, *ludio.*
Carafon, *ampulla crassior.*
Chifon, *detritus pannus.*
Griphon, *gryps.*
Griffon, vieux mot, *scriba.*
Item : terme de Canonier.
Profond, *-undus.*
Siphon, *siphon.*
Tirefond, *clavus in cuspide cochleatus.*
Typhon, Géant.
Xénophon, Historien Grec.

Plus l'impératif du verbe fondre *& de ses composés :* Fond.

FRER. *voyez* RER.

FU.

a Toufu, *densus.*
arbre Toufu, *arbor opaca.*

G.

GA.

AGa, Officier Turc.
Janissaire Aga, qui commande les Janissaires.
Malaga, ville.
Ogga, *ou* Onka, surnom de Minerve.
Quadriga, espéce de bandage.
Riga, ville.
Yga, espéce d'arbre du Brésil.

VERBES.

verbes au prétérit indéfini.

Allégua, *-gavit, protulit.*
Brigua, *ambivit.*
Conjugua, *inclinavit.*
Délégua, *-avit.*
Distingua, *-inxit.*
Divulgua, *-gavit.*
Epilogua, *distrinxit.*
Extravagua, *deliravit.*
Fatigua, *-gavit.*
Harangua, *concionatus est.*
Homologua, *probavit.*
Intrigua, *implicavit.*
Légua, *-gavit.*
Ligua, *fœdere conjunxit.*
Morgua, *insultavit.*
Prodigua, *prodegit, effudit.*
Relégua, *-gavit.*
Seringua, *siphone infudit.*
Subdélégua, *-gavit.*
Subjugua, *domuit.*
Voyez les autres verbes en guer.

GANT. & GUANT. *voyez* ANT.

GAT. *voyez* AT.

GEA. monos. & JA.

Déja, adv. *jam.*

VERBES.

verbes au prétérit indéfini.

Abbrégea, *abbreviavit.*
Abrogea, *-gavit.*
Adjugea, *adjudicavit.*
Affligea, *afflixit.*
Allongea, *prolongavit.*
Arrangea, *disposuit.*
Assiégea, *obsedit.*
Changea, *mutavit.*
Chargea, *oneravit.*
Colligea, *collegit.*
Corrigea, *correxit.*
Dégagea, *expedivit.*
Dégorgea, *expurgavit, effluxit.*
Délogea, *emigravit.*
Dérogea, *-gavit.*
Dirigea, *direxit.*
Echangea, *commutavit.*
Egorgea, *jugulavit.*
Egrugea, *friavit.*
Engagea, *oppigneravit.*
Enragea, *efferatus est.*
Erigea, *erexit.*
Exigea, *exegit.*
Forgea, *fabricavit, procudit.*
Fustigea, *fustibus verberavit.*

verbes au prétérit indéfini.

Gagea, *pignori addixit.*
Grugea, *trivit, multùm mandit.*
Jugea, *judicavit.*
Logea, *habitavit.*
Mangea, *manducavit.*
Mélangea, *miſcuit.*
Ménagea, *diſpenſavit.*
Mitigea, *mitigavit.*
Nagea, *natavit.*
Navigea, *-gavit.*
Négligea, *neglexit.*
Neigea, *ninxit.*
Obligea, *obligavit, coëgit, aſtrinxit.*
Partagea, *diviſit.*
Prorogea, *-gavit.*
Protégea, *protexit.*
Purgea, *purgavit.*
Rangea, *ordinavit.*
Rédigea, *redegit.*
Regorgea, *redundavit.*
Rongea, *rodit.*
Saccagea, *diripuit.*
Songea, *cogitavit.*
Soulagea, *ſublevavit.*
Submergea, *ſubmerſit.*
Subrogea, *-gavit.*
Tranſigea, *tranſegit.*
Vengea, *vindicavit.*
Voyagea, *iter fecit.*
Voyez les autres verbes en ger.

GÉ.

ſubſtantifs & adjectifs maſculins.

m Abbrégé, *ſynopſis.*
m un Affligé, *afflictus.*
m Agé, *natus.* d'un an, *anniculus.* de 20. ans, *viginti annos natus.* plus âgé, *natu major.* le plus âgé, *natu maximus.*
Agé, qui a de l'âge, *ætate provectus.* moins âgé, *natu minor.* le moins âgé, *natu minimus.*
Cangé, eau de ris épaiſſe.
Carme mitigé, *mitigatus Carmelita.*
Chargé, *oneratus.* en terme de Blâſon, *variis inſignibus illuſtratus.* d'années, *annoſus.* de taille, *tributis oneratus.* accuſé, *accuſatus.*
temps Chargé, *cœlum nubilum.* vin chargé, *vinum opacum.*
Chien enragé, *canis rabioſus.*
Clergé, *Clerus.*
Congé, *copia.* paſſeport, *commeatus.* vacance, *vacatio.* permiſſion, *licentia.* liberté, *poteſtas.* congé de s'en aller, *miſſio.*
Convergé, *adunatus.*
Déchargé, *exoneratus.*
—de graiſſe, *macer.*
Degagé, *expeditus.* libre, *liber.* de quelque engagement, *redemptus.* bien fait, de belle taille, *elegantis ſtatura.*
Enragé, *rabidus.*
Eſcalier dégagé, *ſcala ſecréta.*
G, lettre de l'Alphabet.
Naufragé, terme de Commerce, marchandiſes gâtées dans un naufrage.
Négligé, *neglectus.* être dans ſon négligé, *negligenter ſe habere.*

m un Obligé, *obligatio.*
m Orangé, *auratus.*
m Préjugé, *præjudicium.*

VERBES.

verbes au préterit & participe masculins.

Abbrégé, *abbreviatus.*
Abrogé, *-gatus.*
Adjugé, *adjudicatus.*
Affligé, *afflictus.*
Aggrégé, *-gatus.*
Allongé, *dilatatus.*
Arrangé, *ordinatus.*
Affiégé, *obsessus.*
Changé, *mutatus.*
Corrigé, *correctus.*
Dégorgé, *evomitus, expurgatus.*
Délogé, *qui migravit.*
Dérangé, *loco motus.*
Dérogé, *-gatus.*
Dirigé, *directus.*
Echangé, *commutatus.*
Egorgé, *jugulatus.*
Egrugé, *friatus.*
Emparagé, vieux mot, *multos habens consanguineos.*
Encouragé, *excitatus.*
Engagé, *pignori datus.*
Envisagé, *perspectus.*
Erigé, *erectus.*
Exigé, *exactus.*
Forgé, *fabricatus.*
Fourragé, *depopulatus.*
Fustigé, *fustibus cæsus.*
Gagé, *oppigneratus.*
Grugé, *mansus.*
Interrogé, *-gatus.*
Jugé, *judicatus.*
Logé, *habitatus.*
Maljugé, *sententiæ iniquitas.*
Mangé, *comesus.*

verbes au préterit & participe masculins.

Mélangé, *mixtus.*
Ménagé, *dispensatus.*
Mitigé, *-gatus.*
Navigé . . .
Négligé, *neglectus.*
Obligé, *obligatus.*
Ombragé, *obumbratus.*
Partagé, *partitus.*
Plongé, *immersus.*
Préjugé, *præjudicatus.*
Prolongé, *-gatus.*
Prorogé . . .
Protégé, *protectus.*
Purgé, *purgatus.*
Rangé, *ordinatus.*
Ravagé, *devastatus.*
Rédigé, *redactus.*
Regorgé, *absorptus.*
Rengorgé, *ingurgitatus.*
Rongé, *rasus.*
Saccagé, *direptus.*
Songé, *cogitatus.*
Soulagé, *sublevatus.*
Submergé, *-mersus.*
Subrogé, *-gatus.*
Transigé, *transactus.*
Vengé, *vindicatus.*

Voyez les autres verbes en ger.

GÉE.

subst. & adj. fem.

Agée, *ætate provectâ.*
Apogée, *-æum.*
Argée, nom d'homme.
Dragée, *globulus.* de sucre, *saccharatus.* à tirer, *glarea.*
écarter la Dragée, *ictum divaricare.*
Enragée, *rabiosa.*
vie Enragée, *bacchanalia.*

substantifs & adject. féminins.

musique enragée, *furentium inconditus concentus.*
Escourgée, *scutica.*
Gorgée, *haustus.*
mer Egée, *Ægeum mare.*
Orangée, *aurata.*
Périgée, *-gæus.*
Rangée, *series.* de soldats, *armatorum juga.* d'arbres, *arborum ordo.*
Bataille rangée, *acies ordinata.*

Plus les participes féminins des verbes en ger : gagée.

GEL. *voyez* EL.

GENT. *ou* GEANT. *voyez* ANT.

GEON. *voyez* JON.

GER.

subst. & adj. masc.

Alger, Ville, *Algerium.* Royaume, *Algeritanum.*
Barrager, *vectigalium conductor, pro transitu.*
Berger, *pastor.* de brebis, *pecuarius.* de chévres, *caprarius.* de berger, *pastoralis.*
Bocager, *sylvestris.*
Boulanger, *pistor.*
Danger, *periculum.*
Etranger, *alienigena.* qui est hors de son pays, *advena.*
Fromager, vaisseau de fayance.
Garde-manger, *escarum cellarium.*

substantifs & adjectifs masculins.

Horloger, *automatarius.*
Imager, qui fait des images, *imaginum opifex.* qui vend des images, *imaginum propola.*
Lignager, *gentilitius.*
Linger, *lintearius.*
Louager, vieux mot, pour Louage & pour Locataire.
le Manger, *esca.* l'action de manger, *esus.* desir de manger, *fames.* bon à manger, *edulis.*
blanc-Manger, *esca alba.*
Marager, *olitor paludanus.*
Ménager, *dispensator.* qui épargne, *homo frugi.* trop ménager, *parcior.*
Mensonger, *mendax.*
Messager, qui porte des nouvelles, *nuntius.* qui voiture, *tabellarius.*
Oranger, *malus aureus.*
Passager, *viator.*
Passager, *fugitivus.*
oiseau Passager, *avis fugitiva.*
Péager, *portitor.*
Perager, vieux mot, *peregrinatio.*
Potager, *ignitabulum ossarium.*
jardin Potager, *hortus olitorius.*
Songer, pour Songe, *somnium.*
Viager, *vitæ attributus.*
Verger, Officier qui porte une verge.

VERBES.

Abbréger, *abbreviare.* ré-

verbes à l'infinitif.

duire, *redigere.* diligenter, *accelerare.*
Abbréger son chemin, *iter contrahere.*
Abroger, *-gare.*
Absterger, terme de Médecine, *abstergere.*
Adjuger, *adjudicare.*
Affliger, *affligere.*
Aggréger, *aggregare.*
Alléger, *allevare.*
Allonger, *prolongare.*
—étendre, *extendere.*
Aménager, *ligno uti ut fiat aliquid.*
Apanager, *usum-fructum assignare.*
Areger, vieux mot, pour s'Arranger.
Arranger, *concinnare.* accommoder, *disponere.* mettre en ordre, *ordinare.*
Arrérager, *reliqua contrahere.*
Assiéger, *obsidere.*
Avantager, *potiores partes deferre.*
* ne Bouger, *stare.*
Carréger, c'est sur la Méditerranée ce qu'on appelle Louvier, *ou* Louvoyer sur l'Océan.
Changer, *mutare.* innover, *-vare.* renouveller, *instaurare.* troquer, *commutare.*
Changer de face, *mutare statum.* d'avis, d'opinion, *à proposito, opinione dimoveri.* de discours, *de aliis loqui.* de mœurs, *ad meliorem frugem se recipere.*

verb. à l'infinitif.

de maniére de vivre, *alium vitæ institutum amplecti.* de logis, *demigrare.* de pays, *solum vertere.* de serviette, *mantile novare.* de mets, *ferculis mensam instaurare.* de batterie, *sententiam mutare.*
Changer son cheval borgne pour un aveugle, *equum coclitem in cæcum commutare.*
se Changer, *mutari.*
Charger, *onerare.* donner charge, commission, *committere.* ordonner, *præcipere.* recommander, *commendare.* donner ordre, *mandare.* accuser, *arcescere.* incommoder, *-dare.* battre, *cædere.* fondre dessus, *irruere.*
Charger un navire, *onus navi imponere.*
Charger son compte d'une somme, *summam in rationes inferre.* le peuple d'impôts, *subsidiis onerare.*
Charger, terme de monnoie, *aurum cudere.*
Colliger, *-gere.*
Comparager, vieux mot, *comparare.*
Contregager, *pignus pro pignore ponere.*
Converger, terme d'Optique, *accedere ad se invicem.*
Corriger, *-gere.*
Décager, ôter d'une cage.
Décharger, *exonerare.* un

verbes à l'infinitif.

fardeau, *onus deponere.* donner acquit, *liberare.* décharger son cœur, *latentem animum aperire.* sa colère, *iram evomere.*

se Décharger, en parlant des couleurs, *imminui.* en parlant des eaux, *effluere.*

se Décharger, s'excuser, *se excusare* : se Soulager, *se sublevare.*

Décourager, *animum frangere.*

Dégager son gage, *rem oppigneratam liberare.*

Dégager, terme de guerre.

Dégager, lever le gage, *repignerare.* racheter, *redimere.* démêler, *expedire.* retirer, *eripere.* se dégager, *se liberare.*

Dégorger, *emovere.*

Déloger, *emigrare.* faire quitter le logis, *ædibus pellere.*

Démanger, *prurire.* causer démangeaison, *pruritum parere.*

Déménager, *domum mutare.*

Déranger, *loco movere.* brouiller, *turbare.*

Déroger, *-gare.*

Desassiéger, *obsidione solvere.*

Désavantager, *deteriorem conditionem dare.*

Désobliger, *de aliquo malè mereri.*

Dévisager, *os & faciem deturpare.*

Diriger, *-gere.*

Echanger, *commutare.*

verbes à l'infinitif.

Egorger, *jugulare.*

Egruger, *friare.*

Elonger, *elongare.*

Emarger, *margini adscribere.*

Encharger, recommander fortement, *commendare.*

Encourager, *animos addere.*

Endommager, *damno afficere.*

Engager, *oppignerare.* envelopper, *intricare.* s'engager, *implicare se.*

Engager, *milites conscribere.*

Engorger, *ingurgitare.*

Engreger, vieux mot, *exacerbare.*

Enrager, *rabie corripi.*

s'Entremanger, se quereller, *rixari.*

Envisager, *intueri.*

Eriger, dresser, *erigere.* instituer, *-uere.*

s'Eriger en honnête homme, en railleur, *sibi nomen probi, joculatoris arrogare.*

Etager les cheveux, *habitâ ordinis ratione capillos componere.*

Etranger, *abalienare.*

Exiger, *-gere.*

Figer, *coalescere.*

Fonger, boire, en parlant du papier.

Forger, *fabricare.* inventer, *excogitare, adinvenire.*

Fourrager, *pabulari.*

Franger, *fimbriâ prætexere.*

Fustiger, *fustibus cædere.*

Gager, donner des gages, *mercede conducere.* faire

gageure, *sponsione contendere.*
* se Goberger, *ingenio indulgere.*
* Gorger, *gurgitare.*
Grager, se servir de la grage.
* Gruger, *mandere.*
* Hèberger, *diversari.*
Hommager, *clientelari muneri astrictum esse.*
Jauger, *virgâ ferreâ explorare dolii modum.*
Interroger, *-gare.*
Juger, *judicare.* être d'avis, *arbitrari.* prononcer le jugement, *pronuntiare, statuere.*
Laidanger, vieux mot, *conviciari.*
Liéger, *subere retia instruere.*
Loger, *hospitio excipere.* assigner un logis, *hospitium assignare.* habiter, *-tare.* chez autrui, *diversari.*
Louanger, *laudare.*
Manger, *manducare.* se repaître, *edere.* manger son bien, dépenser, *patrimonium decoquere.* manger pour deux, *cibo se ingurgitare.* comme un loup, *devorare.* avidement, *avidè vorare.* peu à peu, *paulatim edere.* son bled en herbe, *ab ineunte anno versuram facere.* en procès, *litibus rem familiarem consumere.*
Manger ses mots en parlant, *voces dimidiare.*

Manger une personne, la quereller, *in aliquem sævire.*
Manger à belles dents, de paroles, des yeux, de gorge, *dentibus, verbis, oculis, gulâ aliquem dilacerare, conviciis afficere, asperiùs objurgare.*
Ménager, *dispensare.* faire le ménager, *rem familiarem gerere.* employer le temps, *tempori servire.* user bien, *benè uti.*
Mitiger, *-gare.*
Nager, *natare.*
Naviger, *-gare.*
Négliger, *-gere.* mépriser, *spernere.*
Neiger, *ningere.*
Obliger, faire plaisir, *obligare.* faire du bien, *benefacere.* contraindre, *obstringere.* par contrat, *pacto devincire.* s'obliger, *astringere se.*
Ombrager, *obumbrare*, vel *suspicionem afferre.*
Outrager, *contumeliis afficere.*
Ouvrager, *operari.*
Pacager, terme de Coutume, *pascere.*
Partager, *partiri.*
Pleiger, terme de Palais, *spondere.*
Plinger, terme de Chandelier.
Plonger, aller sous l'eau, *urinari.* tremper, *immergere.* aller à fond, *mergi.* se plonger, *aquam subire.*

verbes à l'infinitif.

Plonger un poignard, *sicam defigere.*
Présager, *præsagire*, *portendere.*
Prolonger, *prolongare.* remettre, *procrastinare.*
Proroger, *-gare.*
Protéger, *-gere.* défendre, *defendere.*
Purger, *-are.* sa conscience, *animæ labes detergere.* se purger, *medicâ purgatione uti.*
Ranger, *ordinare.* disposer, *disponere.* réduire, *reducere.* ranger une armée, *aciem struere.* au devoir, *ad officium compellere.* se ranger, obéir, *leges subire.* se retirer chez soi, *ad hospitium redire.*
Ravager, *vastare.*
Recharger, *iterùm onerare.*
se Recolliger, *in se reverti.*
Rédiger, *-gere.* par écrit, *perscribere.*
Regorger, *redundare.* déborder, *effluere.*
se Rengorger, *superbiâ efferri.*
Rengréger, *excipere.*
Revoyager, faire un nouveau voyage.
Saccager, *diripere.*
Serpeger, *equum flexuosè ducere.*
Songer, *somniare.* rêver, *delirare.* penser, *cogitare.*
Soulager, *sublevare.* consoler, *-lari.* assister, *suppeditare.*
Subroger, *-gare.*

verbes à l'infinitif.

Submerger, *-ere.*
Surcharger, *superonerare.* imposer de nouveau, *superimponere.*
Surnager, *supernatare.*
Targer, *ou* Targier, vieux mot, *tardare.*
Transiger, *-ere.*
Tréchanger, vieux mot, *immutare.*
Truanger, vieux mot, *malè habere.*
Vendanger, *vindemiare.*
Venger, *vindicare.*
Verbiager, employer beaucoup de paroles superflues, *loquitari.*
Voltiger, *circumvolitare.*
Voyager, *peregrinari.*

GET. & JET. *voyez* ET.

GEUX. *voyez* EUX.

GI.

m Bostangi, jardinier Turc, *Bostangius.*
m teint Rougi, *vultus rubicundi coloris.*
Ziangi, sorte de monnoie.

VERBES.

verbes au prétérit.

Agi, *egi.*
Elargi, *dilatavi.*
Mugi, *mugivi.*
Régi, *rexi.*
Rougi, *erubui.*
Rugi, *rugivi.*
Voyez les autres verbes en gir.

GIE.

Substantifs féminins.

Amphibologie, discours à double sens, *amphibologia.*
Analogie, *ou* Rapport, *-gia.*
Anthologie...
Anthropologie...
Antilogie, contradiction des passages.
Apologie, défense *ou* justification, *apologia.*
Arrugie, terme de Mineur, *arrugia.*
Astrologie, science des Astres.
Battologie, fade répétition, *battologia.*
Bougie, terme de Chirurgie, *virga cereata.*
Bougie, *filum ceratum.*
Cardialgie, *-gia.*
Céphalalgie,..
Chirurgie, *-ia.*
Chronologie, science des temps.
Clergie, vieux mot, *scientia.*
Eccrinologie, partie de la Médecine qui traite des excrétions, *eccrinologia.*
Effigie, portrait, *effigies.*
m pendu en Effigie, *suspensus in effigie.*
Elégie, *-ia.*
Energie, source de mots, *energia.*
Etiologie, partie de la Médecine qui traite des causes de la maladie, *atiologia.*

Substantifs féminins.

Etymologie, origine des mots.
Gamologie, traité sur le Mariage.
Généalogie, *-ia.*
Généthliologie...
Hémorrhagie...
Hymnologie...
Iconologie, représentation des choses par les images.
Léthargie, *-ia.*
Liturgie, Office Divin.
Magie, *-ia.*
Métallurgie...
Mimologie...
Minérologie, partie de la Chymie.
Myologie, *-ia.*
Mythologie, Théologie Payenne.
Neurologie...
Nosologie, explication des maladies, *nosologia.*
Odontalgie, mal des dents.
Orgie de Bacchus, au plur.
Panagie, cérémonie des Grecs modernes.
Pathologie, partie de la Médecine, *pathologia.*
Pédagogie, office de Pédagogue.
Philologie, Belles-Lettres, *philologia.*
Physiologie, connoissance de la nature.
Psychologie, *tractatio de animâ.*
Pyrétologie, traité des fiévres.
Rabdologie, partie d'Arithmétique, *rabdologia.*
Sarcologie, terme d'Antomie.

substantifs féminins.

Scénopégie, fête des Juifs.
Séméologie, partie de la Médecine.
Spermatologie.
Tabagie, lieu où l'on va fumer.
Taurologie, *vana & inanis repetitio.*
Théologie, *-ia.* connoissance de Dieu, de la voie, *via.* de la patrie, *patria.* naturelle, *-alis.* surnaturelle, *supernaturalis.* mystique, *-ica.* positive, *-iva.* scholastique, *-ica.* morale, *-alis.*
Théurgie, magie, *-ia.*
Vigie, être en Vigie, en sentinelle.
Zoologie, discours sur les animaux.

VERBES.

verb. au prés. & partic.

Bougie, *cerâ oblino.*
Effigie, *suspensum in tabellâ affingo.*
Elargie, *soluta.*
Réfugie, *confugio.*
Régie, *recta.*
Rougie, *erubescens.*
Voyez les autres verbes en gir.

GIER. *voyez* IER.

GIN. *voyez* IN.

GION. *voyez* ION.

GIR. *voyez* IR.

GIS. *voyez* IS.

GIT. *voyez* IT.

GNANT. *voyez* ANT.

GNÉE. *voyez* NÉE.

GNER. *voyez* NER.

GNEUX. *voyez* EUX.

GNIE. *voyez* NIE.

GNIS. *voyez* IS.

GNIT. *voyez* IT.

GNON. *voyez* NON.

GON. *voyez* GEON. *ou* JON.

GON.

a substantifs masc.

Arragon, Royaume, *-ia.*
d'Arragon, *Arragonius.*
Dagon, faux Dieu.
Dragon, sergent, *draco.* tache de l'œil, *cataracta.* Cavalier, *eques draco.* un méchant homme, *nequam.*
sang de Dragon, drogue, *rubrum gummi.*
Estragon, herbe, *eruca.*
Harpagon, avare, *avarus.*
Jargon, *sermo plebeius.*
Martagon, fleur, *lilium miniatum.*
Parangon, *exemplar.*
Patagon, monnoie, *moneta species.* Item : peuple de l'Amérique Méridionale.

m Prégon, vieux mot, profond, *altus*.
m Sagon, *simiolus*.

GRER. *voyez* RER.

GRIN. *voyez* IN.

GU.

substantifs & adjectifs mascul.

Aigu, *acutus*.
accent Aigu, *accentus acutus*.
angle Aigu, *acutus angulus*.
Ambigu, *-uus*. festin, *epulum ambiguum*. jeu de cartes.
Bégu, *bisacutus*.
Contigu, *-uus*.
Exigu...
Zagu, arbre.

GUA. *voyez* GA.

GUÉ.

Délégué, *-gatus*.
verre Fringué, *urceolus lotus*.
Gué de riviére, *vadum*.
sonder le Gué, fig. tâcher de découvrir une chose, *rem expiscari*.
Pargué, serment burlesque.
Subdélégué, *-gatus*.
Tatigué, serment burlesque.

VERBES.

verb. au prét. & part. masc.

Allégué, *-gatus*.
Brigué, *prehensus*, *petitus*.
Conjugué, *inclinatus*.
Délégué, *-gatus*.
Dialogué, *in dialogos inclusus*.
Distingué, *distinctus*.
Divulgué, *-gatus*.
Intrigué, *implicatus*.
Légué, *-gatus*.
Ligué, *fœdere junctus*.
Prodigué, *profusus*.
Relégué, *-gatus*.
Subdélégué, *suffectus*, *substitutus*.
Voyez les autres verbes en guer.

GUÉE.

Voyez les participes féminins des verbes en guer : alléguée.

GUER.

verbes à l'infinitif.

Affouguer, ce verbe exprime les effets de la fougue.
Alléguer, *-gare*. dire, *proferre*. citer, *citare*. faussement, *autoritatem ementiri*. son droit, *jus suum asserere*.
Arguer, passer un métal par les filiéres de l'argue.
Baguer une Jupe, *supparum inferius virgâ excutere*.
Biguer, troquer, *commutare*.
Briguer, *ambire*.
Conjuguer, *inclinare*.
Daguer, *sicâ perfodere*.
Daguer; se dit aussi du cerf quand il s'accouple avec la biche.

verbes, à l'infinitif.

Déléguer, terme de Palais, *delegare.*
Dialoguer, *multos inter se colloquentes inducere.*
Diguer, vieux mot, *addere calcaria equo.*
Distinguer, *-ere.* séparer, *secernere.* parler clairement, *loqui distinctè.*
Divulguer, *-gare.*
Doguer, *arietare.*
Domter, *domare.*
Draguer, terme de mer, *rastro colligere.*
Droguer, *medicamenta adhibere.*
Elaguer un arbre, *collucare arborem.*
Epiloguer, *concludere, carpere.*
Extravaguer, *delirare.*
Fatiguer, *-gare.*
Fringuer, sauter, *tripudiare.* un verre, *urceum lavare.*
* Giguer, *sugere.*
Giguer, *cursitare pueriliter.*
Ginguer, ruer du pied.
se Goguer, *gaudere.*
Greguer, mettre en poche.
Haranguer, *concionari.*
Homologuer, *autoritate firmare.*
Incaguer, *conspurcare.*
Intriguer, *implicare.*
Larguer, terme de mer, *laxare.*
Léguer, *-gare.*
Liguer, *fœdus inire.*
Morguer, *superbiùs insultare.*

verbes à l'infinitif.

se Morguer, *fastum præ se ferre.*
Prodiguer, *-gere.*
Promulguer, publier une loi, *promulgare.*
Réleguer, *-gare.*
Seringuer, *syphone infundere.*
Subdéléguer, *sufficere.*
Subjuguer, *subigere.*
se Targuer, *se tueri.*
Tinguer, terme de joüeur, tenir jeu, au fig. consentir.
Vaguer, *vagari, errare.*
Voguer, *navigare.*

GUET. *voyez* ET.

GUI.

f * Gagui, une grosse Gagui, *crassa mulier.*
m Gui, nom propre, *Guido.*
m Gui de chêne, *viscus quercinus.*
f la Guigui, *puerilia.*

GUIER. *voyez* IER.

GUIN. *voyez.* IN.

GUIR. *voyez* IR.

GUIS. *voyez* IS.

GUIT. *voyez* IT.

GUT. *voyez* UT.

www.ingramcontent.com/pod-product-compliance
Lightning Source LLC
Chambersburg PA
CBHW071624270326
41928CB00010B/1771

* 9 7 8 2 0 1 9 1 8 4 1 0 0 *